国家社科基金重大项目"构建全民共建共享的社会矛盾纠纷多元化解机制研究"（15ZDC029）阶段性成果

新时代调解研究文丛（理论系列）

总主编　廖永安

新时代多元化纠纷解决机制

理论检视与中国实践

主编◉廖永安　胡仕浩

中国人民大学出版社

·北京·

总　序

美国法理学者富勒曾言："法治的目的之一在于以和平而非暴力的方式来解决争端。"在所有第三方纠纷解决机制中，调解无疑是合意最多、强制最少的和平方式。从古代儒家的"无讼"理念，到抗日民主政权时期的"马锡五"审判模式，再到新时代的"枫桥经验"，调解凝聚为中华民族独特的法律文化意识，不仅是外显于中华社会的治理模式，而且是内嵌于淳朴人心的处事习惯与生活方式；不仅是人们定分止争的理想选择、思维习惯，而且是为人称颂的息事宁人、和睦相处的传统美德。更为弥足珍贵的是，源自东方的调解文化，在发展和传播的过程中，其理念和价值早已为域外文明所接受，成为西方话语主导下的现代司法体系中一个难得的东方元素和中国印记。

然而，在我国现代化转型的过程中，调解制度仍主要遵循由政府主导的自上而下式发展进路，要么在法治现代化改革中被边缘化，要么在维护社会稳定大局中被急功近利地运动化推进，导致各种调解制度处于不确定、不规范的运作状态。与之相伴随的是，法律人对调解的研究也大多埋首于优势、意义等"形而上"的宏大叙事问题，对调解现代化面临的困境与对策则缺乏深入分析。调解研究就像一只"无脚的鸟"，始终没有落到可以栖息、生长的实地，呈现浮躁、幼稚的状态。在现实的调解实战中，调解队伍庞大但调解员素质参差不齐、调解基准多样但缺乏法律支撑、调解程序灵活但少有必要规范、调解方法多元但囿于直接经验等，这些都成为制约调解实践进一步发展的瓶颈。由此观之，我国调解在现代化转型中仍滞留在经验层面，缺乏理论化、系统化、规模化、现代化的升华，以致有些人视其为"与现代法治精神相悖"的历史遗留，对中华民族自身的调解传统、制度和实践缺乏足够的道路自信、理论自信、制度自信和文化自信。

放眼域外，西方法治发达国家为克服对抗式诉讼代价昂贵等固有弊端，自 20 世纪 70 年代末以来，提倡推行以调解为核心的非诉纠纷解决机制，形成了接近正义运动的"第三次浪潮"。目前，在不少西方发达国家，调解的学科化或科学化发展趋势十分明显。社会学、心理学、经济学等研究成果在调解领域的广泛应用，不仅大大提升了调解的科学化水平，还使调解成为一门新兴的综合学科。体系化、标准化的调解课程不仅是调解员培训必修的课程，而且成为法学院的常规课程。调解学科的兴起，还催生了一个行业。在一些国家，调解已经成为人们可以终身从事的一种职业。

因此，在调解的现代化转型上，不得不承认在不少方面我们已经落后了。这引起了我们的忧思。我们的文化传统在异域他乡能呈现科学化、体系化、职业化与商业化的欣欣向荣景象，实用主义的引导与作用，或许可以成为答案之一，但从技术层面而言，精细化的研究始终是一个不可逾越的基础。如果我们再不警醒，再不转变调解的研究方式，再不提升调解的精细化研究水平，长此以往，调解话语权的失去将成为必然。因此，调解的实践者和研究者需要有持之以恒的毅力去推动中国调解制度的发展。基于这样的使命感，我们策划出版了"新时代调解研究文丛"，力图在以下方面有所裨益。

其一，促进调解制度改革，提升社会治理水平。党的十九大报告提出，要打造全民共建共治共享的社会治理格局，强调加强预防和化解社会矛盾机制建设，正确处理人民内部矛盾。毋庸置疑，调解在我国社会矛盾化解中起着举足轻重的作用。而政策性因素对调解的长久发展而言，更像是一个"药引子"，真正让调解养成"健康体魄"的还是制度性因素。我国现行的调解制度主要包括人民调解、法院调解、行政调解、仲裁调解、商事调解、行业调解等。文丛将充分回应如何夯实人民调解制度、规范行政调解制度、改革法院调解制度、发展商事调解等新型调解制度等关键问题，并注重各种制度之间的对接、协调与平衡，探寻科学的制度创新与改革路径，以此建立起一套科学高效的社会矛盾化解机制，提升我国的社会治理水平。

其二，创新调解研究范式，构建调解的"中国话语体系"。调解研究范式不论是彻头彻尾的洋腔洋调，还是墨守成规的自说自话，抑或是一孔之见的片面窥探，都无法铿锵有力并落地生根。我们只有立足本土资源，把握国际调解新动向，并展开跨学科研究，才有可能使调解的中国话语掷地有声。文丛就实证性而言，它客观、可信，考证严密；就国际性而言，它深刻、独到，视野宽阔；就跨学科性而言，它多元、缜密，交叉融合，希冀为构建调解的"中国话语体系"指明基本方向。

　　其三，建立调解教材体系，增强调解人才培养能力。开发一套科学、系统、规范、实用的调解教材，为调解人才培养提供强有力的理论指导和体系化的培训支撑，具有重要的现实意义。文丛力图填补国内系统化调解教材的空白，改进当前少量既有教材存在的理论性不彰、实践性不强、操作性不便等不足，希望抓住调解员这一核心要素，从调解经验总结、调解经典案例评析、社会心理学在调解中的应用、中国调解文化解读、调解策略梳理等多维度构筑我国调解教材体系，进而提升我国培养调解人才的能力。

　　文丛的开发得到了最高人民法院和司法部的鼎力支持，并分为两个子系列：一个是理论系列，由最高人民法院李少平副院长担任顾问，其编写主要依托最高人民法院与湘潭大学共建的多元化纠纷解决机制研究基地；另一个是实务系列，由司法部刘振宇副部长担任顾问，其编写主要依托司法部与湘潭大学共建的调解理论研究与人才培训基地。此外，文丛的编写与出版还获得了中国民事诉讼法学研究会 ADR 理论研究专业委员会、中国仲裁法学研究会调解与谈判专业委员会、调解研究领域的知名学者、调解实务界权威专家以及中国人民大学出版社的大力支持。我们期望并相信，文丛的面世将为构筑我国科学的调解人才培养培训体系提供理论指导，为全面发挥调解在促进社会矛盾化解、社会治理创新中的作用提供智力支持，为构建适应我国现代化进程和独具中国特色的调解话语体系作出贡献。

　　是为序。

谢　勇　廖永安

2019 年 2 月

提高站位　拓宽视野
开启多元化纠纷解决机制改革新篇章

最高人民法院副院长　李少平

最高人民法院多元化纠纷解决机制研究基地自 2016 年 4 月成立以来，始终坚持贯彻中央关于"构建有机衔接、相互协调的多元化纠纷解决机制"的要求，秉持"服务国家治理体系和治理能力现代化战略部署"的宗旨，持续推进我国纠纷解决理论和制度研究向纵深发展，不断打造具有国际视野和前瞻思维的理论高地，不断打造培养纠纷解决领域专家和司法实务骨干的人才高地，不断打造为纠纷解决机制改革提供智力支持的成果高地，不断打造紧跟时代发展、充分展示"中国经验"的创新高地。一年多来，基地推进"六个一"工程，出版和发表各类科研成果 37 部（篇），为社会各界培训调解人才 4 000 余人，学术声誉、社会影响和科研水平不断提升，有力推进了改革理论研究和实践探索，各方面工作值得充分肯定。

本次征文是基地成立以来首次举办的大型理论研究与实践探索活动，得到各地人民法院、高等院校和社会各界的高度重视和大力支持。作为专业领域的征文活动，本次征文共收到全国 30 个省（区、市）的法院系统，36 所高等院校，27 家党政机关、调解组织、仲裁机构，以及律师等的投稿共 873 篇，具有广泛的社会代表性，真正体现了改革的"多元"特质。论坛主办方和协办单位在方案策划、论文评审和论坛筹备等工作上体现出科学、严谨的工作态度和专业、公正的学术精神，确保了本次论坛的理论水准和实践意义。获奖论文，特别是一、二等奖论文在问题意识、研究水平、理论创新、学术规范等方面，标志着当代中国多元化纠纷解决机制的理论研究不断推陈出新。希望大家再接再厉，努力实现研究成果的务实转化，不断将多元化纠纷解决机制改革向纵深推进。

"楚岫千峰翠，湘潭一叶黄"。本次论坛恰逢特殊历史时刻。两个月前，习近平总书记发表了"7·26"重要讲话；2017年10月，我们将迎来举世瞩目的党的十九大。在这全面建成小康社会决胜阶段、中国特色社会主义发展的关键时期，如何以习近平总书记系列重要讲话精神和党中央治国理政新理念新思想新战略为指南，开创多元化纠纷解决机制改革新局面，不仅要有实践谋划，更要有理论回答。借此机会，我谈三点认识，供大家参考。

一、提高思想站位，充分发挥多元化纠纷解决机制功效

习近平总书记深刻指出："不论在哪个层级推进改革、开展工作，都要坚持在大局下谋划、在大势中推进、在大事上作为。"推进多元化纠纷解决机制改革，开展相关理论研究，必须跳出本位局限，增强系统性、整体性、协同性。只有不断提高推动改革、研究改革的理论站位，才能完整发挥改革的应有功效。

一是要站在推进国家治理现代化高度，全面认识改革的重要意义。矛盾纠纷化解体系是国家治理体系的重要组成部分，诉讼当然是解决纠纷的重要途径，但是构建纠纷解决网络意义更加重大。以前有一种观点认为，推进多元化纠纷解决机制改革是为了缓解法院"案多人少"矛盾，"帮"法院减轻工作压力。"案多人少"确实是当前人民法院工作面临的现实困难，从法院角度讲，也确实希望通过改革分流案件。但是，如果我们把破解法院人案矛盾当作这项改革的主要甚至全部内容，那就太过褊狭了。纠纷化解从来都不是法院一家的事，它是全社会的共同责任，司法只是纠纷解决漫长链条的最后一环。现代国家治理只有构建分层递进、有机衔接、协调配套的纠纷解决体系，才能有效维护社会和谐稳定，确保国家长治久安。因此，经过这几年的改革探索和深入研究，我们取得了一个新的共识：必须站在推动国家治理体系和治理能力现代化的战略高度，谋划改革、推动改革、研究改革，确保改革沿着正确方向前进。

二是要充分考虑大国治理的复杂性，精准定位改革的体系角色。我国地域辽阔、人口众多，同时还是世界上最大的发展中国家，地区和城乡差异巨大，经济、社会、文化发展极不平衡。受制于地形气候、交通条件、历史传统、社会结构、发展水平等客观条件，人们的思维观念和利益格局各不相同。当前，我国经济社会发展进入新阶段，社会变革和科技革命产生叠加效应，各种矛盾纠纷不断涌现，有的还受到境内外敏感因素影响，处理起来十分棘手。要在这样一个发展中大国有效实现国家统一、维护社会稳定，确保

经济增长、保障人民权益，走出一条有别于西方的和平崛起之路，我们要面对的治理难题，其复杂程度远超世界其他发达国家和中小国家。大国的基本国情，决定了大国的纠纷解决绝不能走"泛讼"之路，必须坚持完善矛盾纠纷多元化解机制，才能有效回应大国治理的特殊难题。

三是要着眼于完善中国特色社会主义司法制度，确保实现司法规范正义。多元化纠纷解决机制改革是司法体制改革的重要组成部分，与立案登记制、司法责任制、案件繁简分流等共同构成了司法制度的整体。近年来，我国社会组织自治功能逐渐成熟，人们参与社会治理的积极性逐渐提高。我们必须更多发挥调解、仲裁、公证等非诉渠道的作用，将一般性矛盾纠纷化解在前端，尽量减少不必要诉讼，使人民法院把更多精力投入解决重大法律争议、确立普遍规则等更高层次的纠纷解决工作中，如此才能强化法律的权威地位，真正实现司法的规范正义作用。因此，推动多元化纠纷解决机制改革，不仅是对中国特色社会主义司法制度的发展和完善，更是实现良法善治的重要举措。

二、拓宽研究视野，以高水平理论成果指导改革实践

习近平总书记 2017 年 5 月 3 日在中国政法大学考察时指出："没有正确的法治理论引领，就不可能有正确的法治实践。"推进多元化纠纷解决机制改革，许多问题没有现成经验可循，必须通过理念创新、实践创新、制度创新走出一条新路，而这些都离不开学理支撑。本次征文活动虽然取得了较为丰硕的成果，但整体来看，研究视野还可以更宽广，研究方法还可以更开放。今后在以下几个方面还要继续加大研究力度。

一是加强对党政统领机制的研究。做好中国的事情关键在党。党的领导是多元化纠纷解决机制建设的独特政治优势，也是内生性制度优势。"眉山经验""潍坊经验""马鞍山经验"的首要一条，就是坚持"党政主导第一位、全域协同一盘棋"。但是，党委如何发挥领导作用，如何进一步加强和改善党的领导，还要解决哪些难题，党委领导、政府主导有哪些有效实现形式等等，这些问题的研究还相对薄弱。理论研究要强化"问题意识"、提升"中国智慧"，就必须关注本国制度实践，必须坚持从我国国情和社会实际出发，善于用学术语言分析现实问题，善于把政策主张转化为学术命题，善于对制度实践进行理论总结，如此方能正确解读中国现实、回答中国问题、提供中国方案。

二是加强对基层实践探索的研究。基层是孕育创造力的沃土，是改革的活力之源，也是学术研究的富矿区。只有坚持问题导向和目标导向，充分关注基层实践难题，充分关注基层现实需求，才能真正产生有价值的理论创新成果。多年来，各地基层政权、自治组织围绕多元解纷进行了大量有益探索，许多改革顶层设计就来自基层实践经验。本次征文活动高度关注基层探索，注重用数据和实例剖析问题，值得充分鼓励。但与此同时，我们还要更关注基层实践的外部性，发掘局部经验的整体意义和普遍价值，在更广阔的空间实现理论升华。

三是加强对民间解纷力量的研究。通过这些年的改革，我国解纷渠道已从"一枝独秀"发展到"百花齐放"。调解、仲裁、公证等非诉机制蓬勃兴起；行业组织、自治组织等主体不断深度参与纠纷解决；中立第三方评估、无争议事实记载等新型程序得到推广适用；仲裁调解、律师调解、公证调解、专家调解等有效对接机制日益健全完善。各种民间解纷力量各负其责、各显其能，形成全社会化解纠纷的强大合力。我们应当高度关注这些民间解纷力量的兴起和发展，及时研究分析，帮助和指导民间解纷力量健康成长，由"输血"到"造血"，推动中国特色多元化纠纷解决体系不断发展完善。

四是加强对域外解纷机制的研究。中国的改革不是闭门造车。要始终保持包容、开放的心态，积极吸收、借鉴世界优秀法治文明成果，实现兼收并蓄、交流互通。我们研究域外解纷机制，是为了更好地借鉴。因此，对域外解纷机制的研究不能仅仅停留在简单介绍、"制度移植"的层面，还应当深入分析支撑其运行的外围条件。要通过对不同制度成果的批判性吸收，不断提升我国多元解纷机制的软实力和国际影响力，更好地为大国外交、"一带一路"等国家战略服务，为完善全球治理输出中国规则、提供中国方案、贡献中国智慧。

五是加强对"互联网＋解纷"的研究。现代科技革命给人类生活带来了巨大变化，为纠纷解决提供了新场域，也给理论研究提出了新课题。为此，我们大力推进"智慧法院"建设，开展在线调解试点，设立杭州互联网法院。如何看待和评估这些改革，推动"互联网＋解纷"同"智慧法院"有效衔接；如何在大数据时代借助信息技术再造纠纷解决机制；"互联网＋解纷"又将面临哪些新问题，怎样认识和解决这些问题，使改革既能符合高效、便捷、灵活、公正的价值目标，又能满足人民群众不断涌现的多元解纷新需求，还能有助于掌握互联网司法规则，这些问题都需要我们从理论上作出回答。

六是加强对传统解纷文化的研究。我国有着厚重的解纷文化传统，"和合思想"是人民群众普遍信奉的自然正义观念。浙江"枫桥经验"、安徽桐城"六尺巷"调解、成都蒲江法院"五老调解"等典型做法，就是对历史传统的继承和创新。无论是制定政策、完善制度还是解决具体纠纷，都必须重视民心、尊重民意、体察民情，兼顾法律效果和社会效果，坚守法律底线和道德底线，实现法、理、情的有机融合。要充分认识中国传统解纷文化的比较优势，不断将"东方经验"发扬光大。要把传统解纷文化放在特定历史条件下分析，站在现代法治文明角度吸收其合理内核，筑牢中国特色多元解纷机制的历史根基、文化根基、道德根基和伦理根基，推动依法治国与以德治国有机结合、相得益彰。

三、加强自身建设，将研究基地建成多元解纷领域的高端智库

基地建设是推动多元化纠纷解决机制理论研究再上新台阶的重要基础。经过一年多的努力，"湘潭基地"已经步入了事业发展的快车道。要继续按照理论高地、人才高地、成果高地、创新高地等"四个高地"的要求，充分利用理论与实务相结合的资源优势，不断发展壮大自身学术实力，努力把基地建设成为国内一流、国际知名、各界公认的多元解纷领域的高端智库。

一是要大力加强国际交流。要具有国际视野和前瞻思维，尽快补齐短板，追踪国际研究动态，紧盯国际理论发展前沿，不断增强理论话语权。要牢牢抓住人才这一根本，大力吸引国内外知名专家学者和实务界精英加入人才库，有效整合国际纠纷解决资源。要注重制度、机制创新，搭建国际解纷人才联合培训平台和替代性纠纷解决机制理论与实践交流平台。要充分借鉴、学习国际纠纷解决先进经验，充分展示中国纠纷解决研究和实践的最新成果，将纠纷解决的"中国经验"推向世界。

二是要推动理论与实践融合。要充分利用基地的实践资源优势和理论人才优势，更好发挥组织管理职能，不断探索理论界与实务界互动交流的有效形式。要积极参与法院重大调研课题，对改革中的热点、难点、前沿问题加强研究。要推动与多元化纠纷解决机制改革示范法院、在线调解试点法院等共建法学教育社会实践基地，加强人员交流，促进人才培养。要加强与立法机关、综治部门和行政执法单位的交流学习，加强与人民调解、行业调解、专业调解等组织的沟通合作，培训具有现代调解理念和技能的专业化调解人

才。要主动吸引更多的理论研究专家加入智库建设，形成理论引导改革、指导实践，实践呼唤改革、发展理论的良性循环，不断推动理论与实践深度融合。

三是要积极参与多元立法进程。2017 年，厦门市已率先出台了国内第一部多元化纠纷解决机制地方性法规，山东省制定了国内首部省级地方性法规，黑龙江、四川、安徽等省也在积极推进省级地方立法。研究基地和各位专家要积极参与地方多元立法进程，发挥自身独特优势，通过立项论证、专家建议、立法评估等形式总结、提炼改革经验，推动科学立法、民主立法，形成实实在在的改革成果，切实发挥立法对改革的引领和保障作用，为将来制定全国性法律积累有益经验，不断完善中国特色社会主义法律体系。

全面深化改革的伟大时代，也是理论研究大有作为的时代。我们要更加紧密地团结在以习近平同志为核心的党中央周围，积极投身于司法体制改革实践，不断丰富中国特色社会主义法治理论，开启多元化纠纷解决机制理论创新和实践探索新篇章，以优异的成绩迎接党的十九大胜利召开！

2017 年 9 月

目　录

第一编　多元化纠纷解决机制的理论检视

第二编　多元化纠纷解决机制的实证考察

第三编　多元化纠纷解决机制的制度保障

第四编　多元化纠纷解决机制的发展趋势

第一编

多元化纠纷解决
机制的理论检视

专题一 现代调解制度之重塑
——以社会契约理论和数字正义理论为基础

赵 蕾[*]

所谓契约，不过是有关规划将来交换的过程的当事人之间的各种关系。[①]

Digital justice must enhance both "access" and "justice" through the use of technology. [②]

一、以社会契约理论塑造现代调解制度的原因

调解是以灵活性和非严格的规范性为显著特点的纠纷解决形式。文中的调解是指法院外调解，不过不限于人民调解。问题是：为什么要以社会契约与数字公正理论来塑造现代调解制度呢？

主要原因有二。

第一，我们深知以调解为代表的替代性纠纷解决方式，并不是一个纯理论问题，其研究也不是以理论模式或者方法论的建构开始的。[③] 现代 ADR 发源于美国，美国人的实用主义哲学理念，使他们不会长久地为某些传统的或者经典的普遍主义原理所困扰，当社会需求与最初设定的目标和既有的原则、理念发生冲突的时候，实践的努力总能冲破理念的束缚开拓出新的道路。[④] 实

---

  * 赵蕾，华南农业大学人文与法学学院副教授，斯坦福大学访问学者，美国 JAMS 公司 2017 年国际培训项目成员。

  ① 麦克尼尔．新社会契约论．雷喜宁，潘勤，译．北京：中国政法大学出版社，1994：4.

  ② Katsh Ethan, Oena Rabinovich-Einy. *Digital Justice*: *Technology and the Internet of Disputes*. Oxford University Press, 2017, p. 180.

  ③ 范愉．非诉讼纠纷解决机制研究．北京：中国人民大学出版社，2000：259.

  ④ 同③95.

用主义哲学适宜创新但不适宜构建理论体系。① 因此现代 ADR 发展了五六十年，总给人一种旁逸斜出而缺乏完整体系的感觉。清末以降，变法修律以来，虽然几经中断，但我们主要通过潘德克顿法学体系②来习得西方法律。随着中国多元化纠纷解决机制的理论发展和全国多元工作的整体推进，我们需要对调解的理论构造与基本结构进行研究。与过去不同的是，现在对调解基本结构的研究，是立足于程序法也兼顾实体法领域的研究；是基于民事诉讼与调解区分视角的研究；是立足于基本理念也结合制度构建与程序细节的研究；更是立足于现在也着眼于未来发展的研究。

第二，为什么要在调解当中强调当事人之间的合意？换句话说，为什么要以契约理论重新塑造调解？因为法律与程序已经很难成为调整多元社会的唯一标准、唯一程序，所以才需要当事人合意解决。这是现代 ADR 蓬勃发展的一个社会原因。中国多元化纠纷解决机制的发展也遵循了现代 ADR 的发展规律，存在着不同于强求统一的特定价值判断和维护某种个人主观偏好的程序性价值，例如通过平等对话和商谈的正当过程达成合意以及共识、确保判断和决定不偏不倚、容许各种不同信仰和世界观的并存——价值多元主义，或者"当价值一元的状态不复存在时，程序就一跃而成为价值的原点"那样的作为中立性价值生产装置而出现的程序。③ 总之，程序的独立价值与独立的程序价值结合起来，才使程序有可能在传统道德式微、人们的世界观发生无从弥合的分裂而呈现价值多样性的状况下发挥整合化和正统化的功能。④

那么，用契约制度武装调解制度有什么好处？笔者认为无外乎让我们认清调解的本质，让我们以更加符合调解本质来设计调解制度和程序：第一，增加、促进以及保障当事人商谈机制；第二，在充分尊重当事人意思自治的

---

① 所有实用主义哲学的要点在于：达到最终的真实是关键。我们所认可的实用主义的基本信条是：概念和法律都不是永恒的，在追求真理的过程中，它们就成为事实或论据。科学没有一个永恒的起点，理性的直觉和经验的材料都不是不能改变的知识的出发点。任何直觉，无论是理性的还是感观的，都可以成为一个起点。这就是实用观点的扩张的力量。Thomas A. Cowan. Legal Pragmatism and Beyond//Sayre. *Introductions of Modern Legal Philosophies*，14，130，Oxford University Press，1947.

② 对罗马法中抽象的法律原则、法律概念进行整理，将其进一步以系统性、体系化的形式呈现出来并作为德国法院判决的法源，这种学问就被称为"潘德克顿法学"（Pandektenwissenschaft）。

③ 季卫东. 法治秩序的建构. 北京：中国政法大学出版社，1999：53.

④ 季卫东. 法律程序的形式性与实质性——以对程序理论的批判和批判理论的程序化为线索. 北京大学学报（哲学社会科学版），2006（1）.

基础之上设计机制和程序对当事人的参加进行一定程度的强制，以更加有效地保障当事人商谈的结果；第三，科学设计调解协议确认程序，扩大调解协议的确认范围。

二、在调解程序中如何达成契约：论商谈在纠纷解决中的作用

个人是自治的、有自觉意识的理性主体。康德是这个命题最权威的表述者，他认为：一个现代人应该是"由自身定义的"自我，他或她通过自我发展而发现和开掘自己的真正的"人性"。人应该从自身而不是从任何其他的渊源寻求生命的神圣，从而为法治奠定了人性基础。① 所以哲学家们把经过协商、商谈最终达成的合意称为社会契约，因为它建立了社会生活的基本条款。② 合意的本质在于两个以上的人通过相互协商一致促成所想要的法律效果发生。通过交换一致的意思表示而取得合意所针对的不是双方当事人的利益状况，而是双方所希冀的法律效果。③ 合意的本质同样适用于纠纷的解决过程。ADR 盛行的国家普遍认为，当事人之间的合意乃 ADR 正当性的基础。当事人双方基于实体法上的意思自治以及纠纷解决上的自我解决，经过平等协商，或者经过中立第三方机构，所达成的契约，也就是协议，是当事人之间根据意思自治原则所达成的"法律"。

问题是调解的基本结构能否用"商谈"（discourse）与"合意"（agreement）表达呢。商谈与合意有广泛的理论基础和社会基础，是最贴近调解本质的表达。将调解的基本机构、重要理论基础定义为"商谈"与"合意"也许可以成为我们区分与掌握调解的关键。商谈中交往行为理论与纳什均衡理论可以成为非诉讼纠纷解决中商谈运行机制的保证；而在合意中尊重与保障当事人合意则成为调解的两个重要目的。社会秩序（social order）乃是为其他一切权利提供了基础的一项神圣权利（sacred right），然而这项权利不是出诸自然的，而是建立在约定上的。④ 无论在商谈还是合意中"意思自治"与"契约"、"自我解决"与"协议"都是基础性问题。考虑到理论构建以及结构安排，把实体法中的意思自治、契约部分放在"商谈"中进行说明；把

① Wayne Morrison. *Jurisprudence*：*From the Greeks to Post-modernism*. Cavendish Publishing Limited，1997，p. 152//信春鹰. 后现代法学：为法治探索未来. 中国社会科学，2000（5）.

② 罗伯斯·考特，托马斯·尤伦. 法和经济学：6 版. 上海：格致出版社，2012：71.

③ 迪特尔·施瓦布. 民法导论. 郑冲，译. 北京：法律出版社，2006：335－336.

④ 卢梭. 社会契约论. 李平沤，译. 北京：商务印书馆，2011.

程序法中的自我解决、协议部分放在"合意"中进行说明。此外，探寻调解的理论基石，需要秉承实体法与程序法结合在一起进行研究的进路，因为权利必须有诉权的保障，否则形同虚设。因此，罗马人就认为，先有诉权而后才能谈到权利。[①] 把纠纷处理过程也纳入实体法的视野，使契约法与契约的非契约性基础的规范在原理上通融无碍，提倡一种诉讼与实体研究思维，提倡一种关系性的一揽子解决法律问题的方式[②]，是本专题的一大特色。

对于纠纷的解决形式，人类学家总结了许多不同的类型，但终究不外乎斗争和商谈两大类。学者普遍认为，斗争比商谈更早，随着社会进步，商谈将成为主要的纠纷解决办法，而且以纠纷解决为目的的商谈较争斗更具规则主导性。[③] 我们的时代是权利的时代，而权利源于主体间的商谈。[④] 哈贝马斯坚持认为，权利在成为权利之前必须经过商谈过程。为了能够对具体的权利进行商谈，需要将基本权利作为程序性条件，这些条件可以被视为民主立法的"理想言谈情境"，只有具备了这些程序性条件，具体的实体性权利才可能产生。这里的要义是商谈先于权利，程序先于实体。在商谈中，任何人提出的任何有效性主张都须接受批判性的挑战和检验，"作数的仅仅是那些有可能被参与各方所共同承认的理由"[⑤]。

简而言之，商谈是一种旨在相互说服，达成一致的交流或者对话过程；同时也是一种在博弈行为中达到纳什均衡，获得双方都可以接受的利益最大化的过程。这里以卢梭《论人类不平等的起源》中的一例为引子进行简单说明：如果一群猎人出发去猎一头鹿，他们完全意识到，为了成功，他们必须都忠实地坚守自己的位置。然而，如果一只野兔碰巧经过他们中的一个人附近，毫无疑问他会毫不迟疑地追逐它，一旦他获得了自己的猎物，他就不太关心他的同伴是否错失了他们的目标。[⑥] 这其实是一个简单的博弈案例。如果两个人都决定猎鹿或者猎野兔其实就是达到了纳什均衡状态。在契约缔结

①　周枏．罗马法原论：下．北京：商务印书馆，1994：924.

②　麦克尼尔．新社会契约论．雷喜宁，潘勤，译．北京：中国政法大学出版社，1994. 季卫东．关系契约论的启示．北京：中国政法大学出版社，2004：5.

③　张晓红，郭星华．纠纷：从原始部落到现代都市——当代西方法律人类学视野下的纠纷研究．广西民族大学学报（哲学社会科学版），2009（5）.

④　高鸿钧．权利源于主体间商谈——哈贝马斯的权利理论解析．清华法学，2008（2）.

⑤　哈贝马斯．在事实与规范之间——关于法律和民主法治国的商谈理论．童世骏，译．北京：生活·读书·新知三联书店，2003：146.

⑥　卢梭．论人类不平等的起源．高修娟，译．上海：上海三联书店，2009：51.

过程中，商谈不仅是契约达成的基本手段，而且是防止纠纷产生的手段，同时还具有在潜在的纠纷发生时选择解决途径和适用规范的重要功能。[①] 商谈以意思自治为法律基础，以交往行为为行为基础，以纳什均衡为经济学基础，最后当事人所达成的商谈结果是一种契约性的私力救济方式——这可以被视为调解解决纠纷的基本构造。

（一）商谈的法律基础：实体法上的意思自治以及契约自由

所有权绝对、过错原则和契约自由为近代私法的三大理念性原则，而契约自由又是私法自治的核心内容。[②] 梅因所指出的"从身份到契约"，正是准确地抓住了最能概括一定历史条件下社会根本特征的两个概念——"身份"与"契约"。他创造性地将"身份"与"契约"作为标签使用在古代社会与现代社会，作为区分这两种社会的标志性符号；并据此把社会一下子划分为"身份社会"以及"契约社会"。正如梅因所言：关于我们所处的时代，能一见而立即同意接受的一般命题是这样一个说法，即我们今日的社会和以前历代社会之间所存在的主要不同之点，乃在于契约（agreement）在社会中所占范围的大小。[③]

私法自治原则即法律赋予个人以下自由：亲自为其生活关系确定为法律规范所认可的规制。[④] 民法中的债法传统上为扎根于19世纪自由法律思想的私法自治原则所支配，最典型的当属1804年公布的《拿破仑法典》。该法典极端尊重个人自由，因此衍生四个原则：意思自治原则；契约自由原则；责任基于过失而生之思想；所有权不可侵犯。[⑤] 根据意思自治与契约自由原则，私法最为重要的任务是赋权个人以自我负责地构建自身法律关系的社会。私法自治最重要的表现是合同自由，而合同自由包含三个重要因素：缔约自由、合同构建自由与合同形式自由。合同自由原则只在当事人的力量状况平等的时候才可能确保不出现不适当的结果，如果磋商对等性发生了障碍，合

---

① 范愉. ADR原理与实务. 厦门：厦门大学出版社，2002：268.

② 罗伯特·霍恩，海因·科茨，汉斯·G. 莱塞. 德国民商法导论. 楚建，译. 北京：中国大百科全书出版社，1996：90.

③ 梅因. 古代法. 北京：商务印书馆，2010：196.

④ 汉斯·布洛克斯，沃尔夫·迪特里希·瓦尔克. 德国民法总论：33版. 张艳，译. 杨大可，校. 北京：中国人民大学出版社，2012：18.

⑤ 史尚宽. 民法总论. 北京：中国政法大学出版社，2000：67.

同就丧失了这一"正确性"保障，并可能退化为"他决"①。在此，契约自由是一个强有力的前提——允许双方当事人达成任何无害社会和他人的契约，允许在契约中包括相互同意的任何条款。在人们承认以上观点的条件下，法律的功能在于规定有益于减少契约商谈成本的法定条款②，并且从非诉讼解决纠纷的角度，保护当事人的意思自治权利，保障当事人达成契约后的纠纷解决成果。

(二) 商谈的行为基础：交往行为理论

商谈体现了在纠纷解决机制过程中通常的表达形式。商谈作为一种交流方式、交换想法的形式，促成商谈主体表达想法；同时，商谈作为双方博弈过程也是纠纷主体形成决定、达成协议，从而解决纠纷的过程。最能清楚体现商谈、协商特征的是在简单的双边交往中，信息的双向流动，双方达成谅解并取得结构。这正是哈贝马斯"理想化语言情景"（ideal speech situation）的生动写照。③ 哈贝马斯的交往行为理论基于两种理性概念的区分，形塑、指引人们对行为的认知。交往理性是一种指向相互理解的行为，这种行为是指言谈主体（speaking subjects）之间通过协调他们关于世界的理解来达成合意（agreement）的过程。④ 在《交往行为理论》中，哈贝马斯构建起生活世界与系统的双重思考的进路，并且形成了颇具原创性和极具影响力的社会理论。他敏锐地指出，不同类型的商谈（discourse）应该明确地对应不同类型的主张：关于真理性的理论性商谈、关于正确性的道德—实践性商谈、关于真诚性的审美和治疗性商谈。⑤ 为了防止法律体系的保守化，维护批判精神，哈贝马斯引进了道德话语，并把导致讨价还价和妥协的交涉这一政治性契机也嵌入独立自治的规则体系之中。然而哈贝马斯还是坚持道德只有转译为法律代码才能具有超越邻近范围的效果。这意味着要把公民自主的沟通活动加以程序化。由此可见，哈贝马斯的商谈理论以一种双轨的规范性互动过

---

① 迪尔克·罗歇尔德斯. 德国债法总论：7版. 沈小军，张金梅，译. 沈小军，校. 北京：中国人民大学出版社，2014：22 - 23.

② 理查德·A. 波斯纳. 法律的经济分析. 蒋兆康，译. 林毅夫，校. 北京：中国大百科全书出版社，1997：24.

③ 西蒙·罗伯茨，彭文浩. 纠纷解决过程：ADR与形成决定的主要形式. 刘哲玮，李佳佳，于春露，译. 傅郁林，校. 北京：北京大学出版社，2011：152.

④ Jürgen Habermas. *The Theory of Communicative Action*. Volume 1, Reason and the Rationalization of Society. Boston, MA：Beacon Press, 1984, pp. 8 - 22, 168 - 185.

⑤ 马修·德夫林. 哈贝马斯、现代性与法. 高鸿钧，译. 北京：清华大学出版社，2008：27.

程为特征，即围绕法律和权利的正式议论以及围绕道德和社会自治的非正式议论，并且这两个不同层次之间也存在着相互审核、相互蕴含的关系。①

（三）商谈的经济学基础：纳什均衡理论

经济学是一门科学，也是一种研究方法以及思维方式。经济学家假设人都能理性地追求自己的目标。在理性人（reasonable man）的前提之下，约翰尼·冯·诺依曼创设了博弈论（game theory）。博弈论所分析的是两个或两个以上的比赛者或参与者选择能够共同影响每一参加者的行动或战略的方式。一般认为，博弈论是一种解析式工具，也是一种预测性工具。② 博弈论的指导思想是，假设你的对手在研究你的策略并追求自己最大利益的行动，你如何选择最有效的策略。③ 博弈论的目标是建立一种数学理论来描述在特定的游戏规则之下，理性的游戏者将会作出怎样的选择以及结果会是什么。其目的是不仅要理解传统意义上的竞争关系，也要更好地理解经济、外交和政治——涉及策略行为的所有形式的人与人之间的互动。④ 博弈论的兴起为现代 ADR 运动提供了经济学分析基础，也推动法律经济学（Economic Analysis of Law）成为一门相对独立的学科。从此，法律、经济学与社会学共同研究纠纷解决机制，根本上推动了 20 世纪 70 年代兴起的接近正义运动"第三次浪潮"。

当博弈各方协调一致去寻找最大化共同利益的战略时，就会出现合作性均衡（co-operative equilibrium）状态。⑤ 这就会涉及纳什均衡理论。纳什均衡是关于博弈将会如何进行的"一致"预测，如果所有参与人预测特定纳什均衡会出现，那么没有参与人有动力采用与均衡不同的行动。因此，纳什均衡，也只有纳什均衡，能使参与人预测到它，预测到他们的对手也会预测到它。如此循环往复。在纳什均衡理论指引之下，商谈双方预测对手，达成协议，获得双方都能接受的最大化利益。纳什均衡简单来说就是一个策略组

---

①　季卫东．法律议论的社会科学研究新范式．中国法学，2015（6）．

②　科林·凯莫勒．行为博弈——对策论互动的实验研究．贺京同，等译．贺京同，校．北京：中国人民大学出版社，2006：2-4.

③　保罗·萨缪尔森，威廉·诺德豪斯．经济学：16 版．萧琛，等译．北京：华夏出版社，1999：160-161.

④　大卫·D. 弗里德曼．经济学语境下的法律规则．杨欣欣，译．龙华，编校．北京：法律出版社，2004：97.

⑤　同③164.

合，使每个参与人的策略对其他参与人的策略产生最优反应。[①] 生活中充满了不确定性和策略行为，并由此衍生出不确定性经济学（economics of uncertainty）。而这种合作性均衡恰恰是调解实现双方当事人双赢（win-win）的最强动因（motivation）。商谈理论是以商谈双方意思自治与实体权利为基础的，吸收了哈贝马斯的交往行为理论，又结合博弈理论以及纳什均衡理论、帕累托最优原则来促进商谈结果达到最优，采用原则强硬但态度温和的纠纷解决方式，从而集合了中西方文化传统与社会发展的现实考量，使自身充满神奇魔力，一经出现就有横扫全球的趋势。

（四）商谈与合意的政治学及社会学基础

很早就有学者总结出一个普遍性规律：诉讼审判并不是一个优先选择，人们首先会力图避免纠纷，回避不了的时候多采取协商和交涉的办法去化解之。双方在努力没有结果时就会向第三者求助。调解是在第三者介入状况下的双方交涉，仲裁是在交涉基础上的第三者判断。只有在这些非正式的社会控制方式都缺乏效果的场合，诉讼才作为最后手段而被采用。[②] 美国密歇根大学法学院的 R. 伦坡特教授对调解等所谓非正式的程序进行了有趣的实证研究。他发现：调解中对程序性和实体性的各种问题的反复交涉会导致结晶化的现象，形成某种范型和非正式的规则。调解机构承认这些规范的约束力，从而减少了解纷的恣意性。[③]

首先就程序问题达成合意，再通过程序以及在程序竞技场上展开的说服力比赛来逐步寻求关于实体问题的合意；在关于实体问题无法达成合意时，关于程序问题的合意就成为决定和强制的正统性基础；而程序是否妥当由程序性合意是否存在、是否充分来评价。在这里，得以跳出循环论证窠臼的撑杆是在程序与契约之间参与沟通活动的发言主体反复进行的那个说服力比赛，以及向他者开放的反思化作用和其中的收敛效应。去程序化之后的罗尔斯学说转而以相互性理念以及主体之间的沟通活动作为正义原则的基础，也就是说以人际公平合作来调和德性与理性。相互性理念的实质是契约。因此，我们不妨在一定程度上认为罗尔斯对正义保障机制的探索已经从程序转

---

① 朱·弗登博格，让·梯若尔. 博弈论. 黄涛，等译. 北京：中国人民大学出版社，2002：10-11.

② R. Schwartz. Social Factors in the Development of Legal Control: A Case of Two Israeli Settlements. *Yale Law Journal*, Vol. 63 (1954), p. 471.

③ Richard Lempter. The Dynamics of Informal Procedure. *Law and Society Review*, Vol. 23, No. 3 (1989), pp. 372-375.

向契约。①

　　过去二十多年间，人们逐渐将研究方向转向新型治理模式，探索其在解决社会专业体系（比如经济法律体系、政治体系以及医疗卫生体系）的协调性和生活世界（或者更广义地理解为公民社会）的协调性中的潜在作用。② 治理（governance）理论兴起于 20 世纪 80 年代末、90 年代初，与传统的"统治"（government）相对。作为公共管理领域最核心的发展之一，"治理"被广泛运用于社会领域，流行于世界。③ 治理理论的兴起是对市场有时候会失灵、国家管理和解决当事人纠纷成本高昂且缺乏效率，甚至是对法治国总是有无法发挥作用和效能的真空地带以及灰色地带永远存在的一种深刻反思。治理理论的兴起拓展了国家与市民社会之关系的分析架构，它超越了自由主义与国家主义的传统对立，凸显国家与市民社会之间实现正和博弈关系的可欲性和可行性，从而是一种新型的国家与市民社会的关系范式。④ 在多元化纠纷解决机制中治理理论是一种"多元治理"，也是一种"合作治理"。这是党的十八届四中全会将多元化纠纷解决机制上升为"国家治理体系和治理能力现代化"战略的重要原因。

　　语言媒介是交往行为概念中所出现的前提，它所反映的是行为者自身与世界之间的关联。事实上，我们都知道，语言沟通只是协调行为的机制，它把参与者的行为计划以及参与的目的融合为一种互动。⑤ 通过这种互动，不仅解决了纠纷，而且还形成了某种意义上的社会共识的形成以及社会治理模式的转变。在现代社会冲突是一种应得权利和供给、政治和经济、公民权利和经济增长的对抗。基础的社会价值乃至对多元文化的认同，共同决定了纠纷的本质、恰当的纠纷状况回应方式以及合适的救济途径。互联网时代在给

---

　　① 罗尔斯明确指出："原初状态的理念之所以被提出来，就是为了回答如何将公平协议的理念扩展到就基本结构的政治正义原则所达成的协议这一问题……既然这种协议的内容是关于基本结构之正义原则的，那么这种原初状态中的协议规定了自由和平等的公民之间进行社会合作的公平条款。……它能够做到这点，是通过使基本结构之首要正义原则成为协议的对象，而不是像洛克那样使特殊的政府形式成为协议对象。"（约翰·罗尔斯. 作为公平的正义——正义新论. 姚大志，译. 上海：上海三联书店，2002：27）一旦基本结构的正义原则确定，只要承认和履行这些原则以及相应的合作规则，就可以产生正义的结果。正是在这个意义上协议也表达了"我们可以称为纯粹背景程序正义（pure background procedural justice）的东西"（同前：81）。

　　② 鲍勃·杰索普. 治理与元治理必要的反思性、必要的多样性和必要的反讽性. 程浩，译. 国外理论动态，2014（5）.

　　③ 郁建兴. 治理与国家建构的张力. 马克思主义与现实，2008（1）.

　　④ 郁建兴，吕明再. 治理：国家与市民社会关系理论的再出发. 求是学刊，2003（4）.

　　⑤ 尤尔根·哈贝马斯. 交往行为理论. 曹卫东，译. 上海：上海人民出版社，2004：94-96.

我们带来全新的问题的同时也为制度创新提供了新的机遇。互联网时代使社会结构具有越来越强的互动关系以及无限的可能性，对我们的生活、思维以及纠纷解决都产生了革命性影响。

若在更加广阔的社会背景下来考察多元化纠纷解决机制，将发现，在解决纠纷之外，该机制反映了法律秩序中个人与国家、当事人与法律体系之间的关系。这是一个民意涌动的时代，现代多元社会民意呈现明显的多元化倾向，融合多元民意和多元表达内涵的民意表达必然是一种多元民意表达。① 社会成本理论（Social Cost Theory）从外部性（externality）问题出发，通过进一步界定当事人双方的权利界限，得到一种权利配置结构。社会成本理论最后的结论是：任何一种权利的起始配置都会产生高效率的资源配置，也都需要社会交易成本（市场的以及非市场的）并影响收入分配。问题的关键是如何使法律能选择一种成本较低的权利配置形式和实施程序。这样，社会的法律运行、资源配置的进化过程就是以交易成本为最低原则，不断重新配置权利、调整权利结构和变革实施程序的过程。②

纠纷解决过程，其实是通过当事人合意来重建社会共识（rebuild up the society consensus）的过程，也是对社会进行治理的过程。从社会管理向社会治理的转变是新时期国家治理范式的重大变革，"社会治理"强调整合各类社会资源，充分调动各类主体的积极性，进而实现国家、社会、个人的共同参与、共同协作、共同治理。社会矛盾纠纷化解为社会治理的一项重要内容，囿于传统的管理理念与思维，传统纠纷解决机制的建构主要依赖国家的力量与资源，鲜有社会与民间力量的有效参与和支持。"共建共享"理念充分契合了新时期对社会纠纷解决的现实需要，充分吸收法院以外的各种社会力量，共同参与社会矛盾纠纷的化解。如此，不仅有效整合了各类纠纷解决资源，而且使纠纷解决的公信力得到有效提升。③ 从世界各国司法制度的发展轨迹可以看出：吸收公民直接参与国家司法活动，发挥公民在司法活动中的积极作用，被认为是一个国家司法民主的重要标志；加强公民对司法活动的参与，也是保障司法活动公正进行的一个重要方面。④

---

① 李昌昊．权利与权力之沟通、协调与合意．苏州：苏州大学，2007.
② 理查德·A. 波斯纳．法律的经济分析．蒋兆康，译．林毅夫，校．北京：中国大百科全书出版社，1997：18.
③ 廖永安．以"共建共享"理念推进多元化纠纷解决机制改革．人民法院报，2016-07-05.
④ 熊秋红．司法公正与公民的参与．法学研究，1999（4）.

三、数字正义理论塑造未来调解制度

在古希腊神话里，主持正义和秩序的女神是忒弥斯（Themis）。正义女神着白袍，戴金冠，蒙眼，左手提一秤，置膝上，右手举一剑，一束棒……这些都体现了人们对公正原则的追求。对公正的追求以及通过法律实现程序正义一直是数千年来人们制定法律制度、设计法律程序所关心的首要问题。苏格拉底从培养个人道德出发来阐释正义，寻求德性在实践中与生活的内在一致性。他以美德为知识，把德性因素注入正义观念之中，赋予正义伦理性内涵；从德性和智性中来寻求把握正义，通过个人自制伦理的方式获取正义，并以法的形式维护正义。① 最后由亚里士多德总结道，"公正是一切德性的总汇"②。

（一）从程序正义到数字正义

公正来自何处？罗尔斯在《正义论》中提出了三种程序正义观念，即"完善的程序正义"、"不完善的程序正义"和"纯粹的程序正义"。他一再重申，他的正义原则的确是一种"纯粹的程序正义"。不过，罗尔斯的正义理论在获得人们巨大赞誉的同时，也招致了各方面的挑战，其中，其正义优先于善的规则伦理价值基础和论证方法被迈克尔·桑德尔进行了深刻的批判。③

互联网时代在给我们带来全新的问题的同时也为制度创新提供了新的机遇。数字正义这一概念首次出现在一本 20 世纪 90 年代出版的科幻小说里④，之后逐渐进入研究人员的视野。从 2000 年开始美国法律人开始对此以及相应权利进行研究。

就全世界范围来看，对数字正义作比较系统的研究者当属美国在线纠纷解决机制专家伊桑·凯时（Ethan Katsh）和欧那·拉比诺维奇·恩尼（Orna Rabinovich-Einy）。他们认为：互联网带来了大量的在线纠纷，随着互联网的成几何式增长，在线纠纷的数量也会呈现井喷，而传统的法院以及 ADR 都将无力应对这些纠纷爆炸式的增长，所以需要 ODR、在线法院等新的纠纷解决机制，以确保网络世界中的公平和正义可以实现。当然，技术为解决纠纷提供了新的可能和方式，而技术方案本身就是更好的程序，也为预先防

---

① 邹佳呈. 苏格拉底正义思想解读. 佳木斯大学社会科学学报，2010（2）.
② 王岩."公正是一切德性的总汇"——亚里士多德正义观探析. 江海学刊，1996（3）.
③ 陈路，刘化军. 论桑德尔对罗尔斯正义理论的批判. 马克思主义与现实，2007（4）.
④ Pepe Moreno，Doug Murray. *Batman*：*Digital Justice*. New York，DC Comics，1990.

止纠纷提供了可能性，比如，法律可以代码化（code is the law），同样的，程序也可以代码化（code is the process）。与此同时，数字正义理论也就应运而生，由此带来的对未来的在线纠纷解决机制和在线法院的程序设计、数据研判，甚至人工智能的应用，都成为需要研究的问题。如此一来，不论过去我们争议的是实体正义还是程序正义，是纯粹程序正义还是分配正义，是社群主义正义观还是自由主义正义理论，抑或过去有很多学者反对 ADR，认为调解和 ADR 给当事人提供的是一种"二等正义"[1]（the second class justice），现在都没有争论的必要了，因为传统正义理论已经迈向了数字正义理论。总之，从最早的基于规则的（rule-based）专家法律系统（将法律专家的法律知识、经验等以规则的形式转变成计算机语言），到以深度学习、机器学习、大数据等为支撑的自主系统，法律科技（Law Tech.）与人工智能对法律以及法律行业的更深、更广的影响已经波及正义理论体系，并给调解和 ADR 的发展带来新的机会、提出新的问题。[2]

（二）数字正义理论塑造未来调解制度

经过 30 年的发展，互联网＋时代让社会结构具有越来越强的互动性以及无限可能性，对我们的生活、思维以及纠纷解决都产生了革命性影响。进入 21 世纪，电子与网络技术的兴起精简了无数的程序；在线服务和"云储存"功能，有效降低了诉讼成本；多元化纠纷解决程序正在发生翻天覆地的变化，数字正义真正进入了我们的生活与研究范畴，其中跟 ADR 密切相关的是使用信息技术（IT）的 ODR（Online Disputes Resolution，即在线纠纷解决机制）。随着人工智能（Artificial Intelligence，简称 AI）的兴起，通过高科技和人工智能在线解决纠纷已经成了最近数年的热议话题。人工智能是一个关于建设具有学习和思考能力的智能系统的领域，目前，有几种类型的 AI 系统可供我们使用。[3] 未来人工智能还会变得更加智能化。与此同时，数字正义成为一项重要研究内容。

在过去 20 年中，电子通信技术（Electronic Communication Technolo-

---

① Owen, M. Fiss. Against Settlement. *Yale Law Journal*. Vol. 93, Issue 6（May 1984），p. 1085. Martin A. Frey. Does ADR Offers the Second Class of Justice? . *Tulsa Law Journal*. Vol. 36, Issue 4（Summer 2000），p. 727.

② 曹建峰. 法律人工智能十大趋势 | AI 观察. ［2017 - 08 - 10］. https：//mp. weixin. qq. com/s/ 0DQOsL3cv2c5QofjX5gmeA.

③ Katsh Ethan, Oena Rabinovich-Einy. *Digital Justice*：*Technology and the Internet of Disputes*. Oxford University Press, 2017, pp. 29 - 38.

gies，ET）以一种惊人的速度在不断发展，并在现代社会中不断普遍化。当下，那些发展水平极高、被设计得简洁而精致的电子通信设备，已经成为人们日常生活的必需品。无论是在私人领域还是在公共领域，电子通信技术都显著地改变了我们日常沟通交流的方式。这种新兴技术的迅速发展，同样在许多国家的民事诉讼程序中有所体现。它所具有的极致高效性和便捷性，让它的应用在当前民事诉讼程序中非常必要。在电子技术具有广阔发展前景的基础上，许多国家正在不断加大在民事诉讼程序中引入该技术的力度，许多国家正在通过连续的法律修正案，来实现电子通信技术在民事诉讼程序中应用的计划。这样的应用不仅在国内民事诉讼程序中不断扩大，在国际民事诉讼程序中也是如此，尤其是在欧盟成员国之间的民事诉讼程序中。①

四、结论

随着 ADR 的普及，诉讼与非诉讼纠纷解决方式的地位会发生深刻的改变，因为当事人会更多地运用协调机制来解决冲突、进行合同商谈，人们对自上而下的权威型的纠纷解决机制的依赖会越来越弱。"替代性纠纷解决机制"这个短语会有一种新的解释，"诉讼"可能已经变成了替代性的纠纷解决方式，而目前的 ADR 将成为纠纷解决方式中的主流。② 未来，更多强调以一种综合性视角研究诉讼与非诉讼、法律机制与其他社会控制机制；在制度和实践方面，会更加注重构建诉讼与非诉讼程序协调互动的纠纷解决机制。③ 按照数据科学家彭特兰（Pentland）提出的想法流（Idea Flow）的构想，通过"社会参与"思想、信息的流动想法流动起来，从而催生新的想法，带来认知结构乃至社会结构的变化。因此在纠纷解决过程中，保障当事人充分参与这种"想法的交换"也就成为纠纷解决的关键。④ 在纠纷解决之中，当事人之间的"交互作用"（inter-action）更有利于发现案件真实（finding case facts），也是让当事人在每个案件中能够感受到公平正义的关键。

---

① Masanori Kawano. Electronic Technology and Civil Procedure-Applicability of Electronic Technology in the Course of Civil Procedure—New Paths to Justice from around the World//Miklós Kengyel，Zoltán Nemessányi Editors，Springer Dordrecht Heidelberg，New York，London，pp. 3 - 4.

② 迈克尔·利斯. ADR：2020 年的全球发展趋势. 龙飞，译. 法制资讯，2013（4）.

③ 范愉. 纠纷解决的理论与实践. 北京：清华大学出版社，2007：221.

④ 阿莱克斯·彭特兰. 智慧社会. 汪小帆，江容，译. 杭州：浙江人民出版社，2015.

（一）契约理论塑造了现代调解的精髓

我们还是要回到商谈与合意的共同基础——契约上来，因为契约理论塑造了现代调解的精髓。罗尔斯通过概括以洛克、卢梭、康德为代表的契约论，使之上升到更高的抽象水平，提出一种"作为公平的正义观"。在此，契约的目标并不是建立某一特殊的制度或者进入某一特定的社会，而是作为一种指导社会基本结构设计的根本准则，即作为公平的正义（justice as fairness）。① 调解以商谈与合意为基本结构，在处理上节约了纠纷解决的成本，而且符合社会成本理论的要求。相关法律及司法解释应该着眼于"赋权"与"保障"，以实现纠纷解决成本最低化，司法资源配置达到最优点。按照罗尔斯的正义论，非诉讼纠纷解决是最符合作为公平的正义的多种纠纷解决方式的总和，不仅是有效率的，而且是正当的。合意的本质在于两个以上的人通过相互协商一致促使所想要的法律效果发生。通过交换一致的意思表示而取得合意所针对的不是双方当事人的利益状况，而只是双方所希冀的法律效果。② 合意的本质同样也适用于纠纷的解决过程。ADR 盛行的国家普遍认为，当事人之间的合意乃 ADR 正当性的基础。当事人双方基于实体法上的意思自治以及纠纷解决上的自我解决，经过平等协商，或者经过中立第三方机构，所达成的契约，也就是协议，是当事人之间根据意思自治原则所达成的"法律"。

为什么契约会有如此魔力？因为契约把自由选择与信守承诺结合在一起，适应了重建社会结构的需要。一方面契约在日常事务中起到非常实际的作用，另一方面契约作为一项制度实际上又把一切具体的规范留待未来决定，是非常精巧的操作装置。③ 可以毫不夸张地说，在英美法世界中，契约法是独立的法律部门，是市场经济体系和自由企业制度的基石，是张扬个人自由和私法自治精神的法律制度，是促进、保护和鼓励市场交易的规制。一切皆为合同。合同扩张着人的行为，连接着人的关系，提升着经济效率，同样，也构建着社会的秩序。④

（二）数字正义理论让在线纠纷解决制度更加适应未来的需要

ODR 作为一种新生的纠纷解决方式，在解决小额的、当事人间物理距

---

① 约翰·罗尔斯. 正义论. 何怀宏，等译. 北京：中国社会科学出版社，2001：11.
② 迪特尔·施瓦布. 民法导论. 郑冲，译. 北京：法律出版社，2006：335-336.
③ 季卫东. 程序比较论. 比较法研究，1993（1）.
④ 刘承韪. 英美契约法的变迁与发展. 北京：北京大学出版社，2014：2.

离遥远的网络民事纠纷方面具有特别优势。[1] 1996 年研究 ODR 的第一篇论文发表在美国俄亥俄州州立纠纷解决杂志上，经过二十多年的发展，在线纠纷解决已经逐渐由操作转化成机制，从 eBay、淘宝大众评审等商业化的纠纷解决平台转为联合国贸法会等国际组织的重要研究议题，形成一种全球化的 ODR 理论研究和实务操作平台。ODR 过去只是作为 ADR 的在线形式出现，现在已经有更加系统而完整的理论体系和实务操作流程。[2]

在可以预见的不远的将来，利用人工智能、电脑帮助进行决策制定的情况会呈现出递增趋势，这些发展也有可能对 ODR 提出新的挑战。随着我们生活中越来越多的方面依赖于算法，我们将需要重新写入或者调试系统，帮助人们了解他们的决策是如何受到影响的以及应该如何解决问题。可以预期这些问题将呈现几何式增长。而传统的面对面的争议解决机制，无论是私人还是公共的，都不会成为解决这些问题的主要来源。ODR 需要落实到位，解决与算法有关的问题，防患于未然。[3] 从近几年的发展趋势而言，全球正在加深对 ODR 的认识，正在致力于提升全球对 ODR 的认知，对 ODR 的认识也逐渐从最初认为的在线纠纷解决机制有利于解决小额的、当事人距离较远的互联网纠纷，转向理解并接受这种形式，并逐渐利用人工智能、大数据、算法等法律科技解决纠纷，缩小当事人之间的数字鸿沟，尽力避免算法上的歧视，实现数字正义。[4]

（三）小结

·　结论一：在社会契约的基础之上，将调解归入通过达成契约自我解决纠纷的轨道；将调解自治理论纳入纠纷解决机制范畴；将法治与自治相结合的现代社会治理纳入国家治理与全球治理体系，从而实现社会契约理论对现代调解制度的重塑。纠纷解决过程，其实是通过当事人合意来重建社会共识（rebuild up the society consensus）的过程，也是对社会进行治理的过程。调解正在成为一种全球趋势，也就是说正在形成一种调解治理、全球治理动态

---

①　郑世保. 在线纠纷解决机制的困境和对策. 法律科学（西北政法大学学报），2013（6）.

②　Katsh Ethan. Ten Years of Online Dispute Resolution (ODR)：Looking at the Past and Constructing the Future. *University of Toledo Law Review*. Vol. 38，Issue 1 (Fall，2006)，pp. 19 – 46.

③　Katsh Ethan, Oena Rabinovich-Einy. *Digital Justice：Technology and the Internet of Disputes*. Oxford University Press, 2017，pp. 179 – 180.

④　Evans, Frank G. Wettman, Bruce, Shadoff, Lewis, Birdwell, Rebekah. Enhancing Worldwide Understanding through ODR：Designing Effective Protocols for Online Communications. *University of Toledo Law Review*. Vol. 38，Issue 1 (Fall，2006)，pp. 423 – 430.

平衡。在此趋势之下，最终将会在整个社会上形成一种公众普遍参与的自我解决纠纷的多元社会治理样态。

结论二：在法律科技持续兴起、人工智能日益发展的当下以及不远的将来，法律科技无疑已经承担起发起数字革命、重塑正义理念的使命。不管之前你是否认为调解、仲裁等 ADR 给当事人提供的是"二等正义"（the second class justice），这样的问题已经没有了研究价值。我们需要把目光聚焦未来，研究：如何定义以及实现"数字正义"（digital justice）；如何规范并制定人工智能下的法律法规以及处理新旧规则的冲突问题；如何将确定的规则、正确的判例等数据，利用算法、模型、机器学习等工具，准确写入程序，以形成更加符合个案正义的裁判文书生成机制。

总之，以社会契约理论和数字正义理论为基础，塑造一种更加客观、更加公平、更加便捷的"数字正当程序"（digital due process），实现数字正义，才是未来调解的发展趋势以及真正使命。

专题二 "国家与社会"视角下农村多元化纠纷解决的多元模式

胡　伟*

引　言

当下的中国，农村纠纷仍涉及复杂的国家与社会关系。"国家—社会"框架对于学界摆脱传统的以"国家本位"观为中心的自上而下的思路以及制定法一统天下的格局并将关注点转向社会中运行的法，提供了一个新的观察视角，进而挖掘出为其他理论模式所遮蔽的问题……① 本专题通过参与观察、深入描述一起农村案件的执行过程及延伸背景，将农村纠纷嵌入宏大的"国家—社会"关系的框架中来观察分析，挖掘为理论所掩盖的问题。笔者进行田野调查的 L 县位于江西省中部②，属国家级贫困县，全县总面积 2 412 平方公里，总人口 37.7 万，其中农业人口 30.7 万。L 县人民法院每年受理民事案件 1 000 件左右，其中涉农案件约占 75%。笔者的隐藏身份是长期关注执行案件的观察者，公开身份是在法院工作多年的法官。这种双重身份的好处是既不会干扰被观察者（法官、当事人和干部群众），又能较全面、深入地了解整个纠纷及延伸背景。

一、纠纷及延伸背景

（一）纠纷：部分执行与司法救助

2016 年 4 月 7 日下午，L 县人民法院 Z 法庭的常庭长邀笔者下乡去执行湖南移民刘某的案子（3 月 17 日，常庭长因法庭的其他法官开庭，邀笔者到

---

* 胡伟，江西省乐安县人民法院审判监督庭庭长。

① 侯瑞雪. 论"国家—社会"框架下的中国法学研究. 长春：吉林大学，2007.

② 本文对所涉及的人名、地名按学术惯例作了技术处理。

过被执行人刘某家执行）。申请执行人杨某前一天打电话告诉常庭长：他所在的村小组有一笔土地承包款要发给每户村民，刘某家可分到两千多元钱，钱在村小组长手上。常庭长当即打电话告诉村小组长第二天上午要开庭，下午会来找他，先不要把钱给刘某。村小组长满口答应。我们在马路边上的小南货店中找到了村小组长，他买了包烟，掏出两支分别散给常庭长和笔者。村小组长说：钱已给了刘某，按习惯一手还一手，不给他，他会报复。旁边不时有人用我们听不懂的湖南话和村小组长交谈。显然，村小组长和店里的部分人是湖南移民，改用湖南话交流是不想让我们听懂他们说什么。这种情况，我们在办案中经常碰到。常庭长对村小组长进行了批评，要他继续协助法院执行。随后，我们来到刘某家。刘某仍坚持先把山的事解决再给钱："他们欺负我们外地人。逼得没办法，我把山全烧光，杀几个人一起死。"常庭长劝刘某不要太激动，有事可以找政府解决，拿了的两千多元钱先交1 000元钱来。我们谈话时，进来了一村民，他听了一会儿说："差不多就算了，各让一步，总共给个五六千块钱拉倒，今天就先交1 000元钱。"笔者问村民是不是也是湖南人。村民说，他姓胡，江西人，都是邻舍关系。当笔者告诉他笔者也姓胡时，他有些惊喜，问笔者是哪里姓胡的。笔者告诉他笔者是H村的，他更加热情："那（19）96年我们还一起修了谱，一家人，什么时候一定要来我这里吃餐饭。"刘某在常庭长和胡姓村民的劝说下终于交了1 000元钱。由此所见，在执行过程中，国家权力固然发挥主导作用，但有时民间社会所发挥的作用也不可忽视。刘某能同意交1 000元钱，邻居的折中调和给了刘某"台阶"下，起到了重要的作用。邻里的劝解并不像法院办案那样完全依法，依据的是农村习惯，还要考虑纠纷发生的前因后果和人情、面子。

5月19日，常庭长和笔者第三次到刘某家。刘某开始时说没有钱，后来又说解决了山的事再给钱。常庭长要刘某主动交清钱，不然，法院会强制执行。临走时，常庭长警告刘某不能再闹事。实际上，这次主要是去找杨某，要他写申请司法救助的材料，打算让他通过司法救助途径解决还差的7 500元钱。6月7日，笔者作为L县人民法院国家司法救助工作领导小组的成员参加了司法救助会议，参与讨论包括杨某在内的6个司法救助案件。负责信访和司法救助工作的于庭长、分管这两项工作的金专委几次接待过到法院信访的刘某，都认为刘某比较偏执，强制执行很可能会出问题。司法救助小组成员一致同意将司法救助杨某7 500元的材料上报县政法委批准。绝大部分上报的司法救助案件基本符合规定的条件，但也有个别案件的申请人并不符合"生活困难"的条件，像杨某，虽然有村、镇政府出具的生活困难的证明，但笔者和常庭长、原来审理该案的法官都知道杨家的境况根本谈不上生活困难，只是为妥善执行案件不得不采取司法救助的方式解决。在申请人上访、闹事，被执行人强烈对抗执行，且法院有执行考核任务的压力下，法院对一些执行难案件，特别是农村执行难案件，通过执行救助的方式来解决将成为一种趋势。

（二）延伸背景：外省"移民"与林地纠纷

1968 年冬，湖南韶山修建大型水利工程，导致约 4 500 人"移民"至 L 县 21 个公社中的 19 个定居（通过人口生育现增至约 12 000 人，其中农村人口约 10 000 人）。接受访谈的湖南移民说，移民到 L 县后的前二三十年，与江西本地人发生矛盾时，经常会团结起来应对，甚至从各公社（乡镇）聚集一二百人来帮忙。近年来，由于不少湖南移民在县城买房、外出打工，加之，一些湖南移民与江西本地人通婚，所以湖南移民与江西人的矛盾较少像以前那样的外地人与本地人之间的矛盾，而多是个别的湖南移民与个别的江西本地人之间的矛盾，就像刘某与杨某之间的矛盾。湖南移民至今还表现得很团结：他们都会说 L 县方言，但他们之间进行交流时都是说湖南话。即使在江西出生的年轻一代也是如此，还有着强烈的省族认同感。村小组长不听法官的警告仍给钱刘某，也有维护自己湖南移民团体利益的考虑。在 L 县本地人看来，湖南移民比本地人团结，喜欢上访；不少法官不愿办湖南移民的案件，因为觉得对湖南移民很难做通思想工作。而在湖南移民看来，本地人社会关系广，常依仗人多势众欺负他们。从本案整个过程来看，杨某并没有依仗人多势众欺负刘家，但他通过一位在邻县当官的亲戚向法院表达了希望尽快执行完结案件的要求。在中国社会，尤其是农村，说情是普遍、正常的现象。有些人对说情一味持批判态度，但法官并不反对当事人找人说情，相反，对一些矛盾大的案件，法官反倒希望当事人找人来说情，这样，法官就可以顺势通过说情者调停，让当事人缓和对立情绪，理智地对待法院的执行。在有些案件中，说情者起到重要的化解矛盾的作用，法官利用说情者妥善执行了案件。当然，法官讨厌不讲理、做反面工作的说情者。

刘某致伤杨某源于林地纠纷。从案卷中的材料来看，2001 年刘某一家迁回湖南老家居住，双方签订协议由村小组作价补偿收回刘某一家约 130 亩林地的使用权。当年，村小组将该林地出租给杨某，经营期限为 50 年。2004 年，刘某"因在湖南老家出了某些问题和原因，又返回居住"。刘某始终认为是杨某与人合谋抢走了他的山，不断找杨某要回林地，也到县林权办请求处理，但没要回林地。2015 年 7 月 13 日，刘某拿着一个装满汽油的玻璃罐，将汽油泼到杨某的衣服上，想用打火机点燃，因杨将衣服脱掉而未成。后刘某用空玻璃罐砸伤杨某的头部。因为致伤杨某，法院判决刘某赔偿杨某各项损失 8 536 元。刘某说，为了拿回山，他花了几万元钱上访，他的小儿子因山的事和他赌气，五年都没回家过年，他一定要把山要回来。在山区，人均耕地面积很少，而林地面积多，林地比耕地更重要，林地是山区农民赖以生存和关系到子孙后代的大事。林地纠纷如果处理不当，往往引发恶性事件，影响农村社会的正常秩序。

二、农村纠纷的多元性

当下的中国农村既不是费孝通在《乡土中国》中描述的传统社会，也不是邓正来所论及的市民社会①，而是介于传统社会与市民社会之间的半传统半现代社会。中国至少仍有约半数的人口生活在农村，农民的文化思想与城市市民有很大的不同。结合以上个案可以发现，相对于城市，农村执行案件表现出与城市不同的特性。

（一）延伸性

纠纷案件的延伸性，是指纠纷不是由一次矛盾冲突、一个明确的标的所导致的，而是有着复杂的前因后果和社会背景。② 除了民间借贷等少数纠纷，许多农村纠纷的发生都是"冰冻三尺，非一日之寒"，不是无缘无故一下子就产生矛盾冲突，而是由其他事情，甚至小事积怨。在执行过程中，当事人不满足于法院就案办案，而是将纠纷的解决延伸到了纠纷产生以前的纠纷，要求先（或同时）解决原来没有经过裁判的纠纷，就像本案刘某要求先把山的事解决再给钱。在刘某看来，法院不能只要他赔杨某的钱而不管山的事，他"有理由"不履行法院的判决：杨某先"抢"走了他的山，解决不了他才伤人，要赔钱也要解决山的问题。与城市执行案件相比，农村执行案件牵涉

---

① 周晓虹. 中国研究的可能立场与范式重构//中国社会科学院社会学研究所. 中国社会学：第 9 卷. 上海：上海人民出版社，2012.

② 陈柏峰，董磊明. 治理论还是法治论——当代中国乡村司法的理论建构. 法学研究，2010 （5）.

到"剪不断，理还乱"的社会关系，若不顾及纠纷产生的前因后果，即使裁判得到了强制执行，社会关系也可能进一步恶化，使矛盾又向后延伸。

（二）复杂性

农村执行案件涉及复杂的面子、人情等社会关系，即使被执行人没有履行能力，申请执行人为了"面子"或"争口气"，也会闹到法院，要求拘留被执行人；而被执行人担心自己主动履行裁判会被村里人认为"没用"，而不会轻易履行法院的裁判。农村社会更具有韦伯提出的"邻人共同体"的特征，社会行动者并非只关心自己的兴趣，而几乎总是留意其他人的希望、需求和行为。[①] 本案中，一方面，刘某为了自己的利益和面子不会轻易自动履行；另一方面，从共同体的角度考虑，刘某担心自动履行裁判会受到湖南同乡的指责，湖南同乡希望他能让江西本地人看到湖南人不是好欺负的。此外，矛盾的复杂性还体现在同族成员之间，甚至父子、兄弟等亲属之间。"纠纷的产生以及纠纷的解决都是与当地的婚姻安排、家族势力、法庭、村政府*以及村庙的仪式活动等社会制度相互联系在一起的。"[②] 故此，在执行时要充分考虑农村纠纷的复杂性，重视农村的人情、面子等社会因素，这样，案件才可能被妥善执行。

（三）救助性

现阶段我国仍有不少农村贫困人口，他们不仅生活困难，而且思想较传统、法律意识不强，对国家和社会不公平的感受更强烈。在执行过程中对符合条件的申请执行人给予司法救助，不仅能在一定程度上解决申请执行人的生活困难，而且能缓解当事人之间的矛盾，有利于农村社会关系的和谐、稳定。"虽然每年执行案件中司法救助的钱不多，只能救助十几个案子，但还是对解决执行难有较大的作用，特别是对农村执行案件，真正执行难的案件一年也主要是几件农村案件。"[③] L县人民法院司法救助的案件数量和金额逐年增加，农村执行救助案件从件数上看最少的年份也占了83%（见表1）。除了农民生活困难外还有其他原因：一是农村发生的人身伤害赔偿案件多，比如，交通事故、打架斗殴、农民工提供劳务时受伤等。二是农民上访、闹

---

* 原文如此。——编辑注

① 毛丹．村落共同体的当代命运：四个观察维度//中国社会科学院社会学研究所．中国社会学：第9卷．上海：上海人民出版社，2012.

② 赵旭东．法律与文化：法律人类学研究与中国经验．北京：北京大学出版社，2011：148.

③ 对L县人民法院执行局长刘局长的访谈。

事多。对类似的执行案件城市居民可能不会上访、闹事，而不少农民虽对判决不服，但并不上诉或申诉，到了执行时，才提出法院判错了而上访、闹事。通过司法救助解决执行难越来越受到法院的重视，法院也充分发挥国家司法救助政策的作用解决了一些执行难案件，其中大部分是农村执行难案件，"取得了令人欣喜的成果"①。

表 1　　　　　　　　近年来 L 县人民法院司法救助情况

	总金额（万元）	总件数（件）	其中涉农执行救助（件）
2012 年	17	7	6
2013 年	22	9	8
2014 年	36	10	9
2015 年	45	18	15

三、农村纠纷中的"国家—社会"关系

"运用国家与社会的相互关系这一概念分析工具来探讨法制现代化问题，有助于我们揭示法制现代化的社会基础，认识不同的社会条件对于不同文明系统中法律发展进程的影响程度，进而对现代法律发展的社会机理获得一种整体性的把握。"② 改革开放以来，中国的国家与社会关系发生了巨大转变，国家与社会的对立越来越少（小），但在共性增多的同时，仍存在诸多的悖论，尤其是在国家与农村社会之间。这就需要充分认识当前国家与社会关系中存在的问题和执行的社会基础。

（一）现代国家与传统社会的悖论

在农村执行案件中很多都涉及传统社会关系，而这些关系在市民社会基本上不存在，比如，宗族关系、邻里关系。农村社会存在的这些盘根错节关系在农村社会内部起着重要的维持正常秩序的作用，但却与国家更多地表现为对立。

1. 宗族关系

当前，农村人口大量外出、频繁流动，宗族成员之间见面的机会越来越少，较难形成以往那样强大的宗族势力，加之，国家对宗族关系中与国家对立的行为（如宗族械斗）给予了打击，因而宗族关系越来越淡化，但势力较以前有所衰弱的宗族关系仍然存在。宗族成员从宗族利益出发不会协助法院

---

① 孙兵. 多元化救助破解执行难. 人民法院报，2016 - 06 - 12.
② 公丕祥. 法制现代化的分析工具. 中国法学，2002（5）.

执行，甚至帮助被执行人逃避执行。特别是在历来关系不好的两个宗族的成员之间产生矛盾时，宗族关系会发挥更明显的负面作用，即使被执行人想履行法院的判决，宗族其他成员也会从整个宗族的"面子"出发或明或暗地干涉、阻挠，加深宗族之间的矛盾，使法院的执行陷入两个宗族的关系之中，一旦案件执行不令双方满意，就可能引发两个宗族之间的矛盾冲突。在农村案件执行过程中，法官应充分利用宗族关系中的积极因素，不急于强制执行，而是先做通在宗族中有影响的人的思想工作，从而避免群体性事件的发生或群众与法院的对立。

2. 邻里关系

远亲不如近邻，身边邻居给予的帮助和实惠要比空间距离远的亲戚所给予的更多、更重要。如果谁出卖邻居配合法院执行，那么他（她）就会受到全村人的谴责甚至报复，在"低头不见抬头见"的村落社会中被孤立。正是在这种思想观念的支配下，邻居往往以邻里关系为重，在法院执行过程中，村民考虑更多的是邻居之间互相帮助，而不是国家法律，会明知被执行人的情况而故意欺骗法官；在法官强制执行时，甚至帮助被执行人阻挠执行。邻居以村落社会内部的利益为重，而轻视国家法律，在某些方面不利于现代国家的构建，但又起着维护村落社会和谐的重要作用。在执行过程中，法官应向被执行人的邻居讲清楚法院裁判是合情合理的（而不只是合法）及被执行人拒不履行的后果。在法官离开后，邻居就可能从被执行人利益的角度委婉规劝被执行人履行法院的裁判，从而对执行起到一定的积极作用。

（二）现代法治与民间风俗的悖论

民间风俗是中国传统社会维持正常秩序的重要规范，至今一些民间风俗在农村仍起着维持社会秩序的重要作用。但国家制定出的有些法律又与民间风俗相悖，不为农村社会所理解和接受。国家在推行现代法治的进程中如强行将仍在农村社会普遍施行的风俗予以革除，势必给农村社会、乃至国家带来危机，正如涂尔干在《社会分工论》及《自杀论》中所作的判断：整个社会所处的失范状态，其原因恰恰在于社会政治的运行革除了一切传统因素的作用。[1] 在法律社会学上，国家与社会的悖论表现为国家法与民间法的对立。在执行程序上，主要表现在以下方面。

---

[1]　渠敬东. 职业伦理与公民道德——涂尔干对国家与社会之关系的新构建. 社会学研究，2014(4).

在中国的传统文化里，欠债还钱是天经地义的事，讨债没有时间限制（甚至父债子还）。"法治的唯一源泉和真正基础只能是社会生活本身，而不是国家"①。但中国的立法更多的是从国家角度来考虑，而不是基于社会生活本身。民事诉讼法规定申请执行期间已经二十多年，至今法院的判决书、调解书上仍特别载明申请执行期限，提醒当事人在两年内申请执行。这充分说明申请执行期间不以社会生活为立法基础，难于被中国社会理解。在农村，即使过了两年申请执行期间，权利人还是会继续按农村习惯主张权利，缠着法官要求执行，使得在伦理道德与法律之间，法官的良心备受煎熬；有些被执行人以超过两年申请执行期间为由不履行债务，权利人就可能通过暴力解决，造成新的矛盾纠纷。"国家法脱离了乡土社会的某种正义观，失去了与乡村社会伦理道德体系的兼容，是促使一些法官对现存法律不太满意、极力排斥的另一重要原因，因为农村很少有人知道有个时效问题。"② 此外，法律规定两年的申请执行期间，也造成了农村社会的混乱。

在执行程序中执行措施和制裁措施虽较多，但在农村社会受到诸多限制，这些强制措施在很大程度上是针对城市制定的。在执行措施方面，农民可供执行的财产不多，不少农民生活不富裕，根本就没有存款，或仅有很少存款，冻结、划拨很难适用或发挥的作用不大；而农村房屋又很难拍（变）卖，由此，现有的执行措施在农村发挥的作用大打折扣。在执行制裁方面，很多农民可以不向银行借款，坐不起高铁、飞机，也不会有其他高消费，因此，他们并不担心被限制高消费、上黑名单。拘留、罚款虽有一定的威慑、惩罚作用，但除了树立司法权威外，难取得好的执行效果。况且，农村被执行人常年在外打工，有意无意逃避执行，很难采取执行措施和进行制裁。被执行人更看重的是村落社会的"面子"，拘留、罚款、上黑名单在村落社会不丢"面子"，而履行判决义务、向对方服输才丢"面子"，而法律的惩罚可能是一时的，在村落社会没"面子"可能是一世的惩罚。在农村案件执行过程中，如果法官能做好"人情""面子"文章，那么有些案件中农民即使没钱都可能借钱履行义务。

四、国家—社会关系下的纠纷解决模式

民事诉讼法在执行程序中规定的都是强制执行措施，强制执行模式似乎

---

① 苏力．道路通向城市：转型中国的法治．北京：法律出版社，2004：31.
② 田有成，李懿雄．乡土社会民间法与基层法官解决纠纷的策略．现代法学，2002（2）.

陷入了"内卷化"的困境，需要探寻其他的模式与强制执行模式共同构成国家—社会互动的多元化纠纷解决机制（见图1）。

（一）救助模式

在执行阶段，在被执行人没有履行能力的情况下，对陷入生活困难的申请执行人给予救助，是近年来出现的一种新的国家救助制度。这一制度越来越多地被法院用作解决执行难的重要措施，逐渐形成了一种新的执行模式。可能有人会认为这不能称为一种执行模式。笔者认为：当前，法院穷尽了所有执行措施而执行不能的情况大量存在；在执行过程中，对生活困难的申请执行人予以救助作为解决执行难的一种重要方式将会更多；法院通过司法救助妥善解决农村案件执行难这一做法也得到了各界的充分肯定。总结和完善在执行过程中采取司法救助的方法妥善执行案件的经验，对于解决执行难具有重要作用，完全可以作为一种新的执行模式实行。

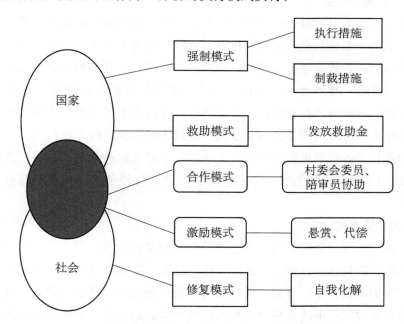

图1 "国家—社会"范式下的多元化纠纷解决模式

（二）合作模式

与社会（习惯）相比，国家（法律）刚性有余而柔性（妥协性）不足，国家与社会合作可以较好地避免各自的缺点，发挥各自的优势。中国农村有比较健全的乡村组织，村干部在乡村司法中发挥着重要的作用。基层法官在处理案件时需要村干部提供关于案件当事人的个性、品行、脾气、家境等情况以及案件的前因后果、法律争议之外的其他争议……① 对于农村复杂的执行案件，法官不仅要向乡村干部了解情况，而且要尊重他们，利用民间习俗折中调解案件，使案件得到妥善执行。当前，村干部（尤其是村小组长、民兵营长、治保员、会计）从国家获得的报酬很少，他们的大部分的精力和时间是用于自己做生意或从事农村劳动，与国家的关系不像农村税费改革前那样紧密，更具有社会性。由于国家权力在乡村的控制能力削弱等多种原因，乡村干部所发挥的作用有所减弱，因而需要在充分发挥乡村干部作用的同时寻找新的社会力量加以补强。当前，正实行陪审制度改革，可以借此契机增加乡村陪审员的数量。乡村陪审员来自农村社会，在一定程度上又代表国家协助法院执行，成为国家与社会互动的中介，在执行过程中能发挥重要作用。一些法院的陪审员协助执行了大量案件，取得了较好的成效。

（三）激励模式

国家（法院）无疑是执行程序的主导力量，但当前法院几乎包揽了整个执行，而很少激励社会力量参与执行，发挥其应有的作用。一些法院虽推出了悬赏执行，但效果并不是很好，原因是多方面的，其中最重要的是要申请执行人出赏金，导致悬赏执行流于形式。因此，应规定由被执行人承担赏金，以促使被执行人自动履行义务。另外，可以考虑设立第三人代为履行制度，鼓励被执行人的债务人（第三人）通过法院代被执行人履行义务，第三人代为履行义务时即得到由被执行人承担的一定金额的奖赏（在第三人的债务中抵扣）。第三人代为履行制度同时也起到了促使被执行人主动履行义务的作用。②

（四）修复模式

法院的裁判虽明确了当事人之间的权利和义务关系，但并不一定能完全解决纠纷。农村社会如同生物系统一样，具有一定的自我修复"创伤"的功能，在时间的长河中，许多矛盾纠纷可能被道德伦理、情感等化解。社会化解纠纷需要时间，但法律规定当事人在裁判生效后自我化解纠纷的时间只有两年。如此规定完全忽视了中国农村的社会风俗，也忽视了农村传统社会具有自我修复的能力而只看到了国家的能力，不仅可能造成大量案件被迫（或提早）进入执行程序，增加国家（法院）负担，而且导致一些案件因强制执

---

① 陈柏峰. 当代中国乡村司法的功能与现状. 学习与探索，2012（11）.

② 胡伟. 从强制到激励：民事执行难的法经济学分析. 人民司法，2011（19）.

行撕裂了正常的社会关系。因此，应废除申请执行期间，让一些被破坏了的社会关系随着时间的流逝自我修复，而无须国家介入。有学者也提出了应废除申请执行期间[1]，但其是从诉讼法理的角度来分析的，而不是从社会学上国家法与民间法对立的角度来分析的，说服力不强。

结　语

本专题借助个案来反映农村纠纷解决的多元性，以及存在的国家与农村社会关系问题；强调农村纠纷的特殊性并非意味着在农村就不要严格执法，而是说对社会关系复杂的纠纷应顾及农村社会的风俗和秩序，采取多元化的解决方式。随着中国城市化、市场化的不断推进，国家与社会在农村的对立也将逐渐减弱，各种纠纷解决机制也将随之发生演变，但仍应完善多元化纠纷解决机制。

---

[1]　占善刚. 对我国民事申请执行期间制度的初步探讨. 南京师大学报（社会科学版），2011(1).

专题三 博弈论视角下证券群体纠纷解决机制的内在逻辑

王 琳*

一、问题的提出

证券欺诈是证券市场发展的顽疾，主要包括虚假陈述、内幕交易和操纵市场等行为。由于证券交易的群体性特征，每一个证券欺诈案件都可能引发大规模证券群体纠纷。从刘中民诉渤海集团案开始，我国证券群体纠纷案件的审理经历了二十多年的风雨历程。在这二十多年中，证券群体纠纷解决机制经历了从单个投资者到数千人提起证券侵权民事赔偿诉讼，从以"行政处罚决定"为受理案件的前置程序到法院直接受理案件，从不予受理到积极推进证券期货民事纠纷解决方式的多元化等全方位的改进。2016 年 7 月，中证中小投资者服务中心有限责任公司开始代表利益受到侵害的投资者对侵权人发起诉讼，证券支持诉讼开启了破冰之旅。[①] 至此我国证券群体纠纷的民事救济进入新的发展阶段。

目前我国证券群体性纠纷解决机制的架构分为两个层次，即诉讼纠纷解决机制和非诉讼纠纷解决机制，包括法院判决、法院调解与行业调解等纠纷解决方式。[②] 根据中国证监会发布的行政处罚决定，我国证券欺诈案件数量呈现逐年增加的趋势（见图 1）。证券市场投资者规模不断扩大，对现有的证

---

* 王琳，上海财经大学法学院博士研究生。

① 根据《证券法》、《公司法》和《最高人民法院关于审理证券市场因虚假陈述引发的民事赔偿案件的若干规定》（以下简称《若干规定》）的相关规定，证券欺诈包括虚假陈述、内幕交易和操纵市场等侵权行为，在证券欺诈纠纷中的侵权人主要指发行人、上市公司、上市公司的董事、监事、高级管理人员和其他直接责任人员、保荐人、承销的证券公司和证券服务机构等。

② 王克玉. 确立与完善我国证券侵权仲裁机制的路径分析——以美国证券仲裁机制的发展为视角. 法学论坛，2015（2）.

券群体纠纷解决机制造成了较大的压力，也对证券群体纠纷解决方式的设置提出了更高的要求。目前域外国家与地区的集团诉讼、团体诉讼和非诉讼纠纷解决方式等为我国证券群体纠纷解决机制的发展提供了有意义的借鉴。但是，不同国家和地区的群体诉讼模式差异较大，其发展离不开相应的法律体系、国家政策及经济发展状况等客观因素，不能抛开国外法律制度产生的特定历史背景、文化基础和制度环境来简单地理解国外的群体诉讼制度。① 因此，有必要探索证券群体纠纷解决机制的内在逻辑。

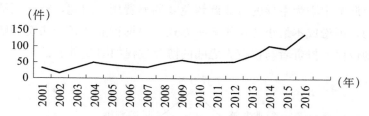

图 1　2001—2016 年中国证监会发布的"行政处罚决定书"数量统计

　　证券群体纠纷解决机制的构建实质上体现了"司法资本"的分配原则与效率，必须站在整个社会的物质福利的角度看待"资本"用法。② 由于民事司法具有维持私法秩序、实现示范效应和法形成的功能，所以国家同样是民事司法的获益者③，诉讼活动亦是国家和诉讼当事人之间的博弈。博弈论主要是寻求正确地预测行为人对激励的反应策略④，因此适合用于分析当事人的选择、群体纠纷解决方式的设立与证券群体纠纷解决机制的构建之间的内在逻辑。本专题以博弈论视角，对证券群体纠纷解决机制中的参与人的偏好与行为策略予以剖析，探索证券群体纠纷解决机制的内在逻辑；目的在于研究如何构建合理的证券群体纠纷解决机制，以保护当事人的合法利益、降低社会成本并促进证券市场的健康发展。

二、证券群体纠纷解决机制中的利益博弈

（一）证券群体纠纷当事人的诉讼净收益

　　结合证券群体诉讼的司法实践，本专题拟选择法院判决、法院调解与行业调解作为博弈参与人可选择的证券群体纠纷解决方式。这三种方式在价值

①　吴英姿．代表人诉讼制度设计缺陷．法学家，2009（2）．
②　阿尔弗雷德·马歇尔．经济学原理．北京：北京联合出版公司，2015：59．
③　王福华．论民事司法成本的分担．中国社会科学，2016（2）．
④　戴维·M. 德瑞森．法律的动态经济分析．上海：复旦大学出版社，2015：72．

和功能上均有很大的差异：法院判决是司法救济方式的典型代表；法院调解为法院的审判职能与当事人的处分意愿相结合的代表；行业调解为非诉讼纠纷解决机制中的代表性解决方式。当事人倾向于寻找能够最大化其利益的纠纷解决方式，这种偏好由诉讼收益与诉讼成本之差刻画。诉讼成本是当事人应支付或已支付的与诉讼相关的必要支出，主要包括诉讼费用与律师费用。法院以调解方式结案的，减半收取诉讼费用，所以相比较而言，法院以调解方式结案的诉讼成本要小于法院以审判方式结案的诉讼成本。[①] 而以中国证券业协会调解中心为主导的行业调解免收调解费用，因此，行业调解是当事人负担的，诉讼成本最小的纠纷解决方式。根据行业调解、法院调解以及法院判决的位序，投资者与侵权人之间的博弈过程如图 2 所示。

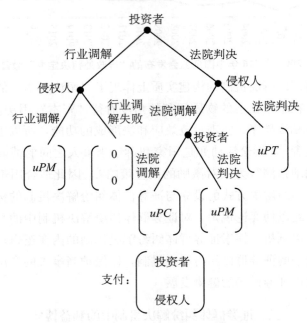

图 2　证券群体纠纷解决过程中投资者与侵权人的博弈模型

为了使分析更加清晰，假设：　（1）P 表示投资者，D 表示侵权人[②]；（2）T 表示法院审判，C 表示法院调解，M 表示行业调解；（3）R_T 表示判

---

① 邱星美. 调解的回顾与展望. 北京：中国政法大学出版社，2013：180 - 181.

② 《若干规定》第 7 条规定，证券虚假陈述责任主体包括发起人、控股股东等实际控制人，以及发行人或者上市公司、证券承销商和证券上市推荐人等作出虚假陈述的机构或者自然人。本专题统称为"侵权人"。

决金额，R_C 表示法院调解结案下的调解金额，R_M 表示行业调解结案下的调解金额；（4）C_P、C_D 分别表示投资者、侵权人为诉讼支出的其他诉讼成本（不含律师费）；（5）L_P 代表投资者负担的律师费，L_D 代表侵权人负担的律师费；（6）u_{ik} 表示参与人 i 在 k 纠纷解决方式下的收益函数，也被表述为博弈支付，其结构主要为相关收益与相关成本之差。① 基于上述假设，投资者与侵权人在法院判决、法院调解和行业调解下的净收益如表 1 所示。

表 1　　　　　　法院判决、法院调解与行业调解下当事人的净收益

纠纷解决方式 当事人	法院审判	法院调解	行业调解
投资者	$R_T - C_P - L_P$	$R_C - 0.5C_P - L_P$	R_M
侵权人	$-R_T - C_D - L_D$	$-R_C - 0.5C_D - L_D$	R_M

（二）法院判决与行业调解的博弈分析

根据所设定的博弈规则，证券欺诈行为发生后投资者首先在行业调解与法院审判之间进行抉择。如果行业调解失败或者不愿意通过行业调解方式解决纠纷，则投资者可通过诉诸法院寻求司法救济。在法院判决方式下，投资者的博弈支付为预期判决金额与诉讼成本的差额（$u_{PT} = R_T - C_P - L_P$），侵权人的博弈支付为赔偿金额与诉讼成本的合计（$u_{DT} = -R_T - C_D - L_D$）。通常在选择行业调解或者提起诉讼之前，当事人会对彼此的博弈支付（预期净收益，下同）予以计量和权衡，从而选择较有利的纠纷解决方式。

一方面，当行业调解下的诉讼净收益不低于法院判决下的诉讼净收益时②，投资者的占优策略为行业调解。与此同时，侵权人也要权衡由此而增加的诉讼成本与减少的赔偿金额。此外，侵权人的商誉对于其在资本市场上再融资尤为重要，并且负面商誉无法估量，因此对侵权人而言理性的策略是接受调解，但赔偿金额不会高于投资者的损失与诉讼费用的合计（即 $R_T + C_P$）。另一方面，当行业调解下的诉讼净收益小于法院判决下的诉讼净收益时，投资者的占优策略为法院判决。对于投资者而言，除了负值诉讼以外，其诉讼意愿与诉讼净收益正相关：当诉讼净收益大于零时，诉讼意愿随着诉讼净收益

---

① 根据表 1，$u_{PT} = R_T - C_P - L_P$ 表示投资者在法院判决下的收益函数，$u_{PC} = R_C - 0.5C_P - L_P$ 表示投资者在法院调解下的收益函数，$u_{PM} = R_M$ 表示投资者在行业调解下的收益函数，$u_{DT} = -R_T - C_D - L_D$ 表示侵权人在法院审判下的收益函数，$u_{DC} = -R_C - 0.5C_D - L_D$ 表示侵权人在法院调解下的收益函数，$u_{DM} = -R_M$ 表示侵权人在行业调解下的收益函数。

② 即满足不等式 $R_M \geq R_T - C_P - L_P$。

的增加而逐渐增强。此外，除了诉讼净收益，从提起诉讼到法院判决所耗费的时间成本也是投资者必须考虑的因素。

（三）法院判决与法院调解的博弈分析

博弈过程不仅是参与人选择行动的过程，而且是参与人不断修正信念的过程。[①] 投资者和侵权人进入诉讼程序后，可以在法院判决和法院调解这两种结案方式之间进行选择。因为法院调解贯穿于法院审判的全过程，所以从时间维度，难以评价这两种方式的效率孰高孰低。而从诉讼成本的角度衡量，法院调解更具有优势。但是，投资者更关注的是纠纷解决后所获得的净收益及其确定性。一方当事人常常不仅考虑法院的反应，而且也要考虑其他诉讼当事人的反应。[②]

对投资者而言，当法院调解下的诉讼净收益不低于法院判决下的诉讼净收益时[③]，投资者通常易于接受法院调解；反之，当法院调解下的诉讼净收益低于法院判决下的诉讼净收益时[④]，投资者通常易于接受法院判决。同理，对于侵权人而言，当法院调解下的诉讼净收益不低于法院判决下的诉讼净收益时，侵权人易于接受法院调解；当法院调解下的博弈支付低于法院判决下的博弈支付时[⑤]，侵权人意愿选择法院判决。

基于上述分析，当满足条件 $R_T - 0.5C_P \leqslant R_C \leqslant R_T + 0.5C_D$，即当法院调解金额大于法院判决金额与减半后的诉讼费用的差额，而小于法院判决金额与减半后的诉讼费用的合计额时，当事人之间易于通过法院调解解决纠纷（见图3）。而且其他条件下（即 $R_C > R_T + 0.5C_D$ 或者 $R_C < R_T - 0.5C_P$），双方不易于达成和解，而只能通过法院判决解决纠纷。值得注意的是，上述分析是在法院判决金额可预期的条件下进行的。如果不满足这个条件，也就是法院判决金额具有不确定性的，则部分投资者将会放弃法院调解而选择法院判决。因此若要引导满足条件的当事人选择法院调解，就需要明确民事赔偿的相关规定，降低当事人对法院判决金额不确定的预期。

---

① 张维迎. 博弈论与信息经济学. 上海：格致出版社，上海三联出版社，上海人民出版社，2012：177.
② 斯蒂文·萨维尔. 法律的经济分析. 柯庆华，译. 北京：中国政法大学出版社，2009：133.
③ 此时满足条件 $R_C \geqslant P_T - 0.5C_P$。
④ 此时满足条件 $R_C < R_T - 0.5C_P$。
⑤ 此时满足条件 $R_C > R_T + 0.5C_D$。

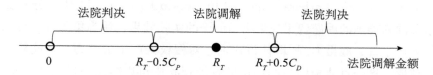

图3 法院调解与法院判决情况下法院调解金额数值区间

三、证券群体纠纷解决机制的内在逻辑

波斯纳在《法律的经济分析》中指出，从经济学的角度看诉讼制度的目的就是使两类成本即错误的司法裁判成本和诉讼制度的运行成本之和最小。民事纠纷解决机制体现了司法权力解决民事纠纷的整体布局，也体现了司法权力在民事诉讼中的配置形态。一个完整民事纠纷解决机制由诉讼程序和若干非诉讼程序构成。如果民事诉讼程序与非诉讼程序能够与当事人的诉讼利益相契合，将能降低司法成本和提高纠纷解决机制的运行效率。

（一）群体诉讼有助于促进非诉讼纠纷解决机制的适用

我国目前证券群体诉讼主要采用单独诉讼和共同诉讼方式，其在诉讼成本以及举证责任方面均提高了中小投资者获得民事赔偿的难度，增加了负担。与之不同的是，群体诉讼具有提高诉讼效率、保护弱势群体的合法权益与追求公益等方面的价值和功能。[①] 目前国际上比较成熟的群体诉讼形式主要有集团诉讼、团体诉讼、示范诉讼和选定当事人制度等，相关立法以及司法方面的经验和研究值得借鉴。群体诉讼将若干中小投资者组成一个诉讼群体，可以在形成较大的规模，从而减少了被告对原告的歧视、塑造诉讼双方之间的平等方面优于其他诉讼方式。[②] Guido Calabresi 和 Kevin S. Schwartz（2011 年）认为，虽然集团诉讼制度与惩罚性赔偿制度均不属于传统法律制度，但是作为对侵权方的惩罚方式，二者均有助于节约社会成本[③]，并且，群体诉讼对解决共同争点有重要意义，也能够避免众多受害者重复诉讼。[④]

① 章武生，杨严炎. 我国群体诉讼的立法与司法实践. 法学研究，2007（2）.

② David Rosenberg, Kathryn E. Spier. Incentives to Invest in Litigation and the Superiority of the Class Action. 6 *J. Legal Analysis* 305，2014.

③ Guido Calabresi & Kevin S. Schwartz. The Costs of Class Actions：Allocation and Collective Redress in the US Experience. *Eur. J. Law Econ.* (2011) 32：169-183，DOI 1007/s10657-011-9233-z.

④ 王福华. 打开群体诉讼之门——由"三鹿奶粉"事件看群体诉讼优越性的衡量原则. 中国法学，2009（5）.

　　Marta Cenini、Barbara Luppi 和 Francesco Parisi（2011 年）分别比较了依美国和英国的诉讼费用规则集团诉讼的实际效果，认为集团诉讼可以对侵权人产生最大威慑力。[①] 群体诉讼通过对侵权人产生威慑力，促使双方和解的达成。这一点从美国集团诉讼的发展现状中可以略见一斑。从 1995 年《私人证券诉讼改革法案》颁布以来，美国共发生 5 000 件左右的证券集团诉讼案件，其中有 2 551 个案件以和解方式结案，真正进入诉讼程序的有 21件。在进入诉讼程序的证券集团诉讼案件中，最终仅有 16 件以法院判决结案，而其中只有 5 个案件的被告获得完全胜诉。[②] 可见，群体诉讼在促使投资者形成可以同侵权人抗衡的庞大群体的同时，也能促使侵权人在巨额的诉讼成本、时间成本与损失赔偿面前对原告作出让步。

（二）诉讼利益的可预期有助于当事人理性选择纠纷解决方式

　　无论是诉讼纠纷解决机制还是非诉讼纠纷解决机制，合理地利用公共资源并恰当地解决证券群体纠纷是其基本价值与功能。我国现阶段只有针对证券虚假陈述案件审理的相关司法解释，而尚未出台有关内幕交易和操纵市场等案件审理的司法解释。法律、法规的不完善使当事人对未来诉讼净收益产生不确定性预期，从而不利于投资者寻求恰当的救济方式。Robert D. Cooter 和 Thomas S. Ulen（2002 年）的研究表明，如果预期的损失赔偿金比审判费用小或比预防费用大，那么诉讼数目将变小；当预期判决价值提高到平常数额时，诉讼数量会增加。[③] 根据投资者对纠纷解决方式的需求而提供公共资源的供给，基于激励相容理念设计证券群体纠纷解决机制，才能够充分地合理利用不同的纠纷解决方式，从而降低社会成本并提高公共福利。因此，只有积极地完善证券欺诈中一系列行为的相关司法解释，明确、减少当事人对案件收益的不确定预期，当事人才能理性地选择纠纷解决方式。这也是经济效率原则的体现。

（三）惩罚性赔偿有助于提高群体诉讼的威慑力

　　在大陆法系中，惩罚性赔偿制度被认为存在着道德风险，因此补偿性赔

　　① Marta Cenini & Barbara Luppi & Francesco Parisi. Incentive Effects of Class Actions and Punitive Damages under Alternative Procedural Regimes. *Eur. J. Law Econ*. (2011) 32：229 - 240.

　　② Stefan Boettrich and Svetlana Starykh. Recent Trends in Securities Class Action Litigation. 2016 *Full-Year Review*.

　　③ Thomas S. Ulen. An Introduction to the Law and Economics of Class Action Litigation. *Eur. J. Law Econ*. (2011) 32：185 - 203，DOI 10. 1007/s10657-011-9252-9.

偿制度被普遍采用。[①]《若干规定》第 30 条要求虚假陈述行为人在证券交易市场承担民事赔偿责任的范围，以投资人因虚假陈述而实际发生的损失为限，因而在证券欺诈纠纷民事赔偿机制中不存在惩罚性赔偿。对于内幕交易、操纵市场和欺诈客户等证券欺诈纠纷案件，均参照《若干规定》审理，故可以推定在证券欺诈类民事纠纷案件中，无论是采法院判决、法院调解方式还是采行业调解方式，对投资者的赔偿均以实际损失额为限。由于系统风险所致损失的判定和计算不存在统一标准，所以投资者获得民事赔偿的比例降低且诉讼费用负担增加。此外，由于证券欺诈纠纷案件的专业性和复杂性，投资者往往要聘请律师代理案件，所以，投资者个人所负担的诉讼成本比例较高，然而目前的民事赔偿制度无法使投资者的损失得到填补，从而降低了侵权人的违法成本预期。

从执法经济学来看，惩罚的威慑效果（即惩罚的预期损失）相当于惩罚额度与惩罚概率的乘积。[②] 在证券欺诈纠纷案件中引入惩罚性赔偿，将提高投资者的获得赔偿预期，在释放投资者的诉讼意愿的同时促进以调解方式结案。由此可见，以惩罚性赔偿遏制侵权人的证券欺诈违法行为尤为必要。Jonathan M. Karpoff，John R. Lott，JR（1999 年）通过对 1985 年到 1996 年的 1 979 件原告诉求对被告的惩罚性赔偿案例进行实证分析，得出结论：平均而言企业向社会发布面临惩罚性赔偿诉讼的信息后，其企业市场价值的下降值要多于实际付出的补偿性赔偿与惩罚性赔偿。[③] 惩罚性赔偿金寻求的是，对于侵权人来说，实施不法行为比起避免不法行为更为昂贵，并且产生了预防致害行为的动机。[④] 基于现实的情况，引入惩罚性赔偿，致使侵权人的诉讼成本预期增加，反而有利于促使侵权人提高调解金额并积极选择在法院判决前以和解方式结案。总之，引入惩罚性赔偿一方面将提高侵权人的违法成本，另一方面可以促使更多的案件被分流至非诉讼纠纷解决机制。

---

① 2007 年陈某军等诉浙江杭萧钢构股份有限公司证券市场虚假陈述赔偿纠纷系列案，取得 127 位原告代理人律师的理解与支持。118 件案件一次性达成调解协议，原告获得了 82% 的高比例现金赔偿，其余 9 件案件也得到顺利调处。浙江省杭州市中级人民法院［2007］杭民二初字第 133 号，最高人民法院发布的全国法院十大调解案例之一。

② Gray S. Becker. Crime and Punishment: An Ecomonic Approach. *Journal of Political Economy*, 1968, p. 76. 邢会强. 证券欺诈规制的实证研究. 北京：中国法制出版社, 2016：36.

③ Jonathan M. Karpoff, John R. Lott, JR. On the Determinants and Importance of Punitive Damage Awards. *Journal of Law and Economics*. Vol. 42, issue 1, 1999, pp. 527 - 573.

④ 赫尔穆特·考茨欧，等. 惩罚性赔偿金：普通法与大陆法的视角. 窦海阳，译. 北京：中国法制出版社, 2012：105.

结　语

　　每一种纠纷解决方式都有其各自的价值和功能，当事人通常根据自身利益最大化原则选择相应的纠纷解决方式。从纠纷当事人的角度来看，其诉讼意愿不但决定于寻求权利救济的决心，也受制于既有救济机制下的预期收益和预期成本。纠纷解决是涉及多方利益的博弈行为，侵权人和受害人应当考虑对方的利益预期和行为策略，以此修正自己的利益预期和行为策略，以有效地维护自身的合法权益。从国家角度来看，相关成本也构成了鼓励或限制诉讼的司法政策工具，可以通过调节诉讼成本来维持一定的诉讼案件数量，并向社会提供必要的司法产品，将诉讼案件引流至不同的纠纷解决机制，最大化节约司法资源。法律实际上是一种起间接作用的激励机制：它不直接限制人们的行动集合，而是通过改变一个社会博弈的支付函数方式来改变人们的行为选择，使立法者的目标通过人们的行为选择实现。[1]

---

① 丁利. 制度激励、博弈均衡与社会正义. 中国社会科学，2016（4）.

专题四　家事纠纷法官调解的行为偏差与价值矫正

李文超　李明红*

当前家事审判被赋予了更高的使命——"注重维系家庭的凝聚力和稳定性，让家庭成为家庭成员和衷共济、协力共建的坚固堡垒，而非朝合夕散、各顾自我的临时搭伙"①。故在家事审判改革中，修复婚姻家庭关系成为家事审判的新职能。调解作为一种"调整型"而非"判断型"的程序，与家事纠纷中当事人关系的"错综复杂"具有天然的契合优势，在解决家事纠纷方面得到了世界各国的普遍认同。统计发现，进入 21 世纪以来我国家事案件的调解率比普通民事案件的调解率持续高约 10 个百分点。②

然而，透过诉讼过程中家事纠纷调解③的适用时机、适用尺度、适用有效性等问题，我们发现，由于缺乏统一的"技术管控"与"行为规范"，家事纠纷调解的司法实践效果难以尽如人意，在修复当事人情感及彻底解决纠纷方面很难充分发挥调解的"原始初衷"与"制度价值"。有鉴于此，本专题将对家事法官诉讼调解的行为偏差与矫正尺度进行深入探讨与研判，以"过程"修复情感及"结果"实现权利为视角展开考察，最终要回答和解决以下问题：诉讼阶段家事纠纷调解该在何时，以何种形式、尺度和手段展开，以及何种意义上的调解结果才算"行之有效"。

一、乱象纷呈：家事法官诉讼调解的类型化偏差与溯源

目前，大量家事调解书进入强制执行的现象，反映出家事纠纷通过调解

---

*　李文超，北京市门头沟区法院家事未成年人案件审判庭法官；李明红，北京市门头沟区法院研究室法官助理。

①　杜万华. 宣德扬善 促进新时期家庭家风建设 . [2017 - 06 - 20]. http：//www. court. gov. cn.

②　汤鸣. 家事纠纷法院调解实证研究 . 当代法学，2016 (1).

③　家事调解分为法院外调解和法院调解，本专题所讨论的系在诉讼过程中法官主持的调解。

解决的实效性并没有明显地改善。虽然调解在形式上解决了纠纷，但权利人的权利并未因此得到快速、有效的实现，与各方所期待的"案结事了"的效果仍有较大差距。反观家事法官调解过程，其暴露出调解过程的"走样"已呈类型化特点。

（一）家事法官诉讼调解的类型化偏差

1. 制度收益减损——"视而不见"式调解带来程序反复

与普通民事纠纷不同，家事纠纷往往涉及未成年子女的权益保护问题[1]，其处理结果的履行方式特殊、履行期限较长，故调解须考虑是否有利于未成年子女利益的最大化保护、调解结果是否可执行等。然而，法官常过于追求"案结"，认为当事人自愿达成协议实属不易，即使调解结果对未成年子女的利益保护存在"隐性不公"或履行存在障碍，也视而不见，从而为后续抚养费、探望权、财产等的执行埋下隐患，无法实现"事了"，当事人只得再次启动司法程序寻求救济。已有不少案例显示调解因考量不全导致程序反复，调解结案的制度收益受到减损：

　　● 基本案情
　　刘某（女）与张某（男）发生探望权纠纷，调解时刘某表示张某可以随时探望和接走双方之子。法官未经审查即作出调解书确认允许探望和接走孩子。

　　● 后双方矛盾激化
　　张某延迟支付抚养费，刘某拒绝张某探望孩子。

　　● 申请强制执行
　　张某不得已，申请强制执行。而这源于法官急于调解结案，未充分考虑探望权的行使方式、时间等。

　　● 程序反复
　　执行法官需就探望权问题进行"再调解"，或请当事人另诉。

笔者对 B 市 M 区人民法院 2 个民事审判庭和 3 个派出法庭的 17 名家事法官进行访谈，其中有约三分之二的法官表示不会主动考量子女利益及意愿、后续执行等影响调解效果的因素（见图 1）。当被问及调解协议可能损害

---

[1]　在 2016 年调解结案的 706 628 件家事案件中，婚姻家庭纠纷占 91.8%，而婚姻家庭纠纷多数涉及未成年子女的问题。http://www.stats.gov.cn/tjsj/ndsj/2016/indexch.htm，最后访问日期：2017-06-07。

未成年子女的利益时，受访法官表示："这是当事人的处分权，除非法律有明确的规定，我一般不会主动干预，双方达成的意愿我们也不好干涉。"当被问及是否关注已调解案件进入强制执行时，多数受访法官表示："案件已调解结案，是否进入强制执行阶段我一般不关注。"

专访问题：您在调解中是否会考量未成年子女利益、意愿、执行可能性等因素？

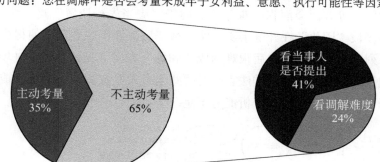

图 1　在家事纠纷调解中是否主动考量案件效果因素

2. 经验契合偏差——"亦步亦趋"式调解带来程序走样

家事纠纷牵涉到社会关系的稳定，系公益属性较强的案件，故对案件的审理时间、场合、方式、程序等方面都有很高要求。而我国家事法官由于在经验积淀和技术储备方面均与案件特性匹配存在偏差，导致把控调解的能力不足，存在大量"亦步亦趋"式的调解。

（1）经验积淀缺乏致"过场式"调解。

家事纠纷因法律关系相对简单，一直被视为"技术含量低"的案件类型，且家事纠纷审理耗时、耗力，不易出审判成绩，承办法官却承担较大的信访压力。此外，审理家事纠纷的主力军是刚刚开始办案、没有结婚、没有子女的"娃娃法官"（往往学历较高）（见图 2）。

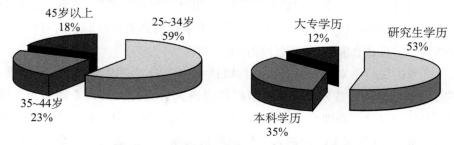

图 2　B 市 M 区人民法院家事法官年龄及学历层次分布情况

要做到游刃掌控家事调解，既需要完备的法律知识系统，又要有洞察家事纠纷产生、发展、变化规律的领悟力和体察力。多数"娃娃法官"具备前者而欠缺后者。在结案率的重压之下，多数法官主观上不愿在开庭前专门安排时间作调解，特别是在立案量较大的法院，"半小时"式排队开庭现象屡见不鲜。"娃娃法官"则更担心若调解不成，当事人不再出庭，在案件事实、争议的固定等方面会面临困难。然而囿于"应当先行调解"这一法律规定，调解程序被"固化"在开庭事实查明、举证质证等程序之后，使得当事人经过一系列程序"洗礼"之后很难达成"和好"方案（见图3），"过场式"调解由此产生。这源于"娃娃法官"对哪些当事人愿意调解、调解不成后当事人是否愿意出庭等的心理分析能力不足。

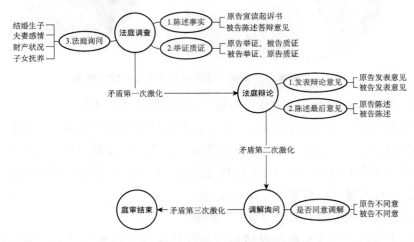

图3　家事纠纷"过场式"调解询问过程

（2）一般民事调解术的"水土不服"。

自2015年设立专门家事审判庭试点工作开展以来，各地纷纷建立家事纠纷审判庭，从民商事审判庭抽调法官，使之"独立成庭"。然而，大部分审理家事纠纷的法官所积累的调解技术由于来自对其他案件调解的习惯和认知结构，缺少适合家事纠纷案件特点的针对性。

一般的民商事案件当事人之间据以达成协议的"心理需求"并不特殊，多数当事人关注利益划分。但家事纠纷当事人有其特有的"心理需求"即"和为贵"，以及"心理事实"即"不轻易向对方示弱，但一旦对方示弱，便不再苛求"。这与家事纠纷的人身依附性密切相关。而法官将民事案件的一般调解术"移植"至家事纠纷时，容易忽视处理家事纠纷中注重情感关系修复的宗旨，致调解效果不佳。如简单地将"施压术"运用到家事纠纷调解中，当事人当时可能接受，易给后续长期履行埋下隐患，而"施压术"调解之后再进行背对背的"疏导术"却是解决之道。

3. 当事人权益受损——"张弛过度式"调解缺少权利尊重

（1）调解启动随意性强。

目前，法律仅规定"婚姻家庭纠纷和继承纠纷应当先行调解"，其他家事纠纷是否"先行调解"并不明确，且宽泛的规定致强制性较弱，加之受法院内部考核压力包括法定审限内结案率、调解率、信访率等因素的影响，家事法官在能否调解、何时调解、调解次数的把控上随意性过强，存在相类似案件处理结果不一的问题。

（2）调解力度参差不齐。

调解成功的关键在于法官找寻到双方的"互让点"，促成双方达成调解协议。但家事法官对调解的价值认知仍不到位，常出于对较为复杂案件的法律规定认识不清，或不愿撰写逻辑清晰、事实认定清楚的判决书等原因，给不适宜调解案件的双方当事人施加压力，导致强制型调解（或称压制型）、包办型调解（或称家长型）①，使双方"互让点"变得畸形，调解效果不佳。只要"久调不决""哄骗调解"等现象依然存在，调撤率上升，就仍不能代表纠纷解决质量的提高。以下实例可以呈现一名法官施压调解的过程给当事人的利益带来损害。

● 基本案情

梁某（男）诉沈某（女）要求离婚。双方在婚姻关系期间与他人共同投资运营一家鞋厂，投资垫资关系较为复杂。为增加对方债务承担份额，各方都举证曾在婚姻关系期间为运营鞋厂而向第三人借款的事实（存在虚构债权、债务关系的可能），且沈某存在与其他男子开房的事实。

● 法官发现先行调解难度较大，决定以判决形式结案

经审理，法官发现，双方共同财产分割、共同债务认定，以及沈某是否存在过错等事实难以查明。

● 案件审限已到，法官决定强行调解

梁某情绪激动，并称受到与沈某开房的男子的多次威胁恐吓，着急

---

① 陈爱武，马荣. 家事案件审判程序若干问题的调研. 2017 年第四届中国婚姻家事法实务论坛论文集.

离婚。法官借此要求梁某尽快调解以达到离婚目的，至于财产是否分割可以另行提起离婚后财产纠纷诉讼。在未分割财产、未认定谁为过错方的情况下，沈某欣然接受调解结果。

● 梁某多次表示不满

（二）调解观与调解制度：诉讼调解偏差的归因检视

1. 检视调解主体的"调解观"

对于法官来说，调解的目的是要终结案件，从而追求结案率，还是真正意义上化解当事人之间的纠纷、缓和家庭成员之间的矛盾，完全取决于法官个人对调解的价值认知和责任心。检视发现，当前家事法官的调解观已经与家事审判特有的时代需求不相适应，导致调解过程的失衡（见图4）。

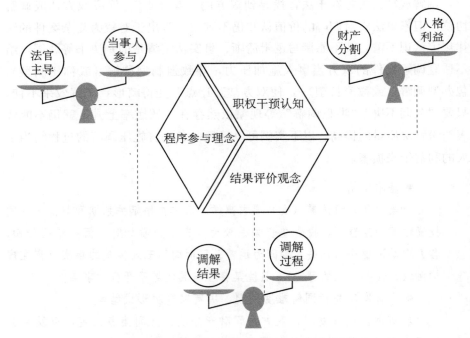

图4　家事法官的调解观导致三个"失衡"

（1）程序参与理念。对法官的身份认知不到位，过于强调法官的主导性，将调解作为一种"速成"式结案方式，而不是法院主持下的"他律"与当事人"自律"相结合的实质解决纷争机制，从而忽略了当事人的主体参与性（这里，当事人的主体参与性非指当事人享有程序启动上的选择权，而是指基于家事纠纷的人身依附性需要当事人积极参与调解过程)。

（2）职权干预认知。审理程序仍停留在传统民事诉讼之辩论主义和尊重当事人主义层面，不能将家事纠纷与普通民事纠纷有所区分，导致家事纠纷的处理结果过于偏重财产分割而忽视人格利益保护，忽视法官的职权干预在维系家庭稳定、保护弱势群体利益的方面功能。

（3）结果评价观念。对调解成功与否的评价仍停留在以结果为导向的层面。在离婚纠纷大幅增加、人们的婚姻观产生变革的情况下，法官倾向于"实用主义"的调解观，认为在短时间内出具当事人签字的调解文书便是调解成功。尽管不少法官认识到调解能够缓和及修复家事纠纷当事人之间的关系，但仍不重视调解过程。

2. 检视调解制度

（1）调解优先的强制性方面。我国没有建立专门的家事调解制度，现行立法针对家事纠纷法院调解的规定寥寥无几，相关内容散见于《民事诉讼法》《婚姻法》及相关司法解释；至于"婚姻家庭纠纷和继承纠纷应当先行调解"等内容，也因缺乏相应的配套约束制度而"强制性"较弱、"随意性"更强。另，关于不适宜调解的案件范围并非十分明确，我国法律规定对"婚姻关系、身份关系确认案件及其他依案件性质不能进行调解的民事案件，人民法院不予调解"[①]，这属于排除性规定，但仔细研究会发现该规定过于模糊。

（2）特殊利益保障的引导方面。相关制度、规定并未体现出人身公益性和对未成年子女利益的特殊保障功能，调解过程中就无法贯穿相应的价值引导。不少夫妻往往最先考虑自身利益，关注财产的分割，至于子女抚养权的问题往往基于财产的获益程度而作出决定，并非真正从未成年子女的利益出发考虑问题。

二、先决问题：家事纠纷调解的功能与理念定位

（一）先决之一：调解启动系法定还是意定

家事调解主要分为调解前置（也称强制调解）与调解自愿。[②] 大陆法系国家多实行调解前置，未经调解程序不得进入诉讼程序，代表国家如日本、

---

① 2004 年最高人民法院《关于民事调解工作的若干规定》第 2 条。
② 张翼杰. 社区家事纠纷解决机制研究. 北京：中国法制出版社，2016：266.

德国。英美法系国家多实行调解自愿，即是否进入调解程序由当事人自行决定，但是对于涉及未成年人的案件一般强制调解。我国的法律体系与大陆法系更接近，《婚姻法》《民事诉讼法》等的有关规定实质上都是强制调解模式的基础①，结合前述有关我国家事调解远未显现修复紧张的人际关系、提高案件的自动履行率、保护弱势群体利益等预期制度功能的现状，我们认为，宜将家事调解作为前置性程序启动，即案件进入法官视野以后，必须先行进行调解。

1. 功能定位：以促进感情修复与促进自动履行为目标

（1）职权介入。2016年，全国法院共审理离婚纠纷案件139.7万件，民政部门登记离婚346万对，受离婚影响的人至少超过5 000万。② 家事纠纷如不能及时得到解决，往往会带来更多社会问题，体现出在"私密""公正"解决纠纷的同时，赋予"公益性"，由第三方依职权介入，以维系社会稳定的必要性。

（2）强化修复性功能。家事纠纷的实质矛盾为人身关系的冲突，血缘关系导致当事人之间的法律关系具有长期性和不可彻底割裂性。③ 而受传统"无讼"观念的影响，多数当事人表面上"剑拔弩张"，"心理需求"却是缓和矛盾，如此便为调解修复关系留下空间。但主动表达调解意愿似有向对方"示弱""屈服"之意，如此，倘调解采意定主义，必然导致大量家事纠纷径直进入诉讼，激化矛盾（见图5）。但若采调解法定主义，则不会使当事人因面子问题而遗憾错过调解（见图6）。

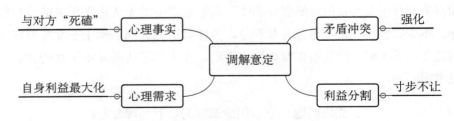

图5　调解意定主义下当事人矛盾激化

①　汤鸣. 比较与借鉴：家事纠纷法院调解机制研究. 北京：法律出版社，2016：239.

②　杜万华. 深入贯彻习近平总书记重要讲话精神，全面推进新时期和谐家庭建设. ［2017 -06 -07］. www. chinacourt. org.

③　汤鸣. 比较与借鉴：家事纠纷法院调解机制研究. 北京：法律出版社，2016：13.

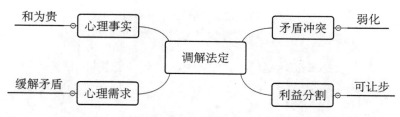

图6　调解法定主义下当事人关系得到修复

（3）实现"自律性"履行。不同于普通民事经济纠纷义务的履行，抚养费、赡养费的支付，探望权的行使等都是一个长期性的问题，在长达数十年的履行期中，当事人权益的实现主要依靠的是对方当事人的自觉。将家事调解界定为前置程序，双方在矛盾缓和情况下达成调解协议的，持续性的自动履行率会大大提高。

2.效益考量："靶向调解"节约诉讼成本、彻底化解纠纷

（1）节约诉讼成本。当前时代的"诉讼爆炸"与司法资源严重紧缺之间的矛盾日益突出，有调查显示，相对诉讼而言，家事调解具有高效性。如家事调解程序在日本平均需要10～26个月，而我国香港地区某研究小组发现，当事人达成全面调解协议仅需10～18个小时。① 在调解法定的前提下，为提高审理效率，法官会"抽丝剥茧"，有意识地寻求家事纠纷的产生根源，切中要害地展开调解，避免了诉讼程序中当事人相互间的纠缠与拖沓。

（2）彻底化解纠纷。在诉讼程序中，家事纠纷常以满足特定规范要件的形式被定型化处理，而在法定调解程序中，可以在实质方面不依据规则程序，避免"过场式"调解过于注重固定事实及证据，从而充分考量复杂的家事关系。与对财产关系的定型化同质化处理不同，法官可以，也必须结合个案特征作出具体的调解方案，实现"靶向治疗"（见图7）。这样才符合亲属身份关系的实质，推动纠纷的彻底、长期性解决。

（二）先决之二：调解评价看"结果"还是"过程"

1.方向指引：注重调解过程对纠纷的治愈

（1）突出当事人参与"治疗"。调解发挥作用的关键在于当事人之间能有效对话，冷静、务实地对问题进行协商。在调解过程中法官应定位于程序的控制者、教育者、协谈者和启发者（见图8）；若过于强调调解结果，法官

---

① 陈爱武.家事调解：比较借鉴与制度重构.比较法研究，2007（6）.

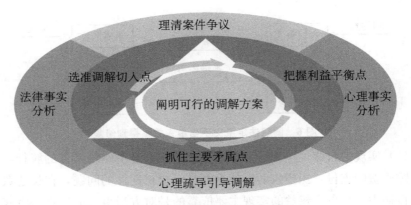

图 7　家事纠纷调解的"靶向治疗"

易偏移角色导致压制调解。而若强调调解过程，则当事人可以充分参与调解过程，理性评估调解结果。

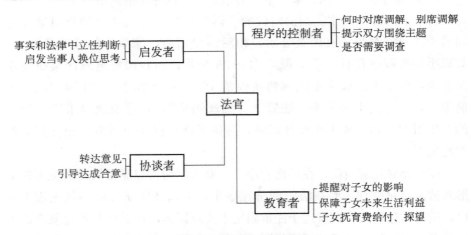

图 8　家事纠纷调解中法官的定位

（2）治疗型调解模式。国外有关家事调解的模式大致分为问题解决模式（法官的职责为定义问题、解决问题）、程序模式（强调遵循标准程序）、治疗模式（关注当事人关系的良性互动）和转化模式（法官角色为当事人态度的改变者）。其中加拿大的 H. Irving 教授所创设的治疗型调解模式最关注调解过程，最有利于缓和及治疗冲突。该模式的核心理念是个人及家庭必须接受系统性的转变治疗才能达成持续有效的协议。[1] 并且该调解模式下不仅关

---

①　Alison Taylor. *Family Dispute Resolution Mediation Theory and Practice*. 杨康临，郑维瑄，译，台北：学富文化事业有限公司，2007：125.

注夫妻，而且关注整个家庭，这对于保护未成年子女的利益等都非常有益（见图9）。

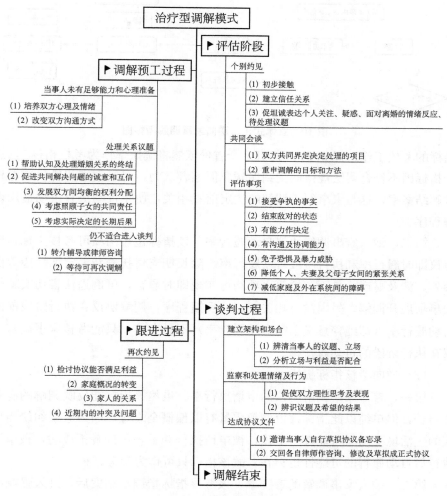

图9　治疗型调解模式结构

2. 过程评价：正向考核指标增效与逆向考核指标提质

为提升家事法官调解的有效性，推动当事人之间的"权利实现"，避免追求单项考核指标率使调解偏离价值导向，宜设置以下立体式正、逆向考核指标（见图10）。

（1）正向考核指标增效。

第一，保留家事纠纷调解结案率。2015年以来最高人民法院弱化对调解

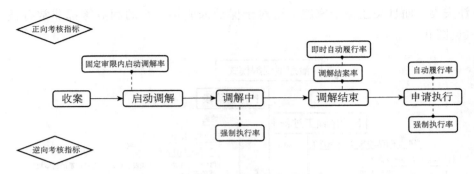

图 10　立体式正、逆向家事调解考核图

指标的考核工作，但 2016 年仍有 7 个省份依然将调撤率作为考核指标①，这个指标因不符合司法规律而受到诟病。但笔者认为，对于家事纠纷仍应考核调解结案率，这与家事纠纷调解的法定前置相关，便于推动法官主动适用调解程序。

第二，纳入家事调解协议自动履行率。该指标包含两项可考核指标，即协议即时履行率和执行阶段自动履行率。除长期支付抚养费、定期探望等内容外，涉及财产、是否离婚等事项均可实现即时履行，可倒逼法官切实就相关事项展开调解。另因没有相关登记、反馈程序，调解协议在执行阶段前的自动履行率（即纯粹意义上的自动履行率）不易考核，只能考核家事调解协议在执行阶段的自动履行率。

（2）逆向考核指标提质。

第一，参考家事调解协议的申请执行率。虽然该指标能反映调解的有效性与否，但单纯以此指标评价调解质量有以偏概全之嫌。因为家事纠纷当事人的生活境况随时可能发生变化，被申请执行并不表示调解不成功，被申请执行后自动履行的可能性也存在，故该指标只可作为参考。

第二，纳入家事调解的瑕疵率。该考核指标指调解结案后，进入强制执行程序、另行起诉、信访、申诉等案件所占的比率。相对应地，如果该类考核指标高，反映出法官在调解过程中存在调解有效性低、存在未处理事项、强制调解等角色偏离现象。

同时考虑在审限中预留固定期限，通过审判系统等信息化措施进行保

---

① 法院仍"晒"不合理司法考核指标．［2017－06－01］．http：//china．caixin．com/2016－02－25/100912438．html．

障，但不宜简单、机械地适用严格审限制度。①

三、完善之策：保障法官调解家事纠纷结果有效性的要素介入

通过前述分析，笔者认为，要结合类案诉因机理、对审判理念及调解方式要素的特性分析，保证法官调解家事纠纷结果的有效性。

（一）要素一：案件"范围"的适用与审视

1. 案件标准

当前，我国尚未确立家事调解制度，对于家事纠纷的范围，也无明确的界定。判断是否属于家事纠纷，最恰当的标准应当是，纠纷的性质是否符合家事纠纷的特点和属性，即家事纠纷是指确定身份关系的案件及基于身份关系而产生的家庭纠纷。②

2. 案件范围

通过上述标准，基本可将普通民事纠纷、经济纠纷排除在外，框定家事纠纷的范围，即婚姻家庭纠纷和继承纠纷等。

（1）婚姻家庭纠纷。此类纠纷有婚姻纠纷及其附带纠纷。婚姻纠纷包括离婚、婚姻无效、婚姻撤销等。附带纠纷包括：监护权、子女抚养费、离婚后财产分割等；抚养、扶养及赡养纠纷；亲子关系纠纷，包括确认亲子关系、否认亲子关系；收养关系纠纷；同居关系纠纷，包括同居期间的财产分割、非婚生子女抚养等。③

（2）继承和分家析产纠纷。该类纠纷虽然属于财产纠纷，但与当事人的人身密切相连，尽管继承和分家析产纠纷的当事人并不一定需要在纠纷解决后长期相处或共同居住，但由于彼此亲缘、血缘关系的存在，以非对抗式的方式解决纠纷对家族延续、社会稳定意义重大，故应纳入家事纠纷范围。

（3）涉及家庭利益的非诉纠纷，如宣告失踪、宣告死亡、失踪人财产代管等案件，适用非诉程序。

（二）要素二：调解"方式"的限度与变通

笔者认为，家事调解的解纷机能主要取决于家事纠纷的内在特征，而不是外力的强制性。如果不注意把握不同家事纠纷的调解限度与方式变通，而

---

① 第三届中国婚姻家事法实务论坛聚焦家事审判改革，专家建议——建立家事案件弹性审限制度．〔2017 - 06 - 10〕．http：//www. cnwomen. com. cn/public/2016 - 05/20/content _ 112853. htm.

②③ 《最高人民法院关于开展家事审判方式和工作机制改革试点工作的意见》。

过分注重调解结案，就难以保证家事诉讼调解结果的有效性。

（1）在离婚纠纷中，包括附带纠纷如监护权、子女抚养等，其调解：1）要谨慎评估。如在家庭暴力纠纷中，因为双方往往存在权利、能力的不对等性，所以在调解过程中，对调解过程和调解结果进行谨慎评估是十分必要的。① 2）要确立未成年子女利益最大化。如在审查夫妻双方感情是否破裂之外，还应将未成年子女的妥善安排作为调解离婚的条件之一②，突出对儿童利益的优先保护。如存在未成年子女年龄过小，或者患有严重疾病，或者处于中考、高考等敏感成长时期的，均要在其父母离婚纠纷的调解中予以慎重考虑。

（2）在抚养、扶养及赡养纠纷的调解中，因为该类纠纷多因离婚而产生，所以它们有很大的关联性，解纷方法和内在机理也存在相似性。但在调解过程中应重点考虑到这类纠纷的特殊性，即调解协议履行持续时间长、调解协议主要依赖当事人自觉履行等。

（3）在继承和分家析产纠纷中，虽然当事人取得遗产（财产）主要是基于特殊的身份关系，但当事人之间的亲缘属性没有上述前两种案件中的强，不具有不可分离性。该类纠纷与经济纠纷有一定的相似性，涉及财产金额越大，当事人越多，权利和义务关系越明确，调解的难度就越大。

（三）要素三：调解"预期"的管控与实现

由于在家事纠纷中所涉及的亲属关系的人身性、敏感性和社会性等特点，人民群众要求有效控制和解决家事纠纷的呼声非常强烈，对家事审判发挥权益保障、情感治愈职能的期待越来越高。③

1. 预期标准

调解作为家事纠纷解决的首选方式，其有效性的判定，并不限于结案方式，还应包括人身关系的修复过程。正如美国学者戈尔丁所言，全面治疗是解决家庭矛盾的最佳途径，它可以调和冲突双方的个性与人格，消除纠纷产生的根源。④

调解的预期目标主要有：（1）找寻当事人间的"互让"因素，促使部分

---

① 范愉. 非诉讼纠纷解决机制研究. 北京：中国政法大学出版社，2000：208.

② 杜万华. 家事审判改革为相关立法提供实践依据. 人民法院报，2016 - 03 - 03.

③ 沈德咏. 在部分法院家事审判方式和工作机制改革试点工作视频会议上的讲座//民事审判指导与参考：总第 66 辑. 北京：人民法院出版社，2016：63.

④ 戈尔丁. 法律哲学. 齐海滨，译. 上海：上海三联书店，1987：224 - 225.

纷争及时获得解决；（2）分析在家事纠纷中的"实情"，促使当事人理性认识自己在家事纠纷中的地位；（3）通过财产、责任承担的分配，强调"细致入微的家庭治疗"，促使家庭关系稳定和情感修复。

2. 途径管控

（1）人员选取。针对家事纠纷的特点，家事审判庭配备的法官应具有一定审判经验和社会生活阅历，除熟悉婚姻家庭审判业务外，还掌握相应社会学、教育学和心理学知识，善于做思想教育工作。（2）程序灵活。应根据案件的不同情况决定适用相应的方式和庭审流程，以有效避免程序僵化带来的诉讼成本增加、效果效率低下等问题。

3. 过程评价

对家事调解价值的判断不能完全以结果为导向，以调解能否成功作为调解有无意义的标准。实际上，家事纠纷属于关系型纠纷，促成当事人冷静、理性地沟通的调解过程本身，对受损的关系有着治愈功能；即使调解失败，也并非毫无意义的程序耗费。

（四）要素四：调解"尺度"的边界与维度

在家事纠纷调解中，调解协议的履行周期长、强制执行难度大，应注重"内心被说服"，才能发挥家事调解的功能与价值。因此，基于保护当事人隐私以及维系当事人之间关系的考虑，在调解中应坚持以事实为基础，查证必要"事实"，但不必然要查清"事实"。根据不同案件的特点，保持必要的干预尺度。

1. 正向维度

（1）以双方合意为基础。如此，调解才能更符合当事人本人的意愿，使调解协议易为当事人所接受和自愿履行，体现当事人心目中的公平，有利于纠纷得到迅速彻底解决和协议的自动履行，可避免执行中的困难，实现调解与执行的有机统一。

（2）以当事人为主体。调解应充分尊重当事人的自主权，辅助当事人理性解决纠纷。广泛地征求有关亲属的意见，并不受制于法官想听到的内容，有利于参与者意志的表达与满足，从而更好地帮助其找出人际关系冲突的焦点和原因，为其提供相关修正对策、建议以修复人际关系矛盾，增强纠纷当事人的参与感和认同感。

（3）以子女利益为中心。在实践中，对未成年子女利益的保护在家事调解中所占的比例非常低，说明当事人启动调解更多的是考虑其他因素，至于未成年子女利益的问题或许是之后才需要考虑的事情。因此，在家事调解中应强化法官的职权探知和对当事人处分权的适当干预，注重发挥司法的治愈性及监护性职能。①

2. 反向维度

（1）遵守家事纠纷的隐秘性。法官对于其在主持调解中获知的信息、资料等具有保密义务，不得随意披露，也不得在随后的诉讼程序中使用。

（2）遵守法官的中立性。法官应注重自己的言行举止，不歧视和偏袒任何一方当事人，不掺杂任何个人感情色彩，还要要求其他参与调解的人员都保持中立。

（3）遵守审限的法定性。家事人身关系修复具有长期性的特征，但调解应在一定期限内完成，具体期限和尺度因案而异、因人而别，但切忌不可搞马拉松式的调解。当穷尽调解手段后案件仍未得到解决的，应及时依法判决。

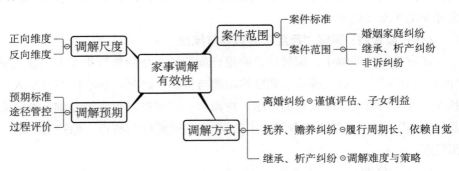

图11　保障家事调解有效性的四个要素

结　语

可以预见，在今后相当长的时期内，在诉讼程序中的法官调解仍是家事纠纷解决的重要方式。因此本专题中所研究的调解特指案件在进入诉讼程序后，由法官主持的调解。但诉前有社会力量或者在诉讼中有家事调查员（家事官）参与的调解亦应考量案件特性，以区别于普通民事纠纷和经济纠纷的调解方式和方法。本专题以调解修复当事人情感及实现结果有效性的视角展开，对家事纠纷调解的介入时机、形式、预期和程度进行了逐一考量和分

---

① 《广东省高级人民法院家事案件审判规程（试行）》。

析，并结合本专题论述观点，形成了《人民法官调解家事纠纷工作规范（意见稿）》（见附件）。本专题对家事纠纷调解的偏差矫正的归结和技术性尝试便不失其"抛砖引玉"的价值。

附件：

人民法官调解家事纠纷工作规范
（建议稿）

为进一步规范家事诉讼中的调解工作，根据《中华人民共和国民法通则》《中华人民共和国妇女权益保障法》《中华人民共和国未成年人保护法》《中华人民共和国民事诉讼法》等相关法律和司法解释的规定，结合我国家事审判实际，制定本规范。

第一条【案件范围】 本规范所规定的家事案件，是指《最高人民法院民事案由规定》第二部分规定的婚姻家庭、继承纠纷案件。

第二条【先行调解原则】 家事案件已经立案进入诉讼程序的，人民法官必须先行组织调解，未经调解不得径直开庭审判。但经调解不成功的，应当及时作出裁判。

第三条【情感修复原则】 家事案件调解不可片面强调司法效率，要重视婚姻家事案件效果，为彻底化解家庭纠纷和修复家庭成员心理创伤提供条件。

调解过程不严格受审限限制，允许为修复家庭成员情感适当延长调解期限。

第四条【职权探知原则】 为维护未成年子女等弱势群体的权益，调解可不局限于当事人的请求及事实，允许法官对涉及未成年子女利益等相关事实直接依职权调查。对有利于保护弱势群体利益的事项，必须依职权开展调查。

第五条【当事人参与原则】 在家事案件调解过程中，应当充分尊重当事人的意愿，创造条件要求当事人充分参与，不得强迫当事人接受不合情理的调解事项，维护当事人的合法权益，实现调解与执行的有机统一。

第六条【知识及经验储备】 调解家事案件的法官，除应熟悉婚姻家事审判专业知识外，还应通过掌握心理学、社会学、教育学等知识，不断积累家事案件调解经验。

未婚或未育有子女的法官一般不得单独主持调解。

法官应注重自己的言行举止，不歧视和偏袒任何一方当事人，不掺杂任何个人感情色彩，还要要求其他参与调解的人员都要保持中立。

第七条【调解考量因素】在家事案件调解过程中，除对财产利益作出分割外，还应充分考量保护未成年子女利益、确保调解协议的可履行性及延续性、维系家庭凝聚力等相关因素，对子女的抚养和探望、老人的赡养等具体事项作出妥善安排。

未成年子女年龄过小，或者患有严重疾病，或处于中考、高考等敏感成长期的，均要在离婚纠纷调解中慎重考虑。

第八条【听取意见】在家事案件调解过程中，应当充分倾听有关未成年子女的意见。未成年子女向法院表达意愿或者陈述事实时，法院可以通知有关机构指派社工、义工或其他适当人员在场陪同。陪同人员可以辅助未成年子女表达。

必要时，法院可以单独询问、倾听未成年子女意见，并提供适宜未成年人心理特点的友善环境，确保其隐私及安全。

当事人申请一并调解有关亲属之间的其他债权债务纠纷的，法院可以通知有关亲属参与调解。

第九条【私密性保护】法官对于其在主持调解中获知的信息、资料等具有保密义务，不得随意披露，也不得在随后的诉讼程序中使用。

其他参与家事调解的有关单位和人员对于其在调解过程中获悉的公民隐私负有保密义务。

第十条【调解考核】对法官调解家事案件的考核采正向考核指标与逆向考核指标相结合的原则，避免片面追求调解结案率。正向考核指标包括家事纠纷调解结案率与家事调解协议自动履行率（包含协议即时履行率及执行阶段自动履行率）；逆向考核指标包括家事调解协议申请执行率及家事调解瑕疵率。

家事调解瑕疵率指调解结案后，进入强制执行程序、另行起诉、信访、申诉等案件所占的比例。

专题五 "裁判式调解"的现象透视与"事清责明"的多元化标准

陆晓燕[*]

引 言

"事清责明"[①] 作为诉讼调解[②]的标准,自确立以来,便因"与裁判标准混为一谈"而为人诟病,以致长期处于边缘化地位,甚至一度被主张取消。然而 2012 年《民事诉讼法》坚守了这一标准;与此同时,以"事清责明"为最大特色的"裁判式调解"也悄然进入司法的视野。[③] 笔者进一步调研发现,"裁判式调解"并非偶一现象,其在基层实践中推行已久,仅因形态各异故未作甄别而已。[④] 本专题从透视"裁判式调解"现象入手,研究"事清责明"作为调解标准的回归形态,并以其在不同案件、不同程序、不同载体中的多元化标准,定位诉讼调解的程序分流。

一、现象透视:从"裁判式调解"看"事清责明"调解标准的回归

(一)"裁判式调解"的缘起:"事清责明"作为调解标准的否定之否定

诉讼调解区别于诉外和解的本质特征是,在协议的达成上有审判权的介入,是审判权作用于当事人处分权的结果。"查清事实""分清是非"作为审判权的重

---

  * 陆晓燕,江苏省无锡市中级人民法院金融庭庭长,南京师范大学法学院博士研究生,中国法治现代化研究院法治发展战略研究所特邀研究员。

  ① 本专题所称"事清责明",即《中华人民共和国民事诉讼法》(下文简称《民事诉讼法》)规定的调解前提——"事实清楚""分清是非"。

  ② 本专题研究之"诉讼调解",仅以传统意义上的民事诉讼调解为限。

  ③ 2012 年 11 月 29 日,《人民法院报》对江苏省苏州市吴中区人民法院(下文简称吴中法院)的"裁判式调解"进行了整幅报道。

  ④ 近两年 J 省法院系统内部文件中的多篇信息涉及"裁判式调解"及其良好效果,但与吴中法院的"裁判式调解"在形态上存有差异。

要体现，其"存"或"废"的争论，症结恰恰在于审判权介入的限度问题。

1. 否定：被冷落的"事清责明"标准

归纳学术界的主流观点和司法实务界的政策变化，不难划出"事清责明"标准逐渐被边缘化的轨迹。

学界观点		司法政策	
"否定"论①成为主流观点	立论背景	"事清责明"标准被边缘化	司法理念
"事清责明"的三宗罪： (1) 混淆调解标准与裁判标准。 (2) 侵犯当事人处分权。 (3) 损害调解之效率价值。	诉讼调解模式由职权主义向当事人主义转变。	在 1982 年《民事诉讼法（试行)》、1991 年《民事诉讼法》确立诉讼调解的"事清责明"标准之后，这一标准在后续司法政策中呈现如下边缘化倾向： (1) "事清责明"标准模糊化或消失。② (2) 调解书中的"案件事实"可以被省略。③ (3) 出现了"确认调解协议""立案调解""庭前调解"等调解前置程序，这些调解前置程序无法通过庭审调查辩论来完成程序意义上的"事清责明"④。	诉讼调解在历经"调解为主、判决为辅""着重调解、判决补充""调判并重"这三个阶段之后，于近年在"构建社会主义和谐社会"的思想指导下，确立了"调解优先、调判结合"的原则，由此在全国上下掀起一场调解"运动"："调解率"成为重要考核指标，"调解楷模"受到全员追捧，可能妨碍调解达成的"事清责明"标准被弃如敝屣。

2. 否定之否定："事责"缺位下的负面效应

无论是学术界的口诛笔伐，抑或是司法实务界的政策导向，投射到实务中，便是对"事清责明"标准的集体漠视，由此引发"事责"缺位下的"不当调解"情形。

---

① 宋朝武，黄海涛. 调解真实原则质疑. 法律适用，2005（5）.

② 2004 年公布、实施，2008 年修订的最高人民法院《关于人民法院民事调解工作若干问题的规定》提出自愿、合法、保密和灵活性四项原则，不再简单理解和恪守"事清责明"标准；2010 年最高人民法院《关于进一步贯彻"调解优先、调判结合"工作原则的若干意见》重申自愿、合法原则，却未将"事清责明"列为调解标准。

③ 2007 年最高人民法院《关于进一步发挥诉讼调解在构建社会主义和谐社会中积极作用的若干意见》第 20 条规定，"调解书的内容可以简化……可以不写案件事实、审理过程和证据情况等"。

④ 2002 年最高人民法院《关于审理涉及人民调解协议的民事案件的若干规定》建立了司法确认调解协议机制；2004 年最高人民法院《关于人民法院民事调解工作若干问题的规定》确立了答辩期前进行调解的规则；2007 年最高人民法院《关于进一步发挥诉讼调解在构建社会主义和谐社会中积极作用的若干意见》规定"人民法院应当进一步完善立案阶段的调解制度"。

	缺位情形	缺位实质	缺位原因
混淆"事责"	"背对背""以判压调""以诱压调",使当事人陷入"囚徒"困境,形成"隐性强制型"调解。【案例】当事人不同意调解或调解期望值与法官的设定方案相左,法官便利用"背对背"空间,告知原告"被告的抗辩并非没有道理,若判决,你方诉请未必得到支持";告知被告"原告的主张于法有据,若不让步,判决于你更为不利"。在这样的"囚徒困境"中,当事人博弈的"纳什均衡"就是让步。①	审判权的"错位":误导裁判规则	(1)无力辨明"事责":法官能力有欠缺,回避疑难判断。(2)不敢辨明"事责":存在人情招呼,掩盖裁判规则。(3)不愿辨明"事责":追求调解效率,减少工作量。
模糊"事责"	"各打五十大板""和稀泥",形成"风险规避型"调解。【案例】原持票人甲获除权判决取得票款后,现持票人乙诉请其返还票款。甲认为乙应当举证证明其取得票据的合法或善意,乙认为甲应当举证证明乙非票据合法或善意取得人。法官对此举证责任的分配踌躇不决,遂告知双方败诉风险各半,建议一人一半分取票款。②	审判权的"失位":屏蔽裁判规则	
回避"事责"	放纵当事人"自治"损害第三人利益、国家利益、社会公共利益,形成"恶意串通型"调解。【案例】开发商以与下属员工签订商品房买卖合同的方式骗取银行贷款,再通过立案调解解除前述合同以规避二手房买卖营业税,形成数百起虚假调解案件,相关人员获罪入刑。③		

3. 回归:以"事清责明"为条件的"裁判式调解"

以上实践证明,忽视案件事实一味追求调解无疑是对法治的伤害。④ 伴

---

① 张会娟. 司法调解问题研究. [2013-06-30]. http://www.chinacourt.org/article/detail/2006/10/id/221161.shtml. 张卫平. 一味强调诉讼调解不利社会和谐. [2013-08-24]. http://news.163.com/07/0519/02/3EQQ7HG9000121EP.html.

② 此案例来自笔者所在 J 省 W 市的 C 区人民法院。

③ 此案例来自笔者所在 J 省 W 市的 X 区人民法院。

④ 张卫平. 诉讼调解时下态势的分析与思考. 法学,2007 (5).

随着学术界与实务界对"事责"边缘化的反思①，"裁判式调解"应运而生。通过阅读吴中法院"裁判式调解"的内容②，笔者得以窥见"事清责明"标准在诉讼调解中的回归：它要求"在调解过程中进行充分的释法析理，并在调解书中载明案件事实和调解确认理由，对案件进行是非界定和法律评判"③。就其"事清责明"的内容和载体而言，等同于裁判标准；仅因有无经过庭审调查辩论，而在程序上略有差异。

（二）"裁判式调解"的实践："事清责明"作为调解标准的回归形态

带着对"裁判式调解"是否实际可行的疑惑，笔者作了进一步调研，发现其在基层实践中被推行已久，仅在实际形态上各有不同，主要表现为："事清责明"用作调解标准，较之裁判标准，在内容、程序、载体上均有差异。

1. 内容差异

调解方式	调解动机	"事清责明"的内容
加速裁判型调解：按照裁判结果确定调解结果	债权人：加速文书生效、迅速进入执行或督促主动履行等（近年来，涉钢贸金融危机蔓延，法院对金融借款合同案件开始大量采用这一调解方式）债务人：减少诉讼执行成本	"事清责明"的内容达到裁判标准
裁判利益让渡型调解：比照裁判结果让渡部分利益形成调解结果	利益让渡方：维护稳定、和谐的情感关系（如婚姻家庭继承案件中给付较高金额的抚养费、离婚补偿金）、对弱者的同情慰怜（如人身损害赔偿案件中给予较高赔偿）、恢复长期稳定的交易关系（如在具有长期合作关系的买卖承揽合同案件中折让逾期付款违约金），以及其他调解优势包括加速文书生效、督促主动履行、免去缠诉之累等相对方：债务减免或延迟、债权增加，减少诉讼执行成本等	"事清责明"的内容达到裁判标准，但当事人接受利益的让渡并据此形成调解结果

---

①　笔者在互联网上搜索，发现近年来针对"事责"缺位造成"不当调解"的反思类调研正在增多；与此同时，法院系统也加强了对此方面的管制。J省展开了立案调解大复查，并暂时取消了立案调解程序。

②　吴中法院以《关于开展裁判式调解的实施意见（试行）》为载体，对"裁判式调解"的内容进行了具体化和规范化。

③　钟毅，徐澄．裁判式调解：法治主导下纠纷化解的模式选择．民主与法治，2012（11）.

续前表

调解方式	调解动机	"事清责明"的内容
裁判争议缩减型调解： 对照裁判规则扫描要素事实→将无争议部分加以固定→对有争议部分分类厘定和搁置→当事人认可法院对有争议部分的厘定和搁置，在搁置范围内协商调解	裁判争议已经法院分类厘定和搁置并经当事人认可，被搁置的部分属于当事人同意让渡裁判利益的范围；或涉及裁判利益较小，而进一步查清"事责"的诉讼成本却很高（如在买卖合同案件中存在供货金额和质量问题两方面的争议，经法院厘定供货金额后，出卖人对存在质量争议的少量货物未作鉴定即扣除价款）	"事清责明"的内容低于裁判标准，但当事人接受"事责"的部分模糊并据此形成调解结果

2. 程序差异

于不同阶段的调解，审判权的介入度不同，调解的基础、技术与特点亦有差异[①]：在"确认调解协议"中，法官只作调解协议的合法性和正当性审查；在"立案调解"中，法官根据当事人的诉辩和立案证据，作涉案"事责"的初步审查；至"庭前调解"，法官可以通过庭前调查取证和组织质证，充实证据内容、鉴别质证意见，作出初步认证结论；而至"判前调解"，通过庭审调查辩论，严格意义上符合程序规范的"事责"审查才告完成。前述对涉案"事责"的递进式调查，决定了"事清责明"在不同阶段的调解中，存有程序差异。

3. 载体差异

涉案调解书均不作"事责"表述，仅由法官依据类案裁判先例、类案裁判要素、类案案例和司法文件等作参考性释明，释明过程通常不作记录。

【裁判先例参考式调解：J省法院简报之"W市中院以判促调化解105起游戏软件著作权纠纷"】该简报中介绍了W市中院知识产权庭"对于抗辩理由不成立的典型案件，依法及时作出判决，在司法判决的示范引导效应下，原有不少持观望态度的网吧业主签订了调解协议，有的自动履行了义务，百余件案件得以全部顺利解决"。承办法官答笔者询问如下：我们推行的是"裁判式调解"，调解结果比照着裁判结果来，"事实清楚""分清是非"。笔者问及调解书是否载明"事实""是非"，承办法官答道：这就没必要了。这一批都是一个类型的案件，前面的判决写清了"事实"、明确了

---

① 陈旗．论法院调解制度的创新．法学评论，2007（5）．

"是非"，后面的调解不就很明朗了吗？不写出来当事人脸上也好看。再说了，调解的好处就是提高效率，一个个写清楚了，也就没什么效率了。

【裁判要素扫描式调解：W市C区人民法院某法庭法官关于道路交通事故人身损害赔偿案件的调解经验】该法庭法官长期审理这类案件，颇有心得：这类案件就适合"裁判式调解"，它有很多赔偿项目，我们对着赔偿标准一项项算下来，顶多有一些小争议，大家就在争议的范围内取个中间数。比如四根肋骨骨折肯定是十级伤残，纠缠不清的话还要多付一笔鉴定费；对赔偿比例在事故比例基础上作调整，来去也不大，判决的话还要多出费用。至于调解书是否写明"事实""是非"，当然是不写了，哪些查清了、哪些没查清，当事人都有数，也接受，没必要为一个形式给大家添麻烦。这类案件的立案调解还是不错的，没必要进入诉后调解。

【案例和司法文件指导式调解：W市中级人民法院某商事法官的调解经验】该法院的法官较年轻，书生气息颇浓，并不擅长劝解说服，但调解率很高，被问及调解经验时，答曰：现在法院系统有共享的案例和司法文件资源，我针对当事人的争议，找到最接近的案例和司法文件，给当事人参考。比如前不久开的全省商事审判工作会议，统一了票据案件中几类问题的法律适用，我把会议文件复印给当事人，比我一个年轻法官向一群"老江湖"律师释法说理要好多了，没几天一个个撤诉的撤诉、调解的调解。毕竟商事案件诉讼费不少，退一半也是好的。案例和司法文件越权威越好，最好是指导性案例和司法解释。至于"事实"和"是非"嘛，调解书中就不写了，我们方便，当事人好看。这叫"淡化是非"，不是"模糊是非"。毕竟当事人心里明白，就是比照着裁判来调解的。

二、理论探析："事清责明"作为调解标准的必要性和多元性

（一）法律规则下的处分之治："事清责明"标准回归的必要性

前文已述，诉讼调解是审判权作用于当事人处分权的结果。在诉讼调解模式由职权主义向当事人主义转轨的过程中，查明"事责"作为审判权的主要内容，一度淡出视野。行至当事人处分失向的现实环境，其对处分权的"指引"和"修正"，再度挟"裁判式调解"之势回归。并且，本专题要论述的是，"调解作为一种社会机制，本身也在适应社会的发展而发展"[①]，在法

---

① 范愉.调解的重构（上）——以法院调解的改革为重点.法制和社会发展，2004（2）.

治社会初步建成的背景下，"事清责明"作为调解标准的回归，可被定性为一种司法技术理性，而被赋予更深层次的价值定位。

1. 纠纷主体的理性度增加——规则指引的有效性

传统的调解模式以"淡化是非"为基础，"动之以情、晓之以理"，促使双方换位理解和互谅互让。这种以"感性"劝解为主要载体的调解模式，尽管在一定时期内受众甚广，然而随着社会经济的发展，正在逐渐失去效应。其原因在于：一是随着计划经济向市场经济转轨，各类纠纷的社会背景正在由"熟人社会"向"陌生人社会"变迁，行为对象的可选择性、行为方式的跨时空性以及彼此关系的不确定性，使得以谋求长久关系为目的的调解的空间逐渐限缩；二是随着法律规则的完善、法治观念的深入，各类纠纷主体的权利保护意识开始增强，逐渐对传统意义上以"发扬风格、谅解让步"为基调的诉讼调解①产生了抵触心理。基于这一判断，诉讼调解的模式也应当与时俱进：审判权的介入空间，应当定位于对当事人处分权的"理性"指引和修正，即通过对法律规则的释明，厘定事实、辨明是非，确保当事人在信息完全对称的情况下权衡得失而作出决断②，实现当事人法律明知下的意思自治。

2. 纠纷模式的聚合度增强——规则治理的示范性

随着社会经济的发展、市场规则的完善，无论是传统意义上的民事行为，还是经济交往中的商事活动，其聚合度均明显增强，呈现出同类纠纷连锁反应、重复发生的发展态势，由此使"事清责明"条件下的规则治理成为必要：在一起纠纷被诉诸法院的背后，可能隐藏着一个极大的围观群体——类似纠纷的当事人、重复行为的主体，他们在共同等待着法院对涉案"事责"的判断、对行为内容的甄别、对法律后果的确认，以此引导他们的后续行为。如果诉讼不能给他们一个明晰的结论，那么他们对类似行为的理解差异就无法消除，也就无法从源头上真正地化解纠纷。与此同时，与各类聚合性纠纷对应的司法治理规则也正在被格式化、明细化，如有些法院对道路交通事故人身损害赔偿、支付经济补偿金、支付工伤保险待遇、保险理赔、婚姻家庭继承纠纷等案件的要素事实、计费标准等进行了梳理归纳③，甚至对

---

① 杨勇军. 论我国诉讼调解制度的重构. ［2013 - 07 - 01］. http：//law. hust. edu. cn/Law2008/ShowArticle. asp? ArticleID=1726.

② 李浩. 理性地对待调解优先——以法院调解为对象的分析. 国家检察官学院学报，2012（1）.

③ 深圳市中级人民法院将 21 类案件定性为要素式案件，制作了要素式诉状表格、要素式庭审提纲、要素式文书范本以及与之配套的类型化说理文库等，以简化此类案件的事实认定和法律适用。目前，笔者所在 J 省 W 市中级人民法院也在调研试行中。

部分案件设计了用于计算的电脑程序。① 即使在纠纷内容相对复杂的公司法、票据法等领域，随着指导性案例和司法解释的完善，对典型性问题的"事责"判断亦大多有了比较明朗的规则，从而为聚合性纠纷的解决提供了示范性指引。

3. 纠纷类型的多样化发展——规则创新的必要性

近年来，社会转型不断加速，市场行为日新月异，多个领域呈现专业性、技术性和变动性的发展特点：关于对市场主体的治理在设立、变更、解散、清算等各个环节，出台了许多新规则；对债务担保的方式在传统担保方式之外，出现了许多性质不明、风险待估的联保、互保、保证金担保等；市场交易的手段逐渐由现货交易，发展至期货交易、期权交易以及其他复杂的金融衍生品种的交易。与之相呼应，在金融法、保险法、公司法、票据法、破产法等新锐领域，涌现出大量前沿问题、疑难问题，需要司法确认效力、提示风险、建立规则。然而传统意义上"模糊是非"、"和稀泥"式的调解，极易使法官产生回避疑难决断的惰性思维，导致众多的创新行为得不到及时、准确、有效的规则指引，纠纷化解"先天不足、后天乏养"，局部"无法可依、无章可循"。在这类诉讼纠纷中，只有推行以"事清责明"为条件的"裁判式调解"，及时厘定新类型案件的规则特点，才能有效指引经济社会的创新发展。

（二）法律规则对当事人处分的作用之限："事清责明"作为调解标准的多元性

在诉讼调解的场域内，审判权是以查明"事责"为载体，对当事人的处分进行"指引"和"修正"的。既为"指引"，则法官查明的"事责"仅能作为当事人处分的"参考"而非"强制"，当事人基于其他衡量而放弃查明或放弃参考的，应尊重其意思自治；既为"修正"，则法官仅能对当事人之有违合法性或正当性要求的处分，予以否决，相关"事责"审查亦受此之限。归根究底，诉讼调解是以当事人为中心的处分，不是以法官为中心的判定；法官判定可以对当事人的处分加以引导和制约，但不能剥夺，而当事人的处分在一定程度上可以阻却判定的作出并终结诉讼。② 由此衍生出"事清责明"作为调解标准的多元性。

---

① 笔者所在 J 省 W 市的 C 区人民法院就道路交通事故人身损害赔偿案件设计了用于计算赔偿金额的电脑程序。

② 范愉. 调解的重构（下）——以法院调解的改革为重点. 法制与社会发展，2004（3）.

1. 法律规则对不同案件调解的"作用"度不同——不同案件调解所需要的"事责"清明度不一

调解与判决不同：后者作为"自上而下的正义"，属于刚性司法，必须并且只能接受法律规则的指引；而前者作为"自下而上的正义"，属于柔性司法，当事人可以自由选择他们希望的标准，而不受法律标准的限制。即使在"裁判式调解"的场合，我们依然可以从"裁判利益让渡型调解"和"裁判争议缩减型调解"中，发现法律规则对不同案件调解的指引度差异：婚姻家庭继承案件中往往受情感、伦理的约束；相邻关系案件中会考虑双方的和谐关系；人身损害赔偿案件中鼓励对弱者的救济关怀；买卖承揽合同案件中，商业规则会发挥功用，为谋求交易关系的长期稳定，商人通常不会拘泥于个案利益。此外，当事人还会根据案件的具体情况，将查明"事责"的诉讼成本与可能增加的获利金额、加剧对抗的风险与加速调解的可能、判决导致的风险与调解带来的效益等，综合权衡利弊，引导行为选择。"诚然，查清案件事实确实有利于调解，但并不是必须完全查清事实，因为现实中的纠纷是非常复杂的，调解的含义本身就包括对某些界限不清的事实和责任含糊不究，以达到既解决纠纷又不伤和气的目的。"① "要在条件许可的情况下，尽可能把握争议的基本事实，以促进调解；但对于一些复杂、疑难、查证及取证困难的案件，当事人在调解过程中已达成协议的，案件事实就不一定完全查明。"②

2. 法律规则在不同调解程序中的"参与"度不同——不同调解程序能达到的"事责"清明度不一

作为一种与诉讼裁判平行的结案方式，诉讼调解不仅是当事人合意的结果，也是司法介入的过程。司法给予当事人合意的自由并启动国家强制力的保障，同时也对当事人的合意进行"指引"和"修正"。这种"指引"和"修正"，随着调解程序的推进，内容会有所变化：在"确认调解协议"中，当事人的合意已经达成，司法介入的范围仅限于对当事人滥用合意自由的审查和规治，即当合意自由违反法律规定或损害第三人利益、国家利益和社会公共利益时，予以"修正"。这一过程中不能删除或弱化"事清责明"的效

---

① 罗干. 充分发挥人民调解作用　创造稳定和谐社会环境. 中国司法，2004（3）.
② 缪彦珍. 对我国民事诉讼调解制度弊端与改革的几点思考. 河北广播电视大学学报，2007（12）.

用，否则，对当事人合意的合法性和正当性审查会变得表面化和形式化。①
而在"立案调解""庭前调解""判前调解"中，司法介入的内容除"修正"
外，更多的是"指引"，即通过涉案"事责"的查明和开示，指引当事人的
行为理性，然而，查明"事责"的广度和深度，亦因不同阶段的程序限制而
有差异，呈现出依次递进的关系。

　　3. 法律规则在不同形式载体中的"昭示"度不同——不同形式载体所揭
示的"事责"清明度不一

　　前文已述，为追求诉讼调解的"效率"和"和谐"价值，在"裁判式调
解"的实践形态中，作为调解标准的"事清责明"往往未被记载于涉案调解
书中；仅由法官根据涉案情况，选取对应的裁判先例、裁判要素、案例和司
法文件等，进行参考性释明，并且释明过程通常不作记载。很显然，此种参
考性载体就"事责"昭示度而言，与涉案调解书等确定性载体相比，还是存
在差距的：第一，参考性载体对涉案"事责"仅具有比照性，不具有确定
性。一般而言，即使属于类案的范畴，在参考情形与涉案情形之间，仍会存
在或多或少的差异。第二，参考性载体对涉案"事责"的比照，通常不具有
全面性，仅能反映涉案"事责"的局部。第三，参考性载体对涉案"事责"
的比照，如未经承办法官针对性、创造性的释明，所揭示的法律规则将流于
笼统。第四，参考性载体之权威性的差异，影响其所揭示"事责"的清明
度，如部分参考性案例的指导性存疑，或存在观点相反的两种案例；部分司
法文件的权威性不足，未能有效地统一法律适用等。

三、目标定位：以"事清责明"的多元化标准，作诉讼调解的程序分流

（一）纵向坐标："事清责明"裁判标准的获取

　　将"事清责明"的裁判标准用作调解标准，被认为具有"彰显法治原
则""保障自愿原则""提高司法效率""防止滥用诉权""提升案件质量"
"增强法官业务能力"等多重价值，但也存在"增加调解结案难度""增加法
院和法官错误成本""增加法官工作量"② 等现实缺陷。尽管在理论层面，前
述利大于弊；然而放置于"调解热""案多人少"的现实背景下，其缺陷几
乎是致命的：片面追求"事清责明"在内容、程序、载体上均达到裁判标

---

① 许鹏. 人民法院民事调解必须强化"事实清楚、分清是非"原则. [2013 - 08 - 24]. ht-
tp：//article. chinalawinfo. com/article_print. asp？articleid＝45350.

② 钟毅，徐澄. 裁判式调解：法治主导下纠纷化解的模式选择. 民主与法治，2012 (11).

准，会将诉讼调解的"效率"和"和谐"价值消耗殆尽。为此，笔者提出，"事清责明"的裁判标准，仅能作为调解标准的纵向坐标，取之无限接近的用意；并且，就现实可能的路径而言，我们在涉案调解中能够企及的，只是同类案件的裁判标准，笔者称之为"以判示调"。

1. "以判示调"的正当用意：以类案裁判"示范"调解，而非以涉案裁判"压制"调解

"事清责明"于诉讼调解的意义，源自它为当事人处分提供的"法律明知"前提。然而，这样的"法律明知"，若仅限于承办法官的"事责"判断，将因调解程序的局限性、个人观点的单薄性、判调身份的合一性，而陷入对准确性、权威性、中立性的质疑，甚至引发"以判压调"的质疑。据此，笔者提出，用作调解"示范"的，不能是间接提示调判利弊的涉案裁判结果，而应是以类案裁判标准为基础细胞，提炼组合而构成的法律规则体系。

2. "以判示调"的功能效用：权威性裁判确立的普适性规则，可指引类案调解路径

虽然诉讼调解作为自治型纠纷解决模式，可兼容多元化利益，然而纠纷主体既已选择诉讼作为利益诉求渠道，法律规则自然被纳入首要考量。众所周知，规则的生成依赖于专业化、规范化的程序和法定性、普适性的评判。[①]法律需要通过法院的判决为当事人及案外人提供指引，告诉他们应该怎么做、不应该怎么做。[②] 据此，"以判示调"的功用在于：一是促进调解。同类案件裁判规则的参照适用，能使纠纷当事人放弃不切实际的利益期待，促进调解的达成。二是规范调解。同类案件的裁判内容，恰能为纠纷主体的调解路径提供客观现实的标准，从而令调解的内容无限接近裁判的规则。

3. "以判示调"的运作原理：兼容创造性司法与类型化司法

"以判示调"是对司法创新能力和归纳能力的双重挑战。创造性司法要求：对诉讼纠纷中的规则模糊或空白地带，及时深入研究，打造精品裁判，准确引导规则。"法律的创造始终是法律的适用"[③]。"法律就像是一块编织物……但这块编织物不可能总是平平整整的，也会出现皱褶；法官……可以，也应该把皱褶烫平。"[④] 类型化司法则要求：对社会实践中大量出现的类

---

① 傅郁林. 诉前调解与法院的角色. 法律适用，2009（4）.
② 江必新. 社会主义司法基本价值初探. 法律适用，2009（12）.
③ 凯尔森. 法与国家的一般理论. 北京：中国大百科全书出版社，1996：150.
④ 丹宁勋爵. 法律的训诫. 杨百揆，刘庸安，丁健，译. 北京：法律出版社，1999：12.

型化纠纷，法官应当具备从具体到抽象、提炼裁判规则以及从抽象到具体、运用裁判规则的双向能力。正如前文所述，部分法院之格式化裁判文书、类型化说理文库等，本意是提升审判质量效率，然而亦兼取了裁判规则的载体之效，从而以公开简明的方式，为类案"事责"提供了参考。

受制于现阶段法官人手不足、能力参差以及简易纠纷大量沉淀于基层、疑难问题集中上诉于二审的现实状况，"以判示调"可以专业型法官与经验型法官的能力互补为运作模式：中级人民法院、高级人民法院、最高人民法院着重创造性裁判、示范性裁判和指导性文件的出台，基层人民法院强化对前述内容的消化吸收以及对类案调解的比照适用；与此同时，在同一法院层面，亦可根据法官的来源和知识结构，作专业型或经验型的定位，在此基础上促进二者互补。

（二）横向截取：以"事清责明"的多元化标准，作诉讼调解的程序分流

前文已述，"事清责明"于诉讼调解，仅作当事人处分的"指引"和"修正"用途，标准较为多元。基于此，恰能构建诉讼调解的程序分流，在注入"理性"的同时，兼顾"效率"和"和谐"价值。

1. 诉讼调解所需要的"事责"清明度：由案件类型决定

于当事人处分的内容而言，"事清责明"提供的是刚性的法律标准。然而促使当事人作出行为选择的，往往是对其他标准的考量。这些标准随案件类型变化而变化，由此导致"事清责明"在不同案件中的介入度差异。

笔者认为，下列案件中应提高"事责"清明度，使之无限接近裁判标准：（1）规则创新型。如在金融法、公司法、破产法等新锐领域中，常会出现一些涉及行为规则确认或创新效力评判的案件，对此，应努力查明"事责"，以示范法律适用。（2）涉他利益型。对于涉及第三人利益、国家利益和社会公共利益的案件，应在"事清责明"的基础上进行调解，排除恶意串通的可能。如对于关联企业、近亲属之间的债权债务案件，应避免虚构债务以转移资产或规避税款的情形。（3）公众关注型。公众关注的案件往往涉及社会风尚的引导，对此类案件应作"事清责明"的严格审查，避免引发公众认知的偏差。[1]"一旦某个公众关注的案件以调解或和解告终，总会给媒体带来许多遗憾和丰富的联想，一般的推定是维权者为了利益作出了不当的妥协或放弃了权利。"[2]（4）身份确认型。"对于具有特殊性的有关身份关系的诉

---

① 如"彭宇案"被公众误读，与法官在诉讼调解中对涉案"事责"的模糊处理有直接关系。

② 范愉. 调解的重构（上）——以法院调解的改革为重点. 法制与社会发展，2004（2）.

讼，法院应当对当事人之间的权利处分进行干预。"①

下列案件中可适当降低"事责"清明度：（1）关系修复型。当事人之间具有家庭关系、相邻关系、劳动关系的；或在部分合同案件中，当事人之间原已形成稳定交易关系，但因个案纠纷陷入不睦，关系修复对于双方经营持续和企业发展具有重大意义的，可适当降低"事责"清明度。（2）弱者救济型。如在人身损害赔偿案件中，在加害人经济上占优的情况下，鼓励其给予相对方法定赔偿之外的补偿，以体现人文关怀。（3）事实不明型。这可分为两类：一是双方当事人各自缺乏明显的证据优势，"事责"难以厘定；二是法律事实与客观事实可能存在严重冲突。对此两类案件，若过于追究"事责"，或有失调解效率，或违背实体公正，故不作"事责"强调。（4）影响稳定型，如影响社会稳定的人数众多的劳动争议纠纷、物业纠纷、房产纠纷、土地纠纷，影响企业稳定的股东纠纷等。

并且，对于当事人基于降低举证成本、加速案件调解等的考虑，自愿搁置部分争议、模糊部分"事责"的，如不涉及前述基础判断，则应尊重其意思自治。

2. 诉讼调解应选择的分流程序：由需要的"事责"清明度决定

前文已述，不同阶段的调解能达到的"事责"清明度不一：从"立案调解"，至"庭前调解"，再至"判前调解"，在程序推进的同时，"事清责明"亦呈递进关系。

进入"立案调解""庭前调解"等调解前置程序的案件，应符合两方面条件：一是不属于前述应提高"事责"清明度的案件，而有可适当降低"事责"清明度的余地。二是当事人同意进入调解前置程序。此处之"当事人同意"，可以理解为：或蕴含着当事人自愿模糊部分"事责"的意思表示；或涉案"事责"争议不大，当事人对"事清责明"不作程序要求，法官可通过书面审查或询问当事人辨明"事责"内容。关于在调解前置程序中如何完成"事责"审查，可参考美国的审前程序，通过案件审理重心的适当前移，将审前程序变为发现事实、固定事实、了解纠纷实质、明了争议焦点的过程，在此基础上引导当事人理性处分。如此，虽不能达到严格意义上符合程序规范的"事清责明"，但可以"在法律的阴影下进行谈判"②。

---

① 张卫平．民事诉讼：关键词展开．北京：中国人民大学出版社，2005：59.
② "在法律的阴影下进行谈判"是美国法院解决民事案件的主导手段，绝大多数案件均得以在庭前程序中解决，只有不到10％的案件以判决结案．张保利，石林．法院调解的回归与发展路径解析——永登县人民法院调解工作引发的思考．西部法学评论，2009（5）.

至于对"事清责明"要求较高的案件，应当在完成庭审调查辩论的基础上，进行"判前调解"，以此接近裁判意义上的"事清责明"。

3. 诉讼调解应选用的"事责"载体：由选择的分流程序决定

规范意义上的"事清责明"，必须见诸涉案调解书的记载。然而在"裁判式调解"的实践形态中，几乎所有法官都省略了这一步骤，仅在调解协议的主文部分，展现最终的权利和义务结论。但这一结论往往是在涉案"事责"的基础上，经过裁判利益的让渡或裁判争议的分类厘定、搁置而形成的协商结果，具体过程无载体可考。

笔者认为，诉讼调解应选用的"事责"载体，视选择的分流程序而定：当事人同意进入"立案调解""庭前调解"等调解前置程序的，亦即蕴含着自愿模糊部分"事责"的意思表示；并且就程序而言，法官查明"事责"无法达到裁判标准，故调解书不作记载亦可，但对法官"事责"释明和当事人"权义"处分的过程，应以笔录等记载。这样做，是基于以下考虑：一方面，规范"事责"释明，避免不当调解。法官以裁判先例、裁判要素、案例和司法文件作比照释明的，将释明过程制成笔录，实现参考性、普适性载体向确定性、个性化载体的转化。另一方面，确保和体现当事人自愿。"类似于医疗责任中的知情同意，法官有必要通过各种要式的形式（如当事人签署的权利义务告知同意书、申请调解书、调解协议生效承诺书、法庭笔录、见证等等）证明自愿的真实性。这些形式化的操作虽然可能会影响法院调解的成效，但至少为保证调解的正当性提供了依据。"①

而至"判前调解"，"事责"审查至少已完成了规范的程序流程，除当事人基于隐私保护而自愿处分的情形外，对相关"事责"应作调解书规范记载；特别对于公众关注的案件，应将调解书载明之"事责"公之于众，用于明法释理。

结　　语

"事清责明"之于诉讼调解，能以多元化形态，找寻程序分流之价值定位。笔者之研究虽为粗糙，仍冀望有所裨益。现以图解总结全文，用作提炼。

---

① 范愉. 调解的重构（下）——以法院调解的改革为重点. 法制与社会发展，2004（3）.

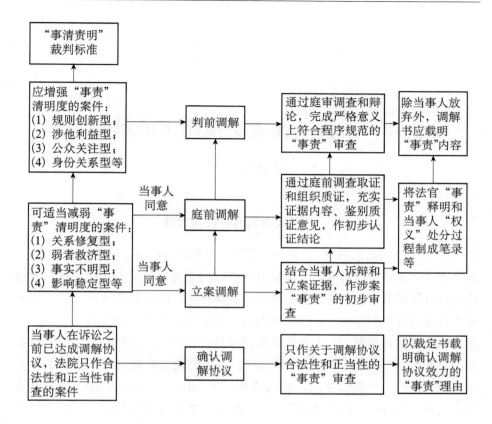

专题六　西方女性主义视角下的离婚调解

邬欣言*

一、现代离婚调解及其背景

20 世纪 70 年代，调解作为一种替代对抗性纠纷解决方式的方式在美国、加拿大等国家和地区被推行。调解最早被应用在离婚争议中，主要针对面临离婚或者分居的夫妇，通过中立第三方（调解员）的帮助来减少冲突、促进双方沟通以及亲职合作。这就是所谓的"离婚调解"（Divorce Mediation）。[1] 在当时的美国和加拿大，专业的离婚调解是被当作家事法庭的附加服务而发展起来的[2]，调解员大多数是法律顾问、心理健康方面的专业人士和关注儿童福利的社会工作者。之后，家庭调解（Family Mediation）这一概念被使用得更多，相较于"离婚调解"，它看似是一个更大的概念，但实际上，其服务对象仍主要是需要离婚或分居的夫妻，特别是有孩子的夫妻。

第二次世界大战之后，受到战争、商品经济以及理性主义的影响，西方国家的婚姻家庭受到重大冲击，传统家庭价值体系和秩序面临着严峻挑战。离婚的"质"的变化与"量"的激增相伴而至，人们不再仅仅因为婚姻中一方存在明显的过错才会选择离婚，婚姻自由化的取向使得"无过错的离婚"变得越来越常见。从 20 世纪 60 年代末开始，西方的许多国家经历了一次较大规模的离婚潮，离婚率逐年攀升。大量的离婚案件涌入法院，致使传统的司法制度在面临着"诉讼爆炸"的同时，也面临着"诉讼危机"。一方面，诉讼一直被视为一种在经济和时间成本上比较昂贵的冲突解决方式。由于法

---

* 邬欣言，湘潭大学哲学系讲师。

[1]　Kelly, J. B.. A Decade of Divorce Mediation Research: Some Answers and Questions. *Family and Conciliation Courts Review*, 1996 (34), 373 - 385.

[2]　Barsky, A. Understanding Family Mediation from a Social Work Perspective. *Canadian Social Work Review*, 2001, 18 (1), 25 - 36.

庭的负担和压力很重，因而纠纷解决的效率也相对较低，亟须替代性方式替法院分流案件、减轻负担，提高纠纷解决的效率。另一方面，作为一种对抗性程序，诉讼的方式在处理离婚问题时也显得越来越苍白无力。[1] 离婚问题不是通过一种专业，如法律、社会工作或心理学所能处理的，因为离婚的原因太复杂。而诉讼程序是一种非赢即输的解决方法，如果双方当事人之间不再有关系的继续，那么这种一清二楚的方法是适合的。但是对于婚姻家庭纠纷来说，夫妻双方既有很长的共同生活历史，又在分担抚养子女方面有着相似的责任和期望，对抗性的解决方式容易强化原本就存在的冲突，使带有怨恨和愤怒的当事人双方的敌对立场固化和延续。这样不但会伤害孩子，而且也是对司法资源长期的消耗。如美国一位杰出的法学家、大法官沃伦・E. 伯格（Warren E. Burger）所言："对一些纠纷而言，审判将是唯一的途径，但对很多诉求而言……我们的体制对一个真正文明的民族来说是太昂贵了，太痛苦了，太有破坏性，太没有效率。"[2]

特别是对孩子而言，他们需要持续地与父母和其他亲人相处，需要通过父母的共同努力来获得关爱和支持。因此，必须要有一个更合理的、更好地适应婚姻家庭纠纷选择。在此背景下，离婚调解作为一种成本更低廉、合作性更强的方式被倡导和发展起来[3]，并被认为具有诉讼不可替代的优势，比如，对当事人自主决策权的尊重与保护；对双方当事人友好协商、理性抉择、妥善安排子女监护抚养等善后事宜的促进；灵活性和成本低廉；等等。因此，在奥库勒（O. J. Coogler）等先驱的实践与推动下，离婚调解在离婚实务中迅速兴起，不仅获得了很多国家的法律认可、司法借用，而且朝着职业化、专业化的方向发展，其影响已扩散至全球大部分地区。至 20 世纪 80 年代，美国的家庭调解志愿者协会建立起来，随后美国、加拿大开始设立家庭调解学会、家庭调解与法庭协会，这些都促进了调解专业化的发展，并制定出了调解员的认证标准、伦理规范等。[4] 在澳大利亚，从 20 世纪 90 年代起，为了强调家事调解的重要性，将其由"替代性的纠纷解决方式"（Alternative Dispute Resolution，ADR），改为"主要的纠纷解决方式"（Primary

① Irving, H. H. & Benjamin, M.. Family Mediation: Contemporary Issues. *Journal of Marriage & Family*, 1995, 58 (3).

② Allen, E. L., & Mohr, D. D.. *Affordable Justice: How to Settle Any Dispute, Including Divorce, Out of Court*. 2nd ed.. Encinitas, Calif.: West Coast Press, 1998.

③④ Barsky, A.. Understanding Family Mediation from a Social Work Perspective. *Canadian Social Work Review*, 2001, 18 (1), 25-36.

Dispute Resolution，PDR），并且在 1995 年《家庭法改革法令》（Family Law Reform Act 1995）中，将此改变予以明文规范。①

二、西方女性主义对离婚调解的态度发展脉络

（一）早期：支持的声音

在离婚调解兴起之初，西方的女性主义者对离婚调解的态度也是颇为积极和支持的，认为相对于诉讼而言，调解更有益于女性。当时的女性主义研究认为，现有的家庭法规的不公平会造成"女性贫困化"②。法官和律师群体以男性居多，而男性的法官和律师往往倾向于采用"男性"化的方式来解决离婚问题——强调冲突和竞争，通过争输赢的方式来获得解决办法。学者岳云（Howard H. Irving）曾引用过一位男性律师赫伯特·A. 格利伯曼（Herbert A. Glieberman）的看法，他说："这些案子没有妥协，没有调解，也没有好坏感受的平衡。这是最暴露无遗的对抗，是针尖对麦芒的对抗。我就喜欢这样。"③

在这种对抗性的语境中，女性往往是不占优势的，也很难有自主表达感受和需求的机会；女性在自己的案件中被视为被动和依赖于他人的。④ 相对而言，调解似乎为解决离婚争议提供了一个让女性发出"声音"的平台。珍妮特·里夫金（Janet Rifkin）认为，调解反映了她所理解的女性主义，强调合作、谈判、公平，尤其是参与权。⑤ 许多研究也认为，调解为女性提供了情绪适应和情绪宣泄的机会。女性主义者提倡离婚夫妇避免选择诉讼方式，特别是在与暴力相关的事件上，因为法律是"男性气质十分饱和"的，家长式的法律范式具有强制性、斗争性和对抗性。在这种情况下适用法律容易造

---

① 汤鸣. 澳大利亚家事调解制度：问题与借鉴. 法律适用，2010（10）.

② Pearce，D.. Women，Work and Welfare：The Feminization of Poverty//K. W. Feinstein（ed.）. *Working Women and Families*. Newbury Park，Calif.：Sage，1979. Fineman，M.. Dominant Discourse，Professional Language and Legal Change in Child Custody Decision Making. *Harvard Law Review*，1988，101（4），727 - 774.

③ Irving，H. H.. *Divorce Mediation：A Rational Alternative to the Adversary System*. New York：Universe Books，1980，39.

④ Field，R.. A Feminist Model of Mediation that Centralises the Role of Lawyers as Advocates for Participants Who are Victims of Domestic Violence. *Australian Feminist Law Journal*，2004，20（1），65 - 91.

⑤ Rifkin，J.. Mediation from a Feminist Perspective：Promise and Problems. *Law and Inequality*，1984，2（2），21 - 31.

成敌意反弹，而调解可以用合作性谈判的方式来代替。因此，女性主义者认为，调解会为女性创造更多的话语权力，同时调解也可以提供新的、更有效的办法来处理针对妇女的个人或制度上的暴力行为。①

调解何以能增加女性的话语权力呢？调解的拥护者们认为，调解的中立和自决的原则是实现夫妻平等和保护女性权益的基本保障。当事人的自愿、自决和调解员的中立性是调解程序最主要的几大原则。调解员保持中立性的重要性在于：一方面，调解员如果能保证中立，拒绝采取任何单方面的说法，那么便能保证调解程序的公平；另一方面，调解员的中立性能保证其不会将意见强加给当事人，使当事人能够自己控制争端，并确保最终的决议反映的是当事人自身的价值观，而不是调解员的价值观。调解的拥护者们认为，至少在理论上，中立性能确保由当事人双方来控制调解过程，最终达成的调解协议也是双方自愿达成的。② 同样，调解也着重于通过夫妻自决的原则来实现夫妻双方的平等。调解的主张是，通过"当事人承担责任"来实现当事人的自决权，即通过确认"个人为自己说话的能力"，并通过承认"个人有权力和能力作出自己的决定"来在调解中形成自决。调解承认女性有权力和能力寻求符合自己条件的争端解决方式。自决与赋权有关，调解可以说是赋予了妇女权力。在此基础上，甚至可以说调解在社会中为保障女性权益作出了巨大贡献。③

（二）20 世纪 80 年代：批判的声浪

尽管早期的女性主义者支持调解，但是到了 20 世纪 80 年代中期，女性主义对调解的批判声浪逐渐高涨。虽然女性主义的理论千头万绪，包含了许多的流派，女性主义的观点也非常多样，但是对于调解，从 20 世纪 80 年代开始，除少数之外，女性主义者几乎都一致性地持批评的态度。④ 这些批判主要指向的问题是：在父权制文化环境中，调解的方式真的比诉讼更能确保女性的话语权吗？离婚调解在实务运作中（而非理论上）真的能够确保性别正义的实现吗？

---

①③　Field，R.．A Feminist Model of Mediation that Centralises the Role of Lawyers as Advocates for Participants Who are Victims of Domestic Violence. *Australian Feminist Law Journal*，2004，20（1），65 - 91.

②　Shaffer，M.．Divorce Mediation：A Feminist Perspective. *University of Toronto Faculty of Law Review*，1988，46（1）．

④　Benjamin，M.，& Irving，H. H.．Toward a Feminist-Informed Model of Therapeutic Family Mediation. *Conflict Resolution Quarterly*，1992，10（2），129 - 153.

1. 父权制文化环境下，女性不具备和男性平等协商的权力

批判调解的女性主义者认为，父权制文化长期影响着的社会结构、社会规范和价值观念，使女性无论在何种场域中均处于比男性更弱势的地位，在调解的场域中亦是如此。从理论上讲，离婚调解的初衷是为夫妻双方提供一个平等对话和理性协商的平台，但是在实践中，平等对话并非易事。在大多数情况下，女性缺乏议价筹码，也缺乏与男性平等对话的能力。

第一，双方的社会经济地位不平等，女性通常处于弱势地位，不享有与男性相同的赚钱能力的话，便会妨碍她们的议价能力。同时，相对于男性，女性在调解中更多地关注孩子的需要，对孩子的关注有时也会使她们不得不作出一些其他方面利益的让渡："女人在离婚调解中通常拥有较少的议价筹码，因为她们拥有较少的钱，她们可能不知道丈夫的真实资产，但她们特别想要取得监护权，甚至宁愿为此牺牲更多的财产。"[1]

第二，在父权制文化中对男女两性有着不同的性别规范和塑造——从幼儿开始，女性更多地被教育"依赖"与"合作"，男性则被教育"自主"与"竞争"[2]。这使女性通常不具有与男性相同的谈判经验，又长期被赋以"顺从"的价值态度。这些都将深深地影响女性在调解中有效谈判的能力。琳达·巴布科克（Linda Babcock）和萨拉·拉斯谢弗（Sara Laschever）在《妇女不提要求》（*Women Don't Ask*）一书中指出，无论是在职场还是在家庭，同男人相比，女人很少会选择通过谈判来争取自己想要的东西。[3]

第三，选择调解的动机和在调解过程中的行为方式与谈判方式都会存在性别差异。相关研究发现：女性选择调解的理由主要是避免冲突与敌意，男性则期望通过调解取得更多的利益。同时，对于权力（权利）的期望也存在社会性别差异，女性更在意的是在调解中获得充分表达的权利，男性则更在意对过程的掌控权，因此，女性始终容易处于不利地位。在离婚调解的过程中，男性往往偏好竞争性的谈判，女性则偏好合作性的谈判，"竞争性的谈判往往会压倒合作性的谈判"[4]，这样的结果是女性往往会牺牲掉一些原本属

---

① Beer, J., & Stief, E.. Mediation and Feminism. *Conflict Resolution Notes*, 1985, 2 (2), 27 – 28.

② Gilligan, C.. *In a Different Voice: Psychological Theory and Women's Development*. Cambridge, Mass.: Harvard University Press, 1982.

③ 李英桃. 妇女不提要求？——西方谈判学中的社会性别议题. 妇女研究论丛, 2016 (7).

④ Hill, E.. Alternative Dispute Resolution in a Feminist Voice. *Ohio State Journal on Dispute Resolution*, 1990, 5: 337 – 379.

于她们的利益。同时，女性总会在调解中展示出不利于自己的两类行为：一个是女性在以一个自我牺牲的照顾者自居时，倾向于将别人的利益置于自己的利益之上；另一个是女性倾向于寻找婚姻失败的原因，并往往归咎于丈夫，因此容易产生愤怒和排斥的情绪。这些不利于她们清楚、理智地进行协商谈判。①

2. 涉及家暴的离婚争议不适宜调解

反对者们的立场主要基于以下几个方面。

第一，对当事人安全性的考虑。对于有过家暴史的夫妻来说，分居期间往往是最危险的，家庭暴力犯罪最容易出现在这个阶段。② 曾经在婚姻关系中对伴侣实施过身体和精神暴力的当事人，往往会在调解和谈判期间攻击或虐待配偶。③

第二，在有家暴的关系中，当事人之间的权力差异和不对等就更加明显，更容易导致不平等协议的产生。调解员可能因为没有接受过相应的训练，对家庭暴力不具有敏感性，也就不会意识到这种严重的权力不对等，因此，"调解无法给弱势一方以保护，因为在鼓励双方当事人达成协议的过程中，可能会迫使弱势的一方去接受一个和法律裁定相比获利更少的方案。而受暴女性如果通过诉讼之外的途径去处理和施暴丈夫之间的关系，往往会成为继续受暴的牺牲品。尽管调解的目标是利他主义和家庭团结，但是实际的结果常常是使等级制度的统治与控制延续"④。甚至相当有经验的调解员也无法纠正这种权力的不对等。⑤

第三，从关系动力学的角度来看，施暴的男性往往会寻求新的方式去控制对方。在旧有的方式失败之后，当想要阻止妻子离开时，他们更倾向于将

---

① Ricci, I.. Mediator's Notebook: Reflections on Promoting Equal Empowerment and Entitlement for Women. Everett, C. A. (ed.). *Divorce Mediation: Perspectives on the Field*. New York: Haworth Press, 1985, pp. 49 – 61.

② Fischer, K., Vidmar, N., & Ellis, R.. *Culture of Battering and the Role of Mediation in Domestic Violence Cases*. University of Oxford, 1993, 11 (1), 24 – 29.

③ Ellis, D., & N. Stuckless. *Mediating and Negotiating Marital Conflicts*. Thousand Oaks, Calif.: Sage, 1996.

④ Olsen, F.. The Family and the Market: A Study of Ideology and Legal Reform. *Harvard Law Review*, 1983, 96 (May), 1497 – 1578.

⑤ Hart, B. J.. Gentle Jeopardy: The Further Endangerment of Battered Women and Children in Custody Mediation. *Conflict Resolution Quarterly*, 1990, 7 (4), 317 – 330.

法律体系视为一个新的角斗场。① 因此，"很难想象一个施暴者会在调解中与对方达成一个相互都同意的结果；也很难想象施暴者会遵守他认为对自己不公平的协议"②。而受害者们在调解中便会倾向于害怕、顺从，受害的妇女已经适应了将她们配偶的需要置于自己的需要之上，即便是在调解过程中，她们也很难打破这种习惯，去维护自己和孩子的利益。③ "如果假定长期以来一直反复受暴的妇女能够突然间和施暴者面对面地对质，清晰地表达自己的需要并捍卫自己的立场，这是相当不现实的。"④

这样的话，调解的最关键的两个要素——公正性和自愿性——在其中是缺乏的。隐秘性和扭曲性往往包裹着这种关系，许多调解员并不是家庭暴力关系方面的专家，因此会假定自己看到的就是真的，会为看似和平、两厢情愿的表象所蒙蔽。但实际上，受暴的妇女没有选择或者拒绝调解的自由，如果她们施暴的配偶想要调解，她们无法去主动地要求和确认调解中对她们及孩子的自主性和安全来讲至关重要的要素；在她们觉得调解不起作用时，她们也不能自由地结束调解。⑤

3. 调解员的"中立性"原则值得批判和怀疑

女性主义者对该原则的质疑是：如果调解员是中立的，那么便不存在对弱者的保护，调解的结果就会是强势的一方压倒弱势的一方，采用竞争性策略的一方压倒采用合作性策略的一方。因此，调解员的中立性是不利于保护女性的权益的。

对"中立性"原则的另一个批判是，实际上，简单、纯粹的"中立"是并不存在的，"中立"倾向于反映周围社会的普遍规范和价值观念。在我们的社会中，一直是有权力的人去塑造社会制度以支持他们的信仰。因此，离

---

① Mahoney, M.. Victimization or Oppression? Women's Lives, Violence, and Agency//Fineman, M., & Mykitiuk, R. (eds.). *The Public Nature of Private Violence*. New York: Routledge, 1994.

② Gagnon, A. G.. Ending Mandatory Divorce Mediation for Battered Women. *Harvard Women's Law Journal*, 1992, 15: 272-294.

③ Hart, B. J.. Gentle Jeopardy: The Further Endangerment of Battered Women and Children in Custody Mediation. *Conflict Resolution Quarterly*, 1990, 7 (4): 317-330.

④ Shaffer, M.. Divorce Mediation: A Feminist Perspective. *University of Toronto Faculty of Law Review*, 1988, 46 (1).

⑤ Dingwall, R., & Greatbatch, D.. Behind Closed Doors: A Preliminary Report on Mediator/Client Interaction in England. *Family and Conciliation Courts Review*, 1991, 29: 291-303.

婚调解的中立性将重现男性占主导地位的权力关系。① 这一观点得到了实证研究（empirical research）的证实。一项关于调解实践的人类学调查发现，调解员其实是"代表其社区的规范和价值观"的。父权制下调解员的"中立性"将导致对男性占优势的社会状态的重现，因此，"调解往往会加强和延续"某些不平等。如果中立是作为调解员的重要特征，那么它在实质上仍属于"客观主义"的法律范式。这样，与诉讼相似，仍然是在强化男性主导的国家基本意识形态，并进一步制度化了男性权力。

此外，也有研究显示，调解员实际上会在调解过程中有意识地违背"中立"原则，而有意地去影响当事人的决定。英国的一项研究发现，被研究的调解员经常会通过施加一些压力去支持当事人的一些选择而反对另一些选择。他们的研究数据发现："如果把调解员看作简单的促成者，将调解的结果简单看作是离婚夫妇双方协商的结果，那么，这便是一种误解。调解员总是通过各种各样直接的或者间接的方法对形成协议施加一定的影响，至少在一些失败的案例中是如此。"②

此外，女性主义者对调解的批评还针对调解的保密原则，认为这阻止了公众对调解过程与结果的审查和监督，同时整个调解程序中也缺乏对调解员的监督。

（三）20 世纪 90 年代开始：回应与重塑

女性主义者对离婚调解的批判到了 20 世纪 90 年代初已经走到极致，不仅仅是质疑、批评，更是提出反对，即认为离婚调解应该被抛弃掉。一些调解的支持者开始回应这些批判和反对，这些回应分为以下三类。

第一，通过实证研究的数据去讨论对离婚调解的众多质疑和批判是否存在事实上的根据，比如琼・B. 凯利（Joan B. Kelly）和玛丽・A. 杜里埃（Mary A. Duryee）在强制调解和自愿调解两种背景下，比较了男女两性对调解员的功能与品质的看法、对调解过程的满意度等。结果显示，在对调解员的功能的看法、调解过程和结果的满意度方面，并不存在显著的性别差异；而存在显著差异的是，女性普遍比男性偏好调解；相较于男性，女性更认为在调解中获得了表达的机会，同时自己表达的看法和感受能够受到尊

---

① Shaffer, M.. Divorce Mediation: A Feminist Perspective. *University of Toronto Faculty of Law Review*, 1988, 46 (1).

② Dingwall, R., & Greatbatch, D.. Behind Closed Doors: A Preliminary Report on Mediator/Client Interaction in England. *Family and Conciliation Courts Review*, 1991, 29: 291-303.

重、考虑和支持；并且女性也更肯定调解能够帮助她们将对丈夫的愤怒搁置在一边，而集中关注孩子的需要。总的来说，这个实证研究的结果显示，女性并未在调解中感受到对自己的不利，反而比男性偏好调解，也更愿意向其他人推荐这种离婚争议解决方式。①

　　第二，将离婚调解与其他的纠纷解决方式（比如诉讼等）进行比较。其基本的假定是：即便离婚调解存在一些问题，但是如果其他的纠纷解决方式在维护女性权益方面并不会比它做得更好，那么这些问题不足以成为要放弃离婚调解的理由，只是应当讨论进一步的改善与优化。南希·G. 麦斯威尔（Nancy G. Maxwell）将女性主义者批判离婚调解的观点进行了梳理，并在两性不平等的议价权力，调解员或律师、法官的中立性，公众监督这三个方面将调解与律师代理谈判、诉讼的方式进行比较，认为只有当后两者能够比调解更好地保护妇女的利益时，才能说调解的方式应该被抛弃掉。但是，与调解相比，诉讼和律师代理谈判的方式并不能给女性带来更多的利益，并且在价值基础上，调解是唯一一种更符合女性主义、更偏向于女性取向的。因此，虽然女性主义者对离婚调解的批判是非常重要的，但是调解是唯一的一种与女性价值观密切联系的纠纷解决方式。它将发展关系和满足需要作为基本原则，而不像诉讼和仲裁那样是强行执行权利的。因此，南希·G. 麦斯威尔倡导女性主义者将精力放在塑造和保护调解，使其女性主义的价值基础能够得到保护和贯彻；而不是将精力浪费在试图将女性主义的价值观注入那些内在价值与其不兼容的其他冲突解决方式中去。因此，女性主义运动应当扮演着发展调解的技术与模式的角色，以使调解能够更好地服务于所有当事人的利益。② 在这样的倡导下，便出现了第三类回应。

　　第三，从女性主义的视角对现有的离婚调解的制度、实务和调解员的训练进行检讨和重塑，试图发展出更有利于维护女性权益的调解模式。在最近二十多年，学者从女性主义的视角建设性地对离婚调解进行检视，对几个关键性的问题——调解员的"中立性"问题、调解中权力平衡的问题、涉及家暴的离婚纠纷如何调解的问题等等——进行了深入探讨，并对离婚调解的制度、实务和调解员的训练等产生了影响，逐渐形成了女性主义取向的离婚调

---

① Kelly, J. B. , & Duryee, M. A. . Women's and Men's Views of Mediation in Voluntary and Mandatory Mediation Settings. *Family and Conciliation Courts Review*, 1992, 30：34 - 49.

② Maxwell, N. G. . The Feminist Dilemma in Mediation. *International Review of Comparative Public Policy*, 1992, 4：67 - 84.

解。下面将就这三个方面的问题进行具体的介绍与讨论。

三、女性主义对离婚调解检讨的几个重要问题

(一) 中立性问题

只有当调解员不将自己的态度和价值观带入调解过程时，他们才是绝对"中立"的，但是如果调解员察觉到配偶之间存在权力不平衡怎么办？是进行干预还是依然保持价值无涉的"中立"？实际上，在每种情境下，调解员作出何种反应均取决于他们关于"中立"的信念和价值选择。在调解中，"中立"是一个融入了个人价值观的概念。

莎拉·科布（Sara Cobb）和珍妮特·里夫金（Janet Rifkin）澄清了在调解文献中使用的两种相互独立又有矛盾的关于中立的概念：价值无涉的中立（neutrality-as-impartiality）和权力平衡的中立（neutrality-as-equidistancing）。价值无涉的中立（neutrality-as-impartiality）是指调解员需要避免偏见，将他们自己的态度和价值观与调解过程分开，以避免这些个人态度影响谈判过程或调解协议的内容。权力平衡的中立（neutrality-as-equidistancing）则被视为夫妻双方和调解员之间的一种关系过程，而不是调解员自己内部设定的心理状态。"这种'中立'的概念是，调解员可能在某个特定的时刻，比较多地支持一方或者另外一方"，以达到调解结果的正义性。①

莎拉·科布和珍妮特·里夫金检验了在特定的情境中，调解员如何满足这些相互冲突的要求，发现这两种不同类型的"中立"是不可能同时达到的。如果调解员要去平衡权力，他们就不可能是价值无涉、不偏不倚的；如果他们是价值无涉、不偏不倚的，他们就不会去平衡权力——这样的结果是，无法为调解员制定出关于"中立"的伦理标准和实践指导方针，从而使调解员陷入一个自相矛盾的困境。调解员如果秉承"当事人自决"的价值理念，则往往让当事人自己作决定，甚至允许当事人达成不符合调解员的伦理观念的协议；调解员如果更看重"正义"的价值理念，则会更多地干预调解过程，以形成符合调解员正义感的协议，比如试图去照顾和平衡较弱一方当事人的利益。② 可见，调解员所秉持的价值观念会强烈地影响到他们在干预

---

① Cobb, S., & Rifkin, J.. Practice and Paradox: Deconstructing Neutrality in Mediation. *Law and Social Inquiry*, 1991, 16: 35 – 62.

② Folger, J. P., & Bernard, S. E.. Divorce Mediation: When Mediators Challenge Divorcing parties. *Mediation Quarterly*, 1985, 10, 5 – 23.

调解过程中作出的相关决定。

　　但是更重要的问题是，已有的研究表明，调解员无法真的将他们的态度和价值观从调解过程中分离出来，这些态度和价值观对调解过程和最终协议的产生有着深刻的影响。[①] 就像艾莉森·泰勒（Alison Taylor）说的那样："当在与人打交道和工作时，是不存在所谓完全的不偏不倚和中立的，尽管实务工作者们努力地争取这些理想。"[②] 因此，与其假装调解是一个价值中立的过程，毋宁大胆承认调解员的价值信念以及其人权观念都会影响调解的方向与品质。[③] 许多研究者都建议，与其争论调解员是否能够中立，还不如让调解员清晰地表达出他们的价值观念，并将期望的结果列出来，使当事人能够意识到在调解过程中将被引向何种特定的方向。[④] 美国律师协会的《离婚与家庭调解实务标准》（The ABA *Divorce and Family：Mediation Standards of Practice IIIb*，1986）在某种程度上也是在坚持这种建议，包括建议调解员告知双方当事人自己有关需要协商的问题的观点。这一策略能够让当事人夫妇对调解员所施加的影响保留一些掌控[⑤]，并且能够尊重当事人的意愿去选择一个和他们的价值观匹配的调解员。另外，一些学者认为，调解专业人士应当不再宣称他们作为中立第三方的功能[⑥]，"中立性"的标签会呈现一个掩盖了权力问题的调解员形象，也掩盖了调解员对可能达到的结果所产生的主动性的影响。

（二）权力平衡的问题

　　为了回应女性主义关于调解会将女性置于不利境地的考虑，一些调解员开始建议，他们在调解中，实际需要扮演为处于不利谈判境地的弱势一方赋

---

　　① Folger, J. P., & Bernard, S. E.. Divorce Mediation: When Mediators Challenge Divorcing parties. *Mediation Quarterly*, 1985, 10, 5 - 23.

　　② Taylor, A.. Concepts of Neutrality in Family Mediation: Contexts, Ethics, Influence, and Transformative Process. *Mediation Quarterly*, 1997, 14: 215 - 236.

　　③ 郭丽安，王唯馨. 台湾调解场域的观察与反省：训练与性别.（台湾）应用心理研究，2010 (46).

　　④ Menkel-Meadow, C.. Commentary: Professional Responsibility for Third-party Neutrals. *Alternatives*, 1993, 11: 129 - 131.

　　⑤ Bernard, S. E., Folger, J. P., Weingarten, H. R., & Sumeta, Z. R., The Neutral Mediator: Value Dilemmas in Divorce Mediation. *Mediation Quarterly*, 1984, 4: 61 - 74.

　　⑥ Forester, J., & Stitzel, D.. Beyond Neutrality: The Possibilities of Activist Mediation in Public Sector Conflicts. *Negotiation Journal*, 1989, July, 251 - 264.

能的角色。① 赋能通常是指当事人双方在经济上、表达能力上、信息或者道德上存在权力不平衡时，给予较弱的一方以帮助。②

那些将平衡权力视为一种道德责任的调解员认为他们可以通过在谈判过程中严格地要求平等来平衡权力。③ 这种权力的平衡涉及以下几种技巧。

首先，调解员必须分析双方当事人的互动，分析这种权力不平衡的深层原因。为了定义和评估在调解中双方当事人的权力关系，罗伯特·H. 穆诺基（Robert H. Mnookin）讨论了五个权力的影响因素，分别是：法律禀赋（即关于婚姻财产分配、赡养费、儿童抚养费的法律规则是什么）、个人偏好（即双方如何评估替代结果）、可承担的风险程度（即各当事人舒适的风险水平是多少）、交易成本（即双方能够承受的花在离婚争议解决上的时间和经济成本是多少）、战略行为（即当事人如何虚张声势、欺骗或操纵对方，或利用某种权力以获得优势的策略）。④ 约翰·M. 海恩斯（John M. Haynes）则开发了一个测量相对权力的量表，这个量表涉及六种权力（奖赏权力、强迫权力、合理权力、参照权力、专家权力和信息权力⑤）在六个方面（金钱、财产、工作、孩子、问题解决和谈判技能以及对离婚的态度⑥）的体现。⑦

其次，调解员必须使双方当事人都知道他们所拥有的权力，并且教给他们平等谈判的技巧。⑧ 调解员一些方面的角色能够使其成为可能，因为调解

---

①　Newmann, D.. How Mediation Can Effectively Address the Male and Female Power Imbalance in Divorce. *Mediation Quarterly*, 1992, 9 (3), 227 - 239.

②　Irving, H. H., & Benjamin, M.. Family Mediation: Theory and Practice of Dispute Resolution. *Toronto: Carswell Legal*, 1987.

③　Astor, H.. Feminist Issues in ADR. *Law Institute Journal*, 1991, 65, 69 - 71.

④　Mnookin, R. H.. Divorce Bargaining: The Limits on Private Ordering//Eekelaar, J. M., & Katz, S. N. (eds.). *The Resolution of Family Conflict: Comparative Legal Perspectives*. Toronto, Ontario, Canada: Butterworths, 1984, 364 - 383.

⑤　弗伦奇和瑞文（French&Raven）最早提出：奖赏权力（reward power）和强迫权力（coercive power）指个体给他人赐予各种奖赏和惩罚的能力；合理权力（legitimate power）指对方认为其有合乎情理的权力命令他们怎么做，并且他们有遵从的义务；参照权力（referent power）指因为一方对另一方的尊重和爱恋，而心甘情愿地按照另一方的要求行事；专家权力（expert power）指因为一方比另一方在知识和经验上的优势而获得的权力；信息权力（information power）指一方拥有影响另一方行为的特殊信息。

⑥　如，由谁先发起离婚、对方同意或者反对这个决定的程度，等等。

⑦　Haynes, J.. Power Balancing. //Folberg, J. & Milne, A. (eds.). *Divorce Mediation: Theory and Practice*. New York: Guilford, 1988, 277 - 296.

⑧　Ricci, I.. Mediator's Notebook: Reflections on Promoting Equal Empowerment and Entitlement for Women//Everett, C. A. (ed.). *Divorce Mediation: Perspectives on the Field*. New York: Haworth Press, 1985, 49 - 61.

员指定了基本的原则，选择主题，决定谁可以发言以及发言多久，解释刚才说了一些什么，并且撰写最后的协议。调解员要确保较弱权力的一方的诉求和心声能被听到，并且为他们推荐法律或者其他方面的建议和支持。① 许多时候重要的权力运作是微妙的，因此，调解员必须先确认这些微妙的权力不平衡，并争取纠正它们。

尽管赞成赋权的调解员承认离婚夫妻之间不平等的权力，但他们也宣称在离婚过程中权力会发生动态的变化，的确，离婚本身创造了一种变化的氛围。离婚会影响夫妻之间的互动，改变权力之间的平衡。在离婚危机期间，妇女们被鼓励去满足自己的需要，而不是根据丈夫的需要去作决策；通过使用赋权的技巧，调解员能够干预和帮助当事人双方达成一个公平合理的解决方案。②

（三）涉及家暴的问题

女性主义对于涉及家暴的离婚调解的批判引发了许多关注和讨论，但前面介绍到的这些讨论大多是在这样的问题框架中展开的，即涉及家暴的案子能不能调解？而一个更有用的问题框架应该是：应当发展出一个怎样的程序，才对处在家暴关系中的当事人最有帮助，使他们能够摆脱暴力继续生活，而且不需要继续通过法院和法律的干预？这就需要针对涉及家暴的调解服务进行特别的设计，充分地解决反对者关注的那些问题。涉及家暴的调解服务设计需要包括以下内容。

第一，构建一套有效的筛查程序。这能帮助当事人和调解员决定是否适合选择调解服务，将那些不适宜调解的个案排除。③ 这个筛查程序应当简单、实用，并且要能够确保当事人的安全。在启动调解程序之前和整个调解过程当中都应该存在相应的筛查。调解前的筛查用来识别在这段关系中是否存在家暴历史，以及评估双方当时安全、有效地参与调解的能力。如果没有调解前的预先筛选，任何法院都不应该要求当事人接受调解程序。调解过程中的筛查则针对另外两种情况：过去没有家暴史的夫妇，有可能在调解期间出现暴力事件；或者因为隐蔽性很强，调解前的筛查没能够发现既存的家暴

---

① Astor, H.. Feminist Issues in ADR. *Law Institute Journal*, 1991, 65, 69 - 71.

② Newmann, D.. How Mediation Can Effectively Address the Male and Female Power Imbalance in Divorce. *Mediation Quarterly*, 1992, 9 (3), 227 - 239.

③ Chandler, D. B.. Violence, Fear, and Communication: The Variable Impact of Domestic Violence on Mediation. *Mediation Quarterly*, 1990, 7 (41), 331 - 346.

关系。

筛查程序将决定着：（1）一个案子是否适合继续调解，或者应当结束调解，被交付给其他程序；（2）调解的程序应当进行调整和修订。在一个比较理想的设计中，整个与案子相关的专业人士均应当参与这个筛查机制，包括法官、专员、律师、法庭书记员、维权专员、庇护所工作人员和调解员等。①筛查的方法包括调解前针对当事人的调查问卷、电话随访、面对面访谈或者会议，以及文件审查等方式。②

第二，构建特殊的家暴调解模式。通过前期的筛查工作，可以将涉及家暴的案例进行分类，决定其是可以按照一般的情况进行调解，还是不应该提供调解，抑或应当提供一种混合的、为其特殊性而定制的方案进行调解。这种混合的、特殊定制的调解服务可能包括下面这些形式和元素中的一个或者多个的混搭：错开时间的单方会谈③、穿梭调解④、电话或视频调解、高频次面谈及加入第三方帮助者的调解。前三种调解形式均是为了避免使双方当事人直接碰面，以防止双方的身体和目光接触可能会带来的胁迫、操控和安全方面的问题。高频次面谈则旨在提高调解员与当事人面谈的频繁度，使调解员能够打消施暴者想要胁迫、控制的尝试，也能够及时检查确认受害者的舒适度。而邀请支援性的第三方比如当事人的支援者、咨询师、律师等，加入调解，是为了平衡双方不对等的权力；第三方一般被限定为专家或者其他中立者，不建议家人或者双方的新伴侣加入。

此外，还需要一些必要的配套措施。首先，需要确保调解（包括等候时）的物理环境和位置的安全性与保密性；设定行程时，让施暴方先到达，让受害方先离开，预先防止在到达和离开时的相遇；由安保人员陪同当事人上车，报警系统、监控等安保系统也有安装的必要。其次，需要确保双方已经分居，并且受害方有庇护所。最后，需要将调解与针对家暴的治疗项目和反家暴干预等配套，或者将接受心理治疗和反家暴干预当作进行调解的先决条件。

第三，使当事人获得充分的调解知情教育。这是非常重要但又常被忽视

---

① Gerencser, A.. Family Mediation: Screening for Domestic Abuse. *Florida State University Law Review*, 1995, 23（1），43 - 69.

② Girdner, L.. Mediation Triage: Screening for Spouse Abuse in Divorce Mediation. *Mediation Quarterly*, 1990, 7（4），365 - 376.

③ 让双方在不同的时间，甚至不同的日期来参加会谈，并将面谈的时间保密。

④ 双方当事人分别呆在不同的房间中，调解员在他们之间穿梭工作。

的一点。许多当事人对调解不了解或者存在误解，这样的结果就不能够有效地利用调解的程序。调解前的教育对于帮助当事人充分地了解调解程序，并且决定调解程序是否适合他们是很有帮助的。①

第四，对调解员进行与家暴相关的训练。由于家暴的隐秘性和涉及家暴的离婚调解的特殊性，因而对调解员有着更高的要求。缺乏足够的敏感性以及相关的训练，调解员很难处理好这一类案子，也很难保证调解的正义性。以美国为例，许多州的调解协会组织都对家事调解员在家庭暴力方面所接受的训练提出要求：佛罗里达州要求调解员必须每两年接受至少 4 小时的关于家暴的培训，才能保留住调解员的资格。安大略家庭调解协会的成员必须完成 5 个小时的家庭暴力方面的培训，作为其基础训练要求的一部分。② 冲突解决协会则在训练要求标准中要求家庭调解的实务工作者至少接受 2 个小时的关于家暴方面的训练。家庭和离婚调解实务标准宣称，在没有接受过充分训练的情况下，调解员不能参与涉及家暴的家事纠纷的调解。③ 调解的训练应当包括家庭暴力关系动力学的知识，针对涉及家暴案例的特定调解工具和技巧，以及涉及家暴案例调解的特定调解体系和调解协议的设计（包括保密性和警告的职责）等。

四、对我国现代离婚调解的启示

在我国大陆，现代离婚调解的形式主要有法院调解和人民调解。近年来，随着对家事纠纷情感性和伦理性等特点认识的深入和关注，全国各地探索出了多组织部门协同调解的新模式，法院、妇联、民政、专业社工机构和各种民间社会组织、个人工作室等都不同程度地联合起来，将法律工作者、社会工作者、心理咨询师等相关专业人士整合进离婚调解员的队伍中。郭丽安、王唯馨曾经对我国台湾地区的离婚调解进行过反思和批评：调解员的选任资格比较松散，训练缺乏专业性和系统性，调解实务形态非常多样，离婚调解的制度设计和品质都亟待优化。这些也是我们当前离婚调解面对的问题。

---

① Schepard, A.. *Children, Courts and Custody: Interdisciplinary Models for Divorcing Families*. Cambridge, MA: Cambridge University Press, 2003.

② Landau, B.. The Toronto Forum on Women Abuse: The Process and the Outcome. *Family and Conciliation Courts Review*, 1995, 33 (1), 63 - 78.

③ Miline, A. L.. Mediation and Domestic Abuse//Folberg, J., Milne, A. L., &Salem, P. (ed.). *Divorce and Family Mediation*. New York: the Guilford Press, 2004, 304 - 335.

　　调解尤其是离婚调解，是一种发生在文化环境中的活动，家庭生活的观念、为人父母的行为、宗教信仰、大家庭的角色及调解服务提供者的角色、对调解服务的要求等，在不同的文化中都很不相同。[①]　因此，中西文化中的离婚调解一定存在着很大的差异。最基础的，关于离婚调解的定义就很不相同。西方的离婚调解被定义为解决离婚争议、达成协议而分手的咨询历程；但是在华人文化中，离婚调解会有"调和"和"调离"两种目标，受到传统家庭观念重视家庭完整性的影响，离婚调解常常以"调和"的目标为主导，在大多数情况下是"劝和而不劝离"；同时，调解员会更多地采用劝说、批评教育等方式，也就是说，用调解员的价值观念去影响当事人和协议达成的情况比在西方更为常见。

　　文化差异是客观存在的，但是优化调解制度，规范调解实务，使调解朝着更加专业化方向发展的目标应当是具有跨文化一致性的。西方女性主义视角下对离婚调解的反思、批判、检讨和新的建构，应该是可以为我们带来很多启发的。社会性别和性别平等的问题是离婚调解中不可回避、十分关键的问题，但是在我国现有的与调解相关的制度、规范和研究文献中，对这一问题的关注和思考还非常有限。[②]　如何保证离婚调解的性别正义？如何平衡当事人双方的权力？涉及家暴的离婚争议究竟该如何调解？离婚调解员必须要受到哪些方面的训练？……这些对于中国的离婚调解而言同样重要的问题，在理论上尚未得到充分的关注、讨论，更不用说在制度和实务规范上进行回应。

　　当然，西方的离婚调解的专业化进程已有三十余年，同样经历过一个从相对松散到逐渐规范和完善的过程。可以将我国目前的情况与西方离婚调解发展的第一个阶段进行类比。但需要特别注意的是，在我国，调解以行政主导为主，维护社会和谐和稳定的目标是调解得到重视和大力推行的最重要的原因之一，因此，调解的好处和优势得到了普遍重视和大力宣传，但人们对其适用范围和界限检讨不足；调解员们对调解的成功率、效率和技巧有着极大的渴望，因为这也是考核他们工作绩效的重要方面。相应地，对调解员的

---

　　① 　Benjamin，M.. *Culture Diversity*，*Educational Equity and the Transformation of Higher Education*：*Group Profiles as a Guide to Policy and Programming*. Westport，CT：Praeger，1996.

　　② 　《人民调解法》中唯一涉及"性别"的是第二章第 8 条要求"人民调解委员会应当有妇女成员"。《反家暴法》中和"调解"有联系的是第 10 条（"人民调解组织应当依法调解家庭纠纷，预防和减少家庭暴力的发生"）与第 11 条（"用人单位发现本单位人员有家庭暴力情况的，应当给予批评教育，并做好家庭矛盾的调解、化解工作"）。

培训除了相关法规之外，比较侧重的也是技巧层面的内容，而至于调解实践的正义性、性别权力的平衡等等，涉及颇少。由于专业协会和学会的缺乏，更加细致、全面和规范的行业标准尚未出台。在西方，现代调解成为"专业"的标志之一是专业调解协会或学会的成立，而各行业调解协会和学会又是推进调解更加专业化的主要力量。因此，如果我国的离婚调解要朝着更加专业化的方向发展，如果要让离婚调解成为一种有利于保护女性权益、实现性别正义的程序，则需要更多的学者和实务工作者对我国目前的离婚调解制度与实践展开更多的反思与检讨，也亟待专业调解协会和学会的出现，以促进形成更加系统、科学的离婚调解制度设计，出台更加严谨、合理的行业规范。

专题七　当代中国纠纷解决中的 "新传统"和"旧传统"

张　勤[*]

　　纠纷作为一种社会现象，古已有之。资源的有限性和人类需求的无穷性之间不可调和的矛盾决定了纠纷的不可避免性。这里的资源，主要是物质的，但有时是精神的。无论是为了个体的生存还是为了群体的福祉，均要求对纠纷进行管理。纠纷管理既包括了事前的预防，也包括了纠纷发生后的解决。纠纷的解决者既可以是纠纷的双方当事人，也可以是纠纷双方当事人以外的第三方。由此，分出纠纷解决的种种方式，前者如谈判、和解，后者如调解、仲裁、诉讼等等。

　　全球化步伐的加快，使得知识和制度的传播较之以往任何一个时代更为迅速，包括诉讼、仲裁、调解在内的各种纠纷解决方式，不仅形式而且其所蕴含的理念、程序、类型等在全球快速扩展开来，呈现普世性和趋同性特征。尽管如此，纠纷解决仍保持着显著的民族特征。民族心理、价值观念等等使某一族群对某一种或某几种解纷方式表现出偏好，如东方人普遍对调解有喜好。受本民族法律文化的熏陶，某一族群不仅关注纠纷解决的结果，而且对程序也关注入微，而另一族群可能只对结果抱有浓厚的兴趣。如此的差异，便有了对形式和实质的偏好，体现在价值层面，于是有了实质正义和形式正义的区分。可见，纠纷解决方式的民族特性不容低估。

　　在重视纠纷解决方式的民族特性的同时，我们要追问的问题是：这里的民族特性是静态的还是动态的？如是动态的，哪些如化石一样沉淀下来，又有哪些昂首阔步走向未来？格伦教授曾在其比较法律传统的专著中对传统的不变和可变进行过精辟的分析："从传统自身的内部角度来看，人们因而有

---

　*　张勤，天津财经大学法学院教授。

理由断定所有的传统都是不确定的或者是非完整的。当然，在任何情况下，它们未来的发展也可能是直线的和不变的，以致我们现在看到的传统在十年、百年或千年之后仍将保持不变。在一些针对传统的批评中，传统被描绘成了根本上说是不可改变的。然而，传统在某特定时期的结构并不能保证这种说法的成立。"① 如果我们将民族特性等于传统的话，显然如同传统一样，特定的结构决定了民族特性也不是直线和不变的。

围绕上述所追问的问题，下文将从众多纠纷解决方式中选择调解作为分析对象，探讨调解这一具有浓厚东方文化色彩的解纷方式，在清末民初以来国家权力形态和社会转型背景下所呈现的特征，并从剖析其中的静态和动态因素。

笔者曾分别以东北的辽宁和广东的潮汕地区两个区域为研究对象，对清代以来调解的演变进行过实证分析，因此下文的讨论将主要以此实证研究成果为基础，同时也吸收了其他学者的一些重要研究成果。期待通过下文的讨论，从历史和传统的角度揭示出目前调解的生态特征。

一、调解"新传统"中的国家性

（一）清代调解的二元结构

笔者在其他著述中曾对清代调解的结构特征进行过总结和归纳，认为：在清代国家政权的有效管理只到县一级的情况下，国家政权对民间调解事务的介入程度是非常有限的。活跃于基层社会的主要调解主体和乡村社会有着密切关系，他们在不同的场合和不同类型的纠纷中扮演着调解人的角色。在清代的潮汕地区，乡约、保正、士绅、族长成为乡村社会的主要调解主体，对于乡村社会秩序的维护起着重要的作用。② 韩秀桃对明清时期徽州法律文书的研究表明，在民间纠纷解决过程中，当事人各方更愿意在更高的权威人士的参与和更多的中间人等的见证下处理彼此的纠纷，而且当事人身份关系越近，中间人等一般越多。这里韩秀桃所称的权威人士在明代包括基层乡里社会的老人、里长、保长、甲长，以及族老和辈分较高的亲眷、亲属等。③

---

① 帕特里克·格伦. 世界法律传统：3 版. 李立红，黄英亮，姚玲，译. 北京：北京大学出版社，2009：16.

② 张勤. 当代中国基层调解研究：以潮汕地区为例. 北京：中国政法大学出版社，2012：14 - 54.

③ 韩秀桃. 明清民间纠纷的解决及其现代意义：以徽州法律文书为中心//何兵. 和谐社会与纠纷解决机制. 北京：北京大学出版社，2007：109.

春杨对清代徽州地区民间纠纷调解的研究表明，调解的参与主体与明代相比略有差别。依据参与调解主体的不同，她将民间调解析分为家族宗族调解、邻里乡亲调解、中人调解、乡绅调解四类。[①] 吴佩林通过对南部县司法档案的梳理后发现，在清代四川的南部县，民间纠纷的调解主体包括了五个大的类别，分别是邻佑、宗族人等、乡里组织人等（保正、甲长、牌头、乡约、团首、客总）、绅首、中人等。[②] 归纳不同学者的研究，笔者发现，参与或主持民间纠纷的调解主体呈现多样化态势，如将这些主体加以细分，可以看出，乡约、保正、甲长一类的角色因与官府关系密切，更多地具有半官半民的色彩，与之相比，族长、邻里乡亲等一类的角色具有更纯粹的民间色彩，其身上的社会性特征明显。

与参与主体多样的民间调解平行的是由官府主持的官府调解。学界以往通常将清代由官府主持的调解等同于纠纷解决活动的全部，换言之，县官更像是一个调停人而非法官，其对纠纷的处理更多地秉承着滋贺秀三所说的"教谕的调停"[③]。虽然随着对司法档案资料的挖掘和利用，上述观点受到了质疑，裁判在纠纷解决中的地位逐渐获得承认，但调解在纠纷解决中的重要性并没有得到否认。笔者曾对清末奉天省宽甸县知县受理的光绪二十八年（1902 年）至三十二年（1906 年）间的民间纠纷案件进行过统计分析：在总共 114 件案件中，以判决结案的有 39 件，占了 34％；以和息方式结案的有 35 件，占总数的 31％。这说明了调解和判决在纠纷处理方式中具有同等的比重。[④] 在具体调解方式上，官府调解中除知县亲自主持外，知县也会视纠纷双方的争讼程度委托给书吏进行调解。当然在由官府主持的调解过程中，乡保等民间力量也会或主动或被动地（受知县委托）参与纠纷的解决，形成黄宗智教授所称的官方和民间交集的第三领域。[⑤]

归纳上述讨论，对清代的民间纠纷调解，大体可以用二元结构进行概括，即由宗族、邻里、中人、乡保等主体主持的民间调解，以及由知县和书吏主持的官府调解。民间调解和官府调解并非泾渭分明，而是存在一种互动关系。族长、乡保等民间人士常常也会受知县的委托参与纠纷，有时这些人

① 春杨. 清代民间纠纷调解的规则与秩序：以徽州私约为中心的解读. 山东大学学报（哲学社会科学版），2008（2）.

② 吴佩林. 清代县域民事纠纷与法律秩序考察. 北京：中华书局，2013：102 - 114.

③ 黄宗智. 清代的法律、社会与文化：民法的表达与实践. 上海：上海书店出版社，2001：12.

④ 张勤. 中国近代民事司法变革研究：以奉天省为例. 北京：商务印书馆，2012：99.

⑤ 同③227.

士出于自身利益或社区利益的考虑也会主动参与纠纷的调解。

（二）二元结构在民国的式微

笔者在对民国初期奉天省的基层调解进行考察后发现，调解的制度化、组织化和官僚化趋势明显，也就是说，基层调解的发展呈现出一种"非民间化"的趋势。代表这种趋势的最显著的例证就是区级组织的进一步政权化以及区长参与民间纠纷的调解。[①] 这种趋势在国民党统治的 20 世纪三四十年代延续下来。据罗金寿、余洋的考证，国民党政府在建立政权初期，在全国各地设立了息讼会、息争会，其中以阎锡山在山西推行的息讼会最为浩大。1930 年河南镇平建立息讼会，该县息讼会分为镇息讼会、区息讼会、总息讼会三级。1932 年建立的广西荔浦县息讼会分为县区两级：县息讼会附设于县民团参议会内，区的息讼分会，设在当地的区民团内。这两位学者同时认为，息讼会并非完全的自治组织，而是被官吏变相把持。广西荔浦县、河南镇平县、江西临川的息讼会的会长、委员、公断员，由县、区、乡等地方政府、机关团体的负责人、公职人员担任会长、委员、公断员，公选产生的公断员为少数。[②]

1931 年 4 月 3 日南京国民政府颁布了《区乡镇坊调解委员会权限规程》，1940 年后又将其进一步修正完善为《乡镇调解委员会组织规程》。国民党统治时期的大部分调解委员会在国家的严密监督之下运作，其存在和运作与区公所和乡镇公所有着密切的联系。例如，在广东东部的澄海县，在 20 世纪 40 年代中期的坝头、龙头、东溪三个乡分别成立了调解委员会，考察这一时期调解委员会的人员组成，笔者发现，相当比例的调解委员曾经或正在区、乡两级组织中任职。[③] 自 20 世纪 30 年代开始，随着区、乡镇两级组织的建立，国家政权逐步向县以下渗透，并在区、乡镇两级开始官僚化过程。伴随着这一过程，基层调解开始走向组织化、制度化，最明显的例证就是区、乡两级调解委员会的建立以及调解委员会成员所拥有的官僚身份。

在民国时期自 20 年代末国民党取得全国政权以后，国家政权建设的步伐加快，纠纷解决的国家性日益凸显。这种国家性的加强，在两个领域同时展开：一个领域便是上文讨论的在基层成立的区乡镇坊调解委员会，以具有

---

① 张勤. 民初的乡村组织与基层调解：以奉天省为中心. 太平洋学报，2008（9）.
② 罗金寿，余洋. 民国时期的调解体系及运作. 江西师范大学学报（哲学社会科学版），2016（2）.
③ 张勤. 当代中国基层调解研究：以潮汕地区为例. 北京：中国政法大学出版社，2012：68-70.

科层和官僚特征的调解委员会取代散布于基层社会的由族长、邻佑、中人等参与的民间调解。另一个领域便是加强司法制度建设，强调司法的国家属性，以更高程度的科层制来构建司法和管理司法。法院调解作为其中的一个环节，同样得到了重视和强化。1929 年 12 月，立法院拟具《民事调解条例草案原则》，确定 7 项原则。1929 年 12 月 14 日，《民事调解法》修正通过，共计 16 条，于 1931 年 1 月 1 日开始实施，同时实施的有《民事调解法施行规则》。其后《民事调解法》的主要内容被修订中的《民事诉讼法》吸收，1935 年 7 月 1 日《民事调解法》废止，新的《民事诉讼法》开始实施。在法院调解的具体实施方面，在第一审法院设立调解主任，由法院推事担任。如法院推事不止一人，由法院长官于法院推事中遴选担任。如果民事调解处事务较多，则派两名推事担任调解主任，二人独立行使其职务。①

　　由国民党政府推动的开始于 20 年代末的国家政权建设，由于 1937 年日本人的全面侵华，不得不戛然停止。尽管在西南地区以及未被日本人完全占领的国统区，零星的国家政权建设仍在推进，但此时的国家战事和救亡图存已压倒了一切。1945 年后虽有短暂的政权建设的恢复以及调解委员会的再度推行，但对于风雨飘摇中的政权来说，如此努力均已成了强弩之末了。

　　法院调解的加强，以及息讼会、调解委员会的先后成立，意味着在纠纷解决中国家性加强的同时，也是对具有社会性的民间调解的挤压和取代，调解中由国家和社会共同构建的二元结构开始向国家一侧倾向，二元结构开始式微。当然，在民国时期这一特殊的历史时期，由于战乱频繁、政局不稳，这种式微的趋势并没有在实践中充分地展现出来。

（三）一元结构在 1949 年后的勃兴

　　在 1949 年以后，随着新政权建设力度的加大，调解的国家性进一步加强，其展现的领域既有与国民党政府时期一脉相承的调解委员会，也有不断加强的行政调解，以及混合型纠纷解决中调解和诉讼相结合、调解和仲裁相结合等解纷方式。与之相对应的，则是民间调解的进一步萎缩。尽管在进入21 世纪以后具有民间调解属性的行业调解、商事调解有破土萌芽、日益壮大的趋势，但总的来说，与人民调解、行政调解、诉讼调解、仲裁调解相比，仍处于非常弱小的地位。以商事调解为例：没有独立的商事调解中心，发展主要依靠仲裁机构，受案范围限于高端争议，且调解规则发展不完善。

---

①　罗金寿，余洋．民国时期的调解体系及运作．江西师范大学学报（哲学社会科学版），2016（3）.

这些因素都制约着商事调解的发展。① 下文主要对人民调解、法院调解和行政调解展开简要分析。

1949 年新中国成立后，于 1954 年颁布《人民调解委员会暂行组织通则》，规定：人民调解委员会的任务是调解民事纠纷和轻微的刑事案件，宣传和教育国家的法律和政策，人民调解委员会接受当地政府和基层人民法庭的监督和领导。同时强调，调解必须和国家的政策和法律相一致。与此同时，国家通过开展地权均化的土地改革运动，以强制的方式改变了农村的土地关系，进而改变了传统乡村社会存在的基础。在此基础上实现对乡村社会的权力重组，将国家政权直接延伸到村庄内部。② 随着国家权力的全面延伸和渗透，族权和绅权走向衰微，并逐渐退出了历史舞台，活跃于清代的族长、乡绅等调解人也趋于消亡。

调解的国家性不仅体现在人民调解这一解纷方式上，同时还在法院调解（或称司法调解）中得到彰显。诉讼和调解作为两种不同的纠纷解决方式，其结合的正当性曾一度受到质疑，至少在 20 世纪 70 年代以前的美国是如此。如我们熟知的美国著名法学家富勒（Lon Fuller）就曾持坚决反对的态度。③ 不同于美国，在中国的国情下，其相结合的正当性并没有受到多大的质疑，相反，受到了国家的大力推动和鼓励。当然，在不同的时期其所受到的重视程度有所差别。笔者曾撰文对 1949 年后法院调解的政策变迁进行梳理，认为我国法院调解的政策经历了"调解为主"到"着重调解"再到"根据自愿合法原则调解"，最后到"调解优先"的变化。④ 总的来说，尽管有政策的调整，但法院调解在纠纷解决中所扮演的和判决近乎平起平坐的主角角色从未改变过。

进入 21 世纪以来，行政调解的重要性日益受到重视。仅就调解范围而言，如史卫民教授所分析的那样，尽管现行法律、法规中有关行政调解范围的规定较为狭窄，但在实践中行政调解范围呈现不断扩大的趋势，几乎涉及

---

① 李叶丹．商事调解的域外发展及其借鉴意义//张勤，彭文浩．比较视野下的多元纠纷解决：理论与实践．北京：中国政法大学出版社，2013：351-352.

② 张勤．当代中国基层调解研究：以潮汕地区为例．北京：中国政法大学出版社，2012：81.

③ Carrie Menkei-Meadow. Mothers and Fathers of Invention: The Intellectual Founders of ADR. *Ohio State Journal on Dispute Resolution*. Vol. 16, no. 1（2000）：19-21.

④ 张勤．我国法院调解制度研究综述．东南司法评论，2011.

一切行政管理活动中所出现的民事争议和行政争议。① 行政调解扩张的动因，一方面来自社会转型时期纠纷数量"爆炸式增长"后对纠纷解决的强烈需求，另一方面来自行政权所具有的主动性、执行优先性、范围广泛性特征，以及中国社会中行政权一直以来所享有的强势地位。行政权的特有属性，以及在中国社会所具有的强势地位构成了行政调解的权威优势。② 可以说，行政调解正从"边缘"走向"主流"，和人民调解、法院调解一起成为当代中国纠纷解决体系的主要组成部分。

调解常被人誉为"东方经验"，被看作是中国人在纠纷解决领域，如同四大发明一样，对人类文明作出的贡献。上述框架式的、对从清代到当下的调解发展历程的梳理表明，作为"东方经验"的调解，其内涵其实在悄然发生着变化，这种变化的最显著的表征就是，由清代时期的国家和社会共同参与并互动的"二元"结构逐渐蜕变为国家独大的"一元"结构。

随着近代民族国家建设的推进，在纠纷解决领域，纠纷解决的国家性的加强，既表现在司法权对纠纷解决垄断的趋势上（在具体方式上，自然包含着司法对调解的娴熟运用），还表现在原本属于社会范畴的民间调解，正被具有行政权属性的行政调解，以及实质上具有浓厚公权力色彩的人民调解挤压和取代。在调解领域，以司法权、行政权为代表的国家权力对社会权力的挤压和取代，如果用"传统"话语进行表达的话，无疑是"新传统"的最显著的特征。这个"新传统"和国家紧密联系到了一起，国家权威而不是社会权威构成了调解的权威基础，此时的国家权威，因为有权力的背书，更多地具有了权力的意味。

二、调解"新传统"中的自愿性

在分析完调解"新传统"中最显著的特征之后，接下来的问题是：调解的"新传统"是否还有其他特征呢？答案是肯定的。如果我们对民国初期以来的调解的制度文本进行梳理的话，可以发现，调解自愿性原则的确立无疑是调解"新传统"的另一重要特征。

当下的调解理论一般均将自愿性作为调解的核心特征之一，这可从学者撰写的教材中得到很好的印证。在由范愉、史长青、邱星美撰写的《调解制

①　史卫民．论我国行政调解的范围与效力//张勤，彭文浩．比较视野下的多元纠纷解决：理论与实践．北京：中国政法大学出版社，2013：286.

②　章志远，刘利鹏．我国行政调解制度的运作现状与发展课题．求是学刊，2013（5）.

度与调解人行为规范》一书中，三位学者将调解的特点归纳为下列七个方面：非对抗性，自愿性，保密性或非公开性，中立第三方的非决定性，程序的便利性、高效性与灵活性，成本低廉，纠纷解决的彻底性和有利于自动履行。① 在排序上，自愿性仅次于非对抗性而被排列在了第二位的位置。在宋朝武等学者撰写的研究调解的专著中，也将自愿作为调解概念的核心内涵之一："调解是权利义务发生争议的双方当事人，在纠纷当事人之外的中立的第三方调和下，就相互之间的实体权利、义务的安排进行自愿协商，合意解决纠纷的行为和过程。"② 调解的本质是当事人自由处分权利的行为，因而自愿性是调解属性中不可或缺的组成要素。下文便对调解"新传统"中自愿性原则的形成过程进行梳理，在顺序上按照法院调解、调解委员会调解两种类型依次展开。

（一）法院调解

民国时期对法院调解自愿性原则的制度性规定，从有限的资料来看，最早可追溯到 1917 年 10 月开始实施的《奉天省各厅县民事争议调停办法》。该办法是奉天省高等审判厅针对当时奉天省地区民事诉讼繁多的现状，参照日本在旅大租借地内施行的民事调停办法制定而成的。该办法第 11 条规定，"调停事件，厅县不得强制其成立，违反此规定者当事人得向高等审判声请指示"③。

此外，在北洋政府时期对法院调解自愿性的强调还可以在 1921 年北洋政府司法部给各地审判厅的训令（第 587 号）中找到证据。该训令在要求各地审判厅"民事诉讼受诉审判衙门不问诉讼程度如何得以本职权试行和解"的同时，强调"和解以当事人自相合意为成立要件，如有叠经劝告仍不自愿和息者应即仍予依法裁判，尤不得稍涉强迫转滋讼端"④。

颁布于 1921 年 7 月 22 日的《民事诉讼条例》在第二编"第一审程序"第一章"地方审判厅诉讼程序"中将和解单列一节（第四节），共 5 条（第446～450 条），规定：调解可以在诉讼的任何阶段展开，调解时当事人应该到场。但其对自愿性原则的规定尚付阙如。

---

① 范愉，史长青，邱星美．调解制度与调解人行为规范：比较与借鉴．北京：清华大学出版社，2010：13 - 15.

② 宋朝武，等．调解立法研究．北京：中国政法大学出版社，2008：1.

③ 张勤．中国近代民事司法变革研究：以奉天省为例．北京：商务印书馆，2012：207 - 209.

④ 司法部．民事案件有毋庸兴讼等情者应以职权试行和解//司法部．修订司法例规：上．民国十一年（1931 年）：998.

接下来将考察的时间点延伸到国民党政府时期。前文已述,那时和法院调解相关的立法先后有《民事调解条例草案原则》《民事调解法》《民事调解法施行规则》《民事诉讼法》,那么,在这些立法中调解的自愿性原则是否有所体现呢?据赵建蕊的研究,国民党政府时期的法院调解制度以《民事调解法》为核心阶段,"正是它完成了对南京国民政府成立前的民事调解制度的改革,而改革的成果也同样为二十四年的《民事诉讼法》所吸收"①,因此,对《民事调解法》的考察具有代表性意义。在《民事调解法》的制定中,关键人物是胡汉民。时任中央政治会议委员兼立法院院长的他,于 1929 年 12 月中央政治会议召开第 208 次会议之际,提出了《民事调解条例草案原则》六项,提请政治会议表决。后经法律组加以修改,增加一项形成七项原则。立法院依据该七项原则制定了《民事调解法》。其中第三项、第四项原则规定,"初级及人事诉讼案件,非经调解不和息后,不得起诉,其他诉讼事件,经当事人请求调解者亦同";"调解由一造请求者,经调解处通知相对人,相对人无正当理由不到场者,酌科罚锾"。由此可以看出,《民事调解法》采取的是强制调解和任意调解相结合的体制:初级及人事诉讼案件,必须经过调解这一前置程序;其他案件是否请求调解由当事人自由决定。根据第四项原则,如一方当事人提出调解申请,另一方当事人无正当理由必须到场。可见,在任意调解的程序启动上,也有强制的意味,另一方当事人如无正当理由,必须配合参加调解。从《民事调解法》的立法原则来看,调解的自愿性的规定是缺少的,尽管实践中调解过程的自愿性原则可能仍会被遵守,但规制上的缺少反映出当时的立法者对调解的工具性属性的偏爱(表现在将初级及人事诉讼案件设定为调解前置案件),以及对调解的内在程序性属性(如自愿性原则)的忽视。较之北洋政府的做法,就此而言,国民党政府的做法并无多少进步可言。

于 1982 年 10 月 1 日开始实施的《民事诉讼法(试行)》是 1949 年新中国成立后的第一部民事诉讼法。该法第 6 条强调了着重调解原则,并在第 14 条对人民调解的自愿原则进行了规定:"人民调解委员会……根据自愿原则,用说服教育的方法进行调解工作。"但遗憾的是,该法并没有对法院调解的自愿原则进行明确规定。1982 年的《民事诉讼法(试行)》实施近十年后,

---

① 赵建蕊. 民国时期的民事调解制度:以《民事调解法》为中心. 北京:中国政法大学,2007.

被于 1991 年 4 月 9 日公布并于同日实施的《民事诉讼法》取代。该法第 9 条规定，"人民法院审理民事案件，应当根据自愿和合法的原则进行调解；调解不成的，应当及时判决"。至此，自愿性作为调解的一项重要原则在民事诉讼基本法律中被确立下来，并被该法 2007 年的第一次修正和 2012 年的第二次修正保留下来了。

法院调解体现了当事人的处分权和审判权的结合。自愿性是当事人处分权的应有之义，但由于审判权具有强制性属性，两者的结合很容易导致强制性对自愿性的挤压和蚕食。通过对民国初期以来法院调解自愿性原则的考察，笔者发现，这一原则的确立并非一帆风顺，从民国初期的碎片式规定，到国民党政府时期规定的缺失，再到 1991 年《民事诉讼法（试行）》最终在基本法律层面的确立，这一过程反映出非制度化的传统调解向近现代调解制度转型的艰难，"新传统"的形成并非一蹴而就。

（二）调解委员会调解

和法院调解向近现代调解转型的艰难相比，调解委员会调解的自愿性原则确立方面相对而言要顺畅些。1931—1935 年间先后制定和修订的《区乡镇坊调解委员会权限规程》明确了民事调解须得当事人同意，不能阻止告诉和强迫调解。[①]

受国民党统治区调解委员会制度的影响，在中国共产党统治的根据地，调解委员会制度也得到了有力的推行，为此，不少根据地制定了相应的条例。于 1941 年 4 月 18 日公布、实施的《山东省调解委员会暂行组织条例》规定在县乡两级成立调解委员会。该条例第 11 条规定，"调解案件应以和婉公正态度耐心调解与说服，不得威迫利诱及一切不正当方法处理之"。如果说第 11 条中的"不得威迫利诱"从消极的角度在一定程度上体现了调解自愿性的话，那么公布于 1942 年 4 月 1 日的《晋察冀边区行政村调解工作条例》第 2 条以积极的更加明确的方式进行规制："调解以调解当事人的双方自愿为限，不得对于双方或一方强迫调解"[②]。

在 1954 年 3 月 22 日由政务院公布的《人民调解委员会暂行组织通则》继承和总结了各根据地的调解经验，成为新政权指导人民调解工作的重要规范。关于人民调解的性质，该通则第 2 条规定，"调解委员会是群众性的调

---

① 龚汝富. 浅议民国时期的民事调解制度及其得失. 光明日报，2009 - 05 - 26.
② 中国社会科学院法学研究所图书资料室. 人民调解资料选编. 北京：群众出版社，1980：218，229.

解组织，在基层人民政府与基层人民法院指导下进行工作"。该通则确立了包括自愿性在内的人民调解的三大原则，于第 6 条规定，"调解工作必须遵守的原则：一、必须遵照人民政府的政策、法令进行调解；二、必须取得双方当事人同意，不得强迫调解；三、必须了解调解不是起诉必经的程序，不得因未经调解或调解不成而阻止当事人向人民法院起诉"。自愿性作为原则之一被明确地规定在了第 2 项中。

基本法律对调解委员会调解自愿性原则的规定，除上文提及的 1982 年《民事诉讼法（试行）》中第 14 条的规定外（该条被 1991 年《民事诉讼法》继承，但在 2007 年第一次修订时被删除），还有 2011 年 1 月 1 日开始实施的《人民调解法》。该法第 3 条规定："人民调解委员会调解民间纠纷，应当遵循下列原则：（一）在当事人自愿、平等的基础上进行调解；（二）不违背法律、法规和国家政策；（三）尊重当事人的权利，不得因调解而阻止当事人依法通过仲裁、行政、司法等途径维护自己的权利。"此三大原则基本沿袭了 1954 年政务院公布的《人民调解委员会暂行组织通则》所确立的原则。就自愿性原则而言，表述更加完整，且在三大原则的排序上由第二项排列到了第一项，以更突显其重要性。

自愿性原则作为近现代调解的核心属性之一，体现了对当事双方独立人格和意思自治的充分尊重，也是纠纷解决中当事双方处分权的充分体现。以上从类型角度展开的对民初以来法院调解和调解委员会调解中自愿性原则确立过程的梳理显示，在法院调解中由于受到审判权强制性的挤压和蚕食，调解自愿性原则的确立较为曲折，也相对较晚。而在调解委员会调解中，该原则的确立则相对较为顺畅，成一种线性的发展态势。总的来说，随着西学东渐，西方调解文化对中国影响的加深（包括 20 世纪 70 年代兴起于美国的 ADR 运动对中国的影响），中国固有的非制度化的调解逐渐制度化，在近代以来的转型过程中，逐渐形成调解的"新传统"，调解的自愿性无疑已成为这"新传统"的重要组成部分。

三、调解中的"新传统"和"旧传统"

上文对民国初期以来逐渐形成的调解"新传统"的两个方面即调解的国家性和调解的自愿性的讨论，显然无法涵括一个多世纪以来东西交汇过程中形成的新的调解传统，调解的成文化、规范化显然是这个"新传统"的另一重要特征。此外，与自愿性原则平行的调解的合法性原则、调解的非排他性原则（或称尊重其他救济权利原则）、保密原则已经成为或正在成为调解"新传统"的组成部分，限于篇幅，这里不对此展开论证。

英国法律史学家梅特兰在论及令状制度对英国程序法发展的影响时曾言，"我们已经埋葬了程式令状，但它们仍然在坟墓中统治着我们"①。和程式令状相比，作为中国古代纠纷解决文化重要组成部分的调解（调处），其命运显然更好一些：它不但没有被埋葬，反而在改造和转型中发展壮大，实现华丽转身，继续"统治"着我们。

"新传统"的形成来自对"旧传统"的改造和转型，改革和转型的动力一方面归之于固有调解文化中"和为贵"思想的强大生命力。孔子曰："礼之用，和为贵"（《论语学而篇》）。在儒家看来，要实现礼，和是最重要的，只有和谐才是实现礼的手段。② 另一方面则归之于"和为贵"思想和普世性的纠纷解决思想的暗合，尤其是与20世纪在美国兴起并扩散到全球的替代性纠纷解决运动的契合。随着替代性纠纷解决（ADR）运动或称"非正式正义（司法）"运动（informal justice movement）的兴起③，单一正义论受到挑战，多元正义论为多种纠纷解决方式并存和竞争提供了有力的支持。多元正义论认为，诉讼不是实现正义的唯一途径，应将正义与司法（法院）区分开来，通过调解、仲裁等方式，同样能到达正义的彼岸。1976年在主题为"民众为何对司法不满"的庞德会议上（Roscoe Pound Conference on the Causes of Popular Dissatisfaction with the Administration of Justice）哈佛大学法学院教授Frank Sander作了题目为"纠纷解决多样性"的发言。在他看来，纠纷解决的方式不只有诉讼一条门径（doorway），而是依据案件性质的不同存在着"多门径"（multidoor），如调解、仲裁等等。"多门径"法院理论的提出，隐含着正义实现方式的多元化，因此常被学界认为具有里程碑意义。④ 多元正义论的提出，使和谐有可能至少作为正义的一个侧面被纳入多元正义的话语体系中，由此，强化了调解的正当性。

"新传统"的成型并不意味"旧传统"被彻底埋葬。"旧传统"一方面作

① F. W. Maitland. *Equity*, *Also the Forms of Actions at Common Law*: *Two Courses of Lectures*. Cambridge: Cambridge University Press, 1901, p. 296.

② 大木雅夫. 东西方的法观念比较. 华夏，战宪斌，译. 北京：北京大学出版社，2004：80.

③ Richard L. Abel, ed.. *The Politics of Informal Justice*. New York: Academic Press, 1982.

④ Carrie Menkel-Meadow. Roots and Inspiration: A Brief History of the Foundations of Dispute Resolution//Michael L. Moffitt and Robert C. Bordone, ed.. *The Handbook of Dispute Resolution*. San Francisco: Jossey-Bass, 2005, p. 19.

为价值基础支撑着"新传统"的成型，并且在价值层面其合理性被"新传统"吸纳；另一方面，"旧传统"以其固有的形式继续统治着我们，其中最典型的形式就是混合型纠纷解决方式（诉讼和调解相结合、仲裁和调解相结合、复议和调解相结合等）中第三方角色的重叠，在混合型纠纷解决中，我们依稀看到清代官府调解中知县既充当调解者（调处者）又充当裁判者的忙碌身影。混合型纠纷解决中第三方角色的重叠，体现了固有解纷文化中实质正义优先于形式正义传统的延续。[①] 就此而言，"旧传统"依然统治着我们。

---

① 张勤. 仲调合一抑或分离？国际商事仲裁中的调解."国际经济法和纠纷解决程序：问题与改革"国际研讨会会议论文集.

专题八　立案登记制背景下多元解纷的"泛人民调解化"批判

舒秋膂[*]

多元化纠纷解决机制是立案登记制改革的重要配套措施，是实现国家"善治"的最佳路径。[①] 调解能促使纠纷当事人在互谅互让的基础上，创造性地达成面向未来的解纷方案，成为诉讼外解决纠纷的主要渠道。2016 年 6 月 29 日，最高人民法院发布《关于人民法院进一步深化多元化纠纷解决机制改革的意见》（以下简称《深化多元改革意见》），进一步明确了在立案登记制背景下，强化诉讼与非诉讼衔接，深化多元化纠纷解决机制改革的方向和路径。然而，在我国当前纠纷非诉讼化解实践中，存在普遍的"泛人民调解化"现象，限缩了立案登记与多元解纷的衔接渠道，制约了多元调解的功能。这亟待理论界与实务界反思破解，重构并拓展多元调解渠道，促进国家治理与社会治理的现代化。

一、"多元"变"一元"：非诉解纷"泛人民调解化"现象揭秘

多元化纠纷解决机制的关键在于解纷主体和对接渠道的"多元"，即推行诉讼与非诉讼多元渠道的有机衔接和良性互动。非诉讼解纷渠道除了仲裁、公证之外，最主要即为"调解"。但多年来，人们对非诉讼调解的认识，往往存在"泛人民调解化"的倾向，导致"多元"解纷在实践中为"一元"调解所替代和异化。

---

[*] 舒秋膂，湖南省长沙市岳麓区人民法院审委会委员、研究室主任，中南大学博士研究生。

[①] 自 2015 年 5 月 1 日人民法院全面实行立案登记制以来，法院受理的案件数量大幅上升，案多人少矛盾进一步加剧。作为纠纷分流减压和创新社会治理的主要渠道和重要配套，多元化纠纷解决机制得到了空前的重视和大力的推进。2016 年 6 月 29 日，最高人民法院发布《关于人民法院进一步深化多元化纠纷解决机制改革的意见》，提出在原有改革成果的基础上，适应立案登记制实施的新情况，全面深化多元解纷，推进纠纷的合理分流与适当化解。

（一）"泛人民调解化"在调解实践中的外在表征

为了解社会公众对当前我国调解类型及功能的认知情况，笔者对三百余名市民进行了实证调查，共收回有效问卷 123 份，据此发现在受访对象中：认为除法院调解外，其他调解方式都属于人民调解类型的，占 57％；认为行政调解与人民调解都属于政府调解的，占 15％；认为行业调解与商事调解是人民调解的分支的，占 23％；认为行政调解、行业调解、商事调解是与人民调解不同的独特调解类型的仅占 5％（见图 1）。

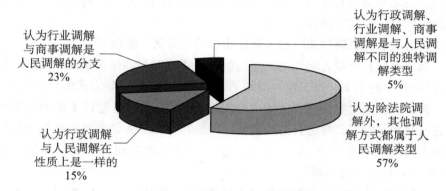

图 1　非诉调解类型社会调查统计图

除了公众的认识存在误区外，在我国立法层面也存在严重忽视社会转型期特点和多元调解现实需求的现象，导致行政调解、行业调解、商事调解等在法律建构上被边缘化。在法律查询软件"北大法宝"中输入关键词"人民调解"，通过标题进行精确搜索，即命中法律、法规及司法解释等 47 篇，而输入关键词"行政调解"进行精确查询，仅命中部门规章 2 篇；修改为模糊查询，仍只多命中司法解释 2 篇。分别输入关键词"行业调解"和"商事调解"进行精确查询，均没有命中任何 1 篇法律、法规。修改为模糊查询，关于"行业调解"仅查到部门规章 2 篇，而且是司法部关于加强行业性人民调解的相关规定。关于"商事调解"，则只查到行业规定 1 篇。（见表 1）

表 1　　　　　　　　我国非诉调解类型法律法规依据对比表

调解类型	法律	行政法规	司法解释	部门规章	团体规定	行业规定
人民调解	1	2	8	33	2	1
行政调解	0	0	2	2	0	0
行业调解	0	0	0	2	0	0
商事调解	0	0	0	0	0	1

在非诉调解的发展实践中，人民调解制度发展迅速，而行政调解职能缩减，行业调解与商事调解发展维艰。据统计，截至 2015 年，全国共有 79 万个人民调解委员会，391 万名人民调解员，调处纠纷 933 万余件。① 与之形成鲜明对比的是，行政调解整体萎缩，原本可通过行政调解解决的纠纷要么分流到法院，要么通过人民调解的途径来予以解决。② 全国有行业协会、商会近 7 万个，其中全国性行业协会商会 800 多个，但却只有很少一部分协会商会成立了专门的调解中心或调解委员会。③ 而全国现已建立的行业性、专业性人民调解组织有 3 万多个，有人民调解员近 13 万人，而行业调解、商事调解的自主发展空间日益变窄。④

（二）"泛人民调解化"在多元解纷中的"异化"表现

过分强调和倚重人民调解，使当前非诉调解在与诉讼衔接时，均统一以"人民调解"的名义开展工作，限制了当事人对多元化调解方式的自主选择。

表现一：法院委派调解中的"人民调解"，即法院对起诉来院的各类纠纷进行研判、甄别，将适合诉前调解的纠纷，委派给人民调解组织先进行诉前的人民调解。截至 2015 年 4 月，全国已建立医疗纠纷人民调解委员会 3 901 个，拥有人民调解员 2.5 万名。⑤

表现二：法院委托调解中的"人民调解"，即法院与人民调解组织签订委托调解协议，借助人民调解力量，推动纠纷的诉中分流和多元化解。⑥

表现三：第三方独立平台的"人民调解"，即设立专业调解人民调解委员会，为纠纷当事人进行独立的第三方人民调解。⑦ 该第三方调解平台，实际整合了人民调解、行政调解、行业调解等多方面的调解资源，但对外统一以"人民调解委员会"的名义开展工作。

表现四：变异的专业化"人民调解"，即在人民调解协会中设立专业调

---

① 胡仕浩．促进诉讼与非诉讼解决方式的有效衔接 满足人民群众多元解纷需求．人民法院报．2016 - 06 - 30.

② 如《道路交通安全法实施条例》在修改后，在交通事故损害赔偿时，不再将交警主持下的调解作为诉讼的前置条件，从而大大弱化了交警的行政调解职责。

③ 李静．弘扬多元化纠纷解决机制的"中国经验"．法制日报，2016 - 05 - 25.

④ 司法部关于进一步加强行业性、专业性人民调解工作的意见．［2016 - 07 - 07］．www. moj. gov. cn.

⑤ 林国强．医疗纠纷调处中心运行机制及效果研究——以洛阳市医疗纠纷调处中心为例．河南科技大学学报，2016 (3).

⑥ 重庆市渝北区司法局基层科．蓝丝带让矛盾纠纷在沟通中化解．人民调解，2013 (10).

⑦ 奚金燕、王亚萍、王献华．浙江首家知识产权纠纷专业调解第三方平台落户义乌．［2016 - 05 - 10］．www. xinhuanet. com.

解委员会，开展复杂、疑难纠纷的专业人民调解。① 该种形式将人民调解与行业协会结合起来，试图以人民调解的专业化替代专业性的行业调解和商事调解。

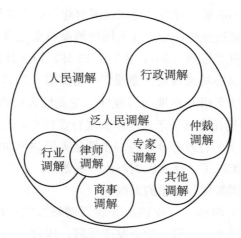

图 2　"泛人民调解化"的表现形式

二、"垄断"生"泡沫"：多元解纷"泛人民调解化"现象的根源及弊端

"泛人民调解化"现象如不被及时遏制和消除，将会产生累积效应，进一步消弭其他调解方式的生存空间。破解"泛人民调解化"必须深刻剖析其产生的根源，认清其弊害，消除"一元独大"的虚空泡沫，探寻纠纷多元调解发展的应然之道。

（一）"泛人民调解化"产生的根源

人民调解除了解决纠纷、维系秩序，还有社会动员与"司法制度革命"的政治意涵，国家正式权力的强力介入使人民调解在全社会得到广泛推行。② 司法部 2002 年 9 月发布的《人民调解工作若干规定》对调解组织形式作出的新规定，极大地突破了 1989 年所颁布的《人民调解委员会组织条例》中对调解组织形式的范围限定，为"泛人民调解化"提供了重要依据和动力。

由于非诉讼的调解方式所达成的调解协议的效力不强，法院的"司法确认"机制成为在立案登记制背景下，推动多元化纠纷解决、增强非诉调解方

---

① 北京人民调解协会知识产权专业委员会成立．［2016－05－10］．www.xinhuanet.com.
② 政府推动型人民调解的制度转型//徐昕．调解：中国与世界．北京：中国政法大学出版社，2013：89.

式的公信与权威的重要保障。2012 年修正后的《民事诉讼法》第 194 条规定，当事人必须依照《人民调解法》等法律，向法院申请司法确认调解协议。① 当前的"司法确认机制"只能严格地适用于"人民调解"。法律依据缺失和调解协议效力不明成为导致"泛人民调解化"的重要根源。

司法部积极推进行业性、专业性人民调解委员会建设，也是导致"泛人民调解化"现象的重要原因。2011 年 5 月 12 日，司法部出台《关于加强行业性专业性人民调解委员会建设的意见》（司发通〔2011〕93 号），明确提出司法行政机关要切实指导和推动行业性、专业性人民调解委员会的建立。2014 年，司法部再度出台《关于进一步加强行业性专业性人民调解工作的意见》②，通过自上而下的行政命令，进一步推动人民调解向行业性、专业性领域扩张，在实践中加剧了"泛人民调解化"现象。

（二）"泛人民调解化"现象的弊端

行政调解、商事调解、行业调解等非诉调解方式，因受"泛人民调解化"的影响，其个性发展被阻，功能发挥受限，违背了纠纷多元调解的内在规律。其弊端主要体现在以下三个方面。

弊端一：抹杀了多元调解的个性特点和法律地位。"泛人民调解化"无视纠纷种类的多样性和复杂性，强调"人民调解"一家独大、一专多能，以共性囊括个性，以统合归拢否定自主发展，导致行业调解、商事调解甚至行政调解的个性特点和独特优势被湮灭。调解立法滞后于多元调解的实践创新，未能有效回应和满足社会总体需求，相当多的纠纷调解机构缺失法律地位，无法形成自身的"造血"功能和职业规则。

弊端二：制约了多元调解的协同发展和国际融合。"泛人民调解化"导致了人民调解与其他调解方式在资源配置上的冲突。除人民调解外，各级政府对其他非诉调解组织缺乏应有的支持和帮助。行政调解在现实中严重虚化，行业调解与商事调解在实践中发展不规范、不平衡，难以实现各类调解机构之间的资源整合和衔接互补。人民调解主要针对普通民间纠纷，承载着基层维稳的政治功能，在国际上并未为各国普遍认可。相反，国际通行的商事调解、行业调解等调解方式，在我国尚未取得明确的法律地位，影响了多

---

① 《民事诉讼法》第 194 条规定："申请司法确认调解协议，由双方当事人依照人民调解法等法律，自调解协议生效之日起三十日内，共同向调解组织所在地基层人民法院提出。"

② 司法部关于进一步加强行业性、专业性人民调解工作的意见．［2016 - 07 - 07］．www. moj. gov. cn.

元调解的国际交流与合作共赢。

弊端三：偏离了多元调解的正确方向和功能定位。纠纷本身是复杂和多样的，与之对应的调解方式也应是多元和个性的。2001 年通过的《美国统一调解法》亦只规定了调解的适用范围、保密原则、参与调解程序等，并未对调解的类型进行限制和归并。① "泛人民调解化"强调人民调解功能的开放性和普适性，试图通过扩张人民调解的功能来覆盖其他非诉调解方式的特色功能，导致不同调解方式功能混同、个性被埋没，未能充分彰显其各自的功能特点，背离了调解多元发展的客观规律和国际趋势。

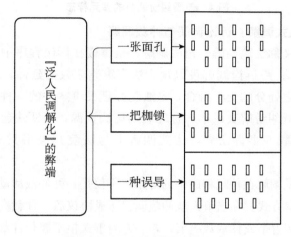

图 3　"泛人民调解化"的弊端

三、循其名探其宗：纠纷多元调解的类型化梳理及功能区分

类型化理论是研究现代人文与社会科学的基本方法论范式。它通过建立"理想类型"这种基本概念进行社会研究，构建社会理论。类型化的作用在于通过大胆而合乎逻辑的模式构建同实践中的研究对象比较，以便确定它的差异性和同一性，并且合乎逻辑地、因果性地对它们进行理解与说明，以使理想类型更接近研究对象的原型。② 破除"泛人民调解化"现象，必须对不同的调解方式进行类型化梳理，彰显多元调解在功能上各自的特色与优势。

---

① 　美国统一调解法//蒋惠岭.域外 ADR：制度·规则·技能.北京：中国法制出版社，2012：388 - 394.

② 　吴晓.论类型化方法对宪法学研究的意义.政法学刊，2006（1）.

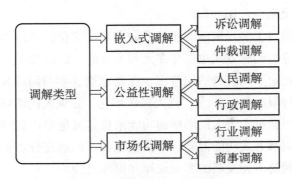

图 4　矛盾纠纷调解的多元样态

（一）嵌入式调解：诉讼调解与仲裁调解

诉讼调解又称法院调解、司法调解，是镶嵌在诉讼程序中并由法官主持进行的调解活动。① 诉讼调解可以视为法官审判职权的延伸，是法官行使职权与当事人自主处分的交汇融合，是法院办理民事案件的一种结案方式。诉讼调解可以降低纠纷解决成本、合理利用司法资源，简便快速。诉讼调解的案件依法只收取一半诉讼费，法院调解书与法院判决书具有同等的法律效力。

仲裁调解是调解在仲裁程序中的运用，不仅是一种仲裁活动，而且是一种解决争议的结案方式。在当事人就仲裁调解达成协议后，仲裁庭可依据当事人合意出具仲裁调解书或仲裁裁决书，若一方当事人拒不履行仲裁调解书，另一方当事人可以依照民事诉讼法的有关规定向人民法院申请强制执行。② 仲裁调解的范围主要是商务活动中发生的合同纠纷以及劳动争议纠纷等。

人民调解属于公益性民间调解，由县级以上地方人民政府提供经费支持和保障。③ 人民调解具有群众性和自治性，解决纠纷是其最基本的功能，同时其承担着重要的政治和行政功能，包括对基层民众的组织管理和普法教育等。④ 人民调解接受政府的直接指导和培训管理，只能进行免费的公益性调解，其调解工作经费以及调解人员津贴均由政府财政给予保障。⑤

---

① 何文燕 . 民事诉讼法学 . 长沙：湖南人民出版社，湖南大学出版社，2001：212.

② 《仲裁法》第 51 条、第 52 条、第 62 条。

③ 《中华人民共和国人民调解法》第 2 条、第 4 条、第 6 条。

④ 范愉 . 社会转型中的人民调解制度——以上海市长宁区人民调解组织改革的经验为视点 . 中国司法，2004（10）.

⑤ 曾旻 . 当前人民调解制度功能的科学定位 . 法治论坛，2009（2）.

行政调解是一种服务性行政事实行为，是行政主管机关基于服务行政的精神依托。

（二）公益性调解

人民调解与行政调解为社会或者特定的行政相对人提供纠纷解决服务。[①]行政调解虽与人民调解同为公益性调解，但又有其自身独特的功能优势，如拥有解决复杂纠纷的专业优势和执法资源，具有权威性和专业性的鲜明特点，能够实质性地解决疑难复杂纠纷。

（三）市场化调解：行业调解与商事调解

行业调解是行业协会的一项自治职能，本质上属于市场系统内部的自我修复和矫正机制，具有与人民调解迥异的功能优势。如人民调解处理纠纷遵循就地调处原则，而行业调解以行业划界，不受地域限制；行业调解比人民调解更掌握行业政策，拥有行业背景、专业优势和实践经验；行业调解能够规范和指导行业内部完善经营管理，其调解对象和范围呈开放性，它可以对与行业有关的各类纠纷进行一揽子调解处理。[②]

商事调解不同于普通的人民调解。商事活动中机会稍纵即逝，故快捷高效是商事调整最为看重的价值目标。商事调解在实现交易效率的同时，还需要兼顾交易安全、社会效益、市场秩序等其他价值。商事调解组织自负盈亏，自主发展，根据自身服务质量，进行有偿调解服务。[③]商事调解是市场经济的产物，系专业化、市场化的独立第三方调解。其调解规则成熟，调解服务高端，是国际上通行的主流调解方式。

表2　　　　　　矛盾纠纷多元调解的性质定位及功能优势

调解类型	性质定位	功能优势
诉讼调解	由法院主持，双方当事人自愿协商，解决民事纠纷，终结诉讼程序	软化法律刚性、平衡诉讼能力 追求实质公正、终结诉讼程序
仲裁调解	由仲裁庭主持，仲裁当事人在自愿协商、互谅互让基础上达成协议，解决纠纷	准司法性、契约性、自治性

① 何炼红．论中国知识产权纠纷行政调解．法律科学，2014（1）.

② 如我国在青岛成立的首个律师调解中心，由该市律协举办和出资，并由该市司法局负责业务主管。律师调解在法律专业上权威性强，以自己的专业判断促成、劝导当事人形成合意。

③ 上海经贸商事调解中心作为独立第三方的商事调解机构，采取的就是有偿调解的服务模式，可以为国内企业组织以及在沪的国际企业组织和机构之间的商事纠纷提供快捷、高效、灵活的有偿服务。

续前表

调解类型	性质定位	功能优势
人民调解	由人民调解委员会主持，通过说服、疏导等方法，促使当事人在平等协商基础上自愿达成调解协议，解决民间纠纷	政府保障经费、免费公益调解网点分布众多、调解涉及面广
行政调解	由行政机关主持，按照自愿、合法的原则，促使双方当事人自愿达成调解协议，解决民事纠纷	促进行政服务、借助行政资源免费公益调解、化解关联纠纷
行业调解	由行业调解组织主持，依托自身权威和公信，组织当事人自愿协商解决涉及行业的民事纠纷	专业权威、信息对称精通行规、亲和力高
商事调解	由商事调解组织主持，通过专业化的居中调解，引导双方当事人充分协商，自主解决商事纠纷	效率优先——趋利避害意思自治——地位平等公益审查——利益兼顾服务高端——专业调解

四、复归真多元：非诉调解协同发展的实践完善及路径探索

最高人民法院《深化多元改革意见》明确提出，要积极推动设立商事调解组织、行业调解组织，在投资、金融、知识产权等领域提供商事调解或者行业调解服务，完善司法确认程序，从而为重构非诉调解机制，破除"泛人民调解化"现象提供了明确的方向指引。① 推动多元调解的协同发展，必须赋予不同调解方式应有的法律地位，消除诉调对接的法律障碍，打造协同发展平台，构建协同衔接机制，真正形成诉讼与非诉讼相衔接的"多元渠道"。

（一）多元治理理论的启示：完善多元调解法律体系

多元治理理论主张多元主体共同参与社会治理，运用平等、合理协调机制，有效表达利益、综合利益、协调利益，充分调动一切积极因素，促进公民、企业、政府、社区、社会组织等主体间的互动协同，整合并增进资源优势，最终实现公共利益最大化。②

破除"泛人民调解化"现象，必须尊重并彰显不同调解方式的特有功能和个性价值，依循多元治理理论，明确除人民调解外其他非诉调解方式的法律地位和功能特点，对不同性质的调解方式给予不同形式的法律支持。

---

① 《最高人民法院善于人民法院进一步深化多元化纠纷解决机制改革的意见》第9条、第31条。
② 王春福．多元治理模式与政府行为的公正性．理论探讨，2012（2）．

一是多元共存。为不同类型的调解方式提供应有的法律地位和程序保障，打造普通与特殊、大众与专业、职业化与非职业化多元共存、协同发展的多元化调解架构。

二是功能区分。尊重并彰显不同调解形式的功能特色，根据实际需要设计调解规则，构建有利于实现多元调解目的和价值的多元调解格局。

三是程序衔接。建立不同调解方式的衔接协作机制，减少资源浪费和程序拖延，形成调解复杂纠纷的合力。

四是司法救济。强化司法审查与确认，为非诉调解提供最终救济途径，明确非诉调解的法律效力。同时防止当事人恶意滥用非诉调解拖延纠纷解决或向对方施压，避免调解协议危害公共利益或他人权益。

（二）博弈论的启示：搭建调解平台实现"纳什均衡"

博弈论为分析人类行为提供了一套有力的工具，设定所有人均为理性行动者，均以实现个人利益最大化为目标。博弈结果的产生受所有行为人理性行动的共同影响。"纳什均衡"是博弈论中最重要的概念，它指导所有参与人对其他参与人的策略作出最优反应，并促成所有参与人形成最优策略组合。[1]

社会矛盾纠纷复杂多样，仅靠单一的调解方式和解纷资源难以妥善化解。笔者建议建设"调解中心"，为不同调解类型提供博弈平台，通过非零和博弈实现彼此间的"纳什均衡"。"调解中心"应在三个方面实现多元共进和协同发展。

一是调解主体多元联合。发挥调解中心管理、协调、促动职责，整合民间组织、相关行业协会或商会、技术专家等进入调解中心，发挥各自所长，在技术知识、专业素养、特定实践经验以及纠纷解决能力等方面为当事人提供多元化的调解主体选择。

二是调解方式多元联动。综合开展纠纷的行政调解、人民调解、行业调解、商事调解等，综合运用判断型调解、交涉型调解、教化型调解等诸多形式[2]，为当事人提供纠纷调解方式的多样化选择。

三是调解平台多元连接。调解中心可与人民法院的诉讼服务中心（诉调对接平台）进行对接，承接人民法院委派和委托调解的纠纷；可与各地的矛

---

[1]　齐格弗里德. 纳什均衡与博弈论. 洪雷，陈玮，彭工，译. 北京：化学工业出版社，2011：153.

[2]　棚濑孝雄. 纠纷的解决与审判制度. 王亚新，译. 北京：中国政法大学出版社，2004：54.

盾纠纷调解中心对接，接受委托，独立开展自主性的纠纷调解；可与各地的行业协会和商会组织对接，开展有针对性的调解服务和咨询服务；可与高校、科研院所对接，开展多元调解的专题研究和人才培养。

（三）"交往行为理论"的启示：构建多元调解沟通协同机制

"交往行为理论"是世界哲学大师哈贝马斯思想体系的基础，其提倡通过充分的说理论证来说服他人，排除强制，最后形成思想共识，促进人与人之间的团结、和谐。哈贝马斯认为，在当今社会，人们的思想价值观念、生活行为方式、利益取向日渐多样，想要建立一种为大多数人共同认可的价值标准，不能只听某一个体或群体的"独白"，以个体或某个特殊群体的利益诉求为中心，而应通过对话与商谈，建立起不同主体之间的沟通和协调机制，兼顾大多数人的共同利益。[①]

推进非诉调解多元协同发展，可以借鉴"交往行为理论"，建立各类调解机制协同发展的组织结构和制度，加强不同调解类型之间的对话与交流，达成规则共识。

一是建立对话沟通机制。"交往行为理论"强调通过交谈、论证、说服等过程达成共识。不同类型的调解组织要互相尊重、充分交流，通过相互理解、共享知识，促进彼此信任和达成一致。在遵循调解共同规则，如自愿、保密、中立等原则的基础上，承认彼此的个性和优势，坚持求同存异、多元发展。

二是推进多元协同交往。深化多元调解改革，必须抛弃部门利益和认识偏见，通过商谈达成共识，强化协同形成共赢。强化不同调解方式之间的交流与互动，培育和发挥各自的调解优势，并可根据纠纷的特点，适时组建个性化的联合调解团队。

三是实现调解信息共享。"交往行为理论"以双方理解为行为目标，而信息的共享是有效交往的前提和基础。只有在不同主体间充分共享可以理解的解纷信息，彼此交流与互动，才能达到彼此之间的默契和认同。实践中不同类型的调解组织之间要加强信息交流与情况沟通，共商疑难纠纷的联合调解，以提高纠纷调解实效。

四是提升调解人员的素养。"交往行为理论"注重个体自身素质的培养，避免因能力不足过于依赖外界。只有不同类型的调解组织均致力于提高各自

---

① 陈文曲. 民事诉讼当事人陈述理论重构——以哈贝马斯的交往理性为视角. 北京：法律出版社，2010：51.

调解员人的整体素质，才能形成调解个性，并在纠纷丛林中找到存在价值。提高调解人员的素质，必须建立各自的名册制度和伦理规则，强化专业技能培训，提高调解人员的调解技能和协同能力。①

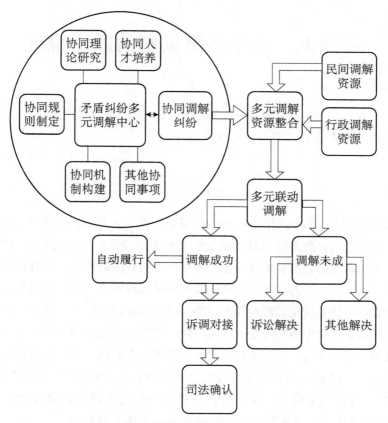

图 5　矛盾纠纷调解多元协同发展路线图

结　语

每一种调解形式都有其自身赖以存在的解纷需求和社会环境，在各自领域均具有独特的制度个性和功能优势。人民调解无法包打纠纷解决的天下，也替代不了所有的调解形式。顺应立案登记制的新形势，必须破除"泛人民调解化"现象，在求同存异、多元发展、科学规制的基础上，促进非诉调解领域的主体联合、方式联动、平台连接，构建多元协同发展的"大调解"格局。

①　蒋惠岭. 域外 ADR：制度·规则·技能. 北京：中国法制出版社，2012：661.

专题九　乡土法庭调解的四个维度

蒋　正[*]

从基层上看去，中国社会是乡土性的。

——费孝通《乡土中国·旧序》

引　言

　　法庭调解是人民法庭结案[①]的一种重要方式，也是保障当事人合法权益、维护社会稳定的良好途径。其功能优势和积极意义在广大农村地区日趋显著。当前，传统农业社会的乡土特性正潜渗式地影响着法庭调解。尽管在现代化加速进程中，乡土社会的多元主体结构及准封闭治理模式受到较大挑战，但千年延续的农耕习性及儒化道德观并未被冲击得支离破碎，相反，其在与现代性及法治化的破立融斥中悄然蜕变，民间习惯、习惯法、民间调解等法庭调解的近因元素因此倍添活力。在传统权威式微、公共权力渐强、调解机制日趋多元的乡土社会，人民法庭应面对新旧并立的农村现实，扮演好"审调"法庭与"综调"法庭的双重角色，在保持自身机制弹性的基础上将调解之根深植于"乡土"土壤中，在"审"与"调"的互融渐变中及时转向。

　　笔者认为，以诉调机制为分界点，在乡土社会中的法庭（以下简称乡土法庭）共扮演了两种角色：一是在诉调机制内，法庭调解作为审诉制度的伴生机制和最优补益，以其具备的"审""诉"特性贯穿整个诉讼过程；二是超越审判机制，它作为大调解格局的重要参与变量，通过系统内外的功能辐射，充分统合人民调解、民间调解、行政调解等资源优势，促进实现案件调结。

---

　　* 蒋正，湖北省宜昌市中级人民法院法官。
　　① 乡土社会中的主要案件类型包括离婚纠纷、赡养纠纷、山林确权纠纷、劳务纠纷、医疗纠纷等。

　　法庭调解的这种二重性，进一步衍生出"审""调"兼备的四个维度：一是以审判权为基石的诉讼维度（基本维度）。它要求调解须在审判框架内进行，与审判活动互通互补，一以贯之。二是以"乡土性"为参照的社会维度。在乡土社会中的法庭调解必须兼顾本土风尚和调解习俗，切实把控影响调解的诸多要因。三是以大调解格局为依托的综治维度。乡土法庭能以综治成员单位的身份参与到大调解格局中来，通过发挥业务专长配合主导层面，推动形成案件调解合力。四是以语言、心理等为研究对象的技术维度。乡土式调解不是单纯的说教辩理，它涵盖了语言运用、心理疏导、道德评价等多层面技能，故须充分挖掘相关技术资源并将其妥当运用到法庭调解中来。法庭调解的四个维度各自独立且相互影响，其中，诉讼维度是基础，社会维度是参照，综治维度是依托，技术维度是保障，共同构成一个独具特色的乡土法庭调解体系。

一、对乡土法庭调解四个维度的分析

（一）诉讼之维——审判框架内的调解如何适应乡土社会

　　在诉讼框架内进行调解，是法庭调解最核心的关系构成，在其中当事人的角色演化并未脱离审判程序，与法的运用结合得最为紧密，调解功能优势能得到最有效发挥。以乡土社会为参照，法庭调解应向"内生外导"型转变，自内向外主动适应农村现实，在参与主体、文本适用、程序规范、效力确认等方面适应乡土外部性。

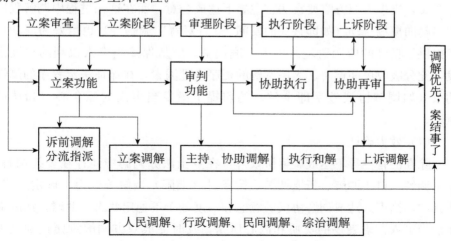

图 1　乡土法庭诉讼调解流程图

（1）参与主体。

法庭调解的参与主体涵盖审判者层面与当事人层面。前者具备应然状态下的专业背景和调判逻辑，其审判活动是法治机理的基本构成要素，并与现行法治运作保持一致。在乡土语境下，后者主要囊括村民及近因元素（如农民工），其社会活动具有农耕印记式的乡俗特性（如非规范性等）。在基层法官与乡土当事人的二元主体结构中，实质上存在着法律专业性、刚性约束与民约乡俗性、习惯运用之间的对立冲突。从缓释此种状况及满足审调兼适的内生性需求来看，基层法官须培育调诉机制的本土专业化土壤，同时让调解主导者充分浸润乡土习性，以便扩张专业适应能力和适用幅度。

（2）文本适用。

在乡土社会中存在大量村民规约、民间习惯及习惯法，村组之间更是"十里不同俗，百里不同风"。对于法庭调解而言，其既构成非诉调解的基本要素，又充当审判调解文本的重要补充，故援引法律文本与参照乡土规约同样重要，不宜重"法"轻"约"。在立法趋势上，国家正逐步加强对乡土习惯法的文本改造，并尝试将其与现行诉调制度进行内生性嫁接。这从《人民调解法》的颁行中能够窥得一斑。在文本适用上，调解活动的复杂性需要法官在适用法律条文与采纳民间习惯间进行多触点式灵活转换。

（3）程序规范。

程序约束历来是实现实体公正的基本保障，调解活动也需要在多重程序框架下进行。在法庭调解的场域中，基本延续了"诉—审—辨"问答式的程序要义，当事人双方需要在法官主导下达成合意，而在这一过程中调解程序边界趋向模糊流动（如即兴式的发问、"背对背"调解等）也恰好为成功调解提供了良好的应用语境。乡土法庭调解，应从保障当事人权利的角度出发，充分吸收民间调解、人民调解的程序合理因素，在保证法定程序的刚性约束（如调解协议签字即生效）的前提下激发当事人的配合心态和认同意愿。

（4）效力确认。

除在法官主导下达成调解协议外，在乡土法庭调解中还存在委托调解、默示调解、口头调解、折返调解、附条件（期限）调解等效力不确定形式。在其中，当事人达成调解协议的意愿和强度处于不稳定状态，此时，法庭应厘清当事人言语表述的实质和内心所指，及时促成双方调解意愿达到最大化，并以法定形式固定使之生效。另外，对于通过人民调解、民间调解等达成协议的，应报送人民法庭进行司法审查并予以确认。①

（二）社会之维——乡土社会特性如何影响法庭调解

（1）乡土社会特征。

乡土社会是"一种并没有具体目的，只是因为在一起生长而发生的社会"②。它与法治社会相对应，是以村落为单位、以土地为依附、以群体为本位、以熟人社会③为模式的社会形态。在此种社会形态下，村民生活在既定的血缘和地缘关系中，生活网络相对封闭且治理结构复合多元，由此衍化而来的农村习惯法大多具有属人主义属性（如父债子还），在处理方式上带有比较明显的主观色彩和实用主义，趋向对情感良心的共鸣认同和价值利益的公平分配。这种内控性、自发性包蕴着承续而来的中庸文化、礼让文化、孝廉文化、家族本位文化等多元文化形态，故其对乡土婚姻家庭纠纷、邻里纠纷等典型案件调解的实施效果比国家法更好。④

（2）乡土社会的多元结构对法庭调解的影响。

乡土社会治理的复杂性和特殊性决定了其需要在一个多元调解体系架构下运转，以法庭调解和案件审理为核心，与其相关的调解类型如图 2 所示。

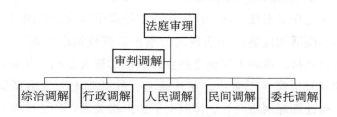

图 2 与法庭相关的调解类型

乡土社会中的管理层面和自治因素对案件调解存在着较大影响：在进入诉讼程序之前，其能够对矛盾纠纷及时排查调处，减少诉讼案件的数量；在调解生效后执行阶段，它能够协助执行，取得最佳调解效果。在亲缘层面上，乡土社会中存在着"宗族—近亲属—家庭成员"的隐性治理网络，可能影响案件调解的趋势动向。他们通过评论、劝服、态度、行为等显隐方式表达关注，使当事人在心理层面和道德维度上逐步转向，从而使

① 在我国台湾地区大多采取这种方式。

② 费孝通．乡土中国生育制度．北京：北京大学出版社，1998：9．

③ 社会学者贺雪峰认为，乡土社会在村民小组内是熟人社会，但在较大的行政村内属于"半熟人社会"。

④ 高其才．试论农村习惯法与国家制定法的关系．现代法学，2008（3）．

族人意见和调解趋向处于同等位置。当纠纷关乎家族、家庭利益增减及道德评论时，他们会抱团以增强防范，从而给法庭调解带来阻力。故法庭调解不仅要考虑文本内和程序上的功能依托，更要顾及宗族氏系和家庭成员的活动影响。

表1　　　　　　　乡土社会多元治理结构对法庭调解类型的影响

影响因素	具体形态	影响调解类型	影响方式
管理层面	乡镇党委、政府及其职能部门	综治调解	综治牵头 法庭参与
自治层面	村委会、村民小组、治调小组	综治调解 审判调解	协助调处 监督执行
亲缘层面	宗族、近亲属、家庭成员	综治调解 审判调解	心理影响 道德评判
社会层面	媒体、群众	综治调解 审判调解	舆论反应

（3）乡土正义对法庭调解的要求。

乡土正义是在乡土社会这一特定场域中各类组织或个体围绕矛盾纠纷解决而作出的不同活动应答以期实现的公平正义抑或情理平衡。[1][2] 鉴于乡土法庭大多深处乡村，审调工作会受到乡风民俗的较大影响，其应在发挥自身专业功能的同时适应乡土文化，在互通契合的基础上激发出调解的固有优势。同时，须处理好纠纷内外、体制上下的纵横关系，让法院调判下的裁判正义和和乡土社会蕴含的习俗正义实现高度统一，激发这些或源自实体、程序法律或来自朴素、公平理念的调解努力推动实现乡土正义。

（三）综治之维——法庭调解如何融入基层大调解格局[3]

在诉讼内外的解决方式集合中，法庭调解处于较为特殊的地位，具备以下自身特殊优势。

（1）在诉讼机制内部，调解比判决具有更为明显的优势：1）从效力上讲，让当事人从内心真正服从法律效力，尽管该效力是当事人双方相互妥协

---

① 乡土纠纷解决关注的内容包括实现当事人双方的公平正义及情理平衡。

② 季卫东. 法治与普遍信任——关于中国秩序原理重构的法社会学视角. 法哲学与法社会学论丛，2006（1）.

③ 典型的大调解格局模式包括武汉江岸模式、江苏南通模式、福建莆田模式等，其中人民法庭都履行了及时参与、工作对接、业务辅助、司法确认等职责。

的结果。2）从形式上讲，调解方式灵活多变且贯穿诉讼全程，避免诉讼程序带来的阻碍。3）从心理应答来看，当事人对调解的迎合程度和纳许态度略优于判决，因而具有更大的弹性。

（2）法庭调解的角色定位。

在大调解格局内，法庭调解的角色定位有三种：一是主导者，二是参与者，三是旁观者。笔者认为，法庭调解主导易导致审判权与行政权的混同，而旁观应付则易造成功能形式主义，故其唯应扮演好参与者的角色。具体而言，大调解格局中的法庭调解应具备以下三种功能：一是辅助终结案件纠纷，二是取得较好社会效果，三是促进节约司法资源。在参与层面上，作为乡镇综治维稳成员单位的乡土法庭，其调解活动是大调解格局的重要组成部分，在涉法涉诉案件这个关联点上，它能有效吸收其他部门、团体及个人的调解努力，实现调解系统内外的有机沟通，将机制内的程序约束和效力能量传输放大到大调解格局，实现调解价值的帕累托最优。这就要求不能将案件调解排除于社会生活之外，从而要立足于法、通晓于理、兼顾于情，尽量还原事实本质与生活原貌。在机制运行上，它要与其他部门、团体互通有无、取长补短，建立系统内信息及措施的联络互动。

（3）法庭调解与综治调解的二元互动。

综治调解以基层人民政府综治部门为主导，吸收信访、公安、司法、法庭及业务部门等力量参与，从而形成综合调解网络体系，以期多角度、全方位地解决纠纷。在个案示例上，笔者认为湖北省秭归县归州法庭参与该镇政法工作例会及"诉调对接"机制的做法较具代表性（如图3、表2）。①

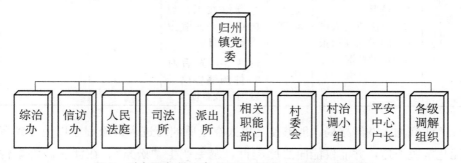

图 3　秭归县归州法庭"诉调对接"组织机构模式图

---

① 归州法庭辖归州镇、屈原镇、水田坝乡、泄滩乡四个乡镇，辖区人口 10 万。

表 2　　　　　　　　秭归县归州法庭在"诉调对接"工作机制中的做法①

"诉调对接"工作机制		法庭做法		机制运行成效	
牵头机关	镇司法所 人民法庭	立案引导	诉前建议和引导当事人先行人民调解	在 2005 年实行机制之前，归州法庭固守"坐堂办案"的观念，案件数量逐年增加，最多达到全县法庭案件数量的 40%，且调解的社会效果和法律效果不理想	自 2005 年以来，该庭受理案件年均下降 20%，年均调处率达 80.4%，辖区社会治安明显好转，群众对该庭的满意度明显提高，调解组织化解矛盾纠纷的能力不断增强
网络建设	（1）构建了以平安中心户、组、村、乡为主要层次的四级调解网络	委托调解	在诉前、诉中、执行各环节，人民法庭经征得当事人同意，委托人民调解员、特邀调解员等进行调解		
	（2）法庭聘请 12 个村委会的治调主任和 119 名"平安中心户长"为"诉调对接"调解员				
	（3）邀请县总工会、县妇联、县劳动保障等部门参加				
例会制度	定期通报矛盾纠纷调解情况，集体研究协商措施	协助调解	邀请人民调解员或特邀调解员以及专业技术人员协助人民法庭进行调解		
信息通报制度	（1）调解组织每月向司法所上报纠纷调处情况 （2）司法所与人民法庭随时相互通报纠纷调处情况	指导检查	对人民调解组织等进行个案指导、业务检查		
		业务培训	举办培训班、点评调解文书、现场指导、邀请旁听案件审理		
		确认督促	近两年，先后对 80 件调解协议予以确认或督促		

　　法庭加入调解格局，能够使当事人在矛盾纠纷进入诉讼程序以前寻到多元化解决渠道，并非仅能向法庭起诉，避免产生"讼累"。在涉法涉诉案件方面，多部门网络化联动联防机制促进形成调解程序交叉格局，使法庭既能

---

　　① 李文峰，杜云宏，杜承文．关于秭归法院归州法庭"诉调对接"机制的调查报告．［2012－04－30］．ycfy. chinacourt.. org/pubic.

在业务范围内吸收民间、行政等多重元素进行诉讼机制内的调解，又能参与到综治调解中来，构成大调解合力中之一极，还能实现案件办理在不同主导层面和实施部门间的灵活切换。但同时也要廓清法庭的功能定位和影响范围：它与其他部门之间应是平等关系，只能做与自身职能密切相关的解纷工作、提供业务服务与指导，而不能超越在大调解中的活动范围及领域，以防止审判权与行政权的混同错位。

（四）技术之维——运用多态技术如何完善调解机制

乡土法庭调解除了依靠过硬的专业知识和了解乡土现况外，还有赖于对调解技能的把控，主要包括以下几个方面。

（1）调解心理技术。[①]

从心理角度而言，一次调解活动也是一次调处多方的心理博弈、容斥过程。案件调解并非单纯地在法律技术层面上进行操作，还需深层挖掘纠纷产生的社会根源和心理动因。这就要求基层调解法官必须掌握调解心理技巧等非诉技能，提升、完善自身的认知层次、情感品质和人格特征。在乡土社会中，村民对专业法律知识的疏晓浅知和行事方式的随机多态需要法官从容应对、冷静处理：他们既须掌握当事人的心理特点和情绪特征，又要根据差异化的民俗习惯和当事人的性别、性格等偶合因素进行细分，采取合适的心理应对策略，而这些都有赖于其平时的知识积累和素养磨炼。

表 3　　　　　　　　针对不同气质当事人采取的心理应对措施

不同气质当事人	主要表现	心理应对措施
胆汁质型当事人	敢说敢干、易怒易躁	（1）快速介入 （2）冷后处理 （3）适度批评
多血质型当事人	情绪不深，兴奋度高	（1）倾听诉说 （2）说理劝导
粘液质型当事人	处事谨慎，瞻前顾后	（1）说理充分 （2）缓慢处理
抑郁质型当事人	胆小心细，优柔寡断	（1）宣泄情感 （2）反复劝说

（2）调解语言的运用。

调解是一项解决纠纷的活动，也是一门语言运用的技术，语言本身在交

---

① 王律中 . 调解心理艺术：调解中心理学问题及对策 . 北京：人民法院出版社，2001：29 - 50.

际过程中就具有调解的功能。① 俗话说："一句话能把人说笑，也能把人说跳。"好的调解语言运用，应当在对案件原则性和灵活性的平衡中寻到法、理、情的统一，这对情感表达相对简朴、直白的村社成员而言尤其如此。笔者认为，一次话语活动是"意思表达——作出反应"的过程（见图4），故调解者的语言表达应当清晰、妥当、有效，实现法律原则与调处弹性之间的有机融合。同时，乡土社会语言体系中含有大量俗谚俚语，调解者需在法律术语与乡土俗语之间及时快速切换，把控特定调解场域下语言交流的引导性和节奏感，使调解效果达到最佳。

图 4　一次话语活动的过程

（3）非语言手段的运用。②

非语言包括体态语（如身体接触）、副语言（如音调）、态势语（如手势）及时空控制等。乡土案件中的当事人大多是粗朴厚实的村民，对情感认知和感情交流较为敏感。在调解语言中糅合适度的非语言手段，能够缓和调解气氛，减少当事人的抵触情绪，激发当事人的协调积极性，让案件调解向良态发展。

二、当前乡土社会法庭调解存在的主要问题

（一）法庭调解对乡土性关注不足

在文本层面上，有关诉讼调解的现行法律、法规高度盖然，较少关注乡土调解在程序设计、效力确认等方面的特殊性；而乡土案件的复杂性却需要

① 王洁. 法律语言研究. 广州：广东教育出版社，1999：159.
② 美国心理学家艾伯特·梅拉比安认为，信息的全部表达＝语言（占7%）＋语调（占38%）＋非语言行为（占55%）。

诉调机制能与基层法治现状适度契合（如诉讼内调解与非诉调解的对接等）。同时，现行法律文本对民间习惯、农村习惯法中的合理因素吸收不够。在刚性制度的效力未济之处，恰恰存在乡村土办法、土制度解决纠纷的广阔空间，故应通过筛选、提炼、适度吸收其合理成分和有益因素来扩展制度内生张力和保持机制弹性。在实然角度上，乡土调解较多从诉讼机制方面由内而外考量运行，对农村习惯法等的调解功能关注不足，使本地民间习惯、村规民约等仅散见于零碎意象和口头传续之中，缺乏系统性整理总结。

（二）乡土社会元素与法庭调解的融合性不强

在实践中将农村习惯法等非诉乡土元素成功融入法庭调解中的个案较少，它既需立法者在甄别个体有益元素的基础上实现二者有机融合，又需基层法官在经验事实的基础上反复提炼，形成制度内涵，而这是一个长期积累、逐步演进的过程。同时，基层群众对诉讼调解仍存在认知偏差，甚至视之为畏途，需要进一步加强宣传改造力度。

（三）法庭调解与大调解格局的契合性不足

大调解，一般认为，是指在党委政府的统一领导下，由综治部门牵头协调。法庭作为其中的重要力量，对于非诉讼类矛盾纠纷，往往只能在形式上参与综治调解而较少取得实质性效果。同时，法庭与其他部门的联动磨合尚待优化。基于工作性质和职能分工的不同，法庭与政府部门对同一纠纷考量的角度存在差异，这需要克服认知差异及部门偏见，实现大调解格局内不同声音的有序表达及高度统合。在程序上，法庭调解与其他调解层面之间的有机衔接也并非连贯顺畅，如《人民调解法》中规定的"司法确认程序需要双方当事人共同申请"存在申请要件过于严苛之嫌。

（四）乡土调解技术手段不够完善

我国广大农村地区是法制宣传及司法治理的薄弱地带，千百年来民间习俗的传承因袭给依法治乡（村）带来较大阻力，更毋谈植入现代化的调解手段。基层法官队伍的业务素质参差不齐、硬件设施缺失匮乏给调解技术的开掘拓展带来困难。基层法官整天忙于案件审理，无暇顾及对科学调解技术和乡土调解手段的总结、反思，影响适合本土实际的有效调解体系的建立。

三、完善我国乡土社会法庭调解制度的建议

（一）法庭调解对乡土元素的吸收与改良

除依据法律专业知识外，基层法庭调解需要吸收乡土知识体系中的有益元

素，如民间习惯、习惯法、本地纠纷解决机制等。它们大多是村民在生活劳作中形成的处理形态、文化浸染和伦理积淀，深蕴乡村社会运行的基本价值和伦理规则，能在乡土社会准固化的关系网络中分配权利、义务及调整利益冲突。在法庭调解中，调解者应在保持调解制度张力的基础上，穿插融入本土居民熟稔于心的行事方式和习俗，从而在法益平衡和私权界定的协商机制中充分表达、推行易于认可的价值选项和基本目标。故此，应赋权法官在既定调解框架内对制度内涵进行细化微调，引入利益权衡和甄别选择机制，在具体个案中选择更适合调解程序的国家法规范/民间法俗约。同时，法庭调解需历经"个案解决——要件抽象——经验回流"的进程来逐步调适民间习惯，增加"法""约"之间的磨合深度，从而具有法官造法的精神意象和调解成功的示范效力，在将国家意志的触角深入基层社会的同时适度提升习惯法的应用质量以及其对法庭调解的融黏程度。在调解形式方面，应尽量摆脱传统乡土社会中训诫教化式调解的约束，促成其向会商式、开放式及自治式调解模式转变。

（二）充分培育新兴乡土社会调解参与元素

近代特别是改革开放以来，乡土社会的权威主导和传统因素日渐式微并趋于瓦解，国家亟须通过功能扩张将文法理性扎根于乡土社会之中（如送法下乡），表现之一就是国家法律的全面渗透及乡土规则的非正统化趋势。而由于形式法律本身的高度抽象性，文本法律的运行逻辑与乡村规则的运用实践之间存在着诸多隐形冲突，导致乡土社会调解中乡民的原始自治精神及本地公共参与因素不断流失，使一个多面供给、富有弹性的应然乡土调解体系未能充分吸收最优公共力量中的诸多利好因素。随着我国市场化经济的高速发展及法制化进程的稳步推进，国家公权与公民私权之间不再是非黑即白的互峙对立关系，双方扩张叠汇的地带正在形成一个具备协商、润饰、传应功能的自治中间层。在乡土社会法庭调解体系中，这一层面的积极作用亟须被扩充放大。一是在理念层面上，应理顺公权治理与私法自治之间的关系，积极培育基层社会公民的私权意识，促成调解正义达成形式理性与实质理性的内合统一。二是在文本层面上，调解法官、司法调解人员、人民调解组织等主导主体有义务对民间习惯、农村习惯法及民间调解技巧方法等进行改造完善，促成建立具备本土特色、兼备公私法益的调解制度体系。三是在参与主体上，围绕法庭调解，考虑吸收宗族权威、亲眷故旧、行业协会①、中介组

---

① 如养殖协会、种植协会等农民专业合作社。

织等多重增益元素参与，激发出最优调解合力的最大整体效能。四是在调处机制上，可以充分发展农村非诉解决方式（ADR）。在此方面，人民法庭应以审判权和业务为依托，着重把控调解初步审查、调解程序监督、司法效力确认等关键环节，使之成为法庭调解活动的延伸和补充。五是在诉讼案件量大且条件具备的基层地区，可以尝试将调解业务外包给中介组织，人民法庭重在强化对其进行业务指导和调解监督，以避免出现"诉讼爆炸"的不利态势。

（三）人民法庭要扮演好调解两种角色

除了审诉调解以外，乡土法庭的综治调解职能不容忽视，它是支撑大调解机制运转的重要因素之一，对综调体系建设和个案发展趋势起到业务引领和机制保障作用。具体而言，乡土法庭应从内而外履行如下职责：一是对于大调解格局内的纠纷案件，重在通过业务咨询和司法建议辅助调解顺利进行；二是对于与诉讼密切相关的涉法涉诉案件，应当在保持案件预判力的前提下，充分发挥人民调解、民间调解、行政调解等层面的积极功能，增加在判决前达成调解的可能性。三是对于整个大调解格局的日常工作而言，法庭可以通过培训、交流、宣传等措施，提升格局内各部门、人员的业务水准和磨合程度。同时，乡土法庭应结合自身实际找准角色定位，做到"不缺位、不错位、不越位"①，特别是对人民调解组织，除了进行业务指导和技能培训外，不应过多干预其调解活动。四是在诉调对接方面，对于已达成调解协议的案件，法庭要从确认人民调解协议的效力、签发支付令、强化执行及调后监督等方面确保调解成果的取得。另外，法庭应充分发挥好作为"降压阀"和"稳压器"的作用：当少数疑难案件依靠大调解机制较难解决而进入诉讼程序后，法庭应及时行使审判权对纠纷进行处理，保障当事人的权利及维护社会稳定。

（四）寻求乡土法庭调解的技术支撑

（1）法官自身要加强学习调解语言。

调解语言是一种相对复杂的专业语言类型，而"语言的智慧和技巧来自实践的磨砺和经验的积累"②，必须结合具体案情和调解语境才能妥当完善地予以表达，故调解法官需加强对语言知识的学习，如言语行为理论、话语分

---

① 肖扬．在全国人民调解工作会议上的讲话．［2012－05－10］.http：//www. legalinfo. gov. cn/ldhd.

② 王洁．控辩式法庭审判互动语言探索．语言文字应用，2004（3）.

析、言语交际理论等，还必须结合乡土社会的不同风俗和语言习惯，将一般理论运用到具体案件之中，深度挖掘具备本地乡土特色的调解语言技巧，整体提升乡土语言在调解活动中的功能优势。此外，语言的承载平台是文化习俗和生活体验，故调解法官不能仅仅是法律专家，还必须是通晓常识、体悟生活的文化者、生活家，这样才能在实践中升华自己对调解的认知和体悟，达到最优调解效果。例如，在家事型纠纷中，当事人会受到传统文化中"家丑不可外扬"的影响，希望妥善解决，如果调解过程中能够运用"将心比心""相骂无好言，相打无好拳"等劝导俗谚，必然会推动矛盾的化解。

（2）非语言调解方式的运用。

调解是有表情的。调解的表情不仅表现在言辞的妥当、逻辑的完善、感情的投入，更表现在各种非语言方式的运用上，如眼神、面部表情、肢体语言等。在乡土社会中，村民大多具有简朴直白的感情，为非语言调解方式的良好运用提供了天然基础，如在当事人倾诉流泪时为其递上纸巾等，将赢得配合且把握主动。

（3）调解心理学的运用。

调解是一门以语言运用为载体，以心理疏导为保障的行为科学。准确把握当事人的心理活动脉络，是及时、妥善地解决纠纷的重要前提。所谓"攻心为上"，只有在当事人的心理防线被攻克后，劝导、说服才能取得突破性进展。因此，在乡土法庭调解中，应区别对待不同案件、不同当事人以及当事人不同时点的心理状态，选择最适当的调解心理应对策略。如在离婚纠纷和赡养纠纷中，可分别从弥合夫妻感情和渲染家庭亲情的角度进行突破。在一般常态下，心理调解形式应包括倾听、疏导、协商、劝诫、感化、说理等，而在非常态下（如争吵）则应当及时训诫、批评等。在调解实施方式上，应注意疏导为主、软硬兼施、明暗兼备，准确把控调解节奏。

（五）全面实现四个维度的互融互通

乡土法庭调解的四个维度，互联互通，环环相扣。其中，诉讼制度是基础，社会实情是参照，综治格局是依托，技术支撑是保障。要实现乡土法庭调解制度的进一步完善，既要在单个层面上挖掘潜力、拓展思路，更要实现维度之间的有机融合、全面提升。具体而言：一是要在诉讼制度的文本和实证层面向内开掘，实现其对基层案件调解活动和综治调解活动的导引力度，使案件调解始终围绕诉权诉益开展而不与非诉类调解混同。二是要充分吸取人民调解、民间调解等调整类型及村民规约、民俗传统等文化形态上的增益元素，同时在调解活动中要适时适度地通过语言、心理技术等对之进行改造。三是人民法庭应切实担负起综治职能，从专业性和乡土性角度对调解案件进行多维考量，积极参与、配合基层综治调解工作的开展。四是调解法官要加强自身业务学习及非业务知识修养，为诉讼调解/综治调解活动的开展及基层调解乡土性的改造提供前提。

结　语

《诗经·国风·卫风》云，"有匪君子，如切如磋，如琢如磨"。法庭调解实如其言，它根植于乡土社会，需要法律专业性与农村习俗性的充分融合，需要基层生活背景与纠纷解决机制的对立统一，更需要大调解格局的完善架构与公平公正价值目标的有机淬炼。在广袤的农村土地上，当习惯法遇上国家法，当社会性邂逅法律性，法庭调解这条主枝将在法治运行的大树上，充分吸收乡土情愫及人文精神，生长出更加繁茂的调解枝叶！

第二编

多元化纠纷解决
机制的实证考察

专题十　家事审判实践的运作样态与改革进路：以 A 县人民法院为样本

任尚远　杨　森　陈　超*

引　言

近年来，随着社会经济的发展，家事案件数量庞大，占据民事案件的20％，案件类型也愈发复杂。如何有效化解家事案件不断增加的审判压力，关涉整个社会的和谐稳定。① 2016 年 5 月，最高人民法院出台了《关于开展家事审判方式和工作机制改革试点工作的意见》，并部署了 118 个中级、基层人民法院作为开展家事审判改革工作的试点法院。②

婚姻是社会生产方式对两性结合秩序的必然要求③，家庭是"摆脱夫妻任性的伦理实体"④。婚姻家庭的"社会性""伦理性""特殊身份关系"，决定了家事案件具有身份关系的"非契约性"。表现为"生人社会"的民事法律关系以及等价交换、意思自治、公平竞争等民事基本原则在"熟人社会"的家事案件中不具有适用性。当事人主导的对抗式诉讼模式不能应对家事案件的特殊性：一是家庭成员生活的私密性⑤，当事人举证困难；二是当事人在对抗中均视自己为家事案件受害者，不利于法官发现案件真实⑥；三是家

　＊　任尚远，四川省绵阳市安州区人民法院党组书记、院长。杨森，四川省绵阳市安州区人民法院审判员。陈超，四川省绵阳市安州区人民法院审判员刑庭副庭长。

　①　李鹤贤，刘志强．完善家事审判工作的三个关键制度．人民司法，2016（34）.

　②　宋耀红．从司法实践角度谈我国家事审判立法的完善．人民法院报，2016－06－09.

　③　陈飏．家事事件：从家、婚姻家庭到家庭纠纷的本源追溯．西南民族大学学报（人文社会科学版），2014（6）.

　④　杨怀英．中国婚姻法论．重庆：重庆出版社，1989：7.

　⑤　陆学艺．当代中国社会结构．北京：社会科学文献出版社，2010：101－102.

　⑥　齐玎．论家事审判体制的专业化及其改革路径——以美国纽约州家事法院为参照．河南财经政法大学学报，2016（4）.

事案件原因复杂，不能作预先的固定判断。在审理方式上、审理制度上应对家事案件本身的特殊性质给予关照与回应，而这样的回应与关照的前提是对家事案件进行原初性的分析与论证。① 本专题对我国家事审判的改革样本与A县人民法院 1977—2016 年的审理数据反映出的家事案件的特殊本质进行比较分析，探讨我国家事审判改革的原初性的实现路径。

一、试点探析：我国家事审判的改革样本

2016 年 5 月，最高人民法院在全国法院系统中选取 118 个中级、基层人民法院作为开展为期两年的家事审判方式和工作机制改革工作的试点法院。② 试点法院主要从审判组织、审理方式、审理程序、审理制度等方面进行了改革。

(一)"专业化审判团队"的广西模式

广西的 10 个试点基层人民法院③，在审判组织上，设立了专门的家事法庭、家事合议庭、巡回法庭；在审判团队上，由家事法官、心理咨询（辅导）师、家事调查员以及人民调解员组建专业化审判团队；在审理方式上，采用会议桌（圆桌）代替审判席，用沙发代替原、被告席，用"丈夫""妻子"等台签取代"原告""被告"身份；在证明方面，加强了法院依职权调查取证、委托取证的力度④；在制度建设方面，设立探视室、心理咨询室、临时庇护所，以保障妇女儿童及老年人的合法权益。⑤

(二)"家事少年审判庭"的内蒙古模式

内蒙古试点法院⑥组建了家事少年审判庭，将全院受理的家事案件统一划归家事少年审判庭审理；通过布置、营造温馨和谐法庭、"圆桌式"的方式审理家事案件；在制度建设方面，建立婚姻状况评估制度、心理咨询辅导制度、离婚案件冷静期制度。

(三)"专业审判＋情感修复"的广东模式

广东的 7 个试点中级、基层人民法院开展"以家为本"的改革，其主要

---

　　① 陈飏. 家事事件：从家、婚姻家庭到家庭纠纷的本源追溯. 西南民族大学学报（人文社会科学版），2014（6）.

　　② 杜万华. 大力推进家事审判方式和工作机制改革试点. 人民法院报，2017－05－03.

　　③ 南宁、柳州、防城港、百色、贵港、崇左等 6 个市的 10 个基层人民法院为试点法院.

　　④ 费文彬. 广西全面推动家事审判改革试点工作. 人民法院报，2016－04－05.

　　⑤ 黄敏. 广西法院加快家事审判改革试点工作步伐. ［2017－06－30］. http://www.legaldaily.com.cn.

　　⑥ 呼伦贝尔市海拉尔区人民法院、包头市昆都仑区人民法院、呼和浩特市新城区人民法院、巴彦淖尔市临河区人民法院共四家法院为试点法院.

措施如下：在审理方式上，试行家事案件以不公开审理为原则、以当事人申请公开为例外的不公开审理制度。增设庭前调解程序，调解不成功案件进入冷静期。在证据规则方面，针对家庭暴力案件，降低证明标准，合理分配举证责任，并扩大法院依职权进行调查取证的范围①，特别是对证人证言的调取，重视未成年人的证言。② 在制度建设方面，构建保护令单独立案制度、财产申报制度、离婚生效证明、判后探视抚养档案机制、专业咨询和辅导机制、反家庭暴力整体防治网络机制、登记离婚协议司法确认机制、人身安全保护裁定制度。

（四）"三师一团"的北京模式

北京的三个试点基层人民法院③，采用"三师一团"模式审理家事案件。"三师一团"是指由社会工作师、心理咨询师、律师和百姓评理团辅助家事审判。④ 在制度构建方面，构建了当事人提供心理疏导、诉讼引导服务、夫妻财产申报、案后回访等机制。在审判组织上，构建家事审判专业庭或少年家事审判庭。

（五）其他改革样本

辽宁省沈阳市沈北新区人民法院创设了家事案件立案维权窗口以及"离婚证明书"⑤；广西百色市田东县人民法院构建了女子家事法庭；福建三明市宁化县人民法院创设分阶段审理夫妻身份关系之诉和财产关系之诉，若初步认定夫妻感情未彻底破裂，是尚有和好可能的危机婚姻，则暂停财产关系之诉，对原、被告双方进行情感修复与心理疏导。

二、历史演变：对 A 县人民法院 1977—2016 年 审结的离婚案件的调查统计情况

（一）样本的选择

1. 调查统计对象

据统计，我国 2014—2016 年审结的家事案件分别为 161.9 万件、173.3 万

---

① 宋耀红．从司法实践角度谈我国家事审判立法的完善．人民法院报，2016－06－09.

② 谭玲等．创新审判模式 促进家庭和谐——广东高院关于家事审判合议庭试点工作的调研报告．人民法院报，2011－06－16.

③ 北京市东城区、西城区、房山区的人民法院为试点法院。

④ 邹治．传统家事审判需要方式创新．人民法院报，2017－05－22.

⑤ 记载了离婚双方当事人的身份信息、在法院的案件编号和双方解除婚姻关系的日期，并盖有院章。

件、175.2 万件，离婚案件分别为 130.7 万件（占比 80.73％）、139.1 万件（占比 80.27％）、139.7 万件（占比 79.74％）。① 在我国离婚案件在家事案件中占比在 80％左右，故下文以离婚案件为样本展开分析。A 县隶属于四川省，A 县人民法院为家事审判改革的试点法院，对其数据的调查统计具有一定的普遍性。

2. 调查统计方法

我国家事审判经历了从办案人员主动到群众中去了解案情的超职权主义，到办案形式不再依靠群众规劝的有限的职权主义，再到法官处于消极的立场，由当事人发现案件真实的当事人主义，以及调解工作趋于形式化的调解优先的当事人主义四个阶段。下文以此为契机，将抽取的 A 县人民法院 1977—2016 年审结的离婚案件分为四个档期，每档期为 10 年，每年随机抽取 9 件，共计 360 件离婚案件进行诉讼档案统计和个案梳理。

（二）量化比较分析

1. 审结方式

表 1　　　A 县人民法院 1977—2016 年审结的离婚案件的结案方式百分比

结案方式	案件数（件）	百分比
判决	146	40.56％
调解	198	55％
撤诉	16	4.44％
合计	360	100％

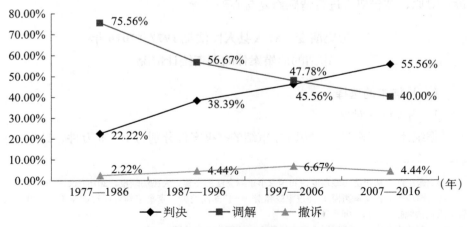

图 1　A 县人民法院 1977—2016 年审结的离婚案件的结案方式百分比

---

① 杜万华. 大力推进家事审判方式和工作机制改革试点. 人民法院报，2017－05－03.

如表 1、图 1 所示，在 1977—1986 年期间，离婚案件的判决率不足 25%，而调解率在 75% 以上；到 2007—2016 年期间，离婚案件的判决率达到 55.56%，调解率则下降到 40%，低于调解结案率 55% 的平均值。由此可见，离婚判决率在逐年上升，离婚调解率在逐年下降。

尤其需要指出的是，2007—2016 年期间，在抽取的案件中判决不准离婚的案件数量为 7 件，其中 6 件为第一次起诉离婚，判决不予离婚的理由为"不具有《婚姻法》第 32 条规定的情形"；二次起诉离婚案件 36 件，判决离婚案件 35 件，竟达到 97% 左右，判决离婚的理由为"二次起诉离婚，确已感情破裂"。这在一定程度上表明，法院对离婚干预的力度明显减弱，不少法官只是象征性地询问双方当事人是否愿意调解，但实际上很快以判决方式结案（当然，也可能与"案多人少"的司法背景以及律师介入增强了当事人的对抗性有关）。

2. 审理期限

表 2　A 县人民法院 1977—2016 年审结的离婚案件的审理期限与审理结果交叉情况

期间		判不离	判离	调和	调离	撤诉	总计
1 个月之内	案件数	32	6	25	67	9	139
	百分比	23.02%	4.32%	17.99%	48.20%	6.47%	100%
1~2 个月	案件数	7	18	7	32	7	71
	百分比	9.86%	25.35%	9.86%	45.07%	9.86%	100%
2~3 个月	案件数	1	32	2	28	0	63
	百分比	1.59%	50.79%	3.17%	44.44%	0.00%	100%
3 个月以上	案件数	19	31	0	37	0	87
	百分比	21.84%	35.63%	0.00%	42.53%	0.00%	100%
总计	案件数	59	87	34	164	16	360
	百分比	16.39%	24.17%	9.44%	45.56%	4.44%	100%

如表 2 所示，在抽取的 360 件离婚案件样本中，判决离婚、调解离婚的案件审结期限比较长，判决不准离婚案件的审结期限分别分布在 1 个月内、3 个月以上（公告案件），调解和好的案件审结期限最短。

需注意的是，在 1977—1986 年期间，在调解离婚的案件中，大部分审结期限在 6 个月左右，甚至有审结期限超过 2 年的案件。比如，1983 年原告柳某诉被告孙某离婚调解案①，审理期限自 1983 年 8 月 18 日至 1985 年 1 月

———————

① 详见安县人民法院 1983 年民字第 3 号，档案室案卷号 0095 号。

10 日，共计 511 天。审理期限的延长在一定意义上体现了家事案件当事人结构的复合性。

3. 审判组织

表 3　　　A 县人民法院 1977—2016 年审结的离婚案件的审判组织形式

审判组织形式	案件数	百分比
合议庭	63	17.5%
独任	297	82.5%
合计	360	100%

如表 3 所示，在离婚案件中总体上独任审理的比例高于合议庭的比例。在总共抽取的 360 件离婚案件中，合议庭审理的案件数占 17.5%，独任审理的案件数占 82.5%。由此可见，独任审理更适合家事案件的私密性。

4. 审理方式

从抽取的 360 件离婚案件中发现，审理方式经历了从调查、走访为主到以开庭庭审为主的演变。在 1977—1986 年期间，案件以调查、走访为主要的审理方式，法官经常要到当事人及邻居的家中、田地进行调查取证；在 1997—2006 年期间，案件以举证、质证以及开庭审理方式为主，部分案件法官会采用调查、走访方式进行询问、取证；在 2007—2016 年期间，案件基本上以开庭审理方式进行。结合图 2 所示，采调查、走访的职权主义审理方式更易于彻底化解家庭矛盾、处理家事纠纷。

5. 证据来源

表 4　　　A 县人民法院 1977—2016 年审结的离婚案件的证据来源

证据来源（包括不需证据）	案件数	百分比
法官未查证　当事人未举证	76	21.11%
法官查证	43	11.94%
当事人举证	146	40.56%
法官查证　当事人举证	95	26.39%
合计	360	100%

如表 4、图 2 所示，在抽取的 360 件离婚案件中，总体呈现当事人举证增强、法官主动调取证据趋弱的变化。在改革开放前法官负责取证是一种常态，但随着民事审判方式改革的发展，以及"三个分立"、审判方式改革的

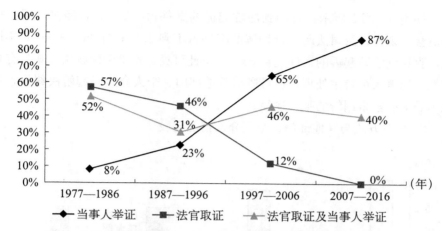

图 2　A 县人民法院 1977—2016 年审结的离婚案件的证据来源类型

进一步深化，当事人负责举证成为新常态。结合图 2 所示，采法官取证的方式更易于发现案件真实，案件也更易于调解。

（三）与非诉的衔接情况

1. 其他部门、个人介入情况

表 5　A 县人民法院 1977—2016 年审结的离婚案件中其他部门、个人参与处理情况

诉前救济	案件数（件）	百分比
直接到法院起诉	248	68.89％
村（居）委会调解	68	18.89％
司法所、妇联调解	27	7.50％
亲友调解	11	3.06％
其他	6	1.67％
合计	360	100％

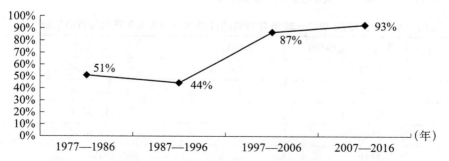

图 3　A 县人民法院 1977—2016 年审结的离婚案件中直接诉讼到法院的比例

如表5、图3所示：直接到法院起诉的案件占68.89%，经村（居）民委员会、亲友以及司法所先行调解的案件占不到35%；在2007—2016年期间，直接到法院起诉的案件达到93%。由此可见，家事案件解决方式具有多样性，当事人可自主处理，也可邀请其他部门、个人介入一起解决纠纷，法院不是解决家事纠纷的唯一途径。

2. 结案方式与其他部门、个人介入情况比较

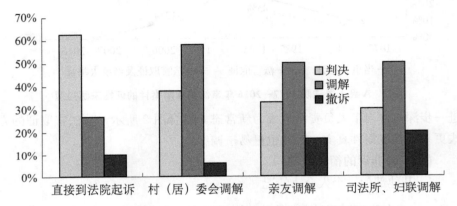

图4　A县人民法院1977—2016年审结的离婚案件的审结结果与其他部门个人介入交叉情况

如图4所示：以判决方式结案的案件中，直接到法院起诉的案件的比例明显高于经过村（居）委会、亲友、司法所、妇联调解的案件的比例；同时，以调解方式结案的案件的比例呈相反态势。这一统计结果可能带来的启发是，替代性纠纷解决机制，如村（居）委会调解，在过滤、化解部分家事纠纷，减轻法院的负担以及降低诉讼率方面具有积极意义。

（四）未成年子女的抚养、探视情况

表6　A县人民法院1977—2016年审结的离婚案件中未成年子女的抚养情况

实际抚养人（一起生活）	案件数	百分比
父亲	19	21.84%
母亲	21	24.14%
奶奶、爷爷	40	45.98%
其他	7	8.05%
共计	87	100%

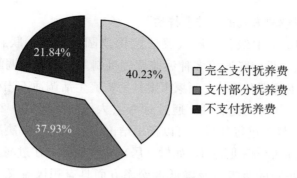

图 5　A 县人民法院 1977—2016 年审结的离婚案件中支付未成年子女抚养费情况

如表 6、表 7、图 5 所示，在抽取的 360 件离婚案件中，涉及未成年子女抚养问题的离婚案件共 87 件。其中，由于离婚后家庭负担较重以及组建新的家庭的需要，未成年子女跟随奶奶、爷爷生活的案件共 40 件，占 45.98％；在支付未成年子女抚养费方面，未支付、未足额支付抚养费的案件共 52 件，占 59.77％；与此同时，未被探视的案件共 25 件，占 28.74％。由此可见，家事案件不仅涉及当事人的权利处分问题，更影响家庭的稳定，事关国家、社会的根本利益。

表 7　A 县人民法院 1977—2016 年审结的离婚案件中未成年子女被探视时间周期

父母探视子女周期（时间）	案件数（件）	百分比
1 年内	26	29.89％
3 年内	19	21.84％
3～5 年	10	11.49％
5 年以外	7	8.05％
未被探视	25	28.74％
共计	87	100％

三、比较分析：改革样本与实践运行样本的"不相一致"

试点的 118 个中级、基层人民法院分别从审判组织、审理方式、审理程序、审理制度等方面进行了家事审判改革，为进一步深化家事审判理念、转变家事审判职能提供了实践样本。同时，上述家事审判改革做法也部分存在与 A 县人民法院 1977—2016 年的审理数据反映出的家事案件的特殊本质"不相一致"。家事案件的特殊本质决定了家事审判的基本格局，目前的家事审判方式的改革也许并不与家事审判的应然格局相一致。

（一）纠纷解决方式的"非多样性"

试点的 118 个中级、基层人民法院构建圆桌调解、联合调解、家庭（族）会议调解、诉前联调等多种诉前调解机制。这些诉前调解机制均是在法院的主导或参与下开展的，而家事案件是家庭生活调适不当引起的，当事人具有自主解决纠纷的先决性。通过对 A 县人民法院 1977—2016 年审结的360 件离婚案件样本进行分析，可以得出结论：法院不是解决家事案件的唯一途径，替代性纠纷解决机制，如村（居）委会调解，在过滤、化解部分家属纠纷，减轻法院的负担以及降低诉讼率方面具有积极意义。需要指出的是，替代性纠纷解决机制是在法院不参与的前提下，由当事人、亲属、其他部门或个人介入处理家事案件、家庭纠纷。

（二）审理方式的"非身份性"

在试点的 118 个中级、基层人民法院中，大都通常改变审理环境、审理形式以及转变当事人参与诉讼的角色来改变审理方式。而家事案件的本质属性是"事先存在"的身份关系，故审理方式应以身份关系为基础。[①] 例如，广西试点法院、内蒙古试点法院采用的会议桌（圆桌）审理方式以及北京试点法院采用的"三师一团"审理方式，从本质上并未改变对家事案件中财产关系的契约性审理方式。宁化县人民法院将家事案件区分为身份关系纠纷、财产关系纠纷，具有一定积极意义。但家事案件中的财产关系也是以"事实先在性"的身份关系为基础，进行审理时不宜适用"契约性"的公平竞争、等价交换、意思自治等原则，而宜适用相互扶助、弱者保护的法理。

（三）职权调查的"非全面性"

家事案件中基于当事人结构的复杂性、地位的不平等性，需要采取职权调查的方式来发现案件真实。[②] 在试点的 118 个中级、基层人民法院中，广东的试点法院扩大法院依职权进行调查取证的范围，广西的试点法院加强了法院依职权调查取证、委托取证的力度。试点法院均在证据方面采取了有限的职权调查主义，而在案件的审理方面均采用了当事人对抗主义。对 A 县人民法院审结的 1983 年原告柳某诉被告孙某离婚调解案[③]，法院受理该案后，分别对孙某、柳某进行询问，并就柳某诉称孙某辱骂父母亲、柳某与孙某打架等情况进行调查，分别调查了柳某的父母亲、邻居唐某、同事匡某，又通

---

① 曹思婕．我国家事审判改革路径之探析．法学论坛，2016（5）.
② 赵秀举．家事审判方式改革的方向与路径．当代法学，2017（4）.
③ 详见安县人民法院 1983 年民字第 3 号，档案室案卷号 0095 号。

知原、被告进行座谈。

（四）弱者权益保护的"滞后性"

家事案件的公益性以及当事人结构的复杂性、地位的不平等性，决定了需要对弱者的权益进行保护。在试点的 118 个中级、基层人民法院中，均构建了大量制度来保护弱者的合法权益。比如，广东的试点法院开展判后探视抚养档案机制、反家庭暴力整体防治网络机制、人身安全保护裁定制度，广西的试点法院设立临时庇护所等。这些制度均能为弱者的权益提供保护，但保护方式存在滞后性，应在家事审判中建立保护弱者权益的相关程序或机制。

（五）审理制度构建的"局限性"

在试点的 118 个中级、基层人民法院中，家事审理制度存在地区差异性以及地域局限性。例如，建立专业咨询和辅导机制、专门调查员制度、为当事人提供心理疏导制度等，在现有的司法人员分类管理制度改革背景下，需要通过向社会组织购买服务（外包）的方式来完成，从而需要更多的财政支持，这在大部分中西部地区存在局限性。又如，组建家事少年审判庭，将全院受理的家事案件统一划归家事少年审判庭审理，则在丘陵地区存在路途遥远不方便当事人诉讼等因素，特别是在甘孜、阿坝、凉山等人口稀疏地区，如若统一划归到一个审判庭进行审理，当事人参与诉讼将极为不便。

四、功能实现：我国家事审判的改革路径

家事审判方式的改革应符合家事案件的特殊本质，目前的家事审判改革在审理方式、审理制度等方面与家事审判的应然格局不相一致。本专题通过档案的梳理，挖掘出反映家事审判基本格局的数据和内容，对目前的家事审判方式改革进行检讨，提出以下家事审判方式改革的进路。

（一）增设调解前置程序

我国《婚姻法》第 32 条的规定，明确了人民法院审理离婚案件的调解优先性。据此，调解是审理离婚案件的必经程序。而本专题要探讨的是，将调解设置为当事人到法院起诉离婚等家事案件的前置程序，也就是说，到法院起诉的家事案件，在经一方当事人申请并经法院同意或法院依职权启动并经一方当事人同意的情况下，应当先行进行调解。调解前置程序的理论依据是身份关系的非合理性[①]以及公益性。通过对 A 县人民法院 1977—2016 年

---

① 李青. 中日"家事调停"的比较研究. 比较法研究，2003（1）.

审结的 360 件离婚案件样本的分析，可以看出 20 世纪七八十年代我国离婚案件①大部分经过村（居）民委员会、大队以及妇联等基层组织的先行调解，而进入 21 世纪以来家事案件②的现状发生了明显变化，到法院起诉成为当事人选择处理家事案件的直接方式。增设诉前调解程序具有十分重要的意义：一方面，创设了多元化纠纷解决机制，让纠纷解决方式具有"多样性"，让村（居）民委员会、妇联、司法所等基层组织参与到调解中，将家事纠纷和矛盾化解在基层，形成先行调解、联动调解新机制；另一方面，改善法院"案多人少"的现状，降低对家事案件直接裁判带来的社会风险，让法院充当公平正义的最后一道防线。

家事案件调解前置程序包括以下具体内容：（1）主体：村（居）民委员会、妇联、乡（镇）政府、派出所、司法所等机构和社会组织。（2）启动方式：当事人申请并经法院同意，或法院依职权启动并经一方当事人同意。（3）调解事项：确认当事人身份关系；调查当事人基于身份关系产生的矛盾与纠纷；组织当事人进行协商处理；形成书面的调查、走访记录以及调解记录。（4）处理意见：出具当事人因家事纠纷已先行调解的意见书或证明书。（5）例外情形。对身份认定的家事案件不应当先行调解。可先行调解的家事案件的当事人到法院起诉，应当向法院提交基层组织出具的该家事纠纷已先行调解的意见书或证明书。以可先行调解的离婚案件为例：当事人应当向法院出具关于婚姻关系是否破裂和子女监护、探视以及教育、财产等情况的先行调解意见书或证明书。若当事人未向法院提交，法院可以依职权下达调解令（或决定书），由当事人所在地社区、村组以及妇联、司法所等机构和社会组织先行调查、组织当事人进行调解，并形成相关调查、调解记录，形成先行调解意见书或证明书。

（二）构建家事案件有限职权调查的审理新机制

在审理方式上，试点的 118 个中级、基层人民法院采用以会议桌、沙发代替传统审判台的审理方式，为推动我国家事审判改革提供了实践样本。然而，家事案件当事人地位的不平等性、结构的复杂性，决定了需要采取职权调查的方式来发现案件真实。

通过对 A 县人民法院 1977—2016 年审结的 360 件离婚案件样本的分析

---

① 1977—1986 年直接到法院起诉的案件在 50%左右。
② 2007—2016 年直接到法院起诉的案件达到 93%左右。

发现：在 1977—1986 年期间，对离婚案件以调查、走访为主要的审理方式，法官经常要到当事人及邻居的家中、田地进行调查取证，经过长时间接触、交流便能探明纠纷产生的真实原因，从而将纠纷彻底化解。在当事人对抗主义的审理模式下，当事人在举证、质证、辩论等庭审环节的行为，往往会激化大量矛盾，有的当事人甚至将子女抚养权、抚养费问题作为离婚的筹码。可见，构建以调查、走访等形式为代表的家事案件有限职权调查审理新机制具有现实意义。

以审理方式"身份性"、职权调查"全面性"的角度构建的家事案件有限职权调查审理机制的主要内容包括：（1）适用范围：家事案件。（2）启动方式：当事人申请并经法院同意，或法院依职权启动。（3）审理方式：采取调查、走访的有限职权主义。（4）公开方式：以不公开审理为原则，以经当事人申请公开审理为例外。（5）审理内容：案件本身需要审理、查明的事实。（6）法官可以不穿法袍、不敲法槌，庭审笔录以调查、走访、询问的方式形成。（7）审理地点灵活多样，可采用巡回法庭方式进行审理。（8）对于第一次起诉离婚的身份关系案件，可由法官助理采取依职权调查、走访的方式进行审理。

（三）构建独立化、专业化的家事审判程序

我国《民事诉讼法》规定了普通案件审判程序，没有规定独立的家事案件审判程序。在"案多人少"、审限过短等审判压力下，法官往往很难对家事案件进行精细化审理。以离婚案件为例：在双方当事人同意离婚的情况下，法官会当即作出离婚判决或调解，至于当事人的离婚意思表示的真实性、离婚的深层次原因以及当事人离婚给子女和老人带来的心灵伤痛，乃至社会关系的稳定性等问题，缺乏全面妥当的考虑和处理。在一方当事人不同意离婚的情况下，法官会直接依照《婚姻法》第 32 条的规定，询问当事人是否分居满两年以及是否有家庭暴力、吸毒等严重损害夫妻感情的行为，如果没有上述行为，法官会直接判决不予离婚，并不对当事人离婚的理由以及不离婚的理由进行考虑和处理，没有发挥对婚姻修复、救治的功能。通过对 A 县人民法院 1977—2016 年审结的 360 件离婚案件样本进行分析发现，我国家事审判经历了重调查轻庭审到轻调查重庭审的演变过程，在强化举证、质证、辩论的庭审规则的同时，不断弱化实体正义，而司法的真谛在于解决纠纷、匡扶正义。在当前我国法治目标尚未圆满实现时，人们期待通过诉讼解决实体争议，更期待着实体的正义。

构建独立化、专业化的家事审判程序，应当在职权主义、职权探知、实体真实等方面进行探讨。（1）审限问题。《最高人民法院关于严格执行案件审理期限制度的若干规定》第2条规定：适用普通程序审理的第一审民事案件，期限为6个月；有特殊情况需要延长的，经本院院长批准，可以延长6个月，还需延长的，报请上一级人民法院批准，可以再延长三个月。在涉及人身关系的家事案件中，当事人可申请或法院依职权延长审理期限。并且，在法院系统内部的审限考核案件中，像破产案件一样，家事案件不纳入审限考核范围。（2）冷静期。在现有的《民事诉讼法》规定的简要程序案件审限为3个月、普通程序案件审限为6个月的基础上，将冷静期作为法定暂停审限理由。冷静期为3个月，根据案情需要可连续进行扣减。冷静期的启动方式有当事人申请并经法院同意或法院依职权启动。（3）调查员。在家事案件中，应扩大法院依职权进行调查取证以及对证人证言调查的范围。法官助理作为家事案件调查员，在当事人没有证据证明的情况下，可采取调查、走访的方式，利用职权探知案件实体真实。（4）证据种类。家事案件存在取证难、收集难、保存难等特殊情况，故应增加证据的种类、形式，例如带有威胁内容的录音和手机短信可作为证据使用。（5）证据收集方式。采取当事人自行收集以及申请法院收集、法院依职权收集并存的证据收集方式。

（四）构建未成年人保护制度

1959年的《儿童权利宣言》确认了儿童最大利益原则、儿童优先保护原则。[①] 就A县人民法院1977—2016年审结的360件离婚案件样本中涉及婚姻以及未成年人抚养问题的案件进行走访发现，未成年子女大多跟随奶奶、爷爷生活，没有抚养权的父母拒不支付子女抚养费的问题较为突出。在子女探视权问题上，现行立法将探视权作为父母的一种权利，子女无权要求父母进行探视。可见，探讨构建未成年人保护制度具有现实的必要性。

在家事案件审理中，未成年人是需要法庭突出保护的"珍贵而脆弱的一群"，对未成年人运用特殊的程序规则进行保护，符合程序相称性原理，体现家事审判的特殊程序正义。[②] 未成年人保护制度以强化对未成年人权益的保护为立足点，包括如下具体内容：（1）确立未成年子女利益最大原则，将其作为父母的指导原则。[③]（2）增设未成年子女的诉讼主体地位，保障未成

---

①③　王雪梅. 儿童权利保护的"最大利益原则"研究（上）. 环球法律评论，2002（冬季号）.
②　陈爱武. 家事诉讼与儿童利益保护. 北方法学，2016（6）.

年子女的庭审请求权。（3）细化 10 周岁以上未成年子女旁听父母离婚案件的诉讼程序及具体方式。（4）构建未成年子女利益保护制度。1）启动方式：当事人申请经法院同意或法院依职权启动。2）适用范围：与未成年子女利益有关的家事案件。3）保护人选取范围：律师、教师以及社会工作者。4）保护人的义务：保护人应站在中立的立场，调查、收集有利于维护未成年子女利益的证据，并独立地代表未成年子女参加诉讼。（5）设立未成年子女家事案件的职权调查制度。在涉及监护人确立、抚养费支付以及子女探视权行使等问题的案件中，由法官助理作为调查员就未成年子女的基本情况开展调查工作，形成调查报告。

结　　语

家事案件具有婚姻家庭的自然、社会属性，具有婚姻家庭的伦理性、身份关系的本源性以及争议标的公益性等特点。家事审判具有裁判、救治婚姻家庭的职能。家事审判改革应立足于我国家事案件的实践基础，在"家庭本位、职权主义主导"审判理念以及疗愈型司法理念的指导下，探索我国家事审判制度功能实现的路径。这也是本专题立意之所在。

专题十一　家事纠纷多元化解机制的改革实践：
以 W 县人民法院为样本

陈晓静*

家事纠纷，顾名思义，是与婚姻家庭有关的纠纷。按照范愉教授的说法，家事纠纷是指发生于家庭内部的有关身份或财产关系的纠纷，涉及婚姻家庭，包括离婚、亲子关系、继承、家庭方面的纠纷。家事纠纷的特殊性，决定了其解决途径应当与一般民事案件的解决途径有所区别。进而言之，不但在诉讼程序上要有所区分[①]，而且在诉讼外的解决路径上也应当与一般民商事案件的多元化解加以区别。

一、家事纠纷的特殊性

（一）显著的伦理性

家事纠纷是基于婚姻、血缘关系而产生的具有亲属关系的当事人之间的纠纷，具有伦理性。家庭成员之间尊老爱幼、团结互助、夫妻恩爱是基本的伦理要求，对家事纠纷的处置要尽量维护好这种伦理关系。如若处理不当，极有可能使矛盾升级，使亲属之间关系恶化，甚至反目成仇。因此不能按照其他民事纠纷的处理方式来处理此类问题。

（二）强烈的隐私性

家事纠纷被称为熟人之争或者亲人之争，系亲属内部的纠纷、家族内部的事情，很少涉及外人，因而具有强烈的隐私性。受传统文化的影响，很多人秉持家丑不可外扬的态度，不希望将这类纠纷外化，因为一旦家庭纠纷被

---

　*　陈晓静，山东省武城县人民法院院长。

　①　最高人民法院自 2016 年 5 月在全国确定了百余家法院作为家事审判方式和工作机制改革的试点法院，对家事审判方式和工作机制改革先行先试。这体现了在司法实践领域，最高人民法院已经深刻地认识到了家事纠纷的特殊性。

公之于众，可能会导致"好事不出门，坏事传千里"，给纠纷当事人带来无尽的烦恼。故此类纠纷的当事人希望法院能很好地保护其隐私。

（三）因素的复合性

家事纠纷兼具人身性与财产性。首先，家事纠纷涉及人员众多，如离婚纠纷不仅牵扯到夫妻双方，还会涉及未成年子女，涉及两个甚至多个家庭，甚至会涉及债权人、债务人，因而辐射面比较广。其次，家事纠纷的复杂性表现在纠纷内容的复杂性，所谓"清官难断家务事"。对家事纠纷既要处理复杂的身份关系，亦要处理复杂的财产关系。现在的社会日新月异，财产种类复杂多变，这也加大了当事人举证及法院调查的难度。最后，因家事纠纷兼具人身性与财产性，需要根据不同的法律关系来适用不同的法律规范，从而增加了家事纠纷的处理难度。

（四）关系的持续性

家事纠纷不像其他民事纠纷能够在短期内解决，当事人之间存在持续性的关系，它的履行期限主要由法律规定。家事纠纷的人身性决定了非满足法定条件当事人的权利不会灭失，如：抚养费的履行具有持续性，但也存在变更的情形；抚养权可能会发生变更；一方行使子女探望权也具有长期性，只要权利存在，就会一直持续下去。

（五）特定的公益性

家庭是社会的细胞，是社会的基本要素。家事纠纷不仅涉及当事人及其他家庭成员的利益，而且关系到未成年人的健康成长、整个家庭的维系、社会的秩序、国家稳定等社会公共利益。家事纠纷一旦处理不当就会酿成个人、家庭乃至社会的悲剧，如在离婚纠纷中若对未成年子女的抚养问题不能作出妥善安排，将会侵害未成年人的合法利益。

二、传统家事纠纷解决模式的不足

长期以来，我国解决家事纠纷的方式单一，主要通过法院诉讼、诉讼外调解①两种方法，而诉讼和诉讼外调解存在的不足导致家事纠纷的处理效果并不理想。

（一）诉讼程序的缺陷

首先，家事纠纷案件程序性强、审理周期长。依据我国《民事诉讼法》

---

① 在司法实践中，即使是诉讼外调解，也基本上是在法院的主导下进行的，法院之外的其他社会主体不具有解决家事纠纷的主动性，无法形成解决家事纠纷的社会合力。

的规定，家事纠纷立案后必须严格按照法律规定的程序进行，从立案到开庭，再到作出生效的判决，是一个漫长的过程。如果一方当事人下落不明或者出现其他情形，很有可能会中止诉讼，导致案件的审理期限延长。这仅限于一审程序。如果一方当事人不服一审判决，还有可能提起上诉，使审限更长，从而不利于对家事纠纷当事人利益的保护。

其次，在家事纠纷案件审理过程中当事人举证难度大。家事纠纷发生于家庭内部，事发时很少会有外人在场，当事人出于保护自己隐私的需要也不会将纠纷告诉旁人。此外，家事纠纷发生于家庭成员之间，其当事人不可能向普通民事纠纷的当事人那样保留证据，这样，不符合家庭成员共同生活的需要，也不利于家庭成员亲密关系的维持。而将家事纠纷诉诸法院，必然是矛盾尖锐到了一定程度，因而在法庭上，一方当事人心怀委屈，会对另一方当事人产生仇视心理，情绪激动，从而虚假陈述的可能性大。

最后，法院调解时间短，调解力量不足。家事纠纷立案以后，受审限的限制和案多人少的压力，法官在处理家事纠纷的过程中，往往对调解投入的精力不够，有时只是简单地询问调解，调解不下时即作出裁判。由于缺乏专门的调解人员，法官在调解家事纠纷案件时身份混同，如若调解不成法官会作为裁判者对案件作出处理，在这种情形下法官容易向当事人施加压力，强迫或变相强迫当事人接受调解。

（二）诉讼外调解的不足

首先，能够参与调解家事纠纷的主体多样，但缺乏专门的调解家事纠纷的机构。在我国能够参与家事纠纷调解的机构众多，在现实生活中，妇联、村委会、居委会等都在从事这方面的调解工作。

其次，诉讼外调解缺乏必要的经费保障，调解员没有经过专门的相关知识培训。在诉讼外调解中，调解员主要是热心公益的、有空闲时间的上述机构的人员，且没有专门的经费保障。调解员的知识储备不足，表现在：有的缺乏必要的法律知识培训；有的调解员虽然有法律知识背景，但由于年龄、思想观念的限制而不足以应对复杂的家事纠纷。另外，调解员缺乏必要的处理家事纠纷相关方面的知识培训，因而在处理复杂的家事纠纷案件时，往往会力不从心。

最后，诉讼外调解存在一定的法律空白。我国关于家事纠纷案件调解的规定并不系统，散见于《婚姻法》《民事诉讼法》等相关法律和司法解释中。关于家事纠纷的诉讼外调解没有系统、专门的法律规定。法律规定的空白导致家事纠纷调解的范围、调解的机构、调解的程序都没有明确的法律依据，使诉讼外调解的效力不高，诉讼外调解与诉讼之间衔接不畅，诉讼外调解的功能发挥不足。

三、多元化解机制在家事纠纷解决中的优势分析

家事纠纷的解决，呼唤社会各有关主体的广泛参与和有效联动。与其说这是一种家事纠纷工作机制的创新，毋宁说是一种"回归"。新中国成立后，我国出台的第一部法律就是《婚姻法》，对于当时的离婚纠纷，采取的就是一种"齐抓共管""多元化解"，同时以司法为最终裁决的解决模式。[①] 在 20 世纪 80 年代，随着我国第一轮司法改革的进行，家事纠纷也被作为一般民事纠纷而直接推上公堂。但这种单一的解决模式在司法实践中的碰壁，又让我们重新审视和反思家事纠纷的特殊性和工作机制。那么，我们为什么要回头去选择多元化解的模式呢？理想状态下的多元化解机制有哪些优势？

（一）节约时间与成本

程序的灵活性是多元化解机制的显著特征之一，运用多元化解机制解决家事纠纷不需要遵循严格的法定程序，也不需要在固定的时间、固定的地点进行解决纠纷的活动，从而节省了当事人为解决纠纷所付出的路途消耗。此外，相较于诉讼机制，多元化解机制无须当事人支付任何费用即可解决纠纷。对于部分因经济拮据而无力支付诉讼费用的当事人来说，多元化解机制无疑有效地满足了他们节约成本之需要。

（二）民事程序自由选择

诉讼机制是解决民事纠纷最主要的也是核心的机制。然而，鉴于家事纠纷的特殊性，诉讼机制在解决家事纠纷方面具有天生的局限性，从而给家事纠纷多元化解机制的发展提供了有利的条件。家事纠纷的多元化解机制主要包括当事人自己的协商和解与有中立第三者参与的调解。人们对纠纷解决的态度是一种典型的实用主义逻辑：哪种方式对其更有效、成本更低、更便利、更快捷，就会选择哪种。而多元化解机制恰好迎合了当事人对纠纷解决的这种实用主义心理，为当事人有效解决家事纠纷提供了更多程序选择，当事人可以根据纠纷的特点以及自身的具体情况来选择合适的家事纠纷解决方式。

---

① 巫若枝. 30 年来我国家事纠纷解决机制的变迁及其启示——基于广东省某县与福建省厦门市五显镇实践的分析. 法商研究，2010 (2).

（三）化解纠纷的根本性

解决家事纠纷的终极目标与价值取向，是有效地消除纠纷，从而收到使纠纷当事人重归于好或者和平分手的效果。在实践中，运用多元化解机制解决家事纠纷多采用协商、调解手段，让当事人能够在非对抗的和谐氛围中心平气和地交流，共同探讨解决问题的方法。这为当事人以后和谐、友好地相处提供了可能。多元化解的处理结果是双方当事人自由意志的体现，当事人为了自身的利益所达成的协议更能被当事人自愿遵守。这在促进家事纠纷的有效解决方面发挥了重要作用。同时，多元化解机制的启动程序极其简便，无论是和解还是调解，都无须像诉讼一样经历繁杂的程序。这也就意味着较之诉讼来说，多元化解机制在解决家事纠纷方面必然更为迅速、及时。家事纠纷多元化解机制的构建，有利于社会稳定和密织社会矛盾预防体系，健全社会舆情汇集和分析机制，从而加强对社情民意的正确引导；通过多方面的舆论介入，将易激化矛盾的隐患导入正常的社会矛盾纠纷解决体系，减少社会对抗，进而促进家庭稳定、社会和谐，全面实现家事审判方式和工作机制改革目标。

四、家事纠纷多元化解之基本路径探索——以武城实践为背景展开

为更好地适应家事案件的特殊性及当事人的特殊利益需要，克服和化解家事案件数量持续增长的困境，促进家事案件审判质效不断提升，必须充分发挥多元化纠纷解决机制在家事领域的作用。而要最终实现家事案件的案结事了，实现法律效果和社会效果相统一，实现家庭幸福、社会和谐，仅靠法院的"单打独斗"是无法完成的，更不可能达成皆大欢喜、无后顾之忧的结果。有鉴于此，山东省武城县人民法院在改革中尝试构建"多元主体共同参与""多程序交错适用""多种教育模式并行"相结合的家事纠纷多元化解机制，其积极成效已经初步展现。

（一）多元主体共同参与的家事纠纷化解机制

在中国特色社会主义法治的大背景下，"党委领导、政府支持、法院主导、部门联动、专业介入、群众路线"是推进家事纠纷多元化解工作应当坚持的基本原则。因此要协调全社会力量，拓宽家事纠纷解决的方法和途径，加强政法系统和相关行政机关的联动配合，引入相关专业人员及各基层组织人员组建司法辅助团队，建立政府购买服务模式，依法保护未成年人、妇女和老年人的合法权益，构建起多元主体共同参与的新型家事纠纷综合解决工

作机制。

1. 厘清主体、明确职责

人民政府和有关部门、社会治安综合治理部门、人民法院、人民检察院、人民团体、基层群众性自治组织和其他社会组织，应当按照各自职责建立健全重大决策风险评估、矛盾纠纷排查调解处理等制度，推进纠纷多元化解机制建设，共同做好纠纷化解工作。鼓励和支持公道正派、群众认可的社会人士和其他社会力量依法参与纠纷化解。①

（1）县级以上人民政府：一是履行宏观规划职责，二是加强预防和化解矛盾纠纷的能力建设，三是提供必要的公共财政保障，四是支持各类纠纷化解组织发展。

（2）综治办：牵头做好家事纠纷多元化解决工作机制的建设和完善；掌握分析家事纠纷的形式和动态，及时向领导小组报送纠纷信息；将家事纠纷多元化解决工作纳入社会管理综合治理领导和部门责任制，严格考核责任，促进人民调解、行政调解、司法调解的高效联动。

（3）法院：积极、稳妥开展家事案件审判方式及工作机制改革试点工作；积极协调各成员单位开展与家事纠纷有关的工作，全力构建教育引领、调处优先、判决为辅的综合家事纠纷解决模式；指导、组织、协调司法辅助团队开展工作。

（4）民政局：建立家事纠纷（主要针对离婚）行政调解组织；接受当事人或法院的委托对家事纠纷进行调解。以适当方式为登记当事人设置一定时限的冷静期，将冲动离婚者排除于离婚之外；指派具备社会工作者资格的工作人员加入司法社工组织和司法辅助团队进行家事纠纷调查、调解；对在家事纠纷解决过程中发现的贫困家庭进行精准扶贫；对在家事纠纷解决过程中发现的符合条件的离异家庭的未成年人进行必要帮扶；设置离异家庭儿童、受家暴妇女庇护场所。

（5）妇女联合会：建立家事纠纷（主要针对离婚）行政调解组织；接受当事人或法院的委托对家事纠纷进行调解；对于遭受家庭暴力的妇女、儿童，帮助他们报警或向法院申请人身安全保护令；协调村妇女主任加入司法社工组织，进行家事纠纷调查、调解和回访。

（6）司法局：指导各级人民调解委员会对家事纠纷进行调解；指派司法

---

① 于建成. 山东省多元化解纠纷促进条例解读. 北京：法律出版社，2016：39.

所长、律师、法律工作者、社区矫正工作人员参与家事纠纷调查、回访、心理测试和辅导；指导公证人员参与家事纠纷调查、回访、调解工作。

（7）公安局：依据反家暴法的规定，对家庭暴力进行处置；配合法院搞好反家庭暴力信息平台建设。

（8）检察院：配合法院搞好家和平台建设；对反家暴法的实施进行法律监督。

（9）教育局：指派具有心理咨询师资格的人员加入司法社工团体，从事心理辅导及未成年人帮扶、教育工作；对离异家庭的未成年人进行在校时期的特殊观护。

（10）关工委：动员社会力量对未成年人进行关心爱护；对于受到家庭暴力的未成年人，帮助他们报警或向法院申请人身安全保护令。

（11）镇、街、开发区：负责协调、管理辖区内的村妇女主任、综治员从事的家事纠纷调解工作；配合各成员单位开展家事纠纷调处工作、审理工作。

2. 加强保障、落实举措

（1）成立县级或区级层面的领导小组。在党委的统一领导下，有关职能部门要充分认识到保障措施的重要性，制定明确的职责细则，落实到人，切实推进各项保障措施的落实，如山东省武城县成立的由县委副书记任组长、24 个职能部门为成员的领导小组就是开展改革工作的有力保障。同时，将多元化解决机制落实情况纳入综治考评体系，对于工作落实不力，造成被动或产生严重后果的，追究有关人员的责任。

（2）加强软硬件建设，为家事纠纷多元化解创造良好基础。在硬件建设方面，主要是推进家事纠纷化解平台建设，通过深入调研分析，确定具体可行的计划，从办公场所、办公设施、派驻机构设置、纠纷处理流程等各方面进行设计，为公众通过多渠道化解纠纷创造便利条件。比如山东省武城县人民法院与武城县司法局公证处签订合作机制，设立公证处驻法院工作室，实现家事纠纷调查、家事纠纷调解、公证程序前置对接。建立符合家庭特色的圆桌模式、客厅式家事审判庭，营造良好、温馨氛围。在软件建设方面，主要是加强信息化建设和建立科学的培训教育机制、院校联动机制。信息化建设侧重提高效率、团队协作及社会宣传。院校合作强化联动，聘请法学专家或专业教授，定期对家事审判团队成员进行培训，提升整个团队对我国现行家事纠纷解决机制的思考，解决问题的工作能力和素质。同时加强人才梯队建设，为家事纠纷多元化解培养更多高素质的专业人才。有效开展法治宣传教育，一方面，增进社会公众对家事纠纷多元化解的理解和认同；另一方面，在社会营造和谐氛围，预防和减少纠纷的发生。

（3）设立专项经费，保障各项机制的顺畅运行。加大经费投入，积极争取党委、政府及社会各界对新型家事纠纷综合解决工作的支持，落实相应经费保障，设立专项资金，以保障工作长期、规范、顺畅运行。

（二）交错适用多种程序，齐头并进，化解家事纠纷

1. 家事和解机制

和解机制是当今世界各国普遍承认的一种自主救济方式，也是解决家事纠纷的良好方式。家事纠纷的和解机制，是指在法律规定范围内家事纠纷双方当事人在没有第三者参与的情况下，自愿、平等协商而达成和解协议以解决纠纷的机制。俗话说，"解铃还需系铃人"。诚然，当事人之间的和解在家事纠纷的解决方面起到了一定的作用，但是不可否认，其依旧存在诸多的局限性：第一，家事纠纷当事人在纠纷过程中存在过多的非理性因素，指望当事人双方平静、理性地进行协商的可能性并不大，即使双方能够控制情绪进行对话，也很难要求双方作出妥协达成协议。和解以当事人自愿为前提条件，一旦一方当事人不愿和解或者双方因对立情绪不愿意妥协，和解就难以进行。第二，和解是在双方当事人之间进行的活动，缺乏外部的监督。双方当事人间的经济实力、性格、体型差异可能导致一方受到另一方的压制，强势一方强迫弱势一方接受自己的要求而极容易触犯和解机制合法性的底线。第三，和解协议仅仅是双方当事人的一种合意，法律并没有赋予其执行力，双方当事人是否履行完全出于个人意愿，倘若一方当事人不履行，另一方当事人为和解所付出的努力就将付诸东流，最终可能导致纠纷的再次发生及当事人之间关系的恶化。

2. 家事调解机制

调解与和解之间并没有一条泾渭分明的界线，二者之间最明显的区别为是否有中立的第三方的参与。在众多处理家事纠纷的方式中，家事调解是最优机制。按照调解机构的不同，调解又可分为诉讼内调解和诉讼外调解，即法院调解和非诉讼的调解。法院调解可以分为诉前调解、诉中调解、家事回访中的调解等；诉讼外调解可分为民间调解、行政调解等。（1）诉前调解即对于适合调解的家事纠纷，可由当事人向法院提出调解申请，或由法院作出调解决定，交由专门的调解员先行调解，只有在调解不成时，才能进入诉讼程序。这样有利于避免当事人消极因素的干扰，有助于调解的达成。英国、法国及美国的若干州都采用此模式，收到了良好的效果。自 2016 年 6 月全国

开展家事审判改革以来，多家法院也依托于诉调对接针对家事纠纷成立了专门的调解委员会，比如山东省武城县人民法院，成立了一支由退休法官、优秀人民陪审员、心理咨询师、婚姻家庭咨询师组成的驻院特邀调解委员会，该委员会化解了诉前30％左右的家事纠纷。（2）诉讼调解，是指法官在诉讼过程中主持进行的调解。依我国现行法律规定，婚姻纠纷诉讼都要经过调解。（3）家事回访中的调解，也是家事审判方式改革的产物。在传统的民事审判模式中，没有家事回访制度，显然也不会存在家事回访中的调解。现在部分改革法院也在探索家事回访制度，回访同时进行调解，使判决不准离婚或调解和好的家庭真正能够重归于好。（4）民间调解是最为普遍的调解方式，主要包括人民调解委员会和妇联等组织主持进行的调解。（5）行政调解，表现在离婚登记和财产公证时由司法、行政组织促使当事人之间达成合意的调解。在构建和谐社会理念的推动下，家事调解机制对于促进家事纠纷的解决、建立和谐的家庭关系方面有着不可小觑的功用，同时也有不容忽视的缺陷。

3. 家事诉讼程序

该程序是指需要通过人民法院的诉讼程序来解决当事人纠纷的程序。家事纠纷案件的伦理性、情感性、隐私性等特点，决定了要转变传统审判理念，把家事纠纷案件同普通的民事纠纷案件区分开来，建立一套符合家事诉讼的规则措施。（1）在工作机制上，要明确家事纠纷案件的审理范围，类型主要包括：离婚纠纷、婚姻无效纠纷、婚姻撤销纠纷等，子女抚养费纠纷、离婚后财产分割纠纷、同居期间的财产分割纠纷、继承纠纷和分家析产纠纷等涉及身份关系和财产关系的案件。（2）贯彻落实"调解优先、判决为辅；关注未成年人、妇女、老年人的合法权益；不公开审理；当事人亲自到庭"四原则。（3）组建专业审理和多方参与的家事审判特色团队，由专业的家事法官来审理家事案件，积极号召社会力量加入辅助团队，合力化解家事纠纷。比如在山东省武城县有七员辅助团队，包括家事调查员、家事调解员、家事回访员、心理测试员、心理疏导员、情绪平复员、少年观护员。笔者这里重点介绍2017年在山东省武城县人民法院成立的一员"情绪平复员"。该员由心理咨询师兼任，经当事人同意后，直接参与庭审，对庭审中情绪比较激动的当事人或未成年人给予情绪上的安抚，同时观察当事人的性格特征，了解当事人的心理变化过程，便于在庭审后及时介入进行心理疏导。这一做法能够提升工作效率，减轻法院案多人少的压力，调动起整个辅助团队的积极性，值得在法院中推广。（4）积极推进家事纠纷调查、家事纠纷调解、家事纠纷回访制度，制定相应操作规程，建立统一标准，以评估家事纠纷调查报告、家事纠纷调解、家事纠纷回访在处理家事纠纷案件时发挥的作用。(5) 探索离婚财产申报制度、冷静期制度、离婚生效证明书制度，切实落实家事审判"维护稳定的婚姻关系"目标。如，山东省武城县人民法院在冷静期设置定期回访及婚姻修复计划书制度，让不同意离婚的一方作出修复计划并付诸实施，在法院帮助下，全力挽救婚姻。该制度效果明显。

4. 家事非诉程序

该程序主要采用书面审理，是由于该程序中没有当事人进行对抗，仅需确认某种事实和权利，防范纠纷发生。域外最早的非诉程序法典在一百多年前即已出现。而在当下之中国，非诉程序还不是一个法律上的概念，遑论完善实用的法律制度。目前在我国理论界对于我国特别程序的改革及非诉程序立法的研究逐渐升温，但是，其也仅仅是开始而已，非诉程序之理论研究在我国尚处于起步阶段。在实践中，适用家事非诉程序审理的单纯的家事非诉案件少之又少，传统的家事非诉事件如宣告死亡、宣告失踪，认定公民无民事行为能力、限制民事行为能力，认定财产无主等事件也很少受到关注，案件的数量非常少，且家事非诉案件特别程序很少引人关注，但其作为家事纠纷多样程序的一部分，值得引起关注。我们应当借鉴国外经验，立足本土实际，将此部分程序纳入未来的家事诉讼法中。

（三）传播家和理念，实现家事纠纷社会化管理

在实践中，往往是因为婚姻家庭价值观出现分歧、多元主体利益失衡而产生了纠纷，但是在司法实务中在平衡裁判和关注情感修复、平衡个人责任和社会责任方面又存在着一定的差距。因此，我们需要延伸法律的职能，去倡导树立正确的婚姻价值观。这就需要社会以多元化方式去传播家和理念。笔者提出以下建议。

1. 发挥司法延伸功能

将服务关口前移，联合民政、妇联等部门，在民政局婚姻登记处设立婚姻指导室，在源头上进行预防。对前来登记的新婚夫妇，通过婚前教育方式让他们认知家庭行为规范、中华传统的家庭美德，树立起敬畏婚姻、珍爱家庭的理念。同时可以在民政局设立"家事调解室"，对前来登记离婚的夫妇进行调解。此部分工作可以以政府购买服务的方式由辅助团队来做此举非但未加大法官的工作量，还降低进入法院诉讼的案件数，取得"缓解案多人少"压力和"化解家事纠纷"的双赢效果。山东省武城县人民法院驻民政局

家事指导中心在 6 个月时间内，开展婚前指导 333 对，开展离婚调解 336 对，和好 122 对，占比 36.3%。①

2. 提升的团队业务水平

可加强与高校的合作，通过专家培训、视频在线等方式定期组织对家事审判团队及辅助团队的业务培训；组织经验丰富的家事法官或辅助团队成员对村妇女主任或居委会网格员进行业务技能培训和相关案例分析，强化其意识，培养其理念，提升整个家事团队的纠纷调处能力。

3. 加大司法宣传的力度

发挥各职能部门的优势，进行形式多元化的宣传教育。如山东省武城县人民法院设立的"和谐家庭指导课堂""家事纠纷调处专业课堂""家事法官说家事社会课堂"，就是针对不同人群加大宣传辅导力度，彰显法律温情的一面，社会效果良好。另外，各部门应站在本部门职能角度通过不同媒介，在重要的节假日，比如三八妇女节、六一儿童节、反家暴法实施日等，进行多方位宣传，倡导保护弱势群体、传播家和理念。

结　　语

最高人民法院于"二五改革纲要（2004—2008）"中即提出建立多元化纠纷解决机制的改革任务，继而在"三五改革纲要（2009—2013）""四五改革纲要（2014—2018）"中就建立诉讼与非诉讼相衔接的多元纠纷解决机制作出部署安排。由此可见，探索建立多元化纠纷解决机制，已经不是什么新鲜课题。但基于家事案件的特殊性，本专题所探讨的家事纠纷多元化解决机制，又与一般民事纠纷案件的多元化解决机制有所不同。与一般民事纠纷多元化解更强调不同解决方式对比，家事纠纷多元化解侧重不同社会主体的功能发挥和相互之间的有效联动。本专题以山东省武城县人民法院在家事审判方式和工作机制改革中的实践探索为视角，根据各个相关职能部门职责的特性，设计出一套在"党委领导下的各职能部门广泛参与、由法院主导的家事纠纷多元化解工作机制"。笔者相信，这一大胆构想及改革实践，一定会为我国家事审判方式和工作机制改革深入推进提供借鉴。

---

① 山东省武城县人民法院在家事审判改革实践中，开创性地在民政局婚姻登记处设立家事指导中心，由心理咨询师组成家事司法辅助团队，对前来办理结婚登记的男女双方提供婚前指导，对前来办理离婚的夫妻双方进行离婚前调解，很好地发挥了司法的衍生功能，有利于从根本上倡导家和理念，增强新婚夫妇的家庭责任感；从长远看，对于提升社会大众的家庭道德水平意义重大。

专题十二 刑事和解制度实证研究：以S县人民法院 2012—2016 年审结的故意伤害案件为样本

吴燕丹[*]

　　研究基层人民法院的刑事和解实践，一方面可以发现在基层实践中存在的问题，另一方面可以将基层实践的经验成果理论化，从而为完善我国刑事和解制度提供借鉴。有鉴于此，本专题选择以S县人民法院审结的故意伤害案件的刑事和解实践为对象，采取访谈和数据统计等实证研究方法，力求展现S县人民法院刑事和解运用的基本面貌，在此基础上总结我国刑事和解在基层实践中存在的问题，并提出相应的完善建议。

一、S县人民法院审结的故意伤害案件适用刑事和解的基本情况

（一）刑事和解比例高

1. 2012—2016 年达成刑事和解的比例均较高

　　从图1可以看出：S县人民法院 2012—2016 年审结的故意伤害案件共 64 件，其中 44 件达成刑事和解协议，占同期故意伤害案件的 69%，且每年适用刑事和解的案件的比例均较高。

2. 有自首情节达成和解的比例高

　　从图2可以看出：在 64 起故意伤害案件中，34 起有自首情节，其中和解数量高达 32 起，占全部自首案件的 94%，而在 30 起被动归案中仅有 12 起达成和解，仅占被动归案案件的 40%。加害人自首的，一般能够认罪悔过，且愿意对被害人进行赔偿，获得被害人谅解，以求法院在量刑上从轻减

---

　　* 吴燕丹，福建省三明市沙县人民法院办公室书记员。

轻处罚；而被动归案的加害人和解意愿不强，甚至有些加害人对自己的犯罪行为毫无悔意。

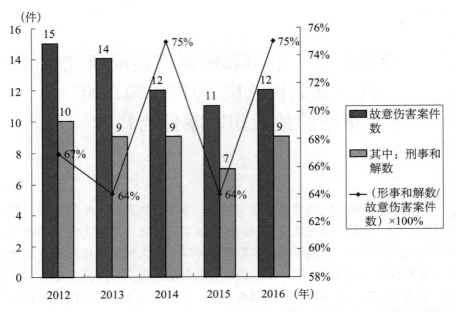

图 1　S 县人民法院 2012—2016 年审结的故意伤害案件适用刑事和解的基本情况

注：为方便数据统计，本专题选取的故意伤害案件中被害人与被告人均为一人。

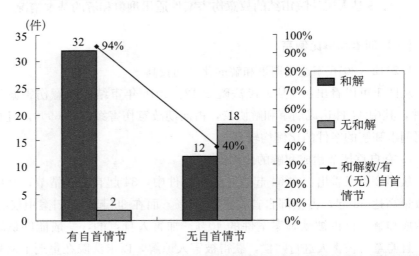

图 2　S 县人民法院 2012—2016 年审结的故意伤害案件中有无自首情节达成和解的情况

（二）刑事和解中被害人受损害程度集中于轻伤一级与轻伤二级

从图 3、图 4 可以看出，47 起轻伤害类案件中有 35 起达成和解，占轻伤害类案件总数的 74%，而 17 起重伤害（包括死亡）案件中 11 起达成和解，占重伤害类案件总数的 65%。轻伤害案件中，被害人一般在案件判决前就能够康复，故较容易达成和解，而重伤害案件中，被害人的报复心更强，更希望加害人被严惩，且涉及的赔偿数额较大，因此和解成功比例较低。

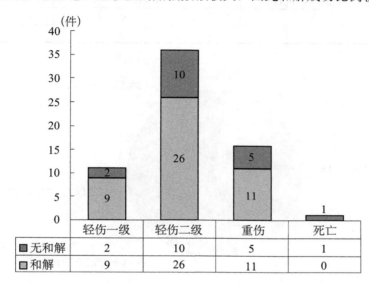

	轻伤一级	轻伤二级	重伤	死亡
■ 无和解	2	10	5	1
▨ 和解	9	26	11	0

**图 3　S 县人民法院 2012—2016 年审结的故意伤害案件中
刑事和解被害人受损害程度统计情况**

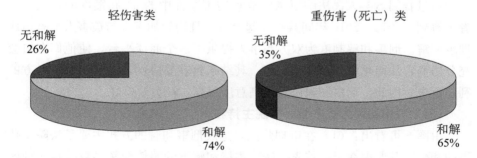

轻伤害类　　　　　　　　　　　重伤害（死亡）类

无和解
26%

和解
74%

无和解
35%

和解
65%

图 4　S 县人民法院审结的故意伤害案件中被害人受损害程度与刑事和解的关系

（三）刑事和解后在量刑幅度上趋向于从宽处理

从表 1、图 5 可以看出：在双方达成和解的 44 起故意伤害案件中，被判处拘役的达 18 起，被判处缓刑的达 37 起，而且刑期均在 3 年有期徒刑以下；而未达成和解的 22 起案件中，被判处拘役的案件仅为 2 起，仅有 2 起案件被判处缓刑。由此可见，达成刑事和解后在量刑幅度上法官趋向于从宽处理。

表 1　　　　　　　2012—2016 年 S 县人民法院审结的故意伤害案件中
有无刑事和解后判处刑罚的情况

刑罚	双方和解					双方未和解				
	2年以上~3年	1年以上~2年	3个月以上~1年	拘役	管制	3年以上	2年以上~3年	1年以上~2年	3个月以上~1年	拘役
案件数	7	10	8	18	1	3	4	6	7	2
缓刑数	5	8	7	17		0	0	0	1	1

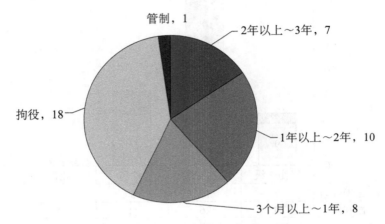

图 5　2012—2016 年 S 县人民法院审结的故意伤害案件中适用刑事和解后判处刑罚的情况

（四）刑事和解案件上诉率低

通过查阅 S 县人民法院审结的故意伤害案件中的 64 起案件的卷宗，笔者了解到：2012—2016 年间共有 2 起上诉，且均为加害人与被害人没有达成刑事和解。刑事和解制度为双方当事人提供了一个商谈平台，使他们有机会充分协商，从而化解了矛盾与怨恨。其结果具有妥协性，尽量照顾了各方的利益诉求。因此，刑事和解协议的满意度很高，社会效果好。

（五）刑事和解方式主要为法院主持和解

由图 6 可看出：（1）在审理阶段，达成刑事和解的方式主要是法院主持下的和解。其原因在于：首先，法院主持和解下的赔偿金额多数处在合理区间，能够被双方当事人接受；其次，承办法官为了防止上诉与信访现象出现，且破解附带民事诉讼执行困境，一般会主动告知当事人申请刑事和解的相关权利，积极推进双方达成刑事和解。（2）在当事人及其亲属自行和解中，多数均有亲属参与其中。比起所在单位、居委会等参与者，当事人更愿意自己的亲友参与刑事和解协商过程，因为他们认为亲友会站在己方立场为自己争取更大的利益。而其他参与者较为中立，不会只考虑自己的权益。

（3）律师或法律工作者参与和解比例较高，当事人双方和解概率大。首先，
S 县经济较为发达，当事人双方一般有聘请律师的经济条件。其次，律师有
较高的法律素养，其意见对双方当事人而言更具有指导性和说服力。最后，
由于经济利益的关系，多数律师愿意介入刑事和解工作。（4）人民调解委员
会主持刑事和解案件为 2，实践中人民调解委员会存在的部分民众较为陌生、
人民调解员法律素养较低等问题制约了其在和解程序中的作用。

　　笔者在 S 县内发放了 200 份问题为"您认为哪种模式更有利于加害人与
被害人达成刑事和解"的调查问卷，有 55％的被调查者支持由法院主持和
解，有 13％的被调查者支持由双方自行和解，有 27％的被调查者支持在法
院的适当介入下由双方自行和解，只有 5％的被调查者支持由社会第三方
〔包括人民调解委员会、村（居）委会等〕主持和解。问卷调查结果表明，
多数群众在刑事和解中对法院较为信赖，而对其他社会组织信任度不高。

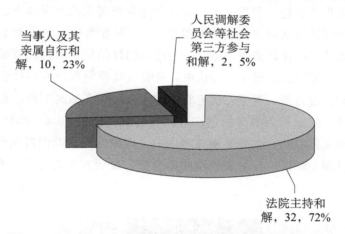

图 6　S 县人民法院审结的故意伤害案件中达成刑事和解的方式

注：（1）律师及法律工作者参与刑事和解的案件数为 26 起，和解成功 23 起。

　　（2）在当事人及亲属自行和解中，有 9 起为双方或一方亲属参与和解。

　　（3）在人民调解委员会等社会第三方参与的和解中，由人民调解委员会主
持和解的案件数为 2，其中一起为有加害人与被害人的直属领导参与刑事
和解，另外一起中加害人与被害人为对门邻居，由双方所在居委会参与刑
事和解。

（六）加害人履行和解义务的方式主要是经济赔偿

　　从和解义务的履行方式来看，以经济赔偿为主。就被害人来说，加害人
能否支付足额的经济赔偿款是考虑和解的重要因素，加害人的内心是否真实
悔改并不是特别重要，甚至在部分重伤害案件中，被害人即使不能原谅加害

人的犯罪行为，但迫于经济压力，也可能接受和解。

二、故意伤害案件中适用刑事和解的必要性分析

（一）节约司法资源，降低社会成本

其一，节约司法资源。从图 7 可以看出，故意伤害案件的审理时限平均为 28.64 天，而达成刑事和解的案件的审理时限比未达成刑事和解的案件的少了近 10 天。可见，刑事和解制度缩短了案件的审理时限，极大地节约了司法资源。此外，基层人民法院审理的故意伤害案件大多数为轻伤害案件，这类案件一般事实比较清楚，加害人大多认罪悔过，当事人和解后可以简化庭审程序，避免刑事附带民事执行难的困境，从而极大地节约了司法资源。其二，降低社会成本。对加害人施加刑罚后，并不意味着案件的解决。如果刑罚过重，会增强加害人的反社会情绪，不利于其回归社会，甚至可能刺激他蜕变为再犯或累犯。刑罚过轻，又有可能令被害人及其家属不满，引起其信访，进而降低群众对司法权威的尊重。① 若双方当事人达成刑事和解，各方对和解的结果都比较满意，那会产生连锁的好结果：加害人被减轻甚至免除了刑罚，容易重新获得了社会认可，并有可能恢复到原有的社会地位，从而有利于其改过自新，避免二次犯罪。被害人得到真诚的道歉，获得了一定赔偿，减轻了犯罪行为带来的创伤。在 S 县人民法院 2012—2016 年审结的涉及未成年人犯罪的 6 起刑事和解案件中，得到学校帮助而继续就学的有 5 人，他们重新上学后，日常表现均明显变好，最后有 3 人考上大专，1 人考上本科。

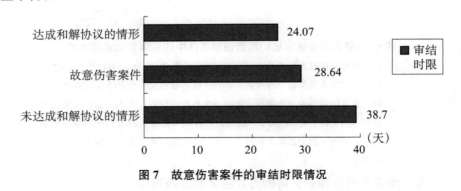

图 7　故意伤害案件的审结时限情况

---

① 郑丽萍．新刑诉法视域下的刑事和解制度研究．比较法研究，2013（2）.

（二）保障司法权威

其一，在就故意伤害达成和解的案件中，法院可能没有出现在和解的前台，但是对刑事和解过程加以监督，对和解协议加以审查，以保证和解过程的公正性、和解协议的有效性。刑事和解协议在经过法院审查和认可后，其公信力和执行力也增强了。可见，法院对和解过程的监督保障了司法权威。其二，在传统对抗式刑事诉讼模式下，裁判结果未经加害人与被害人认可，经常引起一方甚至双方的不满和抵触；刑罚的适用过于依靠法官的理性，但法官的有限理性难以保证司法裁决的绝对正确，而错误的司法裁判会动摇司法权威。[①] 刑事和解协议的达成需要双方当事人在平等自愿的前提下充分沟通和协商，因此很少出现当事人对刑事和解结果不满意的情况，进而也保障了法律的权威。

（三）保障被害方获得充分赔偿

故意伤害案件给被害人及其家属造成了物质与精神方面的损害，但被害人在传统刑事司法中的利益经常遭到忽视，其地位被边缘化。刑事附带民事诉讼制度虽然能在一定程度上保障被害人的损害赔偿请求权，但是其运行中存在种种缺陷。首先，部分加害人在被判处刑罚后就不再愿意对被害人进行赔偿，即使予以赔偿也让被害人等待较长时间。以 S 县人民法院审理的一起故意伤害致人重伤案为例：在该案中，加害人尹某被判处有期徒刑 3 年，并赔偿被害人胡某各项损失 3 万元，但直到尹某的刑罚执行完毕，胡某都没得到完全赔偿。后尹某外出打工，月工资 3 000 余元，仍拒绝赔偿胡某的损失。尹某认为自己已受到法律惩罚，与胡某两不相欠，不应再对胡某负有任何赔偿义务。其次，获得的赔偿数额较少。在刑事附带民事诉讼中，被害人仅仅能够得到物质损害赔偿（对精神损害赔偿法院不予支持）。[②] 如果加害人的行为造成重伤以上后果，这笔钱对经济条件困难的被害人来说就是杯水车薪。而如果双方达成刑事和解协议，加害人为了能让法院对其从轻、减轻处罚，往往会积极、主动地对被害人履行赔偿义务，被害人获得赔偿的时间大大缩短，且往往能够得到更为充分的赔偿，从而有利于弥补被害人因犯罪行为而遭受的损害。笔者通过调查发现：在 S 县人民法院审结的 64 起故意伤害案件中，44 起和解案件全部履行完毕，赔偿率达 100%；刑事附带民事案件 13起，其中和解 8 起，除了这 8 起完全履行外，仅有 1 起刑事附带民事案件得

---

① 田小丰 . 论刑事和解 . 上海：复旦大学，2012.

② 李会彬 . 刑事和解制度的理论基础新探——以刑、民事责任转化原理为视角 . 法商研究，2015（4）.

到完全履行；并且，在造成的损害程度相同的情况下，通过和解得到的赔偿数额普遍高于刑事附带民事判决确定的数额。

（四）使加害人被从轻、减轻处罚

一些轻微犯罪的加害人，本来主观恶性不大、社会危害性不高，但经过在看守所、监狱"耳濡目染"之后，容易染上犯罪方面的恶习，且出狱后极大可能被贴上"罪犯"的标签，其就业、择偶等可能受影响，从而难以融入社会，容易再次犯罪，成为累犯、惯犯，给社会秩序带来极大压力。而刑事和解制度给加害人与被害人提供了一个缓和矛盾的平台，加害人通过经济赔偿及赔礼道歉等多种形式获得了被害人的谅解，一旦双方当事人达成刑事和解协议，法院即可对加害人从轻或减轻处理。绝大部分加害人被适用缓刑，既避免了交叉感染，降低再犯率，又因对加害人的正常生活、学习、就业等产生较小影响，有利于其改过自新，更好地回归社会。

三、故意伤害案件在适用刑事和解存在的问题

（一）"赔钱买刑"的质疑

公众对"赔钱买刑"的质疑表现在：首先，对加害人悔罪态度的怀疑。被害人与加害人就赔偿数额达成一致意见是双方达成刑事和解的前提，因此，如果加害人经济条件较好，就有可能出现"钱可以摆平一切"的心理，认罪态度不够诚恳。比如，在 S 县人民法院主持和解时，加害人甚至毫不避讳地说出"要赔多少，老子有的是钱"等话语。这不仅是对被害人的二次伤害，更是对法律权威的蔑视。上述情形不免使公众将刑事和解与"钱刑交易"画上等号。其次，刑事和解对有钱人更加有利。有钱人更有能力负担对被害人的赔偿义务以达成和解，而穷人哪怕真诚悔罪，除了赔礼道歉外，在经济赔偿问题上无法使被害人满意，和解可能性小。可见，有钱人和穷人之间在刑事和解中遭遇到不同对待，难免使公众产生钱可以使罪犯免于处罚的误解。最后，刑事和解导致权力滥用和腐败滋生。法官在刑事和解中裁量权过大，部分加害人企图通过贿赂承办法官，来求得利于自己的结果。如此法官将会受到腐蚀，沦为"钱刑交易"的帮凶。

引起"赔钱买刑"质疑的原因主要有：首先，加害人履行和解义务方式单一，过于强调民事赔偿。笔者通过查阅 S 县人民法院的卷宗发现，法院在对和解协议审查时一般只会注重审查赔偿数额是否为双方当事人协商一致的结果，并不会关注被害人是否真正原谅加害人。其次，部分法院为了避免陷入刑事附

带民事判决执行难的困境，将民事赔偿与刑事和解捆绑。最后，刑事和解赔偿标准过于抽象。刑事和解赔偿是为了对犯罪行为所造成的损失进行有效的弥补，然而由于赔偿标准参差不齐，容易产生当事人双方讨价还价，甚至出现"漫天要价"的现象。以一起故意伤害案件为例：当事人双方因琐事发生争吵并相互扭打，加害人用拳头殴打被害人，致使被害人右眼受伤（轻伤二级）。当事人双方经协商，约定赔偿 2 万元。后来，被害人在得知加害人系某企业总经理身份后，竟索要赔偿款 10 万元，加害人出于减轻刑罚的目的被迫接受被害人的要求。此外，赔偿标准不明还导致"同案不同价"现象的出现，使部分被害人认为法院没有一视同仁，自己受到不公平对待。比如，在 S 县人民法院审结的达成和解的故意伤害案件中，同样是造成重伤二级的严重后果，最高的获得了十几万元的赔偿款，而最低的仅得到几千元赔偿款。

（二）适用范围窄，以轻伤害案件为主

根据我国《刑事诉讼法》的规定，适用刑事和解必须满足如下条件：（1）案件事实基本清楚，双方无异议；（2）加害人真诚悔罪，并通过道歉、赔偿等多种方式努力弥补伤害行为造成的损害后果；（3）双方愿意和解，并达成和解协议；（4）加害人可能被判处 3 年有期徒刑以下刑罚；（5）限定于偶犯、初犯。上述规定将故意伤害案件中适用刑事和解限定在一个很小的范围内，无法达到制度的预期效果。值得注意的是，S 县人民法院在处理可能判处 3 年有期徒刑以上刑罚的重伤害案件时，会以"加害人积极弥补犯罪行为所造成的损害，并获得被害人谅解"为理由对加害人从轻或减轻处罚。这同样体现了刑事和解的因素。以一起故意伤害致死案为例：在该案中①，加害人李某积极赔偿被害人亲属全部经济损失 12 万元，取得了被害人亲属的谅解，被害人亲属要求法院对李某从轻处罚，最终李某被判处有期徒刑 7 年。该案中法院不是因为加害人与被害人亲属达成刑事和解协议而对加害人减轻处罚，而是因为加害人获得了被害人亲属的谅解。这本质上也是一种刑事和解。因此，笔者建议将刑事和解的适用范围拓宽至重伤害（甚至死亡）案件，以充分发挥刑事和解的作用。

（三）和解方式不合理

1. 由法院主持和解不合理

法院主持和解是指在双方当事人自愿的基础上，法官积极介入，从中协

---

① 在该案中，李某除了获得被害人家属谅解外，还有自首、坦白等从轻减轻处罚的情节。

调，以促成和解协议的达成。由于当事人对法院的公正性较为信任，加之法院调解人员具有专业法律知识，又了解案情，知道双方矛盾的争议点，所以，由法院调解人员适当引导，能够使双方的矛盾得到化解，从而达成刑事和解协议。因此在实践中法院主持调解运用最多。但是法院过于积极推动刑事和解的达成，特别是过度介入当事人协商的过程，甚至参与讨价还价，产生了角色上的冲突，会让人怀疑其目的的正当性。此外，其提出的和解方案可能会对双方当事人造成心理压力，影响当事人意思的自主表达，难以保证当事人的自愿性，而一旦无法达成和解，则会影响司法机关的权威性、公正性。

2. 当事人自行和解模式成功率低

当事人自行和解模式是指加害人在认罪悔过的基础上，通过赔礼道歉、积极赔偿等多种形式使被害人原谅加害人的纠纷解决方式。① 此种模式充分尊重、发挥了双方当事人的自主性；法院处于被动地位，不参与、不介入，避免影响双方当事人真实意思的表达，也防止因法官的自由裁量权过大而引起腐败问题。但在该模式下：首先，当事人之间难以面对面沟通。以 S 县人民法院审结的故意伤害案件为例，除了小部分加害人未被关押（大多仅造成轻伤害结果），有条件与受害人及其家属充分交流、协商外，大部分加害人被关押至看守所，被害人见面较为不便，沟通难，受害人也无法知道加害人真诚悔过的表现和努力，从而更难原谅加害人。其次，当事人缺乏主动和解意识。从 S 县人民法院审结的和解成功的案件来看，仅有 7 起案件中双方当事人主动申请并和解成功，高达 37 起案件中是在法院的主持或介入下进行和解的。并且在实践中会出现加害人的亲友为息事宁人而代为赔偿，但与加害人本人的和解意愿相冲突的情形。最后，部分案件需要较长时间、多次沟通才能达成和解。笔者经过调查发现，在 S 县人民法院审结的 10 起当事人自行和解成功的案件中，仅有 1 起经过 1 次沟通和解便成功，有 2 起甚至经过 6 次以上沟通才和解成功（具体见表 2、图 8），和解成功所需沟通的平均次数比法院主持和解成功所需的沟通的多 1.26 次，当事人自行和解 6 次以上的，和解时间甚至达到 60 天。

---

① 杨浩 . 刑事和解制度的现实与重构 . 法学论坛，2014（5）.

表 2   和解成功所需沟通次数

和解方式	法院主持和解（32 件）						当事人自行和解（10 件）					
次数	1	2	3	4	5	6 次及以上	1	2	3	4	5	6 次及以上
案件数	3	10	12	4	2	1	1	1	1	2	3	2
平均次数	2.84 次						4.1 次					

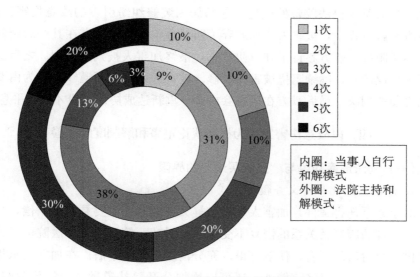

图 8　和解成功所需沟通次数所占比例

3. 人民调解委员会过少参与刑事和解

人民调解委员会不属于国家公权力机关，不会引发人们对于权力滥用和司法腐败的怀疑，避免当事人因调解不成而对司法机关产生不满。并且，其调解人员大部分具有法律背景或相关专业知识，这些人员参与和解，可以使和解过程更加规范化和透明化，从而提高刑事和解的成功率。但由于人民调解委员会机构设置不合理、经费缺乏保障、缺少专职的调解人员等原因，人民调解委员会难以在刑事和解中发挥更大的作用。[①]

（四）对刑事和解协议缺乏专门性审查

首先，大多数法院对刑事和解协议的自愿性、合法性及真实性审查不到位。以 S 县人民法院为例：承办法官通常分别联系达成和解协议的双方当事

① 张凯．人民调解制度存在的问题及完善．法制与社会，2013（30）.

人，让其分别签字确认，由此认定该刑事和解协议真实、合法、有效。对刑事和解协议的专门性审查很有必要，体现了和解程序的正当性。其次，未将和解协议履行情况纳入审查范围。在现实中，赔偿金往往在协议签订前或签订时即被交付被害人，但是有些双方当事人约定的内容不仅仅是赔偿损失，还附加一些作为或不作为的义务，此种约定通常不能实时履行，需要刑事和解达成后的较长一段时间由加害人去履行或遵守，而如果达成刑事和解的案件的判决已经生效，那么此时，加害人不履行约定，被害人的权益难以得到保障。如 S 县人民法院曾处理过一起邻居因装修纠纷引发的故意伤害案件，在双方和解过程中，被害人主动放弃了赔偿金，但要求对方在其今后装修房屋时不予阻挠。双方签订了和解协议书，最终加害人被判处管制。之后加害人无视协议约定，继续阻挠被害人装修。被害人以对方不遵守协议为由要求撤销之前的判决，最后双方在居委会协调下重新达成协议纠纷才得以平息。

四、以故意伤害案件为视角谈论刑事和解制度的完善

（一）划清刑事和解与"赔钱买刑"的界限

1. 探索多元化和解义务履行方式

对于故意伤害案件，加害人履行和解义务的方式主要是经济赔偿，当事人双方心理的康复及关系的恢复不受重视。对此，笔者建议：法院可以为双方提供一个对话的平台，使双方得以充分沟通，化解矛盾。在加害人承担义务的方式上，除了经济赔偿外，还可以增加公开赔礼道歉，参加公益劳动、社区服务，接受相关法律法规的学习等，以完成对加害人的改造。除此之外，贫困的加害人可以用劳务的方式来弥补被害方的损失；被害人死亡的，可以责令加害人对被害人负有抚养、赡养义务的亲属履行一定的抚养、赡养义务；在赔偿义务履行过程中，加害人无法一次性足额给付的，有固定收入或者能够证明自己有能力以分期付款方式赔偿的（例如被告人提供担保）加害人，经被害人同意，可以分期付款的形式付给被害人赔偿款。

2. 规范故意伤害案件刑事和解的赔偿标准

要想使我国的刑事和解制度在故意伤害案件中更好地适用，就必须对相应的赔偿标准进行规范。尽管刑事和解的首要前提是自愿性，但这并不意味着法院不再对协议的具体内容进行审查，法院应当适当控制赔偿数额，从而平衡加害人、受害人双方的利益。事实上，我们很难规定赔偿金额，因为案件情况各不相同，有的加害人具有较强的经济实力，有的则一贫如洗，但是

必须规定赔偿金额的上限，或者规定一个合理区间。由于较之于民事违法行为，犯罪行为会更加严重地伤害到被害人，所以赔偿额度可以比民事赔偿额度多出一倍到两倍，当然，可以根据各地区经济发展作出调整。法院可以建议当事人修改协议，减少超出赔偿金额上限的部分，或者对超出上限部分不予支持，以避免出现"漫天要价"的乱象。此外，如果损害赔偿数额确实是经过双方自愿认可的，那么从原则上来说，法院就不应进行阻止，而应充分尊重双方当事人的自主权。

3. 建立健全相关制度

（1）建立被害人国家补偿制度。国家补偿制度是指在加害人的经济能力不足以支付被害人或其近亲属赔偿款的情况下，国家对被害人给予适当补偿的制度。[①] 在刑事和解中，如果加害人没有资产，即使其真诚悔罪，获得被害人谅解的可能性也微乎其微。这对于贫困的加害人来说无疑不公平，且被害人难以获得赔偿，也不利于保障被害人的利益。再者，被害人为获得经济赔偿不得不违心地与加害人进行刑事和解，这样不利于被害人与加害人的关系真正地得到修复。因此，应建立起国家补偿制度对被害人和其家属进行救助。（2）健全相应的法律援助制度。法律援助制度的实施能够使经济能力较差的当事人的利益得到充分的保护，使弱势群体能够享受到较为公正的待遇，反映出国家对人权保护的重视。在刑事和解中，法律援助可以防止被害人"狮子大开口"，保障经济条件较差的加害人的合法权益，保障刑事和解的公正、平等、自愿，防范强制和解现象的发生。（3）健全相关监督检查机制。在法院主持刑事和解过程中检察机关应予以监督，以规范法院的和解程序，限制法院的裁量权，确保和解公平、公正。此外，新闻媒体也要发挥正确的舆论导向作用，坚决避免不实报道的行为。

（二）扩大故意伤害案件刑事和解的范围

毋庸置疑，当事人能够支配个人法益。故意伤害犯罪只侵犯个人法益，并没有侵害到国家和社会利益，且这种犯罪危害较小。[②] 因此，笔者认为，故意伤害犯罪即使造成了他人死亡的后果，只要双方在平等自愿且案件事实基本清楚、双方无异议的基础上，加害人真诚悔罪，积极对被害人进行赔偿并得到被害人谅解，双方达成了刑事和解协议，就可对加害人从轻或减轻处

---

① 姜利，张庆立. 检察机关刑事被害人救助追偿制度建构. 犯罪研究，2014（4）.

② 李翔. 重罪案件刑事和解中的价值冲突和裁判平衡研究. 上海：上海人民出版社，2015：64.

罚，但必须慎重适用。

　　那么，这里有两个问题：（1）累犯能否适用刑事和解？累犯在我国是指被判处有期徒刑以上刑罚的犯罪分子，在刑罚执行完毕或赦免以后，法定期限内，又犯一定之罪的情况。[①] 与初犯相比，累犯具有更大的人身危险性，即便加害人通过道歉、赔偿等方式获得了被害人的原谅，也并不能掩盖加害人的主观恶性大。笔者认为，对累犯并不是一律不能适用和解，只要司法机关在审查后，确定加害人的人身危险性已经降低，并满足刑事和解的条件，也可基于和解协议对加害人酌情作出从轻或减轻处罚的决定。（2）对蓄谋伤害犯罪能否适用刑事和解？这种类型的犯罪的特点在于蓄谋已久，为故意犯罪，主观恶性大，甚至有再犯的可能，因此，对这类案件应不可适用刑事和解。与此相反，临时起意的故意伤害犯罪，在大多数情况下，是因婚姻、债务纠纷等民间矛盾激化而引起的，加害人与被害人双方都比较熟悉，一般来说，加害人主观恶性小，再犯可能性低，对这类案件适用刑事和解没有任何问题。

（三）完善和解模式

1. 明确法院的职责

　　法院在刑事和解过程中应充分尊重双方当事人的意思表示，不偏袒任何一方当事人，并为当事人达成刑事和解协议提供服务、指引、监督等辅助性工作，例如为当事人和解提供机会和地点、提供专业法律咨询、引导双方合理解决某些分歧点等，而不能处于主导地位。法院介入刑事和解过程具有以下优势：第一，法院具有较高的法律权威，加害人往往会担心自行与被害人的亲属之一达成刑事和解协议并实际履行后，被害人的另一亲属又要求更多的经济赔偿，法院的介入，能够约束双方当事人的行为。第二，大部分当事人由于对刑事法律不熟悉，在就经济赔偿数额协商过程中难免产生巨大的分歧，这时承办法官可以为当事人提供法律咨询服务，使当事人在赔偿的数额上尽量合理，缩小分歧，促进和解协议的达成。第三，法院介入刑事和解，能够充分发挥监督职能，防止加害人与被害人被迫接受和解协议的情形出现，规范当事人双方的和解程序。

2. 完善当事人自行和解模式

　　当事人自行和解是刑事和解的重要方式，但我国当事人自行和解模式缺

---

　　① 张明楷. 刑法学：上册：5 版. 北京：法律出版社，2016：544.

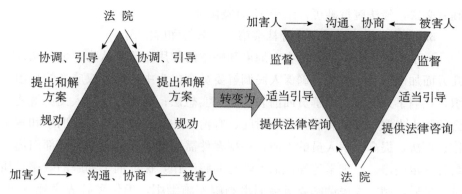

图 9　法院参与刑事和解的职能转变

乏程序性规定和指导，阻碍了双方和解协议的达成。为了确保刑事和解程序的规范性、正当性，有必要建立起一套刑事和解程序来规范和指导和解程序的进行。

（1）明确刑事和解启动的前提与方式。首先，由加害人或被害人向法院书面申请启动和解程序，经法院审查，确实可以适用刑事和解后，当事人方可进入刑事和解程序。其次，参加人员主要有加害人、被害人及双方亲属。最后，以当面协商为原则，确有实际困难（如加害人被关押在看守所），致使无法面谈的，可由加害人家属代为与被害人当面协商。（2）明确协商地点。协商应选在中立第三方地点进行，该地点可以由法院指定，以免因双方就会商地点达不成一致意见而导致和解程序无法进行；对于加害人在押的，也可在加害人的关押场所进行协商。具体商谈会场的布置可参照圆桌会议方式，所有刑事和解参与人围绕在一起，以示平等。① 在双方达成和解协议后，将和解协议交由法院审查。（3）限制自行和解的时间。对于自行和解是否应设时间限制，一直有争议。有学者认为，刑事和解具有节约司法资源、降低社会成本的作用，和解时间过长无法实现这一作用；有学者认为，刑事和解的最大价值在于修复加害人与被害人的关系，过于强调效率显然难以实现这一价值。笔者认为：尽管节约司法资源、降低社会成本不是刑事和解制度的根本价值，但显然和解时间过长是我国当前司法资源难以容忍的，也不利于双方当事人关系的恢复。若和解时间过短，则双方当事人无法充分交流，不利于矛盾的化解。笔者建议，将当事人自行和解的时间限制在 30 日以内，

① 田小丰. 论刑事和解. 上海：复旦大学，2012.

确有必要，经法院批准可再给予 15 日宽限期。

3. 完善人民调解委员会等社会第三方参与和解模式

为了增强人民调解委员会在刑事和解中的作用，笔者认为，可以从以下几方面加以改善：首先，确保人民调解委员会成为中立性、权威性的自治组织，让当事人能够在调解员面前表达出真实想法；其次，保障人民调解委员会的收入来源，使其有能力、有时间、有精力并且高效率地完成刑事和解工作；再次，提高调解人员的素质，根据案件需要从学校、司法所等部门邀请具有一定法律、心理学等知识的人参与调解工作，保证刑事和解的效率及质量；最后，制定人民调解委员会刑事和解实施细则，确保和解程序规范化。除了人民调解委员会，刑事和解还可以邀请当地或社区具有一定威信和声望并值得信赖的人担当刑事和解的调解人，以提高和解协议达成的成功率。

4. 鼓励律师介入和解

在实践中对于律师应否参与刑事和解存在争议。有学者认为：律师参与刑事和解过程不利于和解协议的达成。其理由在于：首先，被害人律师为了让自身获得更多经济利益，可能会说服被害人向加害人索要高价赔偿；其次，加害人律师可能只着重帮助加害人逃避刑事处罚，作无罪或罪轻辩护，即使律师知道案件事实，也可能不会鼓励加害人认罪悔过。笔者赞同律师介入刑事和解，理由在于：其一，有利于推动刑事和解协议的达成。律师法律知识与社会实践经验丰富，其意见对当事人而言更具有指导性、说服力。其二，有助于维护当事人的权益。在和解商谈中，被害人可能对加害人充满怨念，从而漫天要价，加害人也可能为了逃避刑事处罚而被迫答应被害人提出的高价赔偿。律师可以提供专业的法律咨询，在尊重双方意愿的前提下，避免显失公平的现象出现。其三，保障和解协议的效力。律师介入刑事和解后可以对和解协议的内容提前进行审查，从而减少刑事和解协议无效情形。

（四）增加刑事和解协议的审查

刑事和解协议不仅涉及当事人对自身权利的处分，还可能涉及国家与社会法益，因此必须要对其进行审查。[①] 法院对刑事和解协议应主要对自愿性、合法性、公平性及和解议履行情况进行审查。

（1）自愿性审查。对自愿性主要审查以下几个方面：和解的双方对于和

---

① 王一俊. 刑事和解. 北京：中国政法大学出版社，2010：139.

解的性质以及预期的法律后果是否知晓，选择刑事和解这一纠纷解决方式是
否自愿，是否接受和解的内容及和解后的处理方式，是否对协议内容有重大
误解，是否有外界施加的压力致使双方当事人力量显著失衡，是否有一方欺
诈、胁迫另一方签订协议的情况而使另一方陷入意思表示不真实、不自由的
情形。存在上述情形的刑事和解协议并不是双方当事人的真实意思表示，违
反自愿性原则，应被认定为自始无效。（2）合法性审查。首先，格式审查，
即是否遵循刑事诉讼法对和解协议的要求；其次，内容审查，即刑事和解协议
是否为双方自愿达成，有无损害国家利益、公共利益和他人合法利益的情形或
违反国家强行法规定，是否有违反社会公序良俗的情形等问题。（3）公平性审
查，即和解协议中双方的权利、义务是否基本相当、赔偿数额是否合理等。
可以综合考虑当地经济发展水平、当事人的经济状况等诸多因素来判断是否
显失公平，并设置最高限额，以更好地平衡双方当事人的利益。（4）刑事和
解协议履行情况审查。其一，法院应当审查和解协议的履行情况。对于可以
实时履行的义务，加害人完全履行后才可启动从宽处理的法律程序。当然，
不能强迫加害人去履行和解协议，但是可以告知加害人如果不履行和解协议
将会产生对其不利的法律后果。对于一些不具有实时完全履行条件的约定内
容，应当建议双方当事人重新达成协议，并告知一方当事人将来反悔可能造
成的后果。其二，法院依照双方达成的刑事和解协议对加害人从轻或减轻处
罚的法律后果生效后，不能因为一方当事人反悔就再次启动刑事诉讼程序。
这是维护生效法律文书确定力和执行力的要求。其三，应当赋予刑事和解协
议一定的强制执行力。如果刑事诉讼程序已经完结，而和解协议尚未完全履
行，则应当准许被害人依照刑事和解协议向法院申请强制执行，要求加害人
继续履行协议中约定的义务。

结　　语

刑事和解作为一种纠纷解决机制，在保护人权、修复关系、平衡利益等
方面都具有不可替代的作用。本专题通过调研报告的形式，在结合 S 县人民
法院审结的故意伤害案件适用刑事和解情况的基础上，发现我国刑事和解制
度运行中存在的问题，并提出完善我国刑事和解制度的一些意见或建议，希
望能够使刑事和解制度在恢复双方当事人的关系、修复社会关系上真正发挥
作用。

专题十三　公证与诉讼对接：
以"厦门模式"为样本

黄鸣鹤*

引　言

2017 年 5 月 16 日，福建省高级人民法院和福建省司法厅联合印发了《关于开展"诉讼与公证"协同创新的意见（试行）》（以下简称《诉讼与公证协同创新意见》）的通知，在福建省内福州等六个地市推进"诉讼与公证"协同创新的试点工作。该通知指出，"诉讼与公证是国家法治制度的重要内容。近年来，福建省法院与公证机构开展协作配合，畅通纠纷解决渠道，建立诉调对接平台，发挥了积极作用，特别是厦门市思明区人民法院（以下简称思明法院）与厦门鹭江公证处共同建设'诉讼与公证协同创新平台'，着力多元化解纠纷矛盾，形成了可资借鉴、推广的'厦门模式'，取得了明显成效，得到了中央领导同志和省委领导的充分肯定"。那么，该通知中所提及的诉讼与公证协同创新的"厦门模式"到底是何模式？其法理依据是什么？在司法实证中如何实践？下一步还有哪一些设想？下文将就这些问题展开介绍。

一、"厦门模式"的源起与理念

（一）思明区区情

2003 年，思明区、开元区、鼓浪屿区三区合并，成立新思明区。在区划调整后，思明区作为厦门老城区的集合优势体现在经济的持续增长上，而经济的发展和人口的增加，意味着纠纷发生数量的持续攀升①；而与此同时，

---

　*　黄鸣鹤，福建省厦门市中级人民法院研究室副主任。

　①　人民法院案件受理数的增加未必是坏事，因为纠纷的发生有着一定的概率和比例，某个区域经济总量越大、人口越多，理论上纠纷发生的数量也就会同步增加。有些经济学家甚至将人民法院受理民商事纠纷的数量，作为观察、测评某区域经济活跃程度的外部指标。相反，某一地区基本没有诉讼案件，可以被评价为民风淳朴，也可以被理解为该地区商品经济不发达、市场交易数量少。

思明法院的干警编制数量虽然有所增加，却远远比不上案件的增幅，所以该法院年度受理案件数和法官年度人均办案量连续多年位于全省前列。

（二）公证参与人民法院司法辅助事务的创新思路

公证机构与人民法院的工作关联点颇多：首先，公证员也是法律职业共同体的组成部分，公证员必须通过国家统一法律职业资格考试，取得法律职业资格证书；其次，公证证据是法定证据，且具备证明力优势，如无相反证据证明，则法院在裁判时应当采信；对于具有给付货币、物品、有价证券内容的债权债务关系，可以通过申请公证债权文书而赋予其强制执行力，在债务人不履行或不完全履行给付义务时，债权人可以不经裁判程序，申请人民法院强制执行。在思明法院与鹭江公证处启动公证与诉讼协同创新项目之前，海沧区人民法院就已经和鹭江公证处在送达领域开展合作，其项目内容是通过鹭江公证处推出的"公证云"业务，解决人民法院在简易程序中电话送达在线存证①的问题。2016年，厦门基层人民法院院长人事调整，原海沧区人民法院傅远平院长调任思明法院院长。新院长上任后，在调研院情区情后，发现解决"案多人少"的突出矛盾是思明法院重中之重的问题，于是，公证与诉讼的协同创新思路被提出，并以最快的速度实现了前期调研、制度对接和团队入场。

公证与诉讼协同创新的整体方案涉及人民法院审判辅助事务的方方面面，其中之一就是送达。

人民法院最繁重，也最为困扰的司法事务，莫过于送达。送达就是将相关法律文书、诉讼材料依诉讼法的规定，在规定期间内以法定方式送达当事人。送达虽仅是程序性事项，但却是人民法院的痛点。在域外法治成熟国家，与法治同步成熟的必然是社会信用体系和信息化管理体系，或者说，从表面上看，这些国家的国民似乎拥有很大的自由度，其实不然，因为其个人活动、财产状态均在国家或社会所建立的各项数据库中，无所遁形。虽这些国家强调隐私权和商业秘密保护，但无论个人或组织，一旦进入司法程序，在国家强制力的威慑下，很难逃逸或逃避，且在惩罚机制设计上，个人与司

---

①　"公证云"在线存证的工作机制是，在送达人员用法院固定电话拨通受送达人的电话时，通话内容将会被同步录音，送到鹭江公证处的云端服务器，形成一个不可变更的、带有时间戳和唯一代码的音频文件；同时，文件编号将被记录在法院的卷宗中，音频文件将被永远存留。若存有异议或有检查需要，即可调出文件复核。如有需要，公证处可依申请出具公证法律文书，将音频文件转换成书证。

法机关对抗或博弈的成本极高，且几乎没有胜算。而中国正处于社会转型期，国家对个体或企业法人的监控系统尚未完全建立，个人名下财产查控、不动产统一登记的制度体系正在建立中，且全国联网的信息化程度不高，执法部门的信息通联共享机制尚未完全建立，也就是说，中国目前尚存许多执法与司法的空白或空隙地带，这也给恶意躲闪或规避法律的当事人提供了空间。以送达为例，域外成熟法治国家（地区）的法院，一般不存在送达难的困扰问题：一则当事人拒收法院传票，其直接的结果是可能承担不利于己的裁判结果；二则可能被法院以藐视法庭罪罚款直至科刑。故当事人一旦发现自己涉诉，其直接反应是积极参加诉讼争取最优之诉讼结果，而不是试图拒绝接受法院的送达。而在中国，在送达程序上做文章以拖延诉讼成为当事人的成功经验①，甚至有些不良律师将该类经验总结、传授给其当事人，而不顾此举对律师职业道德的违背。

二、整体设计与具体落实

2016 年 11 月 7 日，思明法院院长傅远平与厦门鹭江公证处苏国强主任共同启动公证与诉讼协同创新项目，开创了公证行业系统参与人民法院司法辅助事务的先例。

公证与诉讼的协同创新主要在以下几个领域。

1. 参与调解。

在域外，ADR 运动②之后，大部分的纠纷以诉讼替代方式得到解决，其中，调解是纠纷解决的主要方式。在我国调解主要包括人民调解、行政调解、司法调解和其他社会调解③，同时调解程序贯穿于纠纷解决的全过程，

---

① 比如拒绝签收法院传票和其他诉讼材料，在法院不得不采取公告送达方式、缺席审理并作出一审判决后，通过上诉权或申请权的行使，以一审判决在送达上存在程序瑕疵（未穷尽其他法定送达方式不得采取公告送达）为由，要求二审法院将案件发回重审，从而实现其拖延诉讼的目的。

② ADR 运动是指诉讼替代运动。20 世纪 80 年代，在美国等成熟法治国家，社会诉讼案件剧增，远超国家司法系统的负荷能力，导致讼案堆积如山，法院不堪重负，司法效率低下。整个社会对此进行反思并推动以非诉讼（和解、调解、仲裁）的纠纷解决方式替代诉讼，快速、低成本解决纠纷，而法院将司法资源集中于疑难、复杂或具有社会引导意义的案件的审理上。ADR 运动之后，大部分的纠纷在进入法院诉讼之前得到解决。

③ 人民调解被称为"纠纷解决的东方经验"，源于土地革命时期的苏区。当前中国基层组织、行业普遍建立人民调解组织，人民调解不收费，调解员的补贴及调解工作经费由地方财政保障。行政调解是指以行政机关或其下设机构为主体的调解。司法调解是指在诉讼过程中的调解，如委托、委派调解和人民法院特邀调解。其他调解如行业调解、商事调解、律师调解等。

调解员主体多元化。公证机构和公证员参与纠纷解决，其角色、方式可以是多元的，如人民法院所设立和管理的特邀调解员名册中，公证员可以个人身份加入，人民法院也可以在名册中设立"公证员分册"；此外，有条件的公证机构或公证协会可以设立收费性调解组织，依当事人申请提供有偿调解服务，人民法院也可依申请将其纳入人民法院特邀调解组织名册进行管理。

在世界各国，调解员的准入门槛并不高，一般只要求道德高尚、热心调解事业，同时必须经过规定课程的调解员岗前培训。① 中国迄今为止未规定调解员岗前强制培训制度。但就专业性而言，在纠纷的类型越来越复杂的今天，在调解员名册中，固然需要解决邻居纠纷、家事矛盾的人民调解员，却也需要经过系统法律专业训练的律师、公证员提供更高端的调解服务。在一些专业性要求较高的纠纷调解中，公证员作为具有法律职业资格的法律共同体成员，显然更具专业优势。

公证员作为调解员，另有优势：优势之一为职业习惯视角。公证法律服务要求公证员核实证据、调查事实的真相。公证员若有弄虚作假或其他有违职业伦理的行为，可能受到行业惩戒，严重者被吊销执业资格，故公证员的立场更趋中立，平衡两造。优势之二在于公证员介入纠纷解决，可以调解员身份，也可以公证员身份。比如对于涉及分家析产的家事纠纷，依中国传统文化，乡土社会可能邀请舅公或族中长者主持调解，达成分配方案。但传统家事调解，可能存在损害女性合法继承人之利益的现象。如若公证员介入，一则可以释明法律，提供合理化建议，纠正有悖法律之协议事项；二则可以为分配方案提供公证服务，或出具被赋予强制执行力之公证债权文书，或对非给付事项出具公证书，作为公证证据存留。具有调解员身份之公证员，也可在调解协议上签章。对调解协议当事人可以申请人民法院司法确认，赋予其法律上的强制执行力。最高人民法院《关于进一步深化多元化纠纷解决机制改革的若干意见》第 11 条规定"支持公证机构在家事、商事等领域开展公证活动或者调解服务"。这说明了公证在这些领域的功能优势。

即使调解未达成协议的，公证员也可依当事人申请，记载调解过程中双

---

① 调解员岗前培训一般在两周之内，或完成 40～50 个课时的培训，结业即可获得资格。培训的内容为调解员职业伦理、调解技巧和必要的法律训练。与法官、检察官、律师、公证员必须经过系统的法学教育且通过严苛的国家统一法律职业资格考试不同的是，对调解员的资质要求并不高。这是因为调解不同于裁判，调解主要是调停纠纷，是否接受调解方案的最终决定权掌握在当事人手中。

方的共识，作为公证文书，进入后续的纠纷解决程序（诉讼或仲裁）。对于调解过程中的事项，除无争议事实外、当事人自认、争点整理程序中当事人没有提出异议的，即可记载，在后续诉讼程序或仲裁程序中作为公证证据使用，从而减少调解过程中的工作量，减少庭审时间，提高庭审效率。当然，记载的项目和内容应经当事人同意。

2. 参与送达。

送达是困扰人民法院诉讼的老大难问题。在思明法院与鹭江公证处开展的协同创新活动中，公证机构受法院委托集约送达，已经被实践证明是行之有效的。在原先的送达模式中，人民法院的送达工作散布在立案、审判、执行、保全的各个阶段，由各个阶段不同部门的司法辅助人员（法官助理、书记员、速录员、法警）负责，同时，人民法院与邮政部门签订协议，以司法专邮的方式邮寄法律文书和诉讼材料。在简易程序中，一般采用电话通知方式，通知当事人自行到法院领取相关文书和材料。对于下落不明或以其他形式无法送达之当事人，得公告送达。

分散式送达方式最大的弊病在于：首先，人力资源分散和相关资讯不通联，其直接后果是资源的重复投入和送达效率的低下。简言之，对同一当事人，在保全、审判（包括一审、二审、再审）、执行等不同的诉讼阶段，分由不同的司法辅助人员送达，即不同分组的人做同一件事。可能出现的情形是同一涉诉当事人，面对着不同阶段、不同司法辅助人员的送达。其次，虽然法院建立了司法信息管理系统，但送达中存在的情况，同一当事人、前轮送达人员所碰到的情况及解决方案（比如当事人已经搬家或电话改号，前轮送达人员经调查了解后取得新的地址信息并成功送达）等有效信息无法传递到后轮或其他关联案件的送达人员，后续送达人员或需经过同样的曲折方可能发现成功送达路径。从管理学上来说，前轮送达人员投入之调查精力，属有效投入，而其他成员因信息无法共享而重复走的曲折路，则属无效投入或沉没成本。

集约送达则有效解决了这个问题。首先，在集约送达模式中，所有的送达业务均被归集到送达组，送达组采取集约送达模式和渐进式送达模式。集约送达模式即对同一当事人的送达业务将被集中，无论这些送达业务属于法院诉讼程序中的哪个环节。就程序规范而言，只需符合送达的法定形式，其余在所不论。其次，送达组将采取渐进式送达方式，比如适用简易程序的，或电话送达，或直接送达，或邮寄送达。

　　在直接送达中，对负责上门送达的人员采取网格化管理，送达人员分组对应不同的行政区划。首先，网格化管理有利于送达人员对负责区域的交通、楼寓情况深入了解，实现快捷速递。在直接送达中，送达人员可以借助信息化系统实现地图导航，比如，将某一区域的送达地址录入系统，导航软件即自动规划最为经济的路线，实现在线导航。其次，每一次成功送达或不成功送达的过程，都是数据归集的过程。比如，某一受送达人，在工作时间并不在家，建议下班时间送达，或其家中有住家保姆可以代为签收，或标注其他家庭成员通讯方式，或标注未能成功送达的原因。信息的归集将使得有效信息滚存，从而无效行动越来越少、送达行为越来越精准。信息化最大的益处在于信息的滚存和即时更新被系统记载。即使原先的网格送达员离职①也不会导致效率下降，因为有效信息已经被系统记载，纳入知识管理体系而不是成为个人体验。

　　通过大数据分析，我们发现，大部分自然人可能穷其一生也不会与法院产生关联，并不是诉讼参加人。当事人相对集中于某一群体，故集约送达所产生的大数据，对纠纷的发生、预防，有着深层次的法社会学分析的样本意义。

　　3. 公证见证。

　　以公证的形式提供现场见证是公证法律服务的重要形式之一。比如职业打假人，就其打假的过程，必须委托公证员全程行动，由公证员见证其购买假冒商品的时间、地点、对象，并将所购疑似假冒伪劣商品封存，并出具公证文书载明见证取证过程。公证员参与人民法院司法辅助事务，也以提供各式各样的公证见证服务。比如笔者曾参加非法占地的拆除活动，被执行人对法院的强制执行十分抵触，只有慑于司法强制力不敢公开对抗，但拆除行动刚开始，一有工人进入拆除现场，被执行人说其放置于房间的衣物中有数千元个人财产丢失，要求法院帮助查找，否则应予赔偿。故在法院强制执行的现场，先由公证人员对现场物品进行清点、登记，将重要财物提存或交由第三方保管，可避免纠纷的发生。在厦门老旧住宅楼加装电梯改造时，建设领域行政主管部门创造性地引入公证，由公证见证业主的表决结果、加装电梯方案公示等，有效地避免了纠纷的发生。

---

　　① 在旧有的模式中，经验丰富人员的离职和新手接任，都不可避免地导致过渡阶段的效率下降，因为许多经验存留在具体工作人员的脑中，随相关人员的离职而减损；而在信息化管理体系中，相关知识经验将被记载在系统中，不断积累滚存。有人员离职，后续补员也可以通过信息管理系统获取前人的经验，知识管理不会因人员流动而减耗。

三、存在的问题

思明法院与厦门鹭江公证处所推出的公证与诉讼协同创新，一经推出即受到极大的欢迎。在起初时，法院内部对此创新模式存有疑虑，许多人并不看好，在推行数月后，效果明显，特别在送达事项上，集约效果非常明显，不仅缓解了法院"案多人少"的矛盾，更有效地破解了"送达难"这一困扰法院诉讼活动的瓶颈问题，使审判流程更加顺畅流利。① 该协同创新也得到了上级法院、司法行政部门和中央政法委的肯定，中央政法委、最高人民法院、司法部、中国公证协会数次派调研组到厦门现场调研，研究创新推广。最高人民法院和司法部拟出台相关文件，进行全国性试点。

当然，在获得极大的肯定和社会影响的同时，有一些存在的问题仍待厘清。

1. 为何采取购买社会服务的形式

在协同创新之初，也有人提出：法院"案多人少"的矛盾确实比较突出，但为何不通过增加人力资源的方式推动解决？即使公务员招录受限于编制管理，也可以招聘合同制司法文员，或以劳务派遣的方式增加人力资源；协同创新所增加之人力资源，亦由公证处向社会公开招聘。既如此，何不由法院直接招聘、直接管理呢？

在回答这个问题之前，我们先来分析一种现象，那就是警察的管理。警察是准军事化管理的社会治安的维护力量，担负着保护公共安全的重任。就工作性质而言，诸多警种对警察的体力有严格的要求，但除非中途离职，否则在警察的职业生涯中，必须有中年或老年警察无法从事的体能要求高的岗位，如特警、刑警、地段警等。但是，公务员管理体系决定了警察队伍的年龄梯队，所以公安机关的应对方式在于，随着警察年龄增大，逐渐将其向后勤或技术经验岗位转移。但这些岗位的数量毕竟有限，所以各地公安机关普遍的现象是通过招收辅警弥补警力的不足，或在有重大工作项目时使用武装警察。在我国台湾地区，解决警力不足或警察老化的方法是立法规定替代役，即申请从事替代役的辅助警察可以替代服兵役，许多役男乐意择之，从而在一定程度上弥补了警力的不足。

---

① 笔者曾经私下向律师群体了解情况，得到的普遍反映是引入公证机构参与人民法院送达之后，思明法院案件的审理速度整体有提速的感觉。

在原有的思维中，为缓解法院"案多人少"的矛盾，最直接的解决方式莫过于扩编加人，或增加聘任制辅助人员。但可能产生的问题是：法院的案件是否将持续维持在高位？如若案件呈下降趋势，是否也相应裁员？另外，法院招募司法文员，除人力管理成本外，另外的一个问题是：因为隶属关系，谁管谁用，一般很难跨单位或跨地域调剂。购买社会服务则不同：服务的提供者通过与购买者签订合同提供相应的服务，服务提供商可以同时为若干位购买者提供服务，对人员可集约使用或合理调剂。加上管理集约化，服务标准化，服务的配套软硬件可集中采购，以上诸项，均可降低服务提供商的成本。故就国家机关而言，宁可养事，不可养人，养人容易导致冗员冗事，且高峰时的人力存量易带来低谷时的人力过剩。综上所述，将诉讼辅导事务剥离，通过购买服务，交由专业机构承担，相较于政府在职人员的数量膨胀，是更经济的解决路径。

2. 公证人员的参与身份问题

第二个问题是公证机构工作人员受法院委托送达法律文书，其身份是否合法、适格的问题。在域外，许多法律职业可由私人担任，如公证机构可公司化、私人化，许多司法辅助事务也可由私营机构承揽。但在中国，民事诉讼法规定的委托送达，指的法院间的相互委托，法院是否可以委托公证机构工作人员完成送达工作，目前尚无明确规定。故由公证机构代为送达工作开展后，质疑其合法性的声音始终不绝。

就法理而言，只要程序正当，并未存在禁止性理由。且制度创设或发展的过程，是个法律空白点填补和制度不断合理修正和改良的过程，与时俱进、不断发展正是法律不至于脱离实践乃至阻碍社会发展的内在动因，比如电子证据与通过电子方式送达，也是互联网时代法律进步的结果，故法律探究和关注的应是当事人的诉讼权利是否得到保障，送达方式是否可能损害当事人的合法权益或影响其诉权的实现。若适度变革不产生负面影响，则对新生事物，切不可责之过苛，宜扶持或静观，容留成长空间。

3. 谁付费、如何计费、如何评估绩效问题

国家机关购买社会服务，付费者当然是财政，即由纳税人付费。司法机关属一国维系社会秩序、分配司法正义、保障公民自由之上层建筑，属公权之组成部分。公权力行使所需费用，取之于民；所购服务，用之于民。唯司法权的行使有所不同，即未必所有国民均会请求司法救济，故诉讼法规定当事人启动诉讼时需预先缴纳案件受理费，在于贯彻"使用者付费"之原则。

当然，规定涉民生案件（如劳动争议）低额收费而商事案件较高比例之收费，生活困难者可申请诉讼费用之缓减免，其法理在于，保障民生，保障低收入者不因收费门槛而被实际限制诉权。

向社会购买服务，亦可通过适度的市场竞争实现服务的"价廉物美"。2009年，笔者随最高人民法院司法改革考察团赴欧盟考察。在英国，司法部官员在介绍时说许多在中国由政府供给的服务，多采取向市场购买公共服务的模式。其流程在于：确定公共服务的项目、范围和社会需求——编制预算，经议会同意——市场采购（公开采购、专家委员会依一定程序进行评审，确定中标单位）——签订服务合同并执行——在合同期即将届满时，委托第三方机构进行服务绩效的中立评估，决定是否续约。购买服务而不是扩大政府雇员队伍的方式，使英国只需精干的公务员即可完成庞大的、事无巨细的社会管理事务。欧式"小政府、大社会"格局的实现，并不会导致政府职能的缺位，相反，政府将核心职能自行掌握，而将可剥离的辅助性、服务性职能通过购买服务的方式，交由社会机构完成，既节约了公共财政开支，又因为政府购买服务订单的持续稳定，使服务市场产品丰富，同时也吸引社会资本的投入和公益性力量的参与。

那么，（1）该由谁付费？简言之，涉及公共利益的事项，由公共财政即广大纳税人付费；属当事人可自主选择项目的（如中立调查员），由使用者付费。（2）如何计费？通过公开、公平的市场竞争来保证费用的合理性，通过市场这只看不见的手来控制成本，实现效率最优。（3）如何评估绩效？购买者的监督检察，委托第三方中立评估，使用者体验及客户满意度测评，均是重要的评估方式。

四、其他创新设想

（一）中立调查员的制度设计

目前正在设计中的创新项目还有"中立调查员"制度，考虑在《厦门经济特区加强人民法院民事执行规定》这一地方立法中首次规定。"中立调查员"主要配合人民法院的"调查令"制度。调查令制度是指在立案、审判、执行过程中，对于需要当事人举证的事项，但证据保存在第三方机构的，法院开具"调查令"，证明所需调查的事项系涉诉案件的必要证据，由当事人的委托律师持法院调查令前往第三方调查取证。调查令制度是当事人举证和人民法院依职权调查间的折中性方案。中国的信息公开程度远比不上域外法治国家，律师执业的调查权受到极大限制，而"负有举证责任的一方当事人，如若举证不能，则应承担败诉风险"。诉讼法规定了当事人如若无法取证，可申请人民法院依职权调查，但在司法实践中，法官所承担之工作负荷，已远超工作饱和度，但若关键事实无法查清，则法官很难作出裁判，故"调查令"制度之出台，可缓和二者之间的矛盾。从司法实证结果来看，依一方当事人的代理律师之申请，开具调查令，其存在的风险有三：其一，代理律师毕竟代表着一方当事人的利益，其持调查令所作调查取证是否全面、客观、中立，是否可能存在职业伦理风险，着实可疑。其二，律师是否可能不当利用调查令所得信息？从利益冲动来看，风险是存在的，广州即有相关判例，律师被判承担赔偿责任。其三，对没有委托律师参与诉讼一方，是否存在不公平或诉讼能力失衡的危险？

设计的解决方案是设立"中立调查员制度"，中立调查员由执业律师[①]或执业公证员担任，由厦门市律师协会、公证协会负责建立并管理"中立调查员名库"，"中立调查员"由当事人委托、持法院调查令开展调查取证活动。由于不存在与诉讼当事人的利害关系，其调查更显客观、中立、全面，调查所取得证据，直接呈交法庭，在庭审时公开质证。当事人若对调查过程存疑，可申请法庭通知调查员出庭作证，说明调查经过。"中立调查员"所需费用，由申请方预交，胜诉方可将此项作为债权或合同利益实现之必要支出费用，请求法院判令败诉方负担。

（二）公证人主持下的证据交换及开示工作

在域外，为提高庭审效率，经法庭同意双方当事人可以在庭审前交互取证、质证，并用视频记录取证全过程。当事人在律师主持下相互取证所得证据，具有法律效力。在中国法院要提升庭审效率，庭前会议或庭前预备、辅助工作十分重要。当前走到律师主持取证阶段，尚有困难，其间若由公证员主持双方交换证据、整理争点和分歧点，并以公证法律文书的方式，将庭前取证的过程和结果以公证证据形式提交法庭，也是庭审提速、法官减负的一种方式，值得探索尝试。对于一些争议标的额较大或法律关系较复杂的案

---

① 在立法调研过程中，我们感受到公证行业对"中立调查员"制度的设计十分感兴趣，乐见其成，而律师并不看好。究其原因在于，单纯调查所得收入，远比不上律师委托代理收费，故律师普遍愿意选择将调查列为委托代理事务中的诸事项之一，而不愿意成为"中立调查员"。另了解到，在实务中，律师跨地域委托同行或证据所在地同行代为调查取证，已然成为行业惯例，并形成相互委托的协作网络和同业间合理的收费标准。由此也可见，"中立调查员"存在相当大的市场需求，同时，在全国范围内形成协作网络，可以提高质效和降低调查成本。

件，只要能促进审判提速，即使负担一定数量的公证费用，对当事人而言也还是可接受的。

（三）对拍卖物的"尽职调查"

不动产拍卖由摇号确定拍卖公司转变为司法"网拍"后，为当事人节约了大量的拍卖佣金，但所带来的一个问题是：在传统拍卖方式中，拍卖公司为促成交易，一般会投入人力、物力，包括拍卖公告的推广、寻找潜在买家，同时积极回应竞拍意向人的要求，提供看样、咨询和协助过户登记办理等服务。在转为司法"网拍"之后，人民法院执行局受限于事务，一般只能提供最高人民法院相关司法解释所规定的应当事项，无法全面回应竞买人的服务要求。

影响房屋等不动产拍卖成交率及成交价格的制约因素在于，竞买人在竞买时无法获取拍卖房产的全面信息，对于数额一般高达数百万元的交易，因信息不充分①而心存疑虑，无法放心、大胆决策。面对大额交易，通过互联网进行司法拍卖，虽然最高人民法院《关于人民法院网络司法拍卖若干问题的规定》要求对拍卖物依法公开拍卖财产权属、占有使用、附随义务等现状的文字说明、视频或者照片等，但对于房屋等大交易额之不动产，竞买者需要了解更多的附属性信息，比如房屋的设计图纸、小区配套、附近公共设施（学校、超市、医院、邮局、公园等）情况等，而这些均不属于法院依法必须公开的信息。从实践而言，以上的信息有些必须依调查方可取得，有些属参考性体验信息。最高人民法院《关于人民法院网络司法拍卖若干问题的规定》第7条规定，人民法院实施网络司法拍卖的，可以将拍卖辅助工作委托社会机构或者组织承担于第4项规定为"其他可以委托的拍卖辅助工作"。所以，笔者所属法院设计了通过中立调查机构的增信调查："拍卖物为不动产或数额较大的动产的，人民法院可以委托社会机构或组织对其进行现状调

---

① 信息不充分的原因在于法院通过网站司法拍卖不动产时，除依法应当公开的拍卖物信息外，不动产的竞拍人需要知道更多的信息作为决策的参考，而"网拍"依法应当公布的信息，对竞买意向人作出涉及数百万元甚至上千万元的交易决策，是远远不够的。如是，拍卖物信息公开的不充分，隐性排除了一些犹豫竞买意向人，影响了司法拍卖的竞价热度。同时，受限于人力，法院无法如二手房交易中介般提供市场化周全服务，或为竞买意向人提供个性化服务。这也是不动产拍卖中成交率低、流拍率高、成交溢价比例不高的根本原因。如果对拍卖物提供现状调查、权利瑕疵调查，同时引入金融机构提供按揭贷款，则可解决竞买意向人的知情权及融资问题，从而促进拍卖成交，提升成交溢价比例。买受人、申请执行人、被执行人和执行法院均可从中受益：买受人在信息充分的情况下作出判断，避免错误决策；拍卖成交价高，申请执行人得债权实现，被执行人得债务清偿；执行法院可优化实际执行到位率这一办案指标、办结案件。

查，扩大竞拍人知情信息范围，促进拍卖成交。"

结　语

在厦门所推进的"公证与诉讼"协同创新项目中，笔者体验到制度倒逼的改革进路。思明法院与鹭江公证处的改革模式得到中央领导人的认可后，国家级调研组密集到厦门调研，肯定了"厦门模式"的可复制性、可推广性。2017 年 5 月 16 日，福建省高级人民法院和福建省司法厅联合印发《关于开展"诉讼与公证"协同创新的意见（试行）》，决定在福建省内六个地级市推广试点。2017 年 6 月 29 日，最高人民法院、司法部联合印发《关于开展公证参与司法辅助事务试点工作的通知》，决定在全国九个省份推广试点，之后又间接推进了国家公证体制改革的进程。我们期待，在司法改革的浪潮中，作为法律共同体和多元化纠纷解决重要主体的公证行业，能在纠纷解决、风险防控和矛盾疏导上，发挥更积极的作用。

专题十四 多元化纠纷解决机制的风险与防控：以 525 则司法案例为样本

陈 萌 宓秀范 卫晓蓓 丁 宁*

引 言

进入 21 世纪以来多元化纠纷解决机制因我国司法系统"案多人少"矛盾的剧烈凸显和调解经验的进一步复制而逐步成为备受推崇的解纷方式。尤其是党的十八届四中全会明确提出"健全社会矛盾纠纷预防化解机制，完善调解、仲裁、行政裁决、行政复议、诉讼等有机衔接、相互协调的多元化纠纷解决机制"，标志着多元化纠纷解决机制的改革工作已被纳入国家战略层面，同时也成为司法改革中的重要环节。随后，中共中央、国务院《关于完善矛盾纠纷多元化解机制的意见》、最高人民法院《关于人民法院进一步深化多元化纠纷解决机制改革的意见》（以下简称《深化多元化纠纷解决机制改革的意见》）等一系列文件的发布，也铺垫了发展的"快车道"。

该机制在国家大力倡导和基层创新实践的轰轰烈烈之浪潮中，在十余年实证的不断检验之下，逐步暴露出了一些法律上和制度上的盲点，需要在推动多元化纠纷解决机制立法进程和完善其运行机制时加以重视、思考和解答。下文从司法实证出发，搭建多元化纠纷解决机制的法理框架和实践框架，并以典型案例为分析对象，揭露在司法实践中暴露出的法理风险和制度漏洞，并提出防控思路与路径。

一、多元化纠纷解决机制的现行运行框架

多元化纠纷解决机制，具体而言，是指通过合理配置纠纷解决的社会资

---

* 陈萌，上海市长宁区人民法院院长。宓秀范，上海市长宁区人民法院副院长。卫晓蓓，上海市长宁区人民法院诉调对接中心主任。丁宁，上海市长宁区人民法院诉调对接中心法官助理。

源，构建和解、调解、仲裁、公证、行政裁决、行政复议与诉讼有机衔接、相互协调、多元的纠纷化解的机制。进入 21 世纪以来，由于转型期社会矛盾加剧、"诉讼爆炸"时代的到来[①]和法院作为纠纷解决的最后一道防线变得越来越"不堪重负"，由法院系统主导、推动的包含多元解纷的理念和制度在内的一系列框架的建立，标志着我国的多元化纠纷解决体系已经初步建立。

（一）法理框架

2002 年 9 月，最高人民法院《关于审理涉及人民调解协议的民事案件的若干规定》第 1 条首次明文确立了人民调解协议作为"民事合同"的法律地位和效力，并确立了调解协议的解纷效力："当事人应当按照约定履行自己的义务，不得擅自变更或者解除调解协议。"以此为基础，2009 年 7 月最高人民法院《关于建立健全诉讼与非诉讼相衔接的矛盾纠纷解决机制的若干意见》（以下简称《诉讼与非诉讼相衔接若干意见》）对于经商事调解组织、行业调解组织等其他调解组织调解达成的调解协议也划一地认可为民事合同。这构建出以经调解组织调解达成的、有民事权利和义务内容的"调解协议"为表现形式的纠纷解决方式。《民事诉讼法》（2012 年）第 95 条规定的"委托调解"或"特邀调解"的理论实质也是"调解协议"。

2009 年 7 月，最高人民法院将"定西经验"普遍推广，在《诉讼与非诉讼相衔接若干意见》中初步提出司法确认程序。2011 年 3 月，最高人民法院颁布了《关于人民调解协议司法确认程序的若干规定》（以下简称《司法确认程序若干规定》），又进一步将司法确认制度具体化。2012 年修正的《民事诉讼法》在"特别程序"一章新增"确认调解协议案件"一节，以诉讼基础法的地位确立了司法确认制度的效力。最高人民法院于 2015 年又通过《关于适用〈中华人民共和国民事诉讼法〉的解释》第 353 条至第 360 条细化了司法确认的申请、管辖、不予受理、驳回申请的情形，以及审查的方式等。至此，就在法律框架下构建出以调解协议的司法确认程序为表现形式的纠纷解决方式。

表 1　　　　　　　　多元化纠纷解决机制相关法律、法规

序号	法律法规名称	施行时间	主要内容
1	最高人民法院关于审理涉及人民调解协议的民事案件的若干规定	2002.09	确立人民调解协议的法律地位及效力

---

① 中国法院网．"诉讼爆炸"的喜与忧．［2017－06－12］．http：//www.chinacourt.org/article/detail/2005/05/id/161443.shtml.

续前表

序号	法律法规名称	施行时间	主要内容
2	最高人民法院关于人民法院民事调解工作若干问题的规定	2004.12	促进人民法院正确调解案件
3	最高人民法院关于建立健全诉讼与非诉讼相衔接的矛盾纠纷解决机制的若干意见	2009.07	完善诉讼与非诉讼纠纷调解衔接机制
4	最高人民法院关于进一步贯彻"调解优先、调判结合"工作原则的若干意见	2010.06	确立"调解优先、调判结合"的工作原则
5	人民调解法	2010.08	完善人民调解制度，规范人民调解活动
6	最高人民法院关于人民调解协议司法确认程序的若干规定	2011.03	规范经人民调解委员会调解达成的民事调解协议的司法确认程序
7	民事诉讼法（2012 修正）	2012.08	在"特别程序"一章新增"确认调解协议案件"一节
8	最高人民法院关于适用《中华人民共和国民事诉讼法》的解释	2015.01	第 353 条至第 360 条细化了司法确认的制度
9	最高人民法院关于人民法院特邀调解的规定	2016.07	规范人民法院特邀调解工作

（二）实践框架

中央社会治安综合治理委员会、最高人民法院等《关于深入推进矛盾纠纷大调解工作的指导意见》，中共中央、国务院《关于完善矛盾纠纷多元化解机制的意见》，最高人民法院《深化多元化纠纷解决机制改革的意见》等制度性规范文件，从具体的实施操作入手，规定、细化了多元化纠纷解决机制的各项推进、保障措施，主要包括平台建设、制度建设、程序安排和工作保障四部分。平台建设主要指加强与各行政机关、调解组织、仲裁/公证机构等解纷主体的对接；制度建设包括特邀调解、律师调解、民商事纠纷中立评估、无争议事实记载、无异议调解方案认可等具体操作制度；程序安排是指建立调解前置程序、健全委派委托调解程序、完善繁简分流机制、完善司法确认程序等调解程序上的安排和衔接；工作保障则指要求加强组织保障、指导监督、管理机制，发挥诉讼费用杠杆作用，推进立法进程等推进该机制有序、高效运转的保障工作。

在司法实践中，主要是根据调解与立案、审判的关系，即与诉讼阶段的关系不同，形成了立案前的委派调解（诉前调解）、立案后的委托调解、立案调解、开庭审理前的审前调解、审理过程中的庭审调解以及辩论终结后判决作出前的判前调解所构成的全方位、多样化的司法调解制度体系。① 如在人民法院推动多元化纠纷解决机制十几年的现实经验中，主要形成了以上海市长宁区人民法院为代表的"人民调解窗口"模式、北京市朝阳区人民法院为代表的"诉前调解"模式和江苏省南通市人民法院为代表的"大调解"模式。

由前述分析可知，我国多元化纠纷解决机制主要有法理、实践两大运行框架，同时这两个框架的法律基石均为"调解协议"和"司法确认"两项法律制度。笔者将在案例中以这两项制度为切入口，从案例分析和实证检视两个角度，深入剖析当前多元化纠纷解决机制存在的法律风险和制度盲点，并提出针对性的解决思路。为从司法实践的客观样态层面来观察调解协议司法审查和司法确认程序的运行现状，分析其中存在的法律问题，笔者通过"中国裁判文书网""北大法宝司法案例库""中国法律知识总库"等数据库，通过检索关键词"调解协议""司法确认"共获得相关案例 525 则，通过逐份阅读、整合归纳，对调解协议司法审查和司法确认制度的运行实况和存在的问题有了进一步的了解。

表 2　　　　　　　　　　　　　　引用案例统计②

序号	案号	案例	审判机关	引用用途
1	（2008）湖民初字第 3573 号	张某英等诉厦门悦声通讯器材有限公司等生命权、健康权、身体权纠纷	福建省厦门市湖里区人民法院	对"私了"协议的效力应予以支持
2	（2012）常民一终字第 11 号	杨某云诉李某华撤销人民调解协议效力纠纷	湖南省常德市中级人民法院	调解协议"重大误解"认定
3	（2016）川 3425 民初 1109 号	王某芬与刘某先物权保护纠纷	四川省会理县人民法院	调解协议内容有争议时的处理
4	（2017）湘 1103 民特监 1 号	冯某友诉冯某德等申请撤销司法确认调解协议裁定纠纷	湖南省永州市冷水滩区人民法院	司法确认案外人的救济方式之一

---

① 潘剑锋．民诉法修订背景下对"诉调对接"机制的思考．当代法学，2013（3）．

② 案例均为笔者从 525 则案例中挑选出的典型案例，为避免文章冗长，对其他案例不一一列举；并按照案例在文章中的引用顺序排序。因最高人民法院公报案例、指导案例等未收录涉及本主题的案例，故此处主要根据所凸显问题的重要程度、解决问题思路的科学性等因素选取典型案例。

续前表

序号	案号	案例	审判机关	引用用途
5	（2014）启民监字第2号	吴某玲与樊某星等请求撤销确认人民调解协议裁定纠纷	江苏省启东市人民法院	司法确认案外人的救济方式之二
6	（2016）桂04民终212号	梧州市旧机动车交易中心有限公司等与广西梧州桂源木制品有限公司等股权转让纠纷	广西壮族自治区梧州市中级人民法院	虚假调解的表现形式之一
7	（2014）金义调撤字第2号	陈某亮、陈某平、陈某盛司法确认再审纠纷	浙江省义乌市人民法院	虚假调解的表现形式之二
8	（2016）浙0225民特19号	屠某与鲍某请求确认人民调解协议效力纠纷	浙江省象山县人民法院	无争议诉讼的表现形式

二、多元化纠纷解决机制的法律风险与防控

在多元化纠纷解决机制的法理框架中，主要有"争讼型"和"非讼型"两种法律制度，在审判案例中暴露出当事人滥行撤销权、调解协议内容不确定、司法确认制度既判力受质疑和案外人救济程序混乱等风险。

（一）"争讼型"：调解协议的司法审查

这里所指的调解协议，是在人民调解组织、商事调解组织、行业调解组织或其他具有调解功能的组织的主持下，纠纷当事人达成的具有民事权利、义务内容的一致协议。"调解协议"在法律性质上与"和解协议"相同，都属于民事合同，区别就在于是否有第三方组织参与调解，如果有则为调解协议，如果是自行协商达成的则称为和解协议。

笔者经过案例研读发现，对调解协议提出的诉请主要有以下几种：请求履行（或全部履行）调解协议；请求撤销或变更调解协议；请求确认调解协议无效；案外人申请确认调解无效。在这种类型的诉讼中，双方对调解协议的效力和履行产生了争议，故称为"争讼型"程序。从法院的裁判结果来看，对系争调解协议之效力法院大多予以认可，法院一般只对调解协议是否合法、自愿，是否违反法律强制性规定进行审查，而不涉及原纠纷。笔者通过分析裁判文书发现，调解协议的效力问题是实践中争议的焦点，也是多元化纠纷解决机制的法律框架中至关重要的课题。只有尽可能地确保经当事人

自愿、合法签订的调解协议是有效的，才能达到化解矛盾、定分止争的目的，从而推动多元化纠纷解决机制的适用、推广。研读案例中显现出的法律风险主要有以下两种情形。

1. 当事人撤销权的滥行

近年来，在交通事故、人身损害等纠纷发生后，当事人之间私下协商即"私了"或通过调解组织达成"调解协议"甚为普遍，但之后又反悔的情形时有发生，当事人通常以"签订调解协议时存在重大误解、显失公平、胁迫等情形"请求法院予以撤销。如何认定调解协议的效力，以及何种情况下当事人能够行使撤销权是处理涉调解协议纠纷的关键。

【案例一】如在（2008）湖民初字第 3573 号张某英等诉厦门悦声通讯器材有限公司、张某富、厦门象屿保税区管理委员会生命权、健康权、身体权纠纷一案中，法院就指出，当事人之间的"私了"协议只要未违反法律、法规的强制性规定，不存在依法可撤销的事由，属于当事人的真实意思表示，就应当认定具有法律效力。①

经人民调解委员会等调解组织调解达成的调解协议与当事人自行协商即"私了"达成的和解协议在《民事诉讼法》中的地位和性质相同，都属于民事合同，因此，对这两种协议的效力都应当严格依据《合同法》所规定的无效、可撤销情形予以认定，不能在当事人没有证据证明存在胁迫、重大误解或显示公平，仅事后反悔时，撤销该调解协议，以防止当事人滥行撤销权。当然，法院也不应一味固守调解协议的效力，而应当在确实存有重大误解、显失公平的情形时，判令撤销该协议以保障当事人的合法权益。

【案例二】（2012）常民一终字第 11 号杨某云诉李某华撤销人民调解协议效力案中，在调解协议签订后，杨某云的损害事实变为因交通事故左手外伤功能部分障碍，构成 10 级伤残，需后续治疗费约 2 000 元，杨某云的实际损失比调解协议所约定的赔偿数额增加近三倍，故应认定杨某云在签订调解协议时对损害后果存在重大的误解，根据《合同法》第 54 条，"因重大误解订立的合同，当事人一方有权请求人民法院或者仲裁机构变更或者撤销"，故法院判令撤销安德乡四分村调解委员会关于杨某云与李某华纠纷的调解协议。

---

① 最高院应用法学研究所. 人民法院案例选：2009 年第 3 辑. 北京：人民法院出版社，2009：75.

2. 调解协议内容的不确定

法院在审理涉调解协议案件时，还会遇到的一个法律问题是：当双方对调解协议的内容有争议时，应由谁来解释该协议的内容，还是因双方对协议有争议而不认可其效力？

【案例三】在（2016）川 3425 民初 1109 号王某芬与刘某先物权保护纠纷案中，王某芬与刘某先就物权保护纠纷在果元乡人民调解委员会的主持下达成调解协议，之后因双方对调解协议第 4 条（"王某芬享有老屋及本人承包土地的所有权"）中"老屋"的含义有分歧，法院无法认定其准确含义，遂向原调解机构函询老屋的是指老宅基地上的所有房屋还是其中某间房屋。后原调解机构回函，指出调解时双方对"此老屋约 160 平方米的所有权"并未提出其中还有某间或某栋的说辞。法院认为，调解协议第 4 条并没有约定老屋分给被告刘某先的份额，且调解组织的回复是"此老屋约 160 平方米的所有权"，故法院依字面意思理解为，在老屋处约 160 平方米范围内的房屋归王某芬所有，宅基地归王某芬使用。

从本案例中可引申出一条规则：当双方当事人对调解协议的内容有争议时，该协议并不当然无效，而是可以依照《合同法》第 125 条所规定的解释方法进行解释，同时根据调解协议有调解组织这一中立第三方参与的特性，参考本案中的做法，由法院向调解组织调查协议签订时对条款的解释。

（二）"非讼型"：司法确认程序

司法确认制度的诞生，是为了弥补调解协议的效力缺陷，赋予调解协议强制执行力。因此，该制度成为衔接非诉讼与诉讼的关键一环。调解协议的双方需向法院共同申请司法确认，即双方对该协议的内容和效力不存在争议，故司法确认程序也称为"非讼型"程序。

尽管关于司法确认制度的法律、法规频频颁布，但该制度的法律设计仍比较粗疏。调解协议经司法确认后是否存在既判力？司法确认的既判力存否需要考量哪些因素？如果司法确认存在瑕疵，救济程序该如何运行？对这些疑问在理论认识和实践操作中都未达成一致。厘清此等问题，将有助于提高司法确认的运行效率与效果，也意味着将有助于提升诉讼制度与非诉讼制度相衔接的成效，从而推动多元化纠纷解决机制的发展。

1. 既判力受质疑

2012 年修正的《民事诉讼法》将司法确认案件的法律文书形式由之前《司法确认程序若干规定》中规定的"决定"调整为"裁定"。该法第 195 条规定："人民法院受理申请后，经审查，符合法律规定的，裁定调解协议有效，一方当事人拒绝履行或者未全部履行的，对方当事人可以向人民法院申请执行；不符合法律规定的，裁定驳回申请，当事人可以通过调解方式变更原调解协议或者达成新的调解协议，也可以向人民法院提起诉讼。"该条赋予司法确认裁定书以强制执行力，但未解决一个深层次的问题，即司法确认裁定的内容是否具有既判力；如果有，是否具有既判力的全部内涵？这直接关系到司法确认的法律定位和制度作用。

所谓既判力，是指确定判决之判断被赋予的共有性或拘束力，是一种不允许对该判断再起争执的效力。[①] 在学理上，既判力根据其所发挥作用的不同可以分为两种，即消极意义上的既判力和积极意义上的既判力。前者是指既判力具有终结诉讼的效力，表现为"禁止当事人和法院就既判事项再行起诉和重复审判"[②]。后者则是指既判力的预决效力，即"本诉判决所确定的事项成为后诉的前提性问题时，后诉法院应以前诉判决之判断为基础进行裁判"[③]。

从司法确认制度的设置目的来看，该制度必须具备终结诉讼的消极既判力。司法确认制度以促进以人民调解为主体的替代性纠纷解决机制的发展，促进纠纷更快捷、便利和经济地解决为设立之目的，如果确认裁定书不具备"一事不再理"的效力，那当事人之间的纠纷就依然处理不确定状态，无法达到化解纠纷的目的。进而，因司法确认制度之程序保障力较弱和确认裁定书具有当事人以让步、妥协来达成协议的特点，该制度不应具有拘束后诉的积极既判力。因此，该制度具有部分既判力，即终结诉讼程序的效力，但不具有预决效力，确定的调解协议之内容不得拘束后诉。[④]

2. 救济程序的混乱

人民调解协议的司法确认被置于"特别程序"一章中，参照特别程序实行一审终审，当事人无法提起上诉，且《民事诉讼法》中没有提及救济途径，只《民事诉讼法》司法解释第 374 条中有规定："适用特别程序作出的判决、裁定，当事人、利害关系人认为有错误的，可以向作出该判决、裁定

---

①　高桥宏志. 民事诉讼法制度与理论的深层分析. 林剑锋，译. 北京：法律出版社，2003：477.

②　江伟. 中国民事诉讼法专论. 北京：中国政法大学出版社，1998：165.

③　廖永安，胡军辉. 论法院调解的既判力. 烟台大学学报（哲学社会科学版），2009（1）.

④　江伟. 民事诉讼法. 北京：中国人民大学出版社，2007：269.

的人民法院提出异议。人民法院经审查，异议成立或者部分成立的，作出新的判决、裁定撤销或者改变原判决、裁定；异议不成立的，裁定驳回。对人民法院作出的确认调解协议、准许实现担保物权的裁定，当事人有异议的，应当自收到裁定之日起十五日内提出；利害关系人有异议的，自知道或者应当知道其民事权益受到侵害之日起六个月内提出。"

从上述法条可以看出，关于司法确认的救济可分为对当事人的救济和对案外人的救济。关于对当事人的救济，可以借鉴对调解书的再审：当事人一旦提出证据证明调解违反自愿原则或者调解协议违反法律的规定，可以向原法院申请再审。这种再审应当与对调解协议的司法审查类似，应当主要是形式上的审理和有限的实质审理，即只审理调解协议签订时是否违反自愿原则、违反法律的强制性规定，而不涉及原纠纷。

对案外人的救济，是司法确认救济程序应关注的重点。受当事人恶意申通、虚构或伪造事实，人民调解员的专业素质，以及法院对司法确认的形式审查标准所限，被确认效力的调解协议很有可能损害了案外人的合法权益，此时需要在法律程序设计中给案外人预留救济的途径。该救济程序应如何启动？法院适用何种程序审理？案外人应当在原审法院另行起诉还是申请启动审判监督程序？这些都是该制度的空白地带，同时也造成了实践中的操作混乱。

【案例四】（2017）湘 1103 民特监 1 号冯某友诉冯某德等申请撤销司法确认调解协议裁定案中，在经济纠纷未解决的情况下，原申请人冯某德等作为出资人与永州和泰房地产开发有限责任公司达成调解协议，处分了在冯某友名下的投资款，侵害了案外人冯某友的合法权益，故冷水滩区人民法院裁定撤销 2016 年 7 月 1 日该院作出的民事裁定。在该案中，案外人向原审法院提起撤销之诉，原审法院适用特别程序撤销了该院作出的司法确认裁定。

【案例五】（2014）启民监字第 2 号吴某玲与樊某星等请求撤销确认人民调解协议裁定案中，江苏省启东市人民法院根据原案申请人樊某星等经启东市调解中心驻启东市人民法院调解窗口调处达成的调解协议，作出了确认有效的民事裁定书。之后，案外人吴某玲向该院提交申请，以该民事裁定书所确认的财产内容未经核实，损害了其利益为由要求撤销。该院启动了再审程序，经审委会讨论后裁定撤销。

由此可见，在司法实践中案外人一般都向原审法院提起撤销之诉，也由原审法院受理，但对于启动再审程序还是另案特别程序、是否要开庭审理，却有不同的理解。这与司法确认裁定书是否具有积极的既判力直接相关。在理论上有学者认为，因为司法确认不具有积极的既判力，故案外人可以不受确认决定书的影响，在后诉中可对确认决定书所作出的判断和确认的事实径行展开新的调查，而无须通过再审去撤销确认决定书。① 笔者同意此观点。因司法确认不具有积极既判力，故对案外人的救济应不适用再审程序，对其提起的撤销之诉可同样适用特别程序，或以司法确认的有法律关系的当事人为被告另案起诉，由法院作出判决，以该生效的胜诉判决书对抗司法确认裁定书。

三、多元化纠纷解决机制的制度缺漏与填补

在多元化纠纷解决机制的实践运作过程中，程序安排的缺漏和工作保障的失当，导致虚假调解和无争议诉讼时常发生。这是司法实践对多元化纠纷解决机制提出的挑战和风险。

（一）程序缺失：虚假调解

所谓虚假调解，是指双方当事人为了牟取非法利益，虚构事实，恶意串通，以获取法院出具的调解文书的行为。虚假调解是虚假诉讼的一种常见方式，虚假诉讼常以调解结案，当事人利用调解文书与判决书具有同等的法律效力即生效后不能上诉，且以双方达成调解协议为由降低法院的实体审查强度，以牟取非法利益，损害他人的合法权益。②

1. 虚假调解的表现方式

虚假诉讼是因在诉讼实务中常有发生而得到立法者的关注和思考的。《民事诉讼法》2012 年修正案新增第 112、第 113 两条，规定了对虚假诉讼行为的裁判及处罚方式。2015 年《刑法修正案（九）》在《刑法》第 307 条后增加一条，正式确立了虚假诉讼罪："以捏造的事实提起民事诉讼，妨害司法秩序或者严重侵害他人合法权益的，处三年以下有期徒刑、拘役或者管制，并处或者单处罚金；情节严重的，处三年以上七年以下有期徒刑，并处罚金。"随后，最高人民法院在 2016 年发布了《关于防范和制裁虚假诉讼的指导意见》，进一步细化了民事商事审判领域对虚假诉讼的认定和防范。

基于前文构建的法律框架，虚假调解在多元化解纷机制中主要有两种表

① 杨兵. 调解协议司法确认决定书的效力及其瑕疵救济——兼评最高人民法院《关于人民调解协议司法确认程序的若干规定》的相关规定，全国法院第 23 届学术讨论会一等奖论文。

② 李浩. 虚假诉讼中恶意调解问题研究. 江海学刊，2012（1）.

现形式：一种是双方当事人通过诉前调解、立案调解、委托调解等方式达成调解协议并由法院出具民事调解书。

【案例六】（2016）桂04民终212号梧州市旧机动车交易中心有限公司等与广西梧州桂源木制品有限公司等股权转让纠纷上诉案就属于该类型。该案中法院判定："被上诉人黄生材与桂源公司之间并不存在真实的债权债务关系，其双方恶意串通意图通过虚假诉讼损害他人合法权益所达成的调解，该调解内容缺乏事实和法律依据，应予撤销。"

另一种则是当事人在人民调解组织、商事调解组织等调解组织的主持下达成调解协议并向法院申请司法确认。

【案例七】（2014）金义调撤字第2号陈某亮、陈某平、陈某盛司法确认再审案则属于该类型。该案中法院判定："原审申请人陈某亮、陈某平出具的借条提起的诉讼及双方在人民调解员的组织下达成的调解协议、共同向法院申请司法确认均是为参与执行分配被法院拍卖的原审申请人陈某盛的房屋拍卖款而进行的虚假诉讼。"

2. 虚假调解的缘起与防范

多元解纷阶段成为虚假诉讼的"重灾区"，原因有以下三点：一是调解员的专业素质良莠不齐。最高人民法院指导案例第68号上海欧宝生物科技有限公司诉辽宁特莱维置业发展有限公司企业借贷纠纷案中的裁判要旨指出："人民法院审理民事案件中发现存在虚假诉讼可能时，应当依职权调取相关证据，详细询问当事人，全面严格审查诉讼请求与相关证据之间是否存在矛盾，以及当事人诉讼中言行是否违背常理。"由此可见，当可能存在虚假诉讼的风险时，对纠纷处理者的法律水平要求较高，要在调取证据、审查证据链、事实判断等方面更加专业和谨慎。这对于人民调解员来说较难达到。在现实中，由街道、居委会等的退休干部担任调解员的占比较高，而由退休法官、律师等有专业背景的人担任调解员占比较低，调解员队伍还没有达到专业化、职业化的要求。二是法院对调解的盲目追求。近年来，"重调轻判"成为民事司法实践的常态写照。出现这种情况，原因有两个方面：一方面，法院有绩效考核的功利需要。最高人民法院于2008年开始确立"调解优先、调判结合"的司法政策，对该政策的错误解读和适用，导致调撤率已然成为衡量法院和法官工作业绩的"硬指标"。另一方面，法官以此为缓解工作压力的消极选择。近年来，案件数量和难度的"双增"使法官承受的办案压力日益增大。相较于判决，调解不仅程序更为灵活，文书更为简单，而且不会面临上诉、改判等不利后果。三是在调解过程中原则淡化。民事审判的基本原则要求"以事实为依据，以法律为准绳"，即法院要在查清法律关系的情况下作出审判。但调解是由当事人对纠纷达成一致协议，故调解中容易放松对基础事实的查明。有些恶意的当事人，正是利用了目前民事调解制度存在的这一局限性，侵害案外人的合法权益，破坏社会诚信，也扰乱了正常的诉讼秩序，损害司法权威和司法公信力。

针对该风险，最高人民法院也在《关于防范和制裁虚假诉讼的指导意见》第 7 条特别指出："要加强对调解协议的审查力度。对双方主动达成调解协议并申请人民法院出具调解书的，应当结合案件基础事实，注重审查调解协议是否损害国家利益、社会公共利益或者案外人的合法权益；对人民调解协议司法确认案件，要按照民事诉讼法司法解释要求，注重审查基础法律关系的真实性。"这是提示调解员、法官在调解过程中，不能因当事人解决纠纷的合意达成后就放松对事实、证据的查明和审理，在此时要特别警惕该合意的合法性，是否以侵害国家利益、社会公共利益或者案外人的合法权益为手段。同时，需要在操作制度中加入对虚假调解的防范程序与机制，如建立立案警示和虚假诉讼嫌疑报告制度，在人民法院立案大厅或调解组织办公地设立有关虚假调解的警示宣传，在诉讼须知中告知虚假诉讼的法律后果，以合理引导当事人诚信诉讼和调解。①

（二）保障失当：无争议诉讼

最高人民法院《深化多元化纠纷解决机制改革的意见》第 38 条规定："当事人自行和解而申请撤诉的，免交案件受理费。当事人接受法院委托调解的，人民法院可以适当减免诉讼费用。"这一诉讼费用的优惠政策是多元化纠纷解决机制的工作保障之一，也是推广该机制的主要方式。但在实践中，这一优惠政策常被不当利用，无争议诉讼时有发生。

1. 无争议诉讼的表现形式

【案例八】在（2016）浙 0225 民特 19 号屠某与鲍某请求确认人民调解协议效力案中，两申请人于 2016 年 8 月 16 日达成调解协议，约定坐落于上海市徐汇区的一栋房屋变更为屠某所有。虽该协议系申请人自愿签署的，但经查双方当事人之间并无离婚后的财产纠纷。两申请人于 2014 年 2 月 27 日

---

① 魏新璋，张军斌，李燕山．对"虚假诉讼"有关问题的调查与思考——以浙江法院防范和查处虚假诉讼的实践为例．法律适用，2009（1）．

达成离婚协议，约定屠某名下的该房屋归鲍某所有，并办理了房屋过户手续。也即双方对该财产的分割协议自愿、合法，且已履行完毕。法院认为现屠某以生活所需为由要求将上述房屋变更为其所有，鲍某亦无异议，双方前往房屋产权登记部门办理变更登记即可，此不属于人民法院受理范围，遂裁定驳回申请。

该案例作为实践中的一个缩影，反映了当事人利用多元化纠纷解决机制中诉讼费用的优惠政策而规避房产交易税、公证费等非纠纷性支出。《人民调解法》第 4 条规定，"人民调解委员会调解民间纠纷，不收取任何费用"。同时《司法确认程序若干规定》第 11 条也规定："人民法院办理人民调解协议司法确认案件，不收取费用。"这些规定易使当事人利用制度的优惠，为了规避本应缴纳的房产交易税、公证费等税费，而虚构纠纷，侵害国家的利益。

2. 无争议诉讼的原因与对策

在本案中，浙江省象山县人民法院在司法确认制度中也坚持实质审查，拆穿了当事人的"小伎俩"，并利用法院的受案范围这一点驳回了双方的申请。这值得肯定。但在实际操作中，有些法院出于对结案数的考虑，对于司法确认或诉前调解出具民事调解书的案件"求之不得"，并只进行形式上的粗浅审查，甚至明知当事人之间并无纠纷，却还进行确认或出具调解书。这实际上给国家的利益、司法的权威都带来了损害。

当事人之间不存在任何实质的矛盾纠纷却来法院起诉，即为"无争议诉讼"。在实践中有一些无争议诉讼的提起是为了取得行政机关等所要求的"证明"，如独生子女的父母因子女意外昏迷，要从子女的银行账户中取钱支付高额医疗费，但不知密码，虽提交了户口本、出生证等亲子关系证明以及医院诊断证明，但银行仍然要求要有法院出具的"证明"[①]。而还有一些，则是我们这里所讨论的，为了节约办事成本而产生的"无争议诉讼"。此时，当事人不存在非法目的，没有虚构事实，也没有伪造证据，所以不应认定为虚假诉讼。

举个实例，某法定继承纠纷中，要求继承的遗产是价值 500 万元的房产。如果去公证处办理继承公证书，根据《上海市公证服务收费标准》

---

① 百姓无奈提起无争议诉讼 法院咋成证明机关？．[2017-06-16]．http：//he. people. com. cn/n/2015/0408/c192235-24422318. html.

（2017 年）第一部分第 15 条——"证明财产继承、赠与和遗赠……受益额 20 万元以下的部分，按 1.2% 收取；超过 20 万元不满 50 万元的部分，按 1% 收取；超过 50 万元不满 500 万元的部分，按 0.8% 收取"，如此累计相加，则公证费用为41 400元；而若在上海法院的诉调对接中心处理，根据上海市高级人民法院制定的《关于统一上海法院诉调对接案件收费标准的通知》第 2 条（经诉调对接中心诉前调解成功后，当事人请求人民法院出具民事调解书的案件，诉讼标的额在 5 万元人民币以下的，免收案件受理费。诉讼标的额在 5 万元人民币以上的，案件受理费按不高于规定标准的 1/4 收取），该案本应收取诉讼费 11 700 元，仅为公证处收费的约 1/4。基于此，一个理性的经济人当然会选择在法院处理。

日益增多的"无争议诉讼"，是多元化纠纷解决机制中的诉讼费优惠政策导致案件更多地分流在诉前阶段所带来的不利后果。首先，"无争议诉讼"浪费了司法资源。在此类纠纷中并实质无争议，但仍然需要经过开庭、调解、文书制作等法定程序，消耗了原本就十分有限的司法资源，从而挤占司法资源，使真正需要通过法院裁判来定分止争的群众获得的司法资源相应减少。其次，"无争议诉讼"损害了司法权威。司法权威的重要来源之一为司法最终救济原则，即司法是解决社会纠纷的最后一道防线。[①] 这意味着，当事人在穷尽前置性救济途径之前，不应启动司法程序，司法程序也不应主动介入前置性解纷途径。

针对"无争议诉讼"这一困境，我们主张：第一，应当正确调整诉讼费优惠政策。诉讼费用具有调节案件的作用，即调节法院受理案件数量，将纠纷分流。[②] 因此在多元化纠纷解决机制的设置中，应尊重纠纷解决规律，适当调整诉讼费用的优惠政策，与其他非诉机制的收费进行比较，设置科学的、较高的收费标准，引导当事人首先选择公证、仲裁等非诉机制，最后再选择司法机制，优化配置司法资源，促进非诉讼多元化纠纷解决机制的科学构建。第二，应当正确宣传多元化纠纷解决机制的作用。多元化纠纷解决机制的设置目的不在于倡导调解是比判决更好、更有效的解决纠纷的方式，而在于提供司法审判之外的其他纠纷解决方式，降低解决纠纷的成本。[③] 多元化解纷机制的设置本意是让纠纷更少地涌入法院，让当事人更多地利用其他

① 陈光中，肖沛权. 关于司法权威问题之探讨. 政法论坛，2011（1）.

② 冉崇高. 以实现诉讼费制度功能为视角论我国诉讼费制度改革. 法律适用，2016（2）.

③ 苏力. 关于能动司法与大调解. 中国法学，2010（1）.

解纷资源。因此，在当事人存在无争议却来起诉等明显不当行为时，人民法院可以根据不属于法院受理范围等理由决定不予受理。

结　　语

在轰轰烈烈地推进多元化纠纷解决机制发展的浪潮之中，我们不仅要积极实践和运用，而且要认识到该制度存在的法律和制度风险，填补法律空白和缺失，防范制度漏洞和危机，推进该机制不断完善和发展。同时要正确认识司法的规律和边界，调动各方解纷的积极性，引入更多的社会自治，在法律的框架内更便捷、高效地化解纠纷，从而使该机制有更坚实的法律土壤和更丰富的社会养料。

第三编

多元化纠纷解决
机制的制度保障

专题十五 ADR 视阈下公证债权文书执行
审查制度之重构

谭 卫 蒋晓亮*

引 言

2014 年 10 月，党的十八届四中全会在《中共中央关于全面推进依法治国若干重大问题的决定》中，明确将包含公证在内的多元化纠纷解决机制（ADR）① 作为推进法治社会建设的重要目标。ADR 在中国迎来了快速发展的最好时机。但受各种因素影响，人民法院在公证债权文书执行审查中存在严重的审判倾向化。这对强制执行公证制度冲击极大，也与 ADR 之发展背道而驰。鉴于此，下文以公证债权文书执行审查的对象、范围和程度为基点展开，在大力推动 ADR 运行的语境下探讨人民法院审查公证债权文书的应有限度，以期建立公证与执行之间的协和关系。

一、检视：公证债权文书执行审查制度的现实样态

（一）立法现状

我国 1982 年《中华人民共和国民事诉讼法（试行）》［以下简称《民事诉讼法（试行）》］即确立了公证债权文书执行审查制度，但直至 2014 年最高人民法院《关于适用〈中华人民共和国民事诉讼法〉的解释》（以下简称《民事诉讼法解释》），方就不予执行的具体事由和后续救济予以规定。

---

* 谭卫，重庆市第五中级人民法院执行局局长。蒋晓亮，重庆市第五中级人民法院执行局法官，西南政法大学博士研究生。

① 范愉. 以多元化纠纷解决机制保证社会的可持续发展. 法律适用，2005（2）.

颁布时间	法律依据	内容	评价
1982.03.08	《民事诉讼法（试行）》	第168条　受申请的人民法院发现公证文书确有错误的，不予执行，并通知原公证机关	首次确立公证债权文书执审分流制度。但"确有错误"指向不明，且执行审查的职权主义色彩较为浓厚
1991.04.09	《民事诉讼法》	第218条第2款　公证债权文书确有错误的，人民法院裁定不予执行，并将裁定书送达双方当事人和公证机关	淡化了职权主义色彩，不再排斥当事人申请不予执行的情形，但审查标准仍然笼统、抽象
2005.08.28	《公证法》	第37条第2款　前款规定的债权文书确有错误的，人民法院裁定不予执行，并将裁定书送达双方当事人和公证机构	与《民事诉讼法》的规定保持一致
2015.01.30	《民事诉讼法解释》	第480条　有下列情形之一的，可以认定为民事诉讼法第二百三十八条第二款规定的公证债权文书确有错误：……人民法院认定执行该公证债权文书违背社会公共利益的，裁定不予执行。公证债权文书被裁定不予执行后，当事人、公证事项的利害关系人可以就债权争议提起诉讼。第481条　当事人请求不予执行仲裁裁决或者公证债权文书的，应当在执行终结前向执行法院提出	（1）将"确有错误"细化为包括程序问题和实体问题在内的四类情形；（2）引入社会公共利益事由，人民法院依职权启动审查程序；（3）明确了不予执行公证债权文书后，当事人、利害关系人如何解决实体争议；（4）限定了当事人申请不予执行的时间
2015.05.05	《异议复议规定》①	第10条　当事人不服驳回不予执行公证债权文书申请的裁定的，可以自收到裁定之日起十日内向上一级人民法院申请复议……	明确了当事人不服驳回不予执行申请裁定时如何救济的问题

同时，各地法院和司法行政部门也针对公证债权文书执行审查制度出台

---

①　全称为《最高人民法院关于人民法院办理执行异议和复议案件若干问题的规定》。

了相关规范性文件，如 2013 年 12 月温州市中级人民法院、温州市司法局《关于具有强制执行效力债权文书公证及执行有关问题的联合通知》，2016 年 1 月北京市高级人民法院执行局《关于公证债权文书执行与不予执行若干问题的意见》。这些文件以上述法律及司法解释为依托，结合具体实际，进一步诠释了不予执行事由，并对执行审查程序作出系统规定。

（二）司法现状

近年来，随着我国宏观经济下行压力持续加大，涉金融、借贷类纠纷激增。为强制执行公证制度高效、快捷的优势所吸引，人们申请人民法院执行公证债权文书的执行实施案件逐年增多，相应地，申请不予执行公证债权文书的执行审查案件也应势而升，如图 1 所示。

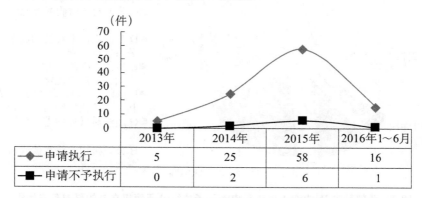

（件）	2013年	2014年	2015年	2016年1~6月
◆—申请执行	5	25	58	16
■—申请不予执行	0	2	6	1

图 1　西部某市 W 中级人民法院申请不予执行公证债权文书案件数量统计

当事人、利害关系人申请不予执行的对象并不统一。其中，有 6 个案件中对公证机构出具的公证书和执行证书一并申请不予执行，但也有 3 个案件中仅申请不予执行执行证书，如图 2 所示。无论哪种情形，人民法院在表述审查结果时均与不予执行申请保持一致，即使审查范围已扩及公证书本身。

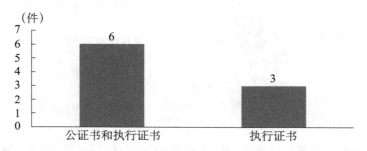

图 2　西部某市 W 中级人民法院申请不予执行公证债权文书的具体对象

申请不予执行的具体事由十分广泛，既包括当事人未亲自或委托代理人办理公证、公证机构未核实债权债务履行情况等程序性事由，也包括公证机构未对基础法律关系进行审查、公证对象与申请公证的债权文书不符等实体性事由，还包括执行证书载明的债务利息、违约金等超出法律规定等违法性事由。至于《民事诉讼法解释》第 480 条所规定的超出债权文书范围公证、未承诺接受强制执行以及违反社会公共利益等事由，较少在司法实践中提出，如图 3 所示。

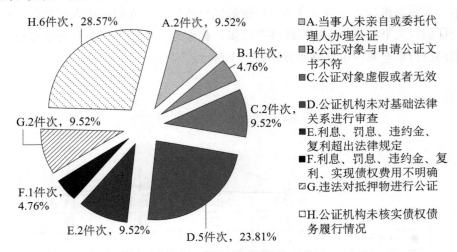

图 3　西部某市 W 中级人民法院申请不予执行公证债权文书的事由各占比例

从审查结果来看，人民法院裁定不予执行公证债权文书仍属少数情形，只占全部执行审查案件的 33.33%，如图 4 所示。具体而言，全案不予执行系因公证机构出具公证书的程序违法，部分不予执行则是基于执行证书所载明的部分执行标的不明确或超出法律规定的利率标准。

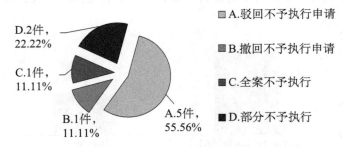

图 4　西部某市 W 中级人民法院不予执行公证债权文书情形所占比例

（三）核心问题

从整体上讲，公证债权文书执行审查制度存在着"全面收紧"审查限度的现实问题，审判倾向化较为严重，具体表现在以下三个方面。

1. 审查范围广域化

众所周知，民事诉讼法、公证法及相关司法解释中只有公证债权文书或赋予强制执行效力的债权文书这一概念，当事人、利害关系人申请不予执行以及人民法院开展执行审查均指向于此。但是，最高人民法院、司法部于 2000 年 9 月下发的《关于公证机关赋予强制执行效力的债权文书执行有关问题的联合通知》（以下简称《联合通知》），在公证债权文书之外另行规定执行证书，并要求债权人必须持"双书"向人民法院申请执行。因此，人民法院在执行审查中需要同时审查公证书和执行证书，其范围较法律规定的无疑是扩张了。

2. 审查内容实体化

《民事诉讼法解释》第 480 条规定了五类不予执行事由，其中，超出债权文书范围公证和公证债权文书内容与事实不符等事由，与实体权利和义务直接关联，对社会公共利益事由亦需从实体方面查证。一次执行审查下来，从程序繁复到审查难度，再到说理翔实，像是经历了一场小型审判活动。至于审查主体，却只是人民法院的执行机构而已。过重的实体审查负担与简便、迅捷的执行审查职能显然不相匹配。

3. 审查尺度严苛化

作为"外三书"之一，公证债权文书难以彻底摆脱人民法院所投来的不信任眼光。人民法院既要查清公证债权文书是否真实、合法，也要辨别当事人之间有无恶意串通、虚假公证行为。特别是在公证对象为还款协议时，人民法院不会拘泥于还款协议的内容，其对于借款合同是否真实存在、是否实际履行以及如何履行等事实均会一一核实。这种深层次、精细化的执行审查制度容易走向异化，成为债务人恶意欠债、拖延时间的不二手段，成为人民法院规避困难案、棘手案、争议案的隐蔽武器。

二、探赜：公证债权文书执行审查全面收紧的成因分析

（一）立法层面：法律、法规表述模糊不清

司法得以良性运行，关键在于立法。立法应当具有超前性，并结合司法实践及时修改、更新。虽然迄今为止规范强制执行公证制度的各种法律文件不下十余部，但是作为执行依据和执行审查对象的公证债权文书，却一直处

于模糊、抽象的状态。

1. 语义上有歧义

现行《民事诉讼法》对公证债权文书有两种表述，即赋予强制执行效力的债权文书和公证文书。前者属于偏正短语，"赋予强制执行效力"为修饰语，用于描述或限制作为中心语的"债权文书"。根据《联合通知》第2条的规定，这类债权文书包括借款合同、借用合同、还款（物）协议等。而后者只是独立词语，应有具体之所指。倘若套用法律规定，债权人依凭借款合同、还款协议等债权文书申请执行，执行审查却以特定的公证债权文书为对象，由此或能得出人民法院据以执行和不予执行的法律文书相异的惊人结论，而该结论显然是荒谬的。

2. 表述上不统一

在执行范围上，《联合通知》有效澄清了人民法院与公证机构的争执。[①]该通知第4条规定，债务人不履行或不完全履行公证机关赋予强制执行效力的债权文书的，债权人可以向原公证机关申请执行证书；第7条规定，债权人凭原公证书及执行证书可以向有管辖权的人民法院申请执行。2006年5月司法部颁布的《公证程序规则》中亦有公证书和执行证书的表述。由此看来，公证书和执行证书已完全跳出了《民事诉讼法》《公证法》之规定，再加上固有的被赋予强制执行效力的债权文书和公证债权文书，这种"一书四表"的不统一现象势必给司法实践带来困惑与分歧。

3. 与公证实务脱钩

公证书是公证机构所出具文书的普遍形式。公证机构无论是对民事法律行为、有法律意义的事实和文书赋予较高的证明效力，还是对具有给付内容且载有债务人执行承诺的债权文书赋予强制执行效力，均以公证书作为载体。在强制执行公证中，债权人在公证书出具后、申请执行前，还需向公证机构申请出具执行证书，以核实双方当事人履行债权债务的情况。作为公证实务中的惯用文书，公证书和执行证书在立法层面上无从体现，此外，其与公证债权文书是否对应、如何关联也未得法律回应。

（二）观念层面：何为执行依据争论不休

所谓执行依据，又称作执行根据、执行名义、债务名义[②]，系指"执行

---

① 吴云. 论公证债权文书的强制执行效力. 上海：复旦大学，2008.

② 赵刚. 略论民事执行根据之纯化——以我国民诉法第207条为分析对象. 法学评论，2002（2）.

机构据以执行的法律文书，是由有关机构依法出具的、载明债权人享有一定债权、债权人可据以请求执行的法律文书"①。没有执行依据，当事人不能申请执行，人民法院也不能立案执行。

在我国，公证书与执行证书在实务中同时存在，因此强制执行公证案件的执行依据如何确定有较大争议。第一种观点认为，执行证书是执行依据，理由是执行证书上载明了执行当事人和执行标的，并载有"申请人可持该执行证书向有管辖权的人民法院申请执行"的内容。如笔者所在西部某市W中级人民法院，2013年1月至2016年6月共受理强制执行公证案件104件，其中，当事人单独请求人民法院对执行证书予以执行的情形超过68%，人民法院仅将执行证书作为执行依据的情形更是接近九成。第二种观点认为，公证书和执行证书共同作为执行依据，理由是公证书是债权文书被赋予强制执行效力的载体，执行证书在此基础上核实债权债务履行情况并最终确定执行标的。这种观点有不少拥趸，以商业银行、小贷公司为代表。在执行审查中，为确保不予执行之彻底和避免双方当事人将来扯皮，不予执行申请人也持该观点。第三种观点认为，公证书为唯一执行依据，理由是执行证书只是公证机构对债权债务履行情况的过渡性审查结果，不具有司法终局性，对人民法院没有必然的约束力。② 这种观点在理论上和实务中均非主流。总而言之，上述争议一天不解决，在司法实践中的操作乱象便难以避免。

（三）实践层面：主观偏见与利益导向并存

在我国，代表国家行使强制执行权的法定机关是人民法院，但人民法院对待各种执行依据的态度有微妙差别。在人民法院看来，虽然判决、裁定、调解书、支付令各有其审判或审查程序，可是较高的司法权威和严谨的审查标准能确保其所涉实体权利和义务的真实性、合法性，对其执行不会引发争议，不会侵犯他人合法权利。可是，公证债权文书作为"外三书"之一，非由人民法院作出，对实体事实仅证明而非裁决，且审查范围较窄，审查程度较轻，虚假公证、公证欺诈时有发生，人民法院难以对债权文书本身抱有足够信任，若有任何一处与事实不吻合或有违法律的强制性规定，均有可能导致全部或部分不予执行。而这或许是苛刻的。同时，《民事诉讼法解释》第480条允许当事人在公证债权文书被裁定不予执行后，可就实体债权争议另

---

① 江伟．民事诉讼法：5版．北京：中国人民大学出版社，2011：372.

② 山东省高级人民法院执行局课题组．不予执行中的有关问题//江必新，刘贵祥．执行工作指导：2014年第4辑．北京：人民法院出版社，2015：232.

行诉讼以兹救济。因此，与其执行"带病"公证债权文书而面临因未查明错误事由致他人权益受损而承担失职责任的高危风险，倒不如严抠审查标准裁定不予执行，进而引导当事人另诉取得生效裁判，后者虽过程麻烦、不经济，但可求得稳妥、安心。这种"两害相权取其轻"的利益博弈观在执行实践中是普遍存在的。

三、求索：公证债权文书执行审查制度的理性思辨

由前文可得，公证债权文书执行审查全面收紧的根本原因在于执行依据的泛化与不准确。依据内涵越小、外延越大的逻辑学原理，执行审查的对象即公证债权文书的范围越大，那么审查的内容就越多，审查的程度也就越深入，进而表现出一种严之又严、慎之又慎的状态。如此审查，势必给强制执行公证制度带来严重挫伤，更与 ADR 崇尚意思自治和权利让渡的价值本源相悖。

从理论上讲，公证书是强制执行公证制度唯一的执行依据，也是执行审查制度唯一的审查对象，而执行证书应被排除在外。

（一）公证书作为执行依据的正当性

1. 公证书在立法上自始而存在

公证书作为公证机构出具的一种公文书，其核心材料便是被赋予强制执行效力的债权文书。从 1982 年《民事诉讼法（试行）》开始，其间虽经历《民事诉讼法》《公证法》的多次修正以及最高人民法院相关司法解释的接连出台，但是关于"当事人向有管辖权的人民法院申请执行公证机构依法赋予强制执行效力的债权文书"的规定从未更改过。最高人民法院于 1998 年公布的《关于人民法院执行工作若干问题的规定（试行）》第 2 条第 4 项，更是明确将公证机构依法赋予强制执行效力的债权文书纳入执行机构负责执行的生效法律文书之列。因此，经公证的债权文书与法院判决、仲裁裁决具有同等地位。这在事实上肯定了载有被赋予强制执行效力的债权文书的公证书是人民法院据以执行的执行依据。[①] 反观执行证书，无论是 2000 年《联合通知》中的最初设立，还是 2006 年《公证程序规则》中的详细规定，从发布时间到发布部门，再到文件的位阶，均无法与公证书相提并论。

2. 公证书在法理上具有自洽性

强制执行公证制度得以存在，依赖证明效力理论、意思自治理论以及执

---

① 马宏俊. 公证法学. 北京：北京大学出版社，2013：274.

行承诺理论之间的调和与支持①，而这三种理论同时在公证书中得到明确体现。其一，"证明力是公证的根本，执行力是证据力的延伸"②。公证的证明力和执行力均源于其公信力，而公信力是公证机构中立、不偏倚，公证程序正当、合理运行的产物。同时，执行力也不能脱离对证明力的依凭而独立存在，具体表现在，公证机构一般首先会在公证书中记载债权文书真实、合法之证明，其次才会载明具有强制执行效力的内容。其二，公证书体现了对当事人意思自治的充分尊重。③ ADR 并不是多种纠纷解决方式的简单集合。赋予当事人以程序选择权，融合高效、经济的多元化价值才是 ADR 的实质。作为 ADR 的一员，强制执行公证因双方当事人共同约定并申请而启动。当事人放弃诉权以换得公证书的强制执行是其自主、自愿之选择，公证书中关于双方当事人共同申请对债权文书进行公证的内容即是力证。其三，债务人承诺接受强制执行是公证书作为执行依据的直接证据。根据诚实信用原则，一方所为之意思表示或法律行为不得与其在先的声明、承诺相违背。这种严格的自缚性决定了债务人一旦承诺便不得反悔，也决定了人民法院在债务人不履行或不完全履行义务时予以强制执行具有正当性。事实上，无论是公证书本身还是债权文书、公证笔录，均会记载债务人接受强制执行的承诺内容。

　　3. 域外法中仅有公证书之规定

　　"在大陆法系国家公证制度中，公证债权文书具有强制执行效力是普遍的现象，而且是评价较高、颇受欢迎的制度，在法国、德国、西班牙、意大利、比利时、日本等国家发挥着重要的作用。"④ 德国《民事诉讼法》第 794条所规定的其他执行依据中包括由德国公证人在其职务权限内以规定的方式、就某一请求作成的证书。法国《民事执行程序法典》第 L111-3 条规定，加盖执行令印鉴的公证书构成执行依据。日本法规定，以给付一定数额的金钱或者其他替代物或者有价证券为内容、记载债务人服从强制执行意见并由公证人制作的公证书，可以作为执行依据。⑤ 韩国法上的执行证书属于执行依据，但此处的执行证书与普通的公证证书相对，专指具有执行力的公证证书，与我国的执行证书完全不同。⑥ 我国台湾地区"公证法"第 13 条亦规

---

① 巩丽媛. 论公证文书的强制执行制度. 北京：中国政法大学，2011.
② 赵秀举. 发达国家公证制度. 北京：时事出版社，2001：19.
③ 段伟. 公正强制执行基础性理论问题研究. 中国司法，2007（3）.
④ 蒋笃恒. 公证制度研究. 北京：中国政法大学，2002.
⑤ 江必新. 比较强制执行法. 北京：中国法制出版社，2014：217.
⑥ 姜大成. 韩国民事执行法. 朴宗根，译. 北京：法律出版社，2010：46.

定，当事人请求公证人就特定法律行为作成之公证书，载明应径受强制执行者，得依该证书执行之。由此可见，大陆法系主要国家和地区均将公证书作为执行依据，至于执行证书则根本未作规定。

（二）关于执行证书的些许赘言

自 2000 年《联合通知》发布以来，执行证书制度在我国已经走过了 18 个年头。在这期间，褒扬执行证书桥接了公证与执行、权利义务关系之预设与现实，为人民法院提供准确、明晰执行标的的观点有之，以存在"二次审查"、禁锢执行标的、妨碍执行审查为由贬抑并要求废除执行证书的观点亦有之。回本溯源，执行证书的作用本在于确定执行当事人和执行标的，特别是在出具公证书后发生债权让与、债务承担以及债务人已履行部分义务等情形时，公证机构应在执行证书中变更当事人或扣减执行标的，而这与德国的执行条款制度和日韩的执行文制度极其相似。① 但在我国，申请执行人民法院、仲裁机构所作生效法律文书均无须另行取得其他文书，单在强制执行公证中设置执行证书制度并要求债权人持"双书"申请执行，显然比较突兀。可见，执行证书并无必要，应予废止。

四、重构：适度执行审查公证债权文书的完善路径

在现今社会中，公众需求的多元化和纠纷解决的复杂性，对 ADR 提出了更迫切的要求和更高层面的期许。在这种大势下，作为 ADR 的一员，强制执行公证制度应当得到人民法院的正视与尊重。换言之，人民法院在开展公证债权文书执行审查工作时应当摒弃以往"全面收紧"的做法，而应采取"适度审查"原则。

（一）统一认识：执行依据是公证书

事实上，这一论断具有牵一发而动全身的法律效果。第一，这决定了公证书不具有可诉性。道理很简单，当事人自愿放弃诉权并申请公证后，受诚实信用原则之约束，无权在公证书出具后另就公证事项提起民事诉讼。第二，这决定了申请执行时效期间的起算时间。公证书与生效判决、仲裁裁决具有同等效力，且其被直接导入强制执行环节，因此，应从公证书所载债权

---

① 执行条款制度或者执行文制度是德、日、韩等国在审、执彻底分离下所设立的一项制度。其要求债权人在申请执行前，必须向保存执行依据的法院事务官或公证人申请在执行依据上附注一定内容，以确定执行标的、执行范围和相关当事人。双方当事人对附加或不附加执行条款或执行文的决定不服，均可以提起诉讼。

文书确定的履行期限届满之日起算申请执行时效期间。第三，这决定了执行证书被排除在执行审查之外。无论是公证机构出具执行证书前未核实债权债务履行情况，还是执行证书所载执行标的不明确或与事实不符或违反民间借贷利率规定，均非债务人申请不予执行以及人民法院执行审查的对象。这一点在最高人民法院的执行裁定书中已有所体现。①

思想观念之统一，亟须法律制度先行。从长远角度来看，建议《民事诉讼法》《公证法》将赋予强制执行效力的债权文书和公证债权文书合一表述为"公证书"，并附加"具有强制执行效力"之修饰，以示其与普通公证书相区别。在中期，在修正法律前，建议最高人民法院、司法部共同制定新的文件，在废止 2000 年《联合通知》的同时，将债权人可持公证书申请执行的内容予以明确。就近期而言，建议最高人民法院出台司法解释或发布批复以作解答。只有如此，方能将执行审查的对象牢牢限定为公证书。

（二）科学重整：不予执行事由应作限定

1. 去除涉执行证书事由

既然执行证书不应作为执行依据，那么人民法院也无必要对执行证书的记载内容和出具程序开展执行审查工作。具体而言，应予剔除的具体事由包括：公证机构在出具执行证书前未向双方当事人核实债权债务履行情况；执行证书中所记载的执行标的不明确，如只写明各类名目，却无具体数额或计算方法；执行证书中所记载的执行标的超过法律规定的最高利率标准；等等。

2. 修改实体性事由

无论是《民事诉讼法》中的"确有错误"，还是《民事诉讼法解释》中的"内容与事实不符"，过于依赖实质化审查，不仅会对强制执行公证构成打压之势，也会诱导人民法院滥用执行审查权。因此，人民法院的执行审查应当是，也必须是一种有限的实质审查。② 在此基础上，笔者建议参照关于仲裁裁决不予执行事由的法律规定，作出如下调整：删除公证书的内容与事实不符的事由；保留公证书属于不得赋予强制执行效力的债权文书的事由；增设公证书不属于当事人申请赋予强制执行效力的债权文书，公证书所根据

---

① 详见最高人民法院（2011）执监字第 180 号"北京安鼎信用担保有限公司与无锡亿仁肿瘤医院有限公司等公证债权文书执行异议申诉案"、（2014）执复字第 16 号"许某文与内蒙古三江房地产开发有限公司其他执行申请复议案"执行裁定书。

② 蒋笃恒. 公证制度研究. 北京：中国政法大学，2002.

的证据是伪造的，公证员在办理公证时有贪污受贿、徇私舞弊、违法公证行为等事由。

3. 具化程序性事由

在执行审查中，程序性事由应当作为实体性事由的补充和延续。并非任何的程序问题或瑕疵均足以推翻公证书的执行力，其应以可能导致经公证的债权文书本身不成立、未生效、无效或者可撤销，进而影响人民法院强制执行之合法性、正当性为限度。结合 2006 年的《公证程序规则》，这类事由应包括：本人应亲自到场办理公证却未到场，如自然人委托、保证；无监护人代理的无民事行为能力人或限制民事行为能力人办理公证；申请公证的委托代理人未经当事人授权或超出授权范围；公证员、公证机构的工作人员代理当事人办理公证。除此之外，公证员应当回避而未回避、公证书未向当事人或其代理人送达等情形也应包含在内。

4. 保留效力性事由和社会公共利益事由

债务人同意接受强制执行的执行承诺，既是公证书得以强制执行的直接权源，也是债务人对公证事项无争议的再次确认，于是，相应地，公证书未载明债务人的执行承诺则构成人民法院不予执行的效力性事由，应予保留。同时，社会公共利益既有国家利益、集体利益之隐含，又有公序良俗之表现，更有公法秩序之依附。为确保人民法院在执行审查中具有独立的宏观视野，及时发现并纠正违反普世价值理念、侵害不特定主体利益的公证错误，有必要继续保留社会公共利益事由。当然，建议最高人民法院通过公布指导性案例、公报案例等方式，就社会公共利益作出更为详尽、易于辨识的解答。

（三）辅以保障：合理适用执行行为异议

由于执行证书不再拘束人民法院，因而执行当事人、执行标的均应由人民法院依据公证书所载债权文书之约定而确定。而这可能与客观事实或者法律规定不相符，故应当允许执行当事人通过提出执行异议予以救济，同时也可作为执行审查制度之外的有益补充。具体而言，以下情形可适用执行异议：一是债务人未履行或未完全履行债权文书所载明的义务，二是债务人已清偿全部或部分债权文书所载明的债务，三是债权文书所确定的债务利息、违约金、罚息、复利超出法律规定，四是债权人申请执行超出法定申请执行时效期间，等等。

结　　语

在现阶段和将来的很长时间里，获得最佳发展契机的 ADR 在中国将取得不可限量的成就。作为 ADR 的有机组成部分，强制执行公证制度也将有抢眼之表现。不过，想要充分发挥执行公证的实效性，人民法院应当在公证书为执行依据的法理基础和法律前提下，限缩审查对象，调整审查内容，理性把握审查尺度，构建起公证债权文书执行的"适度审查"制度。最后，以一句法谚作为结束："开立一家公证处，就等于关闭了一家法院。"

附件：

W 中级人民法院执行局
关于规范公证债权文书案件执行的实施意见（拟稿）

为了进一步规范公证债权文书执行案件办理，切实维护当事人、利害关系人的合法权益，根据《中华人民共和国民事诉讼法》《中华人民共和国公证法》和最高人民法院、市高级人民法院出台的相关司法解释、工作解答，结合执行工作实际，制定本意见。

第一条 公证机构依法赋予强制执行效力的债权文书，由被执行人所在地或者被执行的财产所在地人民法院执行。

前款案件的级别管辖，参照民事诉讼法关于第一审民事案件级别管辖的规定。

第二条 当事人申请执行公证债权文书，应当符合下列条件：

（一）申请执行的公证书已经生效；

（二）申请执行人是生效公证书确定的权利人或其继承人、权利承受人；

（三）申请执行人在法定期限内提出申请；

（四）申请执行的公证书具有给付内容，且执行标的和被执行人明确；

（五）被执行人未在公证书所确定的期限内履行义务；

（六）属于受申请执行的人民法院管辖。

第三条 当事人申请执行公证债权文书，应当提交下列材料：

（一）执行申请书；

（二）公证书原件；

（三）当事人身份证明材料、授权委托手续；

（四）被执行人财产线索。

当事人未提交第（一）（二）项材料的，通知其限期补齐，无正当理由逾期未补齐的，立案部门应当裁定不予受理。受理后发现上述情况的，经通知无正当理由逾期未补齐的，执行实施部门应当裁定驳回执行申请。

第四条　公证书对主债务合同和担保合同同时赋予强制执行效力的，人民法院应予执行；仅对主债务合同赋予强制执行效力未涉及担保合同的，对担保合同的执行申请不予受理；仅对担保合同赋予强制执行效力未涉及主债务合同的，不予受理。

第五条　公证债权文书案件受理后，执行实施部门应当依照民事诉讼法及相关司法解释关于民事执行程序的规定开展执行工作。

第六条　执行实施部门应当根据申请执行人的申请，执行公证书所载明的给付内容。

第七条　公证书没有给付内容的，执行实施部门应当裁定驳回执行申请。

公证书所载明的给付内容不明确或者超出法律规定的利率的，执行实施部门应当裁定对不明确部分或者超出部分不予执行。

当事人对前两款裁定不服的，可以按照民事诉讼法第二百二十五条规定提出异议。

第八条　被执行人认为申请执行人在公证书出具后未履行或未完全履行公证书所载明的义务，或者其在公证书出具后已全部或部分履行公证书所载明的义务，可以按照民事诉讼法第二百二十五条规定提出异议。

第九条　申请执行时效期间自公证书载明的债务履行期限届满之日起计算。

申请执行人超过申请执行时效期间向人民法院申请强制执行，人民法院应予受理。

被执行人对申请执行时效期间提出异议，应当按照民事诉讼法第二百二十五条规定办理。审判监督部门经审查异议成立的，裁定不予执行；异议不成立的，裁定驳回异议。当事人不服异议裁定，可以向上一级人民法院的审判监督部门申请复议。

第十条　给付内容为金钱债权的公证书载明可供执行财产的，执行实施部门可以执行该财产，也可以执行被执行人的其他财产，公证书明确清偿债务以其载明的可供执行财产为限的除外。

第十一条　经公证的以给付为内容并载明被执行人愿意接受强制执行承诺的债权文书依法具有强制执行效力。当事人对该债权文书的内容有争议直接向人民法院提起民事诉讼的，人民法院不予受理。

第十二条　被执行人提出证据证明公证债权文书有下列情形之一的，经执行裁决部门组成合议庭审查核实，裁定不予执行：

（一）公证书不属于法律允许赋予强制执行效力的债权文书；

（二）公证书不属于当事人申请赋予强制执行效力的债权文书；

（三）公证机关出具公证书违反法定程序；

（四）公证书所根据的证据是伪造的；

（五）公证书没有载明被执行人未履行或者未完全履行义务时同意接受强制执行；

（六）当事人恶意串通申请出具公证书，损害了案外人的合法权益。

案外人认为当事人恶意串通申请公证机构出具公证书，损害其合法权益的，可以申请不予执行。执行裁决部门经审查核实，裁定不予执行。

人民法院认定执行该公证债权文书违背社会公共利益的，裁定不予执行。

当事人、案外人不服前三款裁定和驳回申请裁定的，可以向上一级人民法院的审判监督部门申请复议。

公证债权文书被人民法院裁定不予执行的，当事人、公证事项的利害关系人可以就争议内容向人民法院提起民事诉讼。

第十三条　执行裁决部门裁定不予执行公证债权文书或者上一级人民法院的审判监督部门经复议裁定不予执行的，应当将执行裁定书送达出具公证书的公证机构。

第十四条　公证机构自行撤销公证债权文书的，执行实施部门裁定终结执行案件，执行裁决部门裁定终结审查不予执行申请。

公证机构自行更正或补正公证债权文书的，执行实施部门或执行裁决部门以更正或补正后的公证债权文书作为执行依据，继续执行或继续审查不予执行申请。

第十五条　本意见自公布之日起执行。

第十六条　本意见由 W 中级人民法院执行局负责解释。

专题十六 强制调解程序的必要证成及制度构建

詹 亮[*]

一、有关"强制调解"的意涵厘定：基于三个概念的对比分析

伴随世界性 ADR 浪潮的发展，越来越多的国家要求在特定类型纠纷进入诉讼程序之前，必须先经过调解程序解决。[①] 这种法定前置式调解被称为"强制调解"[②]。如此，单从语义层面上来讲，"强制调解"即已呈现与强迫调解、先行调解及调解前置相区别的明显特质。

（一）强制调解≠强迫调解

在我国以往的民事纠纷解决领域，强制调解通常被理解为违背当事人意愿、强迫当事人达成调解协议的做法（诸如以判压调、以劝压调、以拖压调、以诱压调等），因此，强制调解常常被称为"强迫调解"[③]。然则，强制调解与强迫调解不仅在语义上呈现不同意涵，而且在强制对象和强制性质上也均明显不同：一则，语义理解的差异。强制调解与强迫调解虽均借"强制力"而行为，但强制调解中的"强制力"呈现客观性，其系法律规定的强制，而强迫调解中的"强制力"带有明显的主观随意性，其系团体或个体意志的强加。二则，强制对象的差异。强制调解主要表现为"形式强制"，其指向的对象仅限于调解程序的启动，而强迫调解呈现"实质强制"，其指向的对象并不限于调解的启动，亦包括调解过程的进行与调解结果的达成。三则，强制性质的差异。强制调解具有分流案件和化解纠纷之程序功能，符合

---

[*] 詹亮，重庆市梁平区人民法院研究室法官。

[①] 娜嘉·亚历山大. 全球调解趋势. 王福华，等译. 北京：中国法制出版社，2011：26.

[②] 范愉. 非诉讼纠纷解决机制研究. 北京：中国人民大学出版社，2000：401.

[③] 王阁. 强制调解释义考——兼评新《民事诉讼法》第122条之"先行调解". 河南财经政法大学学报，2015（3）.

法律规定的精神及实践探索的趋向，系合法且合理的强制，而强迫调解系调解主体借非法且隐蔽的手段迫使当事人违背真实意愿而达成调解协议，在性质上是违法调解，"不仅违背调解的自愿原则，侵犯了公民权利，也无益于纠纷的公平解决"①。

（二）强制调解≠先行调解

"先行调解"作为法律术语最早出现在 2003 年最高人民法院颁布的《关于适用简易程序审理民事案件的若干规定》（以下简称《简易程序规定》）第 14 条的规定之中，即"下列民事案件，人民法院在开庭审理时应当先行调解：……"。2012 年修正的《民事诉讼法》颁布、实施后，"先行调解"作为一项制度正式得到法律确认，即"当事人起诉到人民法院的民事纠纷，适宜调解的，先行调解，但当事人拒绝调解的除外"。然则，实践以观，《简易程序规定》中的"先行调解"与新《民事诉讼法》中的"先行调解"和强制调解在调解性质、适用阶段及适用范围等方面存在不同程度的差异：一则，调解性质不同。《简易程序规定》中的"先行调解"因"应当"之条件限定而被赋予启动的强制性，其性质与强制调解的相同一，即该"先行调解"属于强制调解。然则，新《民事诉讼法》中的"先行调解""并不具有启动上的强制性，而是赋予当事人程序异议权，只要当事人加以拒绝，先行调解便不能启动"②，所以该"先行调解"并非强制调解，而依然属于自愿调解。二则，适用阶段不同。新《民事诉讼法》中的"先行调解"的时间节点被限定在"起诉到法院"，在其启动时依然处于诉讼程序之外，属于立案前或诉前的"先行调解"，以此为基准则具有强制调解的适用阶段属性。然则，《简易程序规定》中的"先行调解"的时间节点被限定在"开庭审理时"，在其启动时已经立案并进入诉讼程序，属于典型的诉讼中的"先行调解"。三则，适用范围不同。新《民事诉讼法》中的"先行调解"并未对适用案件范围作出明确规定，而系借"适宜调解的，先行调解"的模糊规定，"把何种纠纷适合'先行调解'的判断权交给了法院"③。然则，《简易程序规定》中的"先行调解"不仅从正面明确了其应当适用的六种案件类型，而且从反面将不能调解或者显然没有调解必要的案件予以排除，但其毕竟"仅

---

①　周永坤．论强制性调解对法治和公平的冲击．法律科学，2007（3）．

②　王阁．强制调解释义考——兼评新《民事诉讼法》第 122 条之"先行调解"．河南财经政法大学学报，2015（3）．

③　李浩．先行调解制度研究．江海学刊，2013（3）．

在简易程序中适用，也就是案件必须符合以简易程序进行审理的案件"①，与强制调解的适用案件范围相比，明显较窄。

（三）强制调解≠调解前置

强制调解与调解前置均具备前置性的特质，由此导致实践中对两者之理解和适用的混同，诸如有人认为"调解前置即等同于强制调解"②。但是，相较于强制调解对法定强制程序的过分倚靠，调解前置旨在表明民事调解在时间上的先行性，不经调解不得启动后续纠纷解决活动的一种状态③，其并不区分"因何种形式"而启动，既可因法律的强制规定，亦可因当事人的合意。实际上，调解前置并不是一个专门的法律概念，虽然最高人民法院在 2016 年发布的《关于人民法院进一步深化多元化纠纷解决机制改革的意见》中提出探索建立调解前置程序，并将其适用阶段界定为"登记立案前"，但对此处的"调解前置"并不能作宽泛意义上的理解和适用，必须"以征求当事人意愿为基础"，在本质上属于发生在诉讼程序之前的"先行调解"。综合以观，"强制调解显然不同于调解前置，它只是引发调解前置的原因之一，属于其中的法定调解前置，除此之外，当事人之间的合意也可以导致调解前置的产生，而这种约定的调解前置仍然属于自愿调解的范畴"④。

二、有关"强制调解"的生成分析：基于三重维度的必要证成

一项司法制度不是天然生成的，揭示了政治、社会、法治、法院等要素交替影响的发生学原理。⑤ 只有在案件分流、权利移转及斡旋调停的过程中，方能把握强制调解制度生成的必要维度。

（一）替代审判程序：案件分流以缓解办案压力

在诉讼爆炸及司法资源短缺的社会背景下⑥，"案件分流和程序多元是本

---

① 李德恩. 先行调解制度重述：时间限定与适用扩张. 法学论坛，2015（2）.

② 闫庆霞. 法院调解制度研究. 北京：中国人民公安大学出版社，2008：116.

③④ 王阁. 强制调解释义考——兼评新《民事诉讼法》第 122 条之"先行调解". 河南财经政法大学学报，2015（3）.

⑤ 左卫民. 刑事诉讼制度变迁的实践阐释. 中国法学，2011（2）.

⑥ 根据最高人民法院年度工作报告统计，2013 年至 2016 年，全国法院审结各类案件 6 323 万件（2013 年 1 294.7 万件、2014 年 1 379.7 万件、2015 年 1 671.4 万件、2016 年 1 977.2 万件），其中审结一审民事案件 2 174.8 万件（2013 年 355.4 万件、2014 年 522.8 万件、2015 年 622.8 万件、2016 年 673.8 万件），占比 40.02%。一审民事案件所占各类案件的比例较大，超过四成，虽然所占比例略有下降，但每年此类案件数量增大依然较大，平均超过 100 万件。

世纪以来司法改革的总体趋势"①。而就纠纷解决功能而言，调解较之于诉讼、仲裁等具有明显的优越性。尤其是强制调解制度能够通过双重方式推进案件分流，以实现对有限司法资源的最优利用：一则，对案件进行形式分流。强制调解要求特定类型案件必须先经过调解程序，并取得调解失败证明，才能进入诉讼程序。也就是说，不管强制调解能否取得化解纠纷的实际效果，但该程序业已形成对当事人起诉权利的"暂时阻隔"，从而拖延了案件进入诉讼程序的时间。二则，对案件进行实质分流。强制调解的适用范围基本上被界定为"能够调解或者具有调解可能的案件"，此即决定了进入强制调解程序的大部分案件都能通过斡旋协调等过程在案件进入诉讼程序前即得到化解，同时，虽然调解程序因强制而启动，但调解的进行及调解协议的达成确系当事人合意的结果，由此而降低了案件的上诉率、申诉率和强制执行率等。以北京的法院系统为例：2016 年上半年，北京市西城、丰台、顺义、昌平及房山等五区试点法院导出案件 10 588 件，立案前调解成功 4 129 件，占全市立案阶段调解成功案件数的 71.7%，自动履行率为 50.27%。②综合以观，强制调解的确起到了对案件进行分流和过滤的功效，正如德国实践所昭示的，"即便调解宣告失败，原告往往不会立即起诉，最终只有 50% 的纠纷进入审判"③。

（二）规避裁判风险：权力移转以分化审判责任

以调解规避裁判难题是国内外都惯用的权宜之计。④ 强制调解作为重要的调解呈现形式，其对审判责任的分化、移转主要在以下三个方面体现：一则，强制调解借对案件类型的限制来规避疑难、复杂纠纷。虽然强制调解并非对所有案件适用，但办案法官至少能够在限定范围之内规避棘手的案件纠纷进入诉讼程序，诸如"涉及群体利益案件，如共同诉讼、集团诉讼案件；难以形成证据优势的案件；适用法律方面困难的案件；敏感性强、社会关注程度大的案件；申诉复查案件和再审案件等"⑤。二则，强制调解借当事人合意决策来规避审判权的强制干预。强制调解仅限于对当事人参加调解的强制，而并不涉及调解过程的进行及调解结果的生成，易言之，相对于判决结

---

① 傅郁林. 迈向现代化的中国民事诉讼法. 当代法学，2011（1）.
② 唐宁. 开展诉前调解 调解员进入各区法院立案庭. 法制晚报，2016-09-21.
③ 王福华. 现代调解制度若干问题研究. 当代法学，2009（6）.
④ 王福华. 论诉前强制调解. 上海交通大学学报（哲学社会科学版），2010（2）.
⑤ 张晓茹. 构建中国强制调解制度的必要性和可行性——评《民事诉讼法》修正案草案第 122 条//谢晖，陈金钊. 民间法：第 11 卷. 厦门：厦门大学出版社，2012：274.

果对法律强制规则的绝对依赖，调解协议系当事人自治协商与自主决策的结果。如此，即便调解结果中存在不合理的利益损耗或者实体权利处分，只要不违反法律的强制性规定，协议各方即须因"对可以接受的结果的自认"而承担所有可能的不利后果。三则，强制调解引入社会力量的实现形式主要包括附设调解或者委托调解，而不管在哪种形式下，社会力量均系纠纷解决的参与者、主导者甚至决策者，法院在调解程序中仅进行"合理引导、适度指导、必要监督和充分保障"①。易言之，将社会力量引入强制调解程序后，其即替代法院成为斡旋和调停的主体，而伴随矛盾纠纷解决主体的转变，原本积聚在法院内部的激烈矛盾亦随之转移。当然，虽然法院对强制调解过程不再起主导作用，但其依然应对强制调解结果承担主体责任。

（三）实质化解纠纷：借斡旋合意来维持利益衡平

相对于"非此即彼"的诉讼程序，调解程序并非单纯追求纠纷的平息，其目的在于使纠纷得到真正彻底的解决。强制调解具有调解的共性——"法融柔情，律以正理"，既能展示法律的温和，又未完全远离法律的权威②：一则，强制调解为当事人解纷提供新途径。强制调解虽然科以当事人进行调解的义务，但实际上是赋予当事人在以诉讼程序解纷之外的新的选择形式，当事人在调解组织和人员的斡旋下，进行协调沟通和利益处分，并寻求双方均予以认可的"平衡点"。实践以观，一些当事人尽管系被动参与到调解程序当中，但通过斡旋和调停，都能取得理想的解纷效果，"有时最不愿意参与调解的当事人反而比那些更愿意参与调解的当事人对调解程序和结果表现出更大的满意度"③。二则，强制调解降低了对案件事实进行厘定的标准。与诉讼中案件事实对裁判结果具有决定性作用完全不同，在调解程序中纠纷涉及的事实仅被视为优化调解工作的参考依据。④ 易言之，为降低对抗而为解纷提供条件，强制调解呈现"忽视事实准确性"的特质。其对事实真相和证据材料的要求相对较低，无须达致确实、充分的程度，只要案件当事人经由斡旋和调停程序能够达成解纷的合意，且该调解协议不违反法律的强制性规定和公序良俗，不侵害社会公共利益及他人合法权益，即可在法律层面予以确认。

---

① 旷凌云．关于委托调解的适用范围之探讨．河北法学，2011（10）．
② 徐淑琳，姜君．论民事诉讼中的强制调解制度．华北电力大学学报（社会科学版），2014（6）．
③ C. 麦克尤恩，T. W. 米尔伯姆．对调解悖论的诠释．谈判杂志，1993（9）．
④ 陈群峰．我国应当建立家事诉讼纠纷调解前置程序．人民司法（应用），2008（13）．

三、有关"强制调解"的域外考察：基于四种特质的通识借鉴

当代全球调解的发展呈现强制性调解发展的趋势，很多国家都在立法中对强制调解作出规定，且致力于推动强制调解在更加广泛的纠纷领域内适用。① 虽然各个国家和地区之间的强制调解形态各异，但整体以观，依然存在可予以借鉴的通识特质。

（一）强制性特质：启动与适用的双重制控

"强制性"作为强制调解最突出的特质，亦是各域外国家对于强制调解制度最广泛的认同。其主要在以下两个层面予以呈现：一则，调解启动的强制。在通常意义上理解调解程序应当以当事人合意为启动基础，但强制调解的启动对当事人的程序选择权予以否定，对于符合法律规定的适用强制调解的案件类型，案件当事人无条件地参与案件调解。当然，"强制调解的启动是强制性的，但从持续地参与这一程序直至达成和解协议的过程，却应出于当事人的自愿"②。二则，调解适用的强制。为抑制或者克减当事人被动调解或者缺席调解的风险，域外适用强制调解的国家或地区往往在立法中对违背强制调解义务的组织或个人明确规定相应的制裁措施，诸如"直接给予程序上的制裁，比如英国作出的费用制裁令、日本处以 5 万日元的罚款等；依据诉讼结果作出的处罚，比如在美国拒绝调解的当事人一方在案件审理后没有得到比调解更有利的结果即要承担拒绝调解后双方所产生的费用"③。

（二）法定性特质：适用案件类型的特定限制

强制调解的"法定性"亦可被理解为"有限性"，是指"强制调解并非在所有民事纠纷解决中都适用，仅限于法律规定的少数特殊情形，属于自愿调解的例外和补充"④。域外适用强制调解的国家和地区的法律"或者对适用强制调解的案件类型（范围）和条件有明确规定，或者授权法官决定强制调解"⑤。前者如《德国民事诉讼法施行法》第 15a 条规定，"低于 1 500 马克的财产争议、邻地争议（涉及经营活动的除外）及没有经过媒体、广播报道

① 娜嘉·亚历山大.全球调解趋势：2 版.王福华，等译.北京：中国法制出版社，2011：26.
② 同①237.
③ 王福华.论诉前强制调解.上海交通大学学报（哲学社会科学版），2010（2）.
④ 王阁.强制调解释义考——兼评新《民事诉讼法》第 122 条之"先行调解".河南财经政法大学学报，2015（3）.
⑤ 范愉.委托调解比较研究——兼论先行调解.清华法学，2013（3）.

的个人名誉损害等，必须先经过调解才能被受理"①；后者如澳大利亚《联邦法院法案》第 53a 条规定，"法院具有在诉讼任何阶段命令调解的权力，即使在双方当事人异议的情况下法官依然可以启动调解程序"②。与此同时，其亦通过"例外规定"形式将不适用强制调解的案件予以排除，诸如德国即是"将变更之诉、对抵押的附加请求之诉、涉外之诉、反诉、有期限之诉、家庭事务之诉、再审之诉以及对证书和汇票程序排除在强制调解之外"③。

（三）前置性特质：进入诉讼程序的必经程序

"前置性"系基于启动时机对强制调解的特质界定，其要求法定范围内的民事纠纷案件在进入诉讼程序之前必须先经过调解这一前置程序，未能达成调解协议的才能向法院提起诉讼或者由法院径直对案件继续审理。如此，强制调解即"具有法定程序的意义，大致相当于一个审级，调解与诉讼分立，同时有明确的衔接关系"④。实践以观，域外适用强制调解的国家和地区均将"进行调解"作为审判诉讼程序启动的必备要件，诸如《日本家事审判法》中确立的"调停前置主义"，即"在诉讼系属前必须向家庭法院申请调停，如果未经调停而直接起诉的，视为申请调停"⑤。与其相似，我国台湾地区新"民事诉讼法"亦对强制调解的"前置性"作出强调，即"除第 406 条第一项各款所定情形之一者外，第 403 条规定的 11 类事件，须于起诉前，先经法院调解"。

（四）效力性特质：与判决等同的强制执行力

强制调解的"效力性"系整个制度或者程序功能能否发挥及发挥到何种程度的最终保障。如此，尽管域外适用强制调解的国家和地区对调解的性质作出不同界定，或者为非诉讼调解，或者为诉讼调解，但其对经由调停程序而达成调解协议的效力认定却呈现高度一致，均赋予调解协议与判决等同的强制执行效力，诸如《德国民事诉讼法》第 794 条规定，权利人可以依据调解达成的协议申请强制执行；日本《家事审判法》第 21 条规定，在当事人之间达成调解协议，并记录在笔录时，即为达成调停，其记载的笔录具有与确定判决同等效力；我国台湾地区新"民事诉讼法"第 380 条和第 416 条规

---

① 章武生，张大海. 德国起诉前强制调解制度. 法商研究，2004（6）.
② 桂广涛. 澳大利亚调解机制简析. 人民法院报，2011-09-27.
③ 郑梦圆. 完善我国先行调解制度的构想——以强制调解为切入点. 研究生法学，2013（4）.
④ 范愉. 当代世界多元化纠纷解决机制的发展与启示. 中国应用法学，2017（3）.
⑤ 陈爱武. 家事调解：比较借鉴与制度重构. 法学，2007（6）.

定，调解成立者，与诉讼上和解有同一之效力，和解成立者，与确定判决有同一之效力。

四、有关"强制调解"的制度建构：基于三项机制的程序设计

虽然强制调解程序的设定对当事人之程序选择权造成短暂的阻隔，但此项程序借以替代审判程序、规避裁判风险、实质化解纠纷等三重维度及域外适用强制调解的国家和地区可予以借鉴的通识特质，为其合理化存续提供了最强佐证。易言之，强制调解程序已然具备了必定存在的本土和域外基础，在多元化纠纷解决机制改革的背景下，对其操作规程进行合理且具体的设计应系理性之选。

（一）运行机制

（1）程序启动：法院依职权强制进行。普通民事调解程序的启动应当遵循当事人自愿原则，这被认为是诉讼调解的基石。[①] 然则，基于强制调解之制度设计的特定价值，其程序启动应当突出"职权强制"，即对于特定类型的案件，在进入诉讼程序前当事人必须向法院申请调解，如果未经调解而直接提起诉讼，由法院径直作出申请调解的认定而强制启动调解程序。当然，法院依职权启动强制调解程序并不排斥当事人主动申请进行调解的意愿。

（2）进行方式：调解进行非公开化。在实践中，当事人宁可进行激烈的诉讼对抗也不愿主动申请调解，"因为接受调解往往被视为一种示弱的表现"[②]。然则，即便当事人秉持排斥心态，但一旦其进入强制调解程序，基于解纷之需要其亦可能成为调解的积极参加者，借降低诉讼期待或者让渡既定利益等方式来寻求双方可能接受的结果。如此，单从消除当事人"心理担忧"以确保调解适用的层面即要求强制调解不应公开进行。此外，强制调解过程中可能涉及系列私隐性信息，尤其是在类似家事纠纷等案件中，诸多信息资料均系当事人不愿被外界获知、披露及传播的，若强制调解公开进行，不仅直接对当事人的合法权益造成侵害，亦可能对社会秩序和善良风俗等社会公益形成潜在冲击。

（3）效力界定：等同裁判的强制效力。为确保强制调解的程序价值得到实质实现，经由双方当事人斡旋和调停而达成的调解协议不应局限于"普通

①　唐力. 在"强制"与"合意"之间：我国诉讼调解制度的困境与出路. 现代法学，2012（3）.

②　娜嘉·亚历山大. 全球调解趋势：2 版. 王福华，等译. 北京：中国法制出版社，2011：37.

民事合同"的效力界定，而应当被赋予与判决相等同的强制执行效力。易言之，对于在强制调解程序中所生成的调解协议的效力无须再通过"立案后以调解书结案或者通过司法确认程序"等形式加以认定，其同生效裁判一样可以直接作为强制执行的依据。同时，为避免当事人之于调解协议效力的自治决策权遭遇完全替代，"应当赋予当事人必要的异议期，异议期间当事人可以考虑是否接受该裁决，在法定期间（一般为 10 日）内，当事人如果不提出异议，调解协议即自动生效，调解的结果具有强制执行力"①。

（二）管理机制

（1）案件范围的合理限定。关于强制调解应在何种纠纷范围内适用，国家或地区间做法不一，"有些国家和地区要求所有民事案件都经过调解方可起诉；有些则仅在有限类型中适用"②。然则，考虑到我国的司法状况及强制调解制度的发展程度，笔者建议，借立法技术对其适用的案件范围作出明确且具体的限定，待条件成熟后再予以扩展：其一，"正面列举"：争议标的额较小（一般控制在 1 万元以内）的纠纷、用调解解决效果更佳的纠纷（诸如宅基地和相邻关系纠纷、婚姻家庭纠纷、劳务合同纠纷、合伙协议纠纷、房屋租赁纠纷、保管纠纷、涉及共有物的使用和分割的纠纷等）及专业性较强而不宜由法院直接审判的纠纷（诸如交通事故纠纷、医疗事务纠纷、社会保险纠纷等）等，均应适用强制调解程序。其二，"例外排除"。对适用特别程序、督促程序、公示催告程序、破产还债程序的案件，婚姻关系、身份关系确认案件及其他当事人不能自由处分的案件，不能适用强制调解。

（2）实施主体的专业定位。在实践中，对调解人的选任标准并不统一，且整体门槛较低、专业化程度不高，诸如法官、法官助理或书记员等法院内部人员、法院附设的人民调解组织及接受法院委托的社会第三方均可成为调解的实施主体。美国波斯纳曾言，"用全部时间从事同样工作的人们总比将其时间分开以从事不相关的工作的人们更容易将工作做好"③。如此，为确保强制调解的质量和效果，应按照专业化的要求确定调解的实施主体：其一，强制调解应当由作为第三方的社会组织和人员实施，诸如法官及法官助理等法院内部人员不再直接参与案件调解过程。其二，强制调解的实施主体应当系经由法院选任程序确认的第三方人员，非经法院选任的社会组织和人员不

---

① 周杨．我国法院调解中强制性因素的合理界限和制度建构．甘肃政法学院学报，2010（6）．
② 范愉．当代世界多元化纠纷解决机制的发展与启示．中国应用法学，2017（3）．
③ 理查德·波斯纳．法律的经济分析．蒋兆康，译．北京：中国大百科全书出版社，1997：182.

能接受委托进行调解。其三，强制调解的实施主体进行调解时应当专职且全程进行，不能通过转委托形式移转调解职责。其四，强制调解的实施主体可以单独进行调解，或者以组成三人及以上调解委员会的形式进行调解。

（3）调解期间的适当把握。虽然强制调解程序为当事人增设了一种解纷的途径，但不可否认，其对当事人的诉权实现确系形成了实质限制。如此，为确保当事人之于特定纠纷中实体利益和程序利益的均衡，须对强制调解期间作出适当把握：其一，"必要期间"。调解程序并不限于单纯的斡旋和调停，亦包括因调解需要而进行的必要性调查，同时，调解工作因过分依靠当事人的主观意志而呈现较强的反复性，综合考量并以德、法对调解期间的规定为参照，强制调解的期限应当限定为 60 日。其二，"增加期间"。在通常情况下，强制调解必要期间届满而没有达成调解协议的，即应宣告调解失败并发送调解失败证明，当事人据此可进入诉讼程序。然则，在诸如因正当理由而导致调解进程推延或者虽然必要期间届满但案件依然具有调解的较大可能性等特殊情形下，可以允许调解主体向法院提出延期申请并说明理由，但为避免因调解时限过长而拖延诉讼，延长后调解的总期间不能超过 3 个月。

（三）保障机制

（1）制裁措施的保障：程序与实体上的双重制约。强制调解中的强制应与一定制裁措施相对应，否则就不成其为强制。[1] 易言之，强制调解过程中，当事人无正当理由违背强制调解义务的，应当受到相应的惩罚：其一，"程序性制裁"。当事人无故缺席调解或者对调解敷衍的，调解实施主体应当报请办案法官作出处以一定数额罚款的决定，罚款的数额根据具体情节在 1 000 元至 5 000 元之间予以确定。其二，"实体性制裁"。当事人因拒绝调解方案而导致纠纷转入诉讼程序的，办案法官应当对经由调解与经由判决程序而生成的结果进行比对，若调解结果呈现更优，则作出由拒绝调解方案的当事人承担对方因参与诉讼而产生的全部费用的决定。

（2）激励措施的保障：受理费用减免的杠杆效应。当前，我国虽对以调解方式结案的案件受理费实行减半收取，但该案件受理费的缴纳标准系按争议标的额的一定比例计算，与以判决方式结案的案件受理费的征收标准并无区别。如此，为激励当事人适用强制调解程序解决纠纷，应当对调解费用的征收标准作出调整：其一，"固定数额征收"。对于争议标的额较小的纠纷，

---

① 王福华. 论诉前强制调解. 上海交通大学学报，2010（2）.

或者用调解解决效果更佳的纠纷①，可以参照并略高于日本 500 日元（折合人民币 40 元＊）的标准②，当事人应当一次性全额缴纳 60 元的调解费用。其二，"降低比例征收"。对于专业性较强，因而不宜由法院直接审判的纠纷，虽然其疑难和复杂特质导致调解成功的可能性相对较低，但经过诉讼程序启动前的调解能够克减乃至消除当事人之间的对抗而使当事人理性维权。如此，即可在现有激励措施之基础上，降低强制调解费用，以不高于三分之一的比例征收。当然，若经由强制调解而最终未能达成调解协议，当事人为进行斡旋和调停而缴纳的费用均可在进入诉讼程序后在诉讼费用中予以折扣。

（3）救济措施的保障：调解程序与诉讼程序有效对接。强制调解的程序设置导致当事人裁判请求权实现的延迟。如此，一旦当事人未能就调解协议达成一致，纠纷案件应当及时进入诉讼程序处理：其一，起诉时间。为避免诉讼时效而届满导致当事人丧失诉权，在调解失败后，当事人申请调解或者法院作出视为申请调解认定的时间应作为起诉的时间。其二，诉讼节点。强制调解程序中对涉案的事实和证据均进行了搜集和核实，在调解失败后，案件审理可不再进行举证、质证而直接进行辩论。其三，审理期限。对于因调解失败而进入诉讼程序的案件纠纷，应当严格按照审理期限的规定进行处理，但调解期间应当在案件审理期限内予以扣除。当然，如果当事人的起诉不符合立案条件，则应根据法律规定裁定驳回起诉。

＊　40 元系依本专题写作时的汇率计算而来。——编辑注

①　争议标的额较小的纠纷事实较为清晰，权利与义务关系明确，且争议不大，适用调解的资源消耗低且效果明显；用调解解决效果更佳的纠纷，不仅涉及法律问题，而且涉及诸多社会问题，调解的过程既是对当事人私益处分的过程，亦是对社会公益整体均衡的过程。

②　白绿铉．日本新民事诉讼法．北京：中国法制出版社，2000：7．

专题十七　我国调解前置程序改革的困境与对策

陈新哲*

随着社会经济飞速发展，各种矛盾冲突涌入法院，使原本已经凸显的
"案多人少"矛盾更加尖锐。因此，能否建构一套完备的矛盾纠纷解决机制，
有效地化解社会矛盾纠纷，已经成为评价一国社会治理效果好坏的显性标
尺。事实上，在司法高层出台"探索建立调解前置程序"的改革意见之前，
全国多个法院已经或明或暗地进行着这项改革作业。从当事人拥有法定听审
权之法理而言，调解前置程序的设置实际上是对当事人诉诸法院之权利行使的
一种限制。那么，在民事诉讼中，能否设置调解前置程序？正在进行的调解前
置程序改革又该当遵循哪些基本原理？在重视和保障当事人的裁判请求权并鼓
励当事人适用诉讼外纠纷解决机制的时代背景下，这些问题值得深入研究。

一、调解前置程序的改革现状

近年来，为缓解法院"案多人少"的矛盾，全国多个法院积极推进调解
前置程序改革。据报道，2009 年河南省南阳市中级人民法院对一些民事案
件实行诉前调解，通过预立案的方式，引导当事人先行调解。[①] 2012 年，江
苏省高级人民法院积极倡导调解前置程序改革，对 12 类案件尝试先行调
解[②]，即对当事人诉至法院的纠纷，由立案庭审查是否属于调解前置的范围，

---

* 陈新哲，广东省深圳市福田区人民法院党组书记、院长。

① 陈海发，冀天福．南阳法院——调解的全民总动员．人民法院报，2010 - 01 - 12.
② 《江苏省高级人民法院关于诉前调解工作的若干意见》第 5 条规定，下列纠纷在立案前应当先
行调解：(1) 婚姻家庭、继承，变更抚养、收养关系，追索抚养费、扶养费、赡养费纠纷；(2) 劳动
争议纠纷；(3) 交通事故损害赔偿纠纷；(4) 医疗损害赔偿纠纷；(5) 宅基地和相邻关系纠纷；(6) 建
筑物区分所有权纠纷；(7) 数额较小的民间借贷、买卖、借用纠纷；(8) 物业服务合同纠纷；(9) 拖
欠水、电、煤气、电信费纠纷；(10) 消费者权益保护纠纷；(11) 刑事自诉纠纷；(12) 其他以诉前调
解方式更有利于化解的纠纷。对这 12 类案件，当事人书面表示不同意调解的，人民法院应当进行引导
和释明。唯有在当事人仍不同意调解的情形下，才审查立案。

属于调解前置的，告知其选择相应的调解组织先进行调解，当事人在法官释明后仍不同意调解的，才予立案。北京市的顺义、昌平、丰台、西城、房山等区县人民法院也尝试着进行调解前置改革，选择交通事故纠纷、物业供暖纠纷，婚姻、继承纠纷，以及标的额在 10 万元以下的买卖合同、民间借贷纠纷等五类适宜调解的案件实行调解前置程序。这些法院的立案庭在收到上述五类案件的起诉材料后，经审查，符合立案条件的，直接移交进驻立案庭的人民调解员先行调解。① 2017 年，温州市鹿城区人民法院出台的《关于开展一审民商事案件诉前调解前置工作的实施意见》规定，五类十种一审民商事案件应适用诉前调解前置程序，即当事人来院递交诉讼材料时，立案人员应进行诉讼指导，向当事人送达"诉讼调解前置告知书"，引导当事人先行调解。② 近年来，深圳市福田区人民法院（以下简称福田法院）结合广东省高级人民法院《关于建立诉前联调工作机制的意见》及地方实际需求，制作了《深圳市福田区人民法院诉前联调工作规则》，规定了相邻关系等八大类纠纷及争议标的金额在 5 万元以下的小额纠纷直接进入诉前联调程序。③ 对上述改革措施稍加梳理，我们不难发现，前述法院所进行的调解前置程序改革存在以下现实困境。

其一，调解前置在"强制"和"自愿"之间举棋不定。已然进行的调解前置程序改革，在确定调解前置的案件范围上标准各异。但"前置"程序的样态大体相同，即大多以"先行调解"或"诉前联调"来表达。从各法院出台的指导改革的内部规则来看，难以明辨调解前置是否具有强制性。有法官认为，"现行的先行调解不是一种强制性的'调解前置'，而只是一种可供当事人权衡利弊后自主选择的纠纷解决方式"④。而有法院则要求，案件进入法院后，对于符合调解前置的案件（除当事人明确不同意调解的外），必须先立"调"字号，强制性地将特定案件交付其他调解组织进行诉前调解。显然，在现行改革中，法院（官）对于调解前置是否应具有强制性认识不一。因法院（官）对于是否应实行强制性调解前置心中没底，故而一些改革措施

---

① 杨艳，张华. 北京法院积极探索立案前调解前置程序试点改革. [2018 - 04 - 07]. http：//finance. sina. com. cn/sf/news/2016 - 04 - 12/110526883. html.

② 鹿轩. 调解前置化矛盾. http：//www. zjcourt. cn/art/2017/5/26/art _ 3 _ 11475. html.

③ 对于在规定中适宜"诉前联调"的案件，若当事人明确拒绝"诉前联调"，则应由当事人本人或者经特别授权的委托代理人出具明确拒绝适用"诉前联调"的书面声明.

④ 舒秋膂. 立案登记制背景下关于调解前置程序的几点思考. http：//finance. sina. com. cn/sf/news/ 2016 - 05 - 03/163229003. html.

只能在"强制"与"自愿"间游离不定。

其二，调解前置程序改革所需的调解人员力量不足且缺乏稳定性。福田法院作为深圳市多元化纠纷解决机制的试点法院，也在尝试推进调解前置程序改革。该院在改革过程中，除遭遇前述问题外，最大的现实问题是，支撑调解前置程序改革的人员队伍不足，且现有人员的稳定性不强。目前，该院的常驻调解员队伍主要包括区司法局派驻的人民调解员、贸促会和保险消费者权益中心派驻的调解员、家事调解员以及招聘的爱心调解员。但这些调解员对于该院以诉前调解化解纠纷而言是杯水车薪。首先，前述组织派驻该院的调解员人数非常有限。① 不仅如此，由于调解员工资待遇偏低，对调解成功的案件又无配套奖励措施，所以调解员的工作积极性普遍不高。其次，派驻该院的调解员缺乏归属感。在我国调解尚未职业化，大多数调解员尚无职业认同感和归属感。通过培训、学习掌握了一定调解技巧的调解员往往流动性大，调解员队伍常常处于"培训好—流失—再培训"的恶性循环中，影响了调解工作的成效。此外，虽然该院聘请的爱心调解员人数可观，但这些调解员大多在政府机关、企事业单位工作，他们本身工作繁忙，难以抽出时间参与爱心调解，只有少数几个退休的爱心调解员能够经常性参与爱心调解，造成爱心调解员人数虽多但实际参与调解者很少的窘境。

其三，调解前置程序改革的措施难以有效实现其改革目的。如前文所述，缓解法院"案多人少"的矛盾、有效化解矛盾纠纷是调解前置程序改革的重要使命。前述法院作为调解前置程序改革的"先锋队"，其改革目标是明确的，而且具有趋同性。但是，前述法院关于调解前置程序改革所采取的措施很难实现其改革目的。以福田法院为例：2017 年上半年，该院受理案件超过 5 万宗，显然，在"有诉必理、有案必立"的工作原则下，案多已成为必然。与之相对，该院的入额法官仅有 102 人，人少又极为明显。为了有效分流案件，该院进行了"诉前联调"改革，邀请社会调解组织 28 家，聘请特邀调解员 125 人，并建立了诉调对接中心。但是，从目前的情况来看，以调解前置来消解案件的效果还不甚理想，具体体现在两个方面：一是诉前调解可以消化的案件数量有限。二是各种解纷机制之间衔接不畅，诉前调解的

---

① 常驻该院的调解员具体包括：区司法局派驻法院的人民调解员共 4 名，家事调解员 2 人，贸促会派驻的商事调解员 1 名，保险消费者权益中心派驻的调解员 1 名（数据来源于深圳市福田区人民法院）。

效率和效力难以保证。

二、调解前置程序改革遭遇困境的原因

尽管调解前置程序改革的动机和目的契合当前司法实践的现实需要，但该项改革在推进过程中困难重重，究其原因，主要有以下两个方面。

（一）调解前置程序改革的制度依据不足

我国的"调解前置"最早出现在 1984 年最高人民法院《关于贯彻执行民事政策法律若干问题的意见》中。该意见指出，人民法院审理离婚案件应坚持在查明事实、分清是非的基础上进行调解。2003 年，最高人民法院《关于适用简易程序审理民事案件的若干规定》（以下简称《若干规定》）第 14 条明确规定，人民法院对特定类型的案件应当先行调解。① 2012 年《民事诉讼法》第 122 条规定："当事人起诉到人民法院的民事纠纷，适宜调解的，先行调解，但当事人拒绝调解的除外。"② 2015 年 10 月 13 日，中央全面深化改革领导小组第十七次会议审议通过了《关于完善矛盾纠纷多元化解机制的意见》。该意见要求有条件的基层人民法院对劳务纠纷等六类纠纷进行调解前置程序探索。2016 年 6 月，最高人民法院发布的《关于人民法院进一步深化多元化纠纷解决机制改革的意见》（以下简称《多元化改革意见》）第 27 条，将调解前置程序的适用范围扩大到物业管理等七类纠纷。③ 此外，为实现调解前置，相关法律规范对委派调解和委托调解也进行了规定。现有法律规范对调解前置或调解前置程序的规定具有以下特点：首先，我国制度层面出现的调解前置大多以"先行调解"一词来表达。但是，就前述法律规范而言，关于婚姻纠纷及《若干规定》中的先行调解案件以强制调解的样态出现，而现行《民事诉讼法》中的先行调解以当事人合意选择调解为前提，这就使"先行调解"在不同法律规范中的性质迥异。其

---

① 《若干规定》第 14 条规定：下列民事案件，人民法院在开庭审理时应当先行调解：（1）婚姻家庭纠纷和继承纠纷；（2）劳务合同纠纷；（3）道路交通事故和工伤事故引起的权利义务关系较为明确的损害赔偿纠纷；（4）宅基地和相邻关系纠纷；（5）合伙协议纠纷；（6）诉讼标的额较小的纠纷。但是根据案件的性质和当事人的实际情况不能调解或者没有调解必要的除外。

② 全国人民代表大会常务委员会法制工作委员会. 中华人民共和国民事诉讼法释义. 北京：法律出版社，2012：297.

③ 最高人民法院要求，有条件的基层人民法院对家事纠纷、相邻关系纠纷、小额债务纠纷、消费者权益保护纠纷、交通事故纠纷、医疗纠纷、物业纠纷等适宜调解的纠纷，在征求当事人意愿的基础上，引导当事人在登记立案前由特邀调解组织或者特邀调解员先行调解。

次，在现行法律规范中调解前置（先行调解）是一种立案后审理前的先行调解程序，与司法实务部门要求在诉前（立案前）通过诉外调解来分流案件，缓解"案多人少"之矛盾的现实需要不相契合。最后，我国相关法律规范虽提及委派调解和委托调解，但对二者的制度功能及程序设置未作足够区别，致使二者在调解前置的改革中均未能发挥相应作用。尤其是，立案登记制关于"当场登记立案，及时移送审判庭"的规定，几乎没有为登记立案前的"委派调解"预留出时间和空间。总之，由于现行相关法律规范对调解前置的规定存在一定的模糊性，司法实践中的种种改革因无法可依而缺乏清晰的轨迹。

（二）调解前置程序改革的理论基础薄弱

其一，调解前置的学理概念不清。准确界定调解前置无疑是调解前置程序设置和改革首先应解决的基本问题，毕竟，制度的概念内涵关涉着其自身及其他一些重要制度的设计，因此，从学理上厘清调解前置的概念具有十分重要的意义。目前，学界对调解前置的理解仁智各见，大体可以归纳为三种观点：一是诉前（立案前）调解先行。有学者认为，调解前置是指专门调解机构与法院在纠纷解决上，侧重区分先后顺序的诉前强制调解。[①] 也有学者认为，调解前置与任意调解相对，是法律意义上的诉讼前置程序，是针对特定纠纷在诉讼前必经的处理程序。[②] 二是立案后开庭审理前的调解先行。有学者则认为，调解前置是指在调审分离的前提下，立案后开庭审理前由法院专门的调解人员主持的审前调解。[③] 三是既包括诉前（立案前）的调解前置，也包括审理前和判决前的调解前置。有学者认为，调解前置是指将调解作为审判程序开始前的必经程序，纠纷未经调解不得裁判，包括起诉前先行调解、开庭前先行调解和判决前的先行调解三类。[④] 上述关于调解前置概念的界定均侧重于调解与审理的时间先后问题，凸显调解的"前置"性特点。但稍加梳理，我们不难发现，前述概念尚存在以下问题：一是调解前置与先行调解、强制调解的概念混淆。众所周知，我国民事诉讼理论研究尚停留在注释法学层面，对调解前置概念的理解也不例外。鉴于调解前置在制度层面上

① 王福华. 论诉前强制调解. 上海交通大学学报（哲学社会科学版）2010（2）.

② 张艳丽. 法院调解前置模式选择：民事审前调解. 法学杂志，2011（10）.

③ 闫庆霞. 法院调解制度研究. 北京：中国人民公安大学出版社，2008：116.

④ 郭晓光. 民事诉讼调解新论. 北京：中国政法大学出版社，2013：98. 持类似观点的还有王阁，王阁. 民事强制调解研究. 重庆：西南政法大学，2013。

强制与否具有不确定性，学理上关于调解前置的解释，也在"强制调解"和当事人"自愿调解"之间游离，也就不足为怪了。① 二是调解前置与强制调解纠缠不清，改革措施难免招致限制当事人诉权的诘难，亦难免遭受对民事审判权作用范围的质疑②，从而使一些法院在调解前置程序的改革上缩手缩脚、裹足不前。

其二，调解前置程序的正当性尚无相应理论支撑。近年来，调解在我国纠纷解决实践中已然成为一个制度创新的标杆，且一度形成"大调解"格局。与此相应，学界对调解的研究也呈现方兴未艾的局面。但是现有研究成果注重于对调解制度的设计、反思与修正，而缺乏对调解乃至调解前置等问题所需理论的深入挖掘。调解前置作为一种"自下而上的正义"，其诸多改革措施是从现实需要出发的，无相应的理论指导。时下，自发性的调解前置程序改革对于当事人妥善解决纠纷、减轻法院的诉讼压力，确实发挥了一定的作用。但是，一套融贯之理论的缺乏，不仅可能导致制度设计与具体实践之间产生矛盾，而且可能造成相应制度的正当性与合法性价值的丧失。正如有学者所说："调解实践与调解理论之间的显著差异，被认为是未来调解在程序质量方面将要面临的重大挑战。"③

三、调解前置程序改革的法理依据

为构建科学、合理的调解前置程序，必须明确调解前置程序构建应当遵循的基本原理。笔者认为，司法资源的有效配置是国家司法权能的应有内容。因此，对调解前置的理解应从四个方面展开：其一，调解的时间具有前置性。调解前置应是纠纷被诉至法院后、与法院形成系属之前，由法院将案件分流至社会调解组织的司法管理行为。调解前置中的"前置"应当是相较于法院"立案受理"而言的先行行为。反之，一旦案件被法院立案受理，法

① 有学者认为调解前置具有强制性，有学者认为调解前置不具有强制性，还有学者认为，调解前置既包括法律规定下的强制性调解前置，也包括当事人合意下的约定性调解前置。田小芳. 论社区医疗纠纷调解前置程序的设置. 山西农业大学学报（社会科学版），2013（12）.

② 郝满良. 新法取消了交通事故的行政调解前置. http://auto. sohu. com/2004/04/30/22/article220012266. shtml. 有法官认为，人民法院是审判机关，应当按照法定程序开展审判活动，任何对诉讼程序的变更或者调整都应当具有现行法上的依据。将人民法庭受理的民事案件先行调解并将其作为前置程序，没有法律依据。万鄂湘. 调解能否作为前置程序值得探讨. （2007 - 03 - 07）. http://politics. people. com. cn/GB/1026/5447241. html.

③ 娜嘉·亚历山大. 全球调解趋势. 王福华，等译. 北京：中国法制出版社，2011：1.

官在审前或案件审理中对纠纷进行的调解，抑或案件受理后由法院委托给其他组织或人员进行的调解，都不属于调解前置讨论的范畴。其二，调解的主体具有社会性。在立案前的调解主体只能是社会调解组织或人员。事实上，调解前置真正的意义在于，对诉至法院的案件进行合理分流，以实现司法资源的合理配置。当前部分法院在调解前置程序改革中，邀请社会组织力量进驻法院，设立调解工作室。这些调解组织积极开展诉前调解，在案件分流及有效化解纠纷方面发挥了积极作用。[①] 其三，调解的对象（案件范围）具有限定性。当前，我国正处于社会经济转型时期，复杂、激烈的利益冲突必然伴随着多元纠纷的产生，多元化的纠纷必然伴随着多元主体和多元利益诉求。为了充分保障当事人在民商事纠纷解决中的处分权，应当有多元化的纠纷解决方式供当事人选择。因此，调解前置程序的适用对象应固定在一定范围内。其四，调解的性质具有强制性。从合理分流案件而言，唯有强制性调解前置，才能发挥其制度功能。正如有学者所说：被动参加调解的成功率与自愿调解的成功率基本相当，而且被动参与调解的当事人的满意度也很高。这项实验说明，许多当事人不愿意主动提出调解是出于诉讼策略的考虑，不愿意作为调解的启动者，但愿意成为调解的积极参与者。[②] 综上所述，笔者认为，调解前置应当是指在纠纷系属法院前，由法院强制性地将特定案件分流至专门的调解组织，优先适用调解化解纠纷的一种诉讼外解纷方式。根据调解前置的内涵，笔者认为，其程序改革具有以下法理基础。

（一）"分配正义"是调解前置程序改革的哲学基础

目前，我国民事司法改革亟待解决的问题是，如何把有限的资源投入在较合理的时间内处理好不断增加的诉讼案件。伴随法院审判功能对人民实现正义功能的减弱，人们开始反思司法与正义的关系。就如 20 世纪末英国沃尔夫勋爵倡导的"接近正义"改革，面对诉讼延迟、效率低下等弊端，人们逐渐将正义实现的路径转向建立多元化纠纷解决机制。[③] 有限的司法资源必须在那些寻求或需要正义的人们中公正地分配，而公正地分配司法资源必须考虑以下因素：其一，公正地分配这些资源必须考虑具体个别案件的特征，以确保个案能够获得适当的法院审理时间和注意力的分配。法院资源的配置、时间和金钱的投入必须保持一种与具体案件的难度、复杂性、价值以及

①　林朝丰．诉前联调新探索．东莞日报，2016 - 09 - 26．
②　娜嘉·亚历山大．全球调解趋势．王福华，等译．北京：中国法制出版社，2011：234．
③　程汉大，李培峰．英国司法制度史．北京：清华大学出版社，2007：363．

重要性的合理关系。其二，在资源的配置中，时间和成本是相互关联的因素。正义不应当是以昂贵的价格"买来"的；而且，"迟来的正义非正义"。其三，法院的责任延伸到就个案作出公平判断之外。法院应当对作为整体的民事司法制度的资源及公平与正当的分配承担责任。[1] 业内周知，法院的审判权包括审理裁决权和诉讼指挥权。审判权作用范围的界定应当是法院的职能行为。法院将适宜调解的案件在立案受理前进行合理分流，反映出司法机关在社会治理过程中的担当。[2] 审判权的能动行使，只要尊重司法的基本规律，且以遵循社会纠纷解决的基本规律为归宿（即社会的归社会，行政的归行政，司法殿后）[3]，就能真正实现社会治理的良性运转。在多元化纠纷解决机制中，调解具备程序灵活、成本低廉等特点，将其设置为化解民事纠纷的前置程序，符合接近正义的价值理念。

（二）实现法和平是调解前置程序改革的价值导向

业内周知，调解作为当事人合意化解纠纷的良性机制，在我国具有深远的历史传统，时下亦能够彰显"和谐"之社会主义核心价值观。正因如此，对于当事人诉至法院的民事纠纷优先尝试在诉前以调解方式解决，不仅具有深厚的文化传统，而且具有时代意义。尽管我国逐渐由熟人社会，向半熟人、半陌生人社会转变，但"打官司"对于普通公民而言依然是"一朝官司，十年仇"，容易造成心灵创伤。因此，人们探索以和平的方式化解纠纷的步伐从未停止。如前文所述，调解前置程序改革的目的在于，通过国家制度安排将大量适宜调解的纠纷分流到诉讼外的纠纷解决渠道，实现司法资源的合理分配，以非诉的方式实现法和平。对于不必诉诸审判的纠纷尝试以调解的方式化解在法院立案之前，不仅不会影响当事人诉权的实现，而且是当事人接近正义的另一种方式。毕竟，与诉讼相比，调解更有利于修补矛盾双方的关系，能够有效降低纠纷化解的成本。对于适宜调解解决的纠纷适用调解前置程序，有助于推动纠纷解决方式从"司法一元"向"社会多元"转变，实现纠纷性质、类型与纠纷解决方式的匹配。也就是说，在司法资源极其有限的时代背景下，通过调解前置的方式来分流和化解纠纷，不仅是诉讼

---

① "Access to Justice"：Lord Woolf's Final Report. *Civil Justice Quarterly*. Vol. 15，October，1996.

② 程曙明，陈玉莲，沈旸. 我国司法规律的谦抑主义——以替代性纠纷解决机制为视角. 西南政法大学学报，2010（5）.

③ 江国华. 走向能动的司法——审判权本质再审视. 当代法学，2012（3）.

程序对社会价值实现的综合权衡，而且是追求实现公平、公正，实现法和平的有效途径。正如有法官所言："调解是民事简易程序中化解民间矛盾的最重要的手段，在民事诉讼中对适宜调解的纠纷适用调解前置程序，更有利于及时化解矛盾、减少当事人诉累、降低诉讼成本、提高审判效率，有利于缓解人民法院当前工作中'人员少、任务重'的矛盾局面。"[①] 将诉至法院的案件在诉前进行分流，一方面，可以增加民众利用司法的机会；另一方面，使公民有机会获得具体而符合实际的正义，即及时、便捷、经济、平和地解决纠纷。[②]

四、应对调解前置程序改革困境的具体措施

我国社会调解组织尚不完善，调解人员的能力参差不齐，主持前置调解程序的人员能力考核不规范，工作待遇尚不完善，调解前置达成之调解协议的效力界定不明，这一系列因素共同导致当前调解前置程序改革遭遇梗阻。为回应实践中对特定纠纷适用调解前置程序的需求，调解前置程序改革应采取以下具体措施。

(一) 从立法上明确调解前置程序的内涵

客观地讲，我国现行法律规范对"先行调解"有所规定，但对先行调解的内涵缺乏明确的界定，致使该制度的具体适用条件具有模糊性，在司法实践中尚存在适用标准不一、适用规范不明、保障性机制欠缺等乱象。以广东省为例，调解前置程序的改革在诸多法院展开，但目前指导改革运行的多为各法院自行制定的规则、条例或意见，改革始终处在于"法"无据的状态。回应实践中对特定纠纷适用调解前置的需求，有两种改造现行《民事诉讼法》的方案：一是通过司法解释对现行"先行调解"制度进行改造，丰富其内涵，扩大其外延，即将先行调解的适用范围扩展至诉讼前，同时对拒绝调解的范围和内涵进行严格限定。二是在立法中直接规定调解前置程序。这是最为彻底的修改方案。笔者主张采用第二种方案，理由是，现行《民事诉讼法》中的先行调解是在双方当事人同意的前提下，人民法院依据特定标准适度地适用先行调解。调解前置应当具有一定的强制性，不以当事人合意为前提。值得一提的是，强制调解不是以强迫当事人达成调解协议为目的而展开

---

① 王银忠．调解前置程序的适用及应注意问题．http：//www.chinacourt.org/article/detail/2009/03/id/350840.shtml.

② 范愉．当代世界多元化纠纷解决机制的发展与启示．中国应用法学，2017（3）．

的调解，而是针对特定适宜调解的纠纷强制适用调解，是以非诉方式化解民事纠纷的解纷方式。显然，强制调解的强制性仅存于诉前调解程序的启动方式上。如前所述，调解前置程序改革的目的是，聚合社会力量化解特定纠纷，以有效缓解法院"案多人少"的矛盾，并保障当事人的合法权益。相比较而言，第二种路径更能满足我们的现实需要。也就是说，在立法中直接规定调解前置程序乃最佳方案。具体而言，相关立法对调解前置程序应明确以下内容：一是明确调解前置程序适用的时间。调解前置应被界定为诉前调解，即在法院立案之前由社会调解组织先行调解，以明确其司法 ADR 的制度性质。① 二是明确调解前置程序具有强制性，即明确调解前置是法院强制性分配司法资源的行为，是国家司法权的应有内容。三是明确调解前置程序的适用案件范围。相关立法应结合实际需要对调解前置程序适用的案件范围进行负面列举性规定，尽量扩大适用案件范围。《民事诉讼法》第 122 条规定：当事人起诉到人民法院的民事纠纷，适宜调解的，先行调解，但当事人拒绝调解的除外。对此，笔者认为：首先，对于适宜调解的案件，原则上法院可以合理调配司法资源，先行采取调解方式处理。其次，"当事人拒绝调解"应当理解为对调解结果的不认可，而不应认为是对适用调解程序的不认可。目前福田法院在探索调解前置程序适用的过程中，主要是通过制作先行调解告知书，对当事人起诉到该院的民事纠纷进行引导和解释。对于适宜调解的案件，引导进入先行调解。对于少数当事人不同意调解的，要求其填写不同意调解确认书，说明理由。由于该院案件数量巨大，案件立案以后往往排三四个月才能开庭，所以大部分当事人对先行调解流程表示理解和认可。

（二）培育社会调解组织及调解人员

如前文所述，调解前置是在诉前对案件进行分流，将适宜调解的案件强制性地交由社会调解组织进行调解。因此，只有成熟的社会调解组织和职业化的调解员，才能胜任"前置"的调解工作，才能尽可能地将纠纷化解在诉前，发挥调解前置程序的功能。问题是，我国的社会调解组织极不发达。目前的状况是，人民调解一统天下。人民调解员的任职条件是，"公道正派、热心人民调解工作，并具有一定文化水平、政策水平和法律知识"，至于各项专业知识和调解技能则无要求。虽然，随着社会经济体制转型，一些商业

---

① 笔者认为，调解前置应当具有司法 ADR 性质。调解前置是法院根据纠纷的特殊性，将适宜前置调解的民事纠纷进行诉前分流。虽然分流的案件交由非诉调解组织进行调解，但法院对这些案件仍有司法管辖权。而且，在调解前置程序中，法院可以作为管理者、监督者或程序的主持者。

性调解组织、行业性调解组织正在慢慢兴起，但这些调解组织获长足发展还需要时日。破解前述调解员队伍力量不足且缺乏稳定性差的对策有三：一是积极培育各种调解组织。国家要在立法层面打破人民调解一统天下的局面，支持、扶植商业性、行业性调解组织的发展，有意识地培育社会治理主体。二是对调解人员进行专业化培训。众所周知，调解前置程序改革的积极推进需要有一支稳定的、专业的调解员队伍。因此，国家不仅要积极培育社会调解组织，而且要花大力气对调解人员定期进行专业知识和调解技能的培训，实现调解人员的职业化。三是制定统一的调解员认证标准和调解员职业伦理规范，促进调解职业化。要使调解成为一种职业，必须规范调解人员的准入制度，设置相应的调解员准入考核机制和淘汰机制；规范调解员的调解行为，促使调解员遵守调解职业伦理规范。此外，国家还应为调解员提供等价的工作报酬及其他保障待遇，这些也是调解职业化建设的重要内容，亦是推动调解前置程序改革顺利进行的有力举措。总之，在调解前置程序的改革中，积极培育社会调解组织，充分发挥其在诉前调解的积极作用，才能实现社会治理主体多元化、多元主体参与、崇尚合作等现代治理理念。福田法院在招募特邀调解组织和特邀调解员的时候，特别注重对专业知识和社会阅历的审核，招募了一支囊括金融、房地产、医疗、法律等众多领域高端人才的特邀调解员队伍。同时，该院还与中国国际贸易促进委员会深圳调解中心、深圳市保险消费权益服务中心、深圳市律师协会、深圳大学法学院、福田区妇联建立了有关调解人员与制度的具体合作项目。尽管如此，面对不断增长的案件，该院"人少案多"的形势依旧严峻，如何全方位、多层次、不间断地引进高素质调解员、社会调解组织，任重而道远。

（三）畅通调解与诉讼的衔接渠道

客观地讲，一方面，法院在进行调解前置程序改革时面临着尴尬境地：一是委派不出去——无法将纠纷顺利移交给相关调解组织，二是邀请不进来——特邀调解员较少参与法院的诉前、诉中调解。另一方面，调解前置程序虽在实现纠纷繁简分流、低耗高效地实现当事人权益方面具有优势，但调解也并非万能。从这种意义上讲，健全各种纠纷解决机制（具体包括调解、和解、仲裁、诉讼等），并畅通各种解纷机制之间的衔接渠道，才能落实多元化解矛盾纠纷的理念。时下，有效推进调解前置程序改革的必要举措是，畅通调解与诉讼的衔接渠道。具体而言，各改革法院要做好以下工作：一是要有序引导当事人以非诉调解的方式解决纠纷。这就需要法院积极整合各种调解资源（包括人民调解、商事调解、行业调解），使特邀调解组织和调解人员进驻法院制度化、常态化。二是加强诉讼与诉前调解之间的衔接，支持、指导社会调解组织的调解工作。正在改革的法院应设立诉调对接中心，以便更好地与入驻法院的调解组织对接，发挥法院的引导和审查监督作用。有条件的法院应充分利用现代科技手段，开发在线司法确认，即对各类非诉调解协议进行在线审查、确认，使调解前置程序改革在空间上进行拓展。此外，还应完善各项诉讼机制，确保在前置调解中未能化解的民事纠纷能够被及时立案。总之，只有完善调解与诉讼的衔接机制，密切法院和社会力量在调解工作中的相互配合，畅通有效化解矛盾、解决纠纷的渠道，创设诉调工作的全面衔接和互动机制，才能更好地发挥多元化解纠纷机制的作用。对此，福田法院要求调解员在开展调解过程中，加大对案件繁简分流的力度，通过总结争议焦点问题、填写繁简分流要素表、明确当事人送达地址等方式，对案件进行全面梳理，为下一步审理工作提供便利。对于调解成功的民商事案件，及时化解在诉讼前，节省司法资源；对于调解不成的案件，实行繁简分流，实现简案快审、普案细审、繁案精审，确保大量的简单案件得到快速处理，及时化解矛盾纠纷。

专题十八　法院先行调解信息化机制之构建

丁　鑫*

正义被耽搁就等于正义被剥夺。

——英国古谚

引　言

加快推进审判体系现代化进程，推进多元化纠纷解决机制向纵深发展，是实现人民法院工作科学发展的必然要求。改革开放以来，为合理配置有限的司法资源，司法领域内进行了一系列的审前程序改革①，最高人民法院的有关司法解释也将调解过程前置。2012 年，新《民事诉讼法》新增先行调解制度②，明确了法院可以在立案前对纠纷进行调解，但由于缺乏配套的运作程序，实际操作中随意性大，一系列理论和实践问题悬而未决。③ 另外，学术界和实务界对民事案件繁简分流的既有研究主要局限于繁简案件的划分标准、简单案件的审理规则等具体问题，没有形成整体的制度设计，且鲜有学者将先行调解的信息化运作作为实现民事案件繁简分流的具体路径进行探讨。基于这样的考虑，笔者试图将先行调解纳入信息化运作流程中，设计出一套整体的制度规范以实现案件繁简分流，通过优化程序设置、规范流程管理来提高司法效率和审判能力。

＊　丁鑫，福建省泰宁县人民法院办公室副主任。

①　如 2002 年年底起，上海市 8 个法院陆续进行了审前调解的实践；2003 年起，山东省东营市人民法院进行了庭前调解制度的试点；2010 年 9 月，江苏省的法院将诉前调解案件的全部环节纳入流程管理。

②　《民事诉讼法》第 122 条规定：当事人起诉到人民法院的民事纠纷，适宜调解的，先行调解，但当事人拒绝调解的除外。

③　谭秋桂. 民事诉讼法修改评析. 中国司法，2012（11）.

一、检视：民事案件分流困境

长期以来，调解在我国民事诉讼中发挥着案件分流功能。[①] 但不论是传统的诉讼调解、由立案庭负责的诉前调解还是近年来炙手可热的多元化解和先行调解制度，就其运行状况来看，在司法实践中都遭遇困境。

（一）"调审合一"的诉讼调解结构限制当事人的程序选择权

随着不断开展的庭审方式改革，我国的调解程序由庭前调解为主演变为以庭上和解为主。法院本不应对调解有过多的限制，而应当充分尊重当事人对自己合法权益的处分权。[②] 但是，在当前法院"调审合一"结构下，若双方当事人没有达成协议，案件将直接转入审判程序，负责调解工作的法官同时担任审判法官，其往往将调解意见带入审判中，判决结果极有可能与调解结果一致，造成调解的功能与审判的功能混淆。另外，在程序选择权的诸多内容中，首要的是选择不同的纠纷解决方式的权利。[③] 法院在当事人面临调解选择时，不加任何引导可能导致该项程序选择权虚置，而过分介入有可能使部分案件被迫进入调解程序，当事人的处分权得不到保障。[④]

（二）立案庭开展诉前调解遭遇人员不足瓶颈

立案庭开展诉前调解是法院分流案件的主要模式之一。由于很多法院在思想、物质和人员保障上未能给予诉前调解充分重视，实务中立案庭的人员数量远未按照人员配备要求达到全院干警的 25％，如笔者所在法院立案庭人数为 6 人，仅占全院 78 人的 7.7％。而调解经验丰富的法官一般被充实到审判部门开展诉讼调解，导致立案调解力量十分薄弱。仅有的几名干警在处理诉讼引导、查询咨询等日常事务外已无再多精力开展诉前调解，调解职能未落到实处。加之法院实行立案登记制改革以来案件数量增多，且为实现诉讼服务中心全面升级而不断拓展跨域立案等多项便民服务，立案庭欲开展诉前调解工作更是"心有余而力不足"。另外，笔者对 F 省 S 市 T 法院及 L 市 W

---

① 《民事诉讼法》第 9 条规定：人民法院审理民事案件，应当根据自愿和合法的原则进行调解；调解不成的，应当及时判决。

② 李浩. 调解归调解，审判归审判：民事审判中的调审分离. 中国法学，2013（3）.

③ 李浩. 民事程序选择权：法理分析与制度完善. 中国法学，2007（6）.

④ 蔡泳曦. 民事案件"调解优先"政策再思考——以新《民事诉讼法》先行调解制度为视角. 现代法学，2013（5）.

法院近五年的诉前调解情况进行分析发现，诉前调解案件占全院一审民商事案件的比例均在14%以下，且 2015 年占比较 2014 年占比明显下降。可见，由立案庭开展诉前调解工作在司法实践中遭遇瓶颈。（如图 1）

图 1　S 市 T 法院及 L 市 W 法院近五年的诉前调解案件占比

（三）多元化解分流纠纷效果不明显

当下，许多法院积极尝试构建多元化纠纷调解机制，以实现矛盾纠纷梯次滤化、分流化解。[①] 后诉讼时代意在建构诉讼、调解以及其他纠纷解决方式共同发展、相互促进的纠纷解决体系[②]，但在司法实践中，法院外调解十分稀少，多元化纠纷解决机制遇到了很大的阻碍，案件分流机制依然不畅。[③]主要原因在于基层组织在自身各种繁重任务之下，无精力认真配合法院化解纠纷，对调解工作呈现消极应付的态势；加之现有的人民调解员缺乏对法律知识及调解技能的掌握，调解工作还是依靠法院进行，而这需要法官更耐心细致地开展思想工作，一定程度上难度更大，所以整体来看法院内部工作总量不降反升。[④] 在基层人民法院，多元化解主要是通过司法确认的方式进行诉

①　最高人民法院司法改革领导小组办公室.全国多元化纠纷解决机制改革示范法院经验材料，2015.

②　韩波.人民调解：后诉讼时代的回归.法学，2002（12）.

③　傅郁林.小额诉讼与程序分类.清华法学，2011（3）.

④　李浩.委托调解若干问题研究——对四个基层法院委托调解的初步考察.法商研究，2007（2）.

调衔接，但对 T 法院近几年司法确认的数量进行分析可以发现，其占民商事审结案件的比例均在 5% 以下，多元化解机制实际上未发挥其作用（如图 2）。

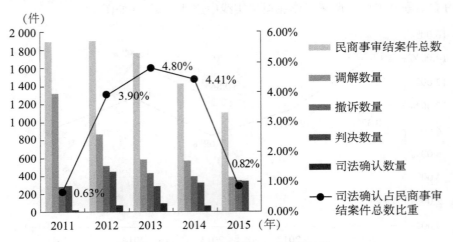

图 2　T 法院 2011 年至 2015 年司法确认情况

（四）未加规范的先行调解延长诉讼周期

先行调解为一种崭新的纠纷解决方式，目前在立案、送达、期间等具体运作流程中和诉讼周期方面并未对其以法律的形式进行明确规定，法官在实际操作中往往与审判程序相混同，因而易产生案件积压、拖延调解等现象，影响当事人诉权的实现。[①]（如图 3）法院流程管理中，没有规定调解不成的案件必须在一定时间内转立案，因此，调解不成的案件是否需要进入诉讼程序，取决于当事人的意思表示。案件在先行调解后、正式立案前处于法院流程监管空档期，可能导致部分先行调解不成的案件处于"已结不立"状态，拖延了当事人的诉讼期限。[②]另外，由于没有进入正规的立案程序，法律也没有规定哪些民事纠纷适宜先行调解，法官往往依据个人主观判断案件的繁简程度，甚至一些法院把它当成了"口袋"程序，只要当事人不明确拒绝，所有民事案件都列入先行调解范围，成为立案的前置程序，从而无形之中延长了诉讼周期，影响司法公正。

①　江苏省扬州市中级人民法院课题组 . 诉前调解运行现状及其对先行调解制度实施的启示 . 人民司法，2013（19）.

②　任国凡 . 先行调解面临的司法困境与出路——以保障当事人程序选择权为中心 . 法律适用，2013（12）.

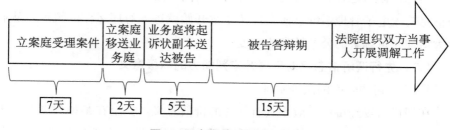

图 3　民事案件诉讼调解周期

二、辩理：先行调解信息化机制理念的确立

构建先行调解信息化机制不仅仅是为了方便法院快速结案、缓解法院的办案压力，更重要的是切实提升法院审判能力，全面推进审判体系和审判能力现代化进程。

（一）先行调解信息化之内涵界定

根据字面意思，先行调解可以理解为"先于立案前的调解""先于庭审前的调解""先于判决的前调解"这三种含义。最高人民法院民事诉讼法修改研究小组编写的《民诉法修改条文理解与适用》对先行调解有"收到当事人起诉书后、尚未立案之前""立案受理后、移交民事庭审理前""开庭审理前""开庭审理后"四种理解。由于先行调解被规定在《民事诉讼法》第 122 条中，属于"审判程序"的"第一审普通程序"第一节"起诉和受理"中，从条文编排的逻辑来看，应当理解为"立案前的调解"。

本专题所述先行调解信息化是司法信息化的一个方面，即在先行调解中从案件受理到案件审结、与诉讼的衔接整个过程中全面植入信息技术，通过先行调解信息管理系统进行全程电子化操作，实现审判管理信息的多态运行和审判资源的动态配置。

其一，运行主体。在诉讼外纠纷化解效果不明显的情况下，先行调解信息化是法院主导的立案前的调解程序。在其运行过程中，立案庭承担着启动和监督职责，审判员也是运行主体之一。

其二，功能定位。通过信息化手段实现民事案件繁简分流和案件过滤，从源头上减少大量案件进入诉讼。对大多简易案件通过先行调解快速化解，可使法官集中精力审理疑难复杂案件，实现审判质量和效率双赢的规模效应。

其三，创新之处。通过先行调解信息化高效运行，将先行调解的各个环节信息输入电子管理系统，使案件从立案开始就进入有序运作的轨道，从而大大增强先行调解的公开性和透明度。

（二）先行调解信息化对于提升审判能力的积极意义

1. 符合司法效率的法理基础

在现代市场经济中，效率具有优先的价值意义，甚至在某种程度上成为公正的代名词。[①] 司法活动的一个重要特点是时效性，案件的受理、审判、执行都有法定的期限。在法律规定的办理期限内尽量做到快速结案，是国家、当事人和社会公众对审判过程和结果在时间上的要求与期望。先行调解作为民事案件分流机制之一，使案件在审前程序便得到终结，从而大大缩短了诉讼周期，故有其独特的程序效益。[②] 先行调解信息化将传统的先行调解纳入电子化管理，立案、分案、调解、送达，甚至与诉讼的衔接等司法活动全部通过信息技术完成，彻底打破时间阻隔，做到第一时间化解纠纷，符合程序的效率和效益性要求。

2. 催生先行调解"鲶鱼效应"

构建先行调解信息化管理平台，时时公布每一位审判员的案件办理情况，把各审判员的个人工作成绩，包括已审结案件量、先行调解量及当事人的评价等，随时"晾晒"在管理平台上，并通过对各种数据的智能化比较、分析和评估，直观地显示法官的绩效数据、排名等情况，能有效解决"干多干少一个样、干好干坏难衡量"的人员管理瓶颈，充分发挥信息化管理的引导、规范、评价、激励作用。另外，"晾晒"的数据，对所有人的触动和激励无疑都是最大的，就像沙丁鱼群体里的鲶鱼，促使每名审判员都"动了"起来[③]，时刻保持着警惕，积极开展先行调解工作。

3. 保障当事人的诉讼期限利益

笔者在实际调查中发现，当事人不愿选择先行调解的主要原因在于先行调解的效率与诉讼成本。先行调解信息化最大的价值之一就在于在审判人员有

① 姚利. 司法效率：理论分析与制度构建（上）. 法商研究，2006（3）.

② 范愉，李浩. 纠纷解决——理论、制度与技能. 北京：清华大学出版社，2010：299.

③ 方龙华，董有生. 信息化条件下的审判管理工作机制之建构——以点、线、面"三位一体"审判管理机制创建实践为样本//贺荣. 公正司法与行政法实施问题研究：全国法院第 25 届学术讨论会获奖论文集：上册. 北京：人民法院出版社，2014：338.

限的情况下，信息系统能根据每位审判员的在岗情况、已结和在办案件情况等信息，有效地对这些数据进行综合分析，科学挑选出最适合且能第一时间开展先行调解工作的法官。先行调解信息管理系统甚至促使原告第一次来法院就与被告达成调解协议，有效避免调解不能或不成时，原告需要再次向人民法院提起诉讼而增加诉讼成本。另外，节点跟踪促使将调解不成的案件及时转入诉讼程序，有效避免法院内部"抽屉案"的发生，保障当事人的诉讼期限利益。

三、定位：建构先行调解信息化机制以实现多元化解纠纷

我国民事诉讼制度改革的基本目标和总体方向是通过精密的分流装置完成从"前现代"向"现代化"的转型。[①] 对民事案件的审理进行程序变革，建构先行调解信息化机制以实现案件繁简分流，是完善科学审判管理制度的应有之义。

（一）工作理念：全面推进现代化管理

1. 手工化转向信息化

构建先行调解信息化机制，健全智能化的管理系统，改变传统调解工作在案件移送、材料送达等方面的人工操作方式，对先行调解各节点进行自动控制和提示，从而实现对全过程的信息化管理。

2. 延迟化转向及时化

立案庭法官认为案件符合先行调解条件的，在征得原告同意的情况下，应立即将案卷移送至能够及时开展调解工作的法官，法官则应第一时间开展调解工作，克服传统调解工作延迟性的弊端，及时高效解决纠纷。

3. 静止化转向动态化

审判资源的配置是一种动态的资源管理，这需要采取技术性手段对案件的立案、分案、审结、归档等环节实行实时、全程跟踪监督，强化对案件流转、审限、报结等重要节点的实时监控。

4. 简单化转向科学化

将每位审判员的在岗情况时时公示在先行调解系统中，使立案庭能够根据审判员的在岗情况和案件审结情况科学地将案件分配给最适宜办理该案件

---

① 傅郁林. 分界、分层、分流、分类——我国民事诉讼制度转型的基本思路. 法学研究，2007 (1).

的审判员，推进法院审判工作科学发展。

（二）机构设置：立案庭负责分流繁简案件

基层人民法院受理的案件大多为简易程序民事案件，以笔者所在 S 市的 T 法院、Q 法院和 J 法院为例，简易程序民事案件占民事案件总数的 74% 以上。（如图 4）

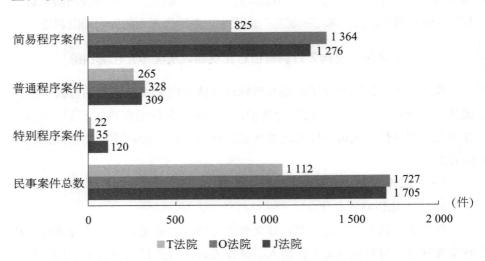

图 4　2015 年 T 法院、Q 法院、J 法院受理案件类型图

另外，笔者对前来咨询立案的 210 名当事人进行了是否有先行调解意愿的问卷调查。调查结果显示，原告出于希望尽快解决纠纷，认为开庭影响原、被告双方情谊等原因往往有强烈的调解意愿（如图 5）。

去除 25.3% 的案件的当事人明确拒绝调解的，一个基层人民法院至少有 50.8% 的案件都可以进入先行调解，该工作量远大于一个业务部门的工作量。但从所查阅到的资料来看，大部分法院将诉前调解的相关具体工作交由立案庭负责。① 由于立案庭存在前述分析的人员不足、工作量大等问题，由其直接开展先行调解明显与当事人的实际需求不相适应。另外，目前"进驻调解""委托调解"等纠纷解决模式因其分流纠纷效果不明显，一味倡导将导致"规则之治"失去应有的价值。②

---

① 如上海浦东新区人民法院在立案庭成立专门负责的调解工作组、常州市钟楼区人民法院设立人民调解窗口。

② 陈杭平. 从三千多万件到八十件——美国如何在案件分流的基础上形成先例. 法学，2011（9）.

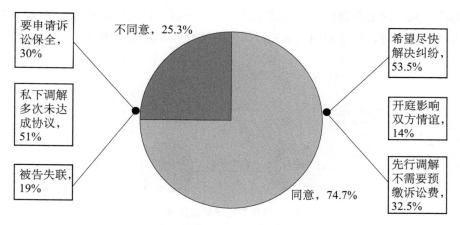

图5　原告先行调解意愿调查

　　由此，虽然旨在将一些小案件从法院移出，从而形成更有效率的法院系统的美国 ADR 值得借鉴①，但在我国，先行调解工作必须从多元化解中剥离出来，回归法院主导。② 在机构设置上，无须另行抽调法官或组织人民调解员成立专门的调解机构，而是将所有民事案件在立案庭"过滤"后，通过先行调解信息化系统流转至同院审判员以实现案件繁简分流。

（三）运作模式：A 法官调解—B 法官审判

　　在司法实践中，除委托调解外，先行调解工作仍然以法官自行调解为主，且存在各种调解模式。但每个基层人民法院的工作模式不统一，随意性大，存在拖延调解、久调不决的现象，且"调审合一"弊端显著，故不同程度地引起了当事人的不满。另外，由于基层人民法院法官数量十分有限，"案多人少"矛盾凸显，部分学者提出的在法院内设置独立的调解委员会和调解法官作为调解的专职人员的做法在我国大多数法院并不具有现实可行性。

　　构建"A 法官调解—B 法官审判"模式是法院主导的先行调解信息化机制下运作模式的必然选择，在不对法院有限的法官增添过重工作负荷的前提下能有效避免"调审合一"弊端（如图6）。采用此种模式，主要是要与法官数量和案件数量相适应，及与基层人民法院经费拨付现状相适应。当然，这种工作模式的有效开展必须依赖信息系统的有效调控，即通过对时时更新的

---

　　①　詹姆斯·E. 麦圭尔等 . 和为贵——美国调解与替代诉讼纠纷解决方案 . 陈子豪，吴瑞卿，译 . 北京：法律出版社，2011：11.

　　②　赵钢 . 关于"先行调解"的几个问题 . 法学评论，2013（3）.

每位审判员的案件调解、审判情况进行科学分析，在先行调解不成的案件进入诉讼程序时，自动识别该案先行调解的法官并让其主动回避。

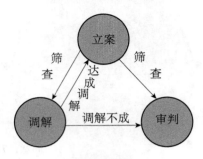

图 6　法院先行调解工作模式

（四）绩效考核：将先行调解纳入司法统计

目前，在大多数法院只有经立案审查、受理的案件才能计入法院数据系统。立案之前由法官主持的先行调解，即便具有很好的社会效果，也因未立案而无法计入工作量，故法官对先行调解的积极性不高。另外，先行调解的初衷就是要在诉前把最有可能调解的案件过滤掉，这样一来，业务庭法官所审案件的调撤率必然大幅下降，若仍以调撤率为对法官的主要考核指标，业务庭法官对先行调解的抵触情绪可想而知。①

为配合先行调解制度的推行，克服先行调解在实施过程中来自法院的阻力，应当优化法院数字应用系统，探索和开发先行调解案件的统计模块，将先行调解纳入司法统计中，对法院调解的案件进行有效跟踪和合理统计。另外，建立科学、合理的司法绩效考评细则，改变过去单纯以结案数量作为法官绩效考评指标的做法，将案件调撤率从质效考核指标中取消或是降低对该指标的考核，增加先行调解率作为考核指标的权重。

四、立制：规范先行调解信息化运行的流程设计

信息技术在审判运行机制形成中的作用，集中体现于办案平台和审判管理平台的创设。② 立足司法审判，当务之急莫过于尽快设计一套能够严格落实先行调解制度的操作程序，建立科学的先行调解信息化运行机制。

（一）将信息技术植入先行调解的运作流程

当事人起诉后，立案庭判断案件是否符合登记立案条件，对不符合的，

---

① 韩佳秀. 立案登记背景下的"先行调解"制度研究. 公民与法，2016（2）.
② 顾培东. 信息化与我国司法. 清华法学，2011（4）.

告知当事人补正或退回材料；对符合受理条件的，进行初步筛查，案件适宜先行调解且当事人同意的，由立案庭法官对先行调解进行充分释明并要求当事人签订"同意先行调解承诺书"，同时进行预立案登记。同时，通过系统中各审判员的在岗和案件审理情况科学选定当下最适宜对此案开展先行调解的法官，并第一时间将案件移送该法官。法官通过电话或传真的方式立即通知被告，被告明确表示无法在 15 个工作日内配合调解的，告知原告并退回立案庭进入诉讼程序；被告表示在 15 日内可以调解的，在最短时间内组织双方当事人调解。在 15 个工作日内双方未达成调解协议的，告知原告并进行立案登记；达成调解协议的，出具调解书并结案。（如图 7）

　　需要说明的是，考虑到福建法院系统新开发并已投入使用的跨域立案系统出现了与司法管理信息系统衔接不畅的问题，我们只需在广泛适用的司法管理信息系统中增加先行调解模块即可作为先行调解的信息化运作平台，以增强案件管理的全面性和统一性。

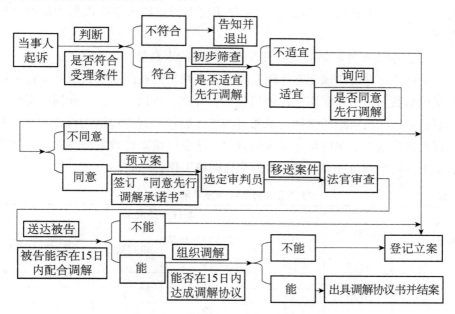

图 7　先行调解信息化运作流程

（二）先行调解信息化运作的具体说明

　　前述所设计的先行调解信息化运行机制总体上可以分为三个步骤，即"初诊—分流—结案"（如表 1），下面对其中的几个重要环节进行特别说明。

表 1　　　　　　　　　　　**先行调解信息化运行三步骤**

初诊	审批与登记	初步筛查出适宜先行调解的案件进行预立案
分流	分流与协调	将案件分配给能够第一时间开展调解工作的法官
结案	终结与衔接	达成调解协议的正式结案，未达成的进入诉讼程序

1. 初步筛查案件是否适宜先行调解

对于符合登记立案条件的，立案庭立即将案件信息输入案件管理信息系统，并根据系统自动显示的同一当事人的所有案件信息，包括结案方式、送达情况、自动履行与执行状况等信息，对该案是否适宜先行调解进行初步筛查。如，被告可能在该院已有数十个标的额较大的案件，且被告均为公告送达，立案庭即可判断该案由于被告下落不明而不适宜进行先行调解。另外，立案庭法官可向原告询问被告是否在当地、是否有可接通的手机号码、双方是否熟识、基本案情等情况并进行判断，还可以结合标的额、案件类型等情形综合考虑。[①] 在"初诊"阶段，法院应以当事人意思自治为原则，要求同意先行调解的当事人签订"同意先行调解承诺书"，并将承诺书扫描输入系统以作为证明材料留存。

2. 科学选择能够第一时间开展先行调解的审判员

案件管理系统应该能够体现全院所有审判员的在岗工作情况和案件承办情况两组数据。几种在岗工作情形包括：开庭、外出、开会、在岗。案件承办情况包括：已审结的案件数量和在办案件数量。其中包括先行调解案件和审判案件数量。立案庭从在岗审判员中，选取已结案件数量较少而在办案件数量不多的审判员立即开展案件的先行调解工作。（如表 2）

表 2　　　　　　　　　　**审判员在岗情况和案件承办情况**

情况／审判员	在岗情况	案件承办情况			
		总数	已审结案件数量	在办案件数量	
				审判数量	先行调解数量
A	在岗	20	15	4	1
B	开庭	9	6	2	1
C	外出	26	20	3	2
D	开会	17	9	6	2
E	在岗	19	18	1	0
F	在岗	31	23	5	3

---

① 根据《最高人民法院关于适用简易程序审理民事案件的若干规定》第 14 条的规定，以下六类民事案件在开庭审理时应当先行调解：婚姻家庭纠纷和继承纠纷、劳务合同纠纷、交通事故和工伤事故引起的权利义务关系较为明确的损害赔偿纠纷、宅基地和相邻关系纠纷、合伙协议纠纷、诉讼标的额较小的纠纷。

如表 2 所示，我们先将目光锁定当下在岗的审判员，即审判员 A、E、F，三人中 E 的承办案件总数及在办案件总数均最少，因此，立案庭宜选择 E 为该案件的先行调解法官。

3. 建立全程信息节点反馈机制

先行调解信息化的优势之一在于信息的便捷性、跨越空间性。相比于传统调解工作中业务庭相对独立于立案庭和当事人的情形，在先行调解信息化机制中，从立案庭将案件移送审判员开始，审判员必须在案件的每一个处理节点都将案件办理情况第一时间输入系统以反馈给立案庭和当事人。15 日后不能达成调解协议时，法院应该及时立案，启动诉讼程序解决纠纷，使先行调解不至于成为法院拖延办案的一个"借口"，从程序上确保先行调解与诉讼的无缝对接。另外，先行调解的信息可以且应该公开，即当事人可以通过案号、姓名等信息在法院政务网或电子查询系统查询到先行调解纠纷的预立案时间、案件办理进展及调处结果等，并可以在结案后对该案作出评价。①

4. 广泛使用"互联网＋"调解方式

司法实践中，往往有许多案件的被告对参加法院调解工作较为积极，但由于无力承担从外地到法院地的往来路费等原因可能无法在短时间内到法院参与先行调解。这种情况下，法官根据案件的实际情况及当事人对事实的认可程度，并在征得原告同意的前提下，可以通过微信、QQ 或远程视频等方式开展先行调解。考虑到法律程序和证据的保存问题，使用该种方式调解的案件首先应由原告出具微信、QQ、视频调解的书面申请，然后在对双方当事人身份的一致性进行核实确认的基础上，对被告表示同意的意见进行拍照留存。目前，仅有部分法院开了微信调解、QQ 调解等"互联网＋"调解方式的先河②，在信息全球化的时代背景下，对于此种新媒体灵活调解方式完全可以推广，以节省双方当事人的时间，提升先行调解的效率。

（三）先行调解信息化的配套制度

1. 强力推进全员规范使用先行调解信息化系统

目前，福建省法院系统应用最为广泛的司法管理信息系统的大多数常规流程均由书记员或助理审判员一手操作，而近年来新推出的跨域立案系统、

---

① 张庆东，李晨．关于先行调解机制运行的调研报告——以集美法院的实践为分析样本．东南司法评论，2014 年卷．

② 如在 360 网页上搜索到的：镇远县人民法院巧用微信、QQ 快速调解一起侵权纠纷案件；孝昌县人民法院利用视频 2 小时远程调解离婚案；霍城垦区人民法院借力 QQ 视频调解一起民间借贷纠纷。

全国法院司法协助管理平台等，由于适用范围有限，除了个别负责该项工作的干警外，其他审判员甚至从未见闻。为了使先行调解信息化更加具有现实可行性，必须强力实行全员轮训，确保人人都会用、人人都善用。

2. 在先行调解信息化运行中注意过滤虚假诉讼

在先行调解中，虚假诉讼时有发生。为避免虚假诉讼案件进入民事审判、执行阶段，法官应于包括立案在内的开庭前准备阶段对出现特定情形的案件类型进行重点过滤；同时，着眼于书面证据和案外第三人调查案件事实，引进谎言测试排查虚假诉讼当事人。在程序方面，将虚假诉讼过滤融入立案登记制操作过程中，辅之以全国联网的信息查询系统和虚假诉讼记录平台进行配套甄别。

结　　语

在"案多人少"矛盾的困扰下，繁简不分的司法模式使法院和法官在审判中处于一种被动的超负荷运转状态。本专题阐述的先行调解信息化机制的价值即在于推进民事案件繁简分流，减轻业务庭的办案压力，推进多元化解纠纷机制向纵深发展。"历史的经验已经反复地证明，理论上很完美的制度并不一定可以付诸实践，而行之有效的制度未必是事先设计好的。"[①] 任何一项制度都需要在实践中完善和接受检验。首先，先行调解信息化的贯彻需要法院组建一支精干的信息化队伍进行系统升级、改造、再开发。其次，由于先行调解的关键在于被告的配合，因而如何在最短时间内通知被告并促使被告积极参与先行调解有待进一步探讨。最后，此项机制的长效运作更离不开广大实务工作者在具体操作中不断发现问题、总结经验、补正完善。

---

① 季卫东. 法治与选择. 中外法学，1993（4）.

专题十九 无争议事实记载机制的实践反思与完善

石 菲 刘 芳*

诉与非诉衔接中的无争议事实记载机制早在 2012 年试点阶段即被提出，《最高人民法院关于扩大诉讼与非诉讼相衔接的矛盾纠纷解决机制改革试点总体方案》（以下简称《改革试点方案》）第 17 条提出要建立无争议事实记载机制，即"当事人未达成调解协议的，调解员在征得各方当事人同意后，可以用书面形式记载调解过程中双方没有争议的事实，并告知当事人所记载的内容。经双方签字后，当事人无须在诉讼过程中就已记载的事实举证"。后经过试点法院的反复实践，无争议事实记载机制的概念被进一步修改并确定。2016 年《最高人民法院关于人民法院进一步深化多元化纠纷解决机制改革的意见》（以下简称《深化改革意见》）第 23 条规定要探索无争议事实记载机制。此时，无争议事实记载的概念发生一定变化，即"调解程序终结时，当事人未达成调解协议的，调解员在征得各方当事人同意后，可以用书面形式记载调解过程中双方没有争议的事实，并由当事人签字确认。在诉讼程序中，除涉及国家利益、社会公共利益和他人合法权益的外，当事人无须对调解过程中已确认的无争议事实举证"。

无争议事实记载机制属于多元化纠纷解决机制发展中的一项重大探索，其意在解决调解前置阶段查明事实的固定，避免当事人在随后的诉讼过程中重复举证、质证，进而导致司法资源和时间、精力的浪费。该机制的形成可以避免前置调解阶段的工作成为"无用功"，能有效简化审理内容，减少诉讼时间，提高审判效率。然而不可否认的是，在实际运用无争议事实记载机制时，产生了诸多法律和实践困惑。如果不将这些问题加以解决，将对无争

---

* 石菲，北京市延庆区人民法院法官助理。刘芳，北京市延庆区人民法院法官。

议事实记载机制的运用造成一定阻碍。为此笔者试图以经历的实例分析相关问题，进一步提出化解之道。

一、无争议事实记载的理论与实践争议

（一）无争议事实记载的基本概念

《深化改革意见》对无争议事实记载的规定较为笼统，对诸多条件未加涉及。根据试点法院在运行中总结的经验，以及学者对《深化改革意见》的理解，无争议事实记载机制的适用条件应为：（1）范围为人民法院特邀调解组织、特邀调解员、行政机关、人民调解组织以及其他具有调解职能的组织进行调解的民商事条件；（2）适用于调解程序终结时未能达成调解协议的案件；（3）调解组织或调解员应主动征询并经当事人同意后方可对无争议事实进行记载确认；（4）以书面形式为要件，并由当事人签字确认。① 基于此，目前在实践中，多数法院均将无争议事实记载定义为"人民法院特邀调解组织、特邀调解员、行政机关、人民调解组织以及其他具有调解职能的组织在调解民事纠纷时，当事人未能达成调解协议，在征得各方当事人同意后，对调解过程中双方没有争议的事实用书面形式予以记载，并告知当事人所记载的内容"②。

而在适用无争议事实记载机制时，还应注意几个问题：一是充分及明确的告知，即当事人应当了解无争议事实记载的内容、后果及作用，且告知情况应当在记录上注明；二是单一化记载，即无争议事实记载的仅为各方当事人经调解已经达成的共识，不存在其他有争议或无关内容；三是当事人有权进行修改，且修改过的无争议事实记载应重新整理签字，这一点有别于庭审笔录中的各改各说；四是必须经当事人签字确认且调解员或调解组织也应一并签字盖章，该签字应当是严格的，如需附带填写确认日期、每页均需签字等。无争议事实记载是对调解保密原则的有限度突破，故未经当事人书面同意，该记载的事实在后续诉讼程序中不具有免证的效力。③

（二）无争议事实记载的实践困境

笔者在实践中曾遭遇如下两个案例，由此对无争议事实记载机制产生种

---

① 李少平．最高人民法院多元化纠纷解决机制改革意见和特邀调解规定的理解与适用．北京：人民法院出版社，2017：223．
② 安徽省滁州市中级人民法院、四川省眉山市中级人民法院等均如此定义。
③ 同①224．

种疑惑。

案例1：在法院委托诉前人民调解的一起原告诉个体工商户 A 店买卖合同纠纷案件中，贾某在调解阶段承认自己系 A 店的实际经营者，且实际收到了原告所送的货物，并在人民调解员制作的调解谈话笔录上签字。后调解未果，在速裁开庭时，贾某否认自己为 A 店的实际经营者，而表示自己只是员工且已被开除，同时否认自己收到了原告所送的货物。因无实际经营者的相关证明，且营业执照上的经营者未实际出庭，案件审理因被告主体是否适格而陷入僵局。（后经查明，贾某的父亲为 A 店营业执照上载明的经营者，但日常经营均由贾某负责。）

该案例主要涉及的问题是：无争议事实应以何种形式记载时，方可在后续审理程序中产生法律效力？诉前调解阶段双方当事人自认的事实能否在没有有效证据的支持下成为定案依据？在双方当事人自认的事实对案外人产生影响时，对该自认的事实法院应如何认定？

案例2：尹某为买卖合同纠纷的原告，以手头的欠条为依据，要求丁某偿还购买家具的欠款 28 000 元。在调解过程中，尹某承认欠条系丁某酒后书写，家具款的实际价值为 23 000 元。该情况由双方签字确认的无争议事实记载确认书记录在册。后丁某拒绝还款，该案交由速裁庭审理。尹某以丁某未按照调解约定履行还款义务为由坚持要求丁某给付 28 000 元，并提供了送货单和欠条作为证据。尹某认为，调解时之所以同意丁某给付 23 000 元，是为了快速收回款项、回笼资金，如果丁某不能及时付款，那么自己的让利就没有意义，自己有权要求丁某按照 28 000 元付款。而且所谓的实际价值，指的是家具的进价而不是销售价，销售价格就是 28 000 元。丁某认为调解阶段的自认不能作为后续审判的依据，坚持要求法庭按照 28 000 元支持其请求。

该案所涉及的问题是：诉前所谓的"无争议事实"的内涵和外延是什么？审理阶段，当事人能否对已经签字确认的无争议事实反悔？何种情形下才能够反悔？如何认定哪些事实属于为促成调解而作的妥协？

涉及无争议事实记载的问题很多，笔者主要从上述两个案例出发，反思无争议事实记载集中存在的实证问题。

二、无争议事实记载机制的实证反思

（一）无争议事实记载的法理碰撞

从无争议事实记载机制设立的法理出发，其所依据的基本法律原则为意思自治原则、处分原则和诚实信用原则。

意思自治原则是指"私法主体有权依自己意志实施私法行为，他人不得干预"①，在民事诉讼领域集中体现为诉讼契约、当事人的选择权和处分权。② 意思自治意味着当事人可以对自己的实体权利和诉讼权利自由支配和处分。而无争议事实的记载，不是由当事人举证和法院调查，而是出自双方当事人的意愿，属于其意思自治的体现。

民事诉讼当事人的处分权是导源于民事实体法中的私法自治原则，而又经过诉讼法公法性改造的程序性权利。③ 我国《民事诉讼法》第13条第2款规定，"当事人有权在法律规定的范围内处分自己的民事权利和诉讼权利"。这说明当事人对诉讼程序的启动、发展和终止具有主动权。对于当事人在调解过程中对无争议事实记载的内容和法律后果的认同，除非有特殊情况，法院必须受其约束。这正是处分权的重要体现。

"诚实信用，是市场经济活动中形成的道德规则，它要求人们在市场经济活动中讲究信用、恪守诺言、诚实不欺，在不损害他人利益和社会利益的前提下追求自己的利益。"④ 而《民事诉讼法》第13条第1款规定，"民事诉讼应当遵循诚实信用原则"。无争议事实记载可能涉及对当事人不利的事实，这可谓诚实信用原则在民事诉讼中的最高境界。而正是基于该原则，在庭审中当事人达成的无争议事实记载不可随意被撤销。

无争议事实记载满足了上述几大原则的要求，但同时存在触碰调解保密原则的嫌疑。如何在几大法律原则中间寻求平衡，是无争议事实记载机制发展运行中不得不面对的问题。调解保密原则主要指形式上调解须不公开进行、内容上调解信息须保密、附随要求调解信息在后续诉讼程序中保密。⑤ 其附随要求，即当事人在调解程序中展示的信息不能够作为后续的法律程序中对其不利的证据，在《民事证据规定》第67条得到体现。然而，无争议事实记载正是在一定程度上突破了调解保密原则，将调解中的信息暴露到后续庭审之中，并作为裁判的重要依据。

《深化改革意见》并没有对调解保密原则作出具体规定，仅仅指出应当

---

① 江平，张礼洪. 市场经济和意志自由. 法学研究，1993（6）.
② 江晨，梁莉莉. 意思自治理念在民事诉讼中的贯彻及其限度. 江淮论坛，2005（1）.
③ 杜闻. 简论民事诉讼当事人处分权. 政法论坛（中国政法大学学报），2001（1）.
④ 王利明. 民法. 北京：中国人民大学出版社，2000：34.
⑤ 张宝成. 调解保密原则的应然现状与实然改造——兼论我国法院调解制度的再完善. 湘江青年法学，2015（1）.

建立案件调解与裁判在人员和程序方面适当分离的机制。然而，这仍然不能满足调解保密原则的要求。2009 年《最高人民法院关于建立健全诉讼与非诉讼相衔接的矛盾纠纷解决机制的若干意见》第 19 条①曾对调解保密原则作出了规定。从该条出发，无争议事实记载可以被视为调解保密原则的例外。笔者认为此类规定相当有必要，在制定无争议事实记载机制的相关规定时，可以作为重要参考。

（二）无争议事实记载的法律性质

无争议事实记载在诉讼中发挥何种效力，取决于其法律性质，同样也决定了审理法官如何处理无争议事实记载不同于诉讼中当事人举证的事实的情况。根据《深化改革意见》的精神，诉前调解阶段的无争议事实记载在后续诉讼阶段具有证据效力。② 然而，关于对"证据效力"如何理解，实践中存在不同认识，也即无争议事实记载到底是"证据"还是"免证的事实"，在实践中存在分歧。无争议事实记载的法律性质决定了其在后续诉讼程序中的法律效力，进而影响案件事实的认定，因此，对无争议事实记载的法律性质进行定位是亟待解决的问题。

（1）将无争议事实记载定位为"证据"。如安徽省滁州市中级人民法院《关于无争议事实记载制度的规定（试行）》第 4 条规定："《无争议事实记载表》经过调解组织或者调解员、双方当事人共同签名后，具有证明效力。当事人在纠纷进入仲裁或诉讼程序后，《无争议事实记载表》可以作为证据使用，当事人对记载的事实无需再另行举证证明，但当事人举证证明《无争议事实记载表》记载的事实错误的除外。"

如果无争议事实记载是作为证据使用，还需要考虑该证据的效力如何、什么情况下可被推翻。恰如案例 1 中的情况，如果双方系在无争议事实记载确认书中明确贾某确为 A 店的实际经营者，则如果庭审中贾某反悔且未提交其他证据的，那么审理法官是否可以无视贾某的说法而直接予以认定？此

---

① 该条规定：调解过程不公开，但双方当事人要求或者同意公开调解的除外。从事调解的机关、组织、调解员，以及负责调解事务管理的法院工作人员，不得披露调解过程的有关情况，不得在就相关案件进行的诉讼中作证，当事人不得在审判程序中将调解过程中制作的笔录、当事人为达成调解协议而作出的让步或者承诺、调解员或者当事人发表的任何意见或者建议等作为证据提出，但下列情形除外：（1）双方当事人均同意的；（2）法律有明确规定的；（3）为保护国家利益、社会公共利益、案外人合法权益，人民法院认为确有必要的。

② 李少平. 最高人民法院多元化纠纷解决机制改革意见和特邀调解规定的理解与适用. 北京：人民法院出版社，2017：223.

外，还要考虑的是无争议事实记载的性质问题，将其作为当事人提交的证据或法院查明的证据，显然都不适宜。

（2）将无争议事实记载定位为"免证的事实"，这一点主要借鉴的是《最高人民法院关于民事诉讼证据的若干规定》（以下简称《民事证据规定》）第 8 条第 1 款的规定，即"诉讼过程中，一方当事人对另一方当事人陈述的案件事实明确表示承认的，另一方当事人无需举证。但涉及身份关系的案件除外"。

如果将无争议事实记载定位为"免证的事实"，则应考虑该事实属于哪一类，但明显其无法被归类到《民事证据规定》第 9 条①规定的任何情形。而若将其作为《民事证据规定》第 8 条第 1 款规定的事实种类，由于法律条文中规定只有诉讼中的自认才能被免证，而无争议事实记载属于诉讼外的事实自认，显然也存在解释上的冲突。

笔者认为，相较于"证据说"，将无争议事实记载定位为免证事实更为合理。若将无争议事实记载列为证据，难以表明该证据的提供方。而若将其作为免证事实，则通过当事人反悔机制和法院的司法审查机制，极易解决记载内容不当的问题。

（三）无争议事实记载的法律载体

根据《深化改革意见》，无争议事实记载应当为单一化记载，但该意见并未规定其基本法律载体为何。在实践中，有法院制定了"无争议事实记载表"，专门列举无争议的事实并由三方（双方当事人及调解员或调解组织）签字确认。然而就规定本身而言，无争议事实记载的载体是不明确的。对此，实践中存在三种解读方式。

第一，从调解效率的角度出发，认为当事人签字确认的调解及谈话笔录可以作为无争议事实记载的法律载体。而考虑到当事人需对无争议事实记载的内容及后果等知悉，有法官建议让当事人签字时注明"已知悉上述内容，并确认上述记载为双方无争议之事实，愿意承担上述记载所引发的后果"。如此，调解员或调解组织在制作调解或谈话笔录时，可以仅记载双方当事人

---

① 《民事证据规定》第 9 条规定，下列事实，当事人无须举证证明：（1）众所周知的事实；（2）自然规律及定理；（3）根据法律规定或者已知事实和日常生活经验法则，能推定出的另一事实；（4）已为人民法院发生法律效力的裁判所确认的事实；（5）已为仲裁机构的生效裁决所确认的事实；（6）已为有效公证文书所证明的事实。前款（1）、（3）、（4）、（5）、（6）项，当事人有相反证据足以推翻的除外。

认可的事实,对有争议的事实及内容可以单独总结并记载到结案报告中,以此节省人力、物力,并提高调解效率。

第二,从突破调解保密原则考虑,应当制定专门的无争议事实记载确认书。《民事证据规定》第 67 条规定:"在诉讼中,当事人为达成调解协议或者和解的目的作出妥协所涉及的对案件事实的认可,不得在其后的诉讼中作为对其不利的证据。"也即,在调解过程中,当事人为调解而作出的自认不应当在后续诉讼中作为对其不利的证据。这属于调解保密原则的要求。无争议事实记载虽然发生于诉讼外,但是仍属于调解的范畴,因此也应当符合调解保密原则的要求。而诉与非诉的衔接又需要无争议事实记载机制的支持。因此为避免冲突,应尽量制定专门的无争议事实记载确认书,并强化风险释明。笔者认为,该理解在现阶段较为合理,但随着实践的发展,应当适度突破。

第三,调解前置过程中,还存在当事人主动提交答辩状或法律意见的情况。对此,有人认为由此提炼的无争议事实也可作为无争议事实记载机制中的组成部分。从诚实信用原则出发,当事人提交的诉讼材料应对其具有约束力。故此,对调解前置阶段当事人提交的答辩意见可以适用《民事证据规定》第 74 条的规定,即"诉讼过程中,当事人在起诉状、答辩状、陈述及其委托代理人的代理词中承认的对己方不利的事实和认可的证据,人民法院应当予以确认,但当事人反悔并有相反证据足以推翻的除外"。

(四)无争议事实记载的反悔机制

根据无争议事实记载机制的基本规定,当事人可以在两种情况下对记载的无争议事实进行反悔:一是在无争议事实记载的生成阶段,在调解员或调解组织记载的事实与当事人认为的不相符时,当事人可以直接进行修改;二是在诉讼阶段,如果无争议事实记载不符合法定程序,记载无争议事实存在损害国家利益、社会公共利益和他人合法权益的情形,当事人有相反证据足以推翻无争议事实的,当事人可以反悔。

第一种情况下可以反悔毋庸置疑,而第二种情况即损害国家利益、社会公共利益和他人合法利益也属于《深化改革意见》所明确规定的当事人可以反悔的情形。问题在于,无争议事实不符合法定条件或程序的情况如何认定以及当事人有相反证据足以推翻无争议事实记载时如何审查。

在无争议事实记载机制概念的形成史中,《改革试点方案》曾要求调解员或调解组织必须告知当事人无争议事实记载的法律效果,但在后来的《深化改革意见》中，告知义务却被删掉。由此，关于无争议事实记载机制的程序实际上并无法律或规定作出明确规定，在实践中各地法院的做法也各不相同。因此，这就引发一定的问题——无争议事实记载的法律条件或程序瑕疵如何认定。其中甚至会涉及签字的真实性，从而引发司法鉴定问题，进而给当事人造成诉讼的负担。

当事人提交新证据推翻无争议事实记载内容的情形并不少见，但事实上在法律规定和司法解释中难以找到该依据。笔者比较解释了《民事证据规定》中关于当事人自认的相关规定，进而认为对无争议事实记载也应适用此条款。但这一反悔情况对无争议事实记载机制的存在造成巨大危机。因为如果对这一点不加以限制，很有可能当事人为了试探对方的调解底线，而在调解阶段不诚实地提交证据，而在诉讼阶段进行证据突袭，以此攫取诉讼的胜利。

（五）无争议事实记载的司法审查机制

虽然无争议事实记载能够提高案件的化解效率，但也应意识到："当事人对某种诉讼行为或程序作出选择，往往是根据其程序预期作出利益取舍行为，其根本出发点在于自身整体利益的最大化，而不是为了平衡实体利益和程序，更不是为了节约司法资源。"① 如此，法院应当如何审查认定无争议事实记载的内容就成为重中之重。该问题主要关涉无争议事实记载的两个方面：一是无争议事实记载是否需要一定的证据作为支持，二是无争议事实记载的范围是否应当明确。

就无争议事实记载是否需要一定的证据作为支持，法律等并未进行规定。但实践中，调解员法律素质较低导致的无争议事实记载内容不可信，当事人在庭审阶段的反悔率高及"证据突袭"，使无争议事实记载机制形同虚设。若无争议事实记载的内容存在一定的证据支持，则其内容的可信度将提高。

就无争议事实记载的范围而言，目前法律并无具体要求。因此司法实践中，无争议事实记载的事实范围混乱。"有的是用来证明主要事实的事实（间接事实），有的是用来证明证据能力或证据力的事实（即辅助事实）。"② 可能这些事实并不适宜作为无争议事实记载。此外，涉及法律规定的身份关

---

① 汤维建，等．民事诉讼法全面修改专题研究．北京：北京大学出版社，2008：97.
② 孙信之．浅议我国民事诉讼中自认制度的缺陷和完善．怀化学院学报，2007（11）.

系的确认、法院依职权调查的事项也不宜作为无争议事实。但是由于目前法律没有明确规定，司法实践中操作的随意性增大，不利于对案件真正事实的查明和裁判。

三、无争议事实记载机制的改进与完善

尽管无争议事实记载机制存在各种问题，但其存在的价值和功能依然不可小觑。在案件繁简分流、诉与非诉衔接、提高司法效率、降低诉讼成本方面，无争议事实记载机制都发挥着重要作用。而且无争议事实记载机制存在的问题并非不可解决。对此，笔者认为可从以下三方面着手改进和完善。

（一）明确法律规定，构建无争议事实记载的法律基础

目前法律对于无争议事实记载机制尚无规定，而最高人民法院的指导意见亦只是对其进行概念性和原则性规定，至于具体的实施细则并无涉及。当前无争议事实记载机制的适用，仍仰赖各法院根据司法实践提炼的试行规定，这制约了无争议事实记载机制的普遍适用和长远发展。

有鉴于此，建立健全无争议事实记载机制应当立法先行，具体可以在结合《民事诉讼法》及多元化纠纷解决机制相关法律规定的前提下，明确无争议事实记载机制的概念、条件及程序等内容，其中尤为重要的是：（1）明确无争议事实记载的法律性质，确保其在后续适用中的法律地位及效力；（2）明确无争议事实记载的法理基础，特别是规定调解保密原则及其例外；（3）明确无争议事实记载法律载体的独立性和完整性，确保其形式的统一性；（4）明确无争议事实记载的范围及条件，保证无争议事实记载的内容不超出法律规定，不背离事实证据，不偏移庭审认定，不影响法官自由心证；（5）明确无争议事实记载的撤销要件，尤其是涉及程序瑕疵、当事人同意、超出法律禁止性规定、违背公序良俗的情况时，应严格规范。

（二）严格司法审查，确保无争议事实记载真实有据

虽无争议事实记载基于当事人的同意而产生，并有调解组织或调解员的见证作为保障，但这并不意味着审理法官可以减免司法审查的职责。相反，无论从实体还是程序上，法官都应当对无争议事实记载的方方面面进行严格审查，以避免虚假陈述、虚假记载而导致的错案误判。

就程序而言，应重点审查以下内容：事实内容是否违背当事人的真实意思表示，事实载体是否符合形式要件，记载流程是否违反调解保密原则，代理陈述、认可及签字是否有效等。就实体而言，主要应审查事实记载的范围

是否超出法律规定和当事人处分范围。为防止虚假陈述和损害案外人的利益，对于存疑的内容，法官应当让当事人举证证明，否则不予采用该事实。

但同时还需要注意的是，法官仅能在一定限度内行使司法审查权，而不能保证无争议事实记载的内容完全符合客观事实。因此，在法官尽到审查义务时，若无争议事实记载仍被推翻，其责任不应由法官承担。

（三）实行奖惩制度，推进无争议事实记载的规范化

在司法实践中，对于无争议事实记载存在问题的，法院采取的基本措施是不予采纳并告知调解员或调解组织。其后果是当事人需要重新举证，而调解员或调解组织可能不会获得相应的案件补贴。但这远远是不够的，因为这会将对无争议事实记载的审查责任完全寄托于审理法官，从而使审理过程复杂化，也会使当事人产生投机心理，为规避举证或伪造合意攫取利益而合谋进行虚假陈述。

基于上述问题，有必要对无争议事实记载实施一定的奖惩制度，奖励合法有效的无争议事实记载而惩罚不当的行为。奖励措施主要包括对完成合法有效的无争议事实记载的调解组织或调解员给予更多案件补贴、对达成无争议事实记载的案件优先处理。惩罚措施主要涵盖两方面：一方面，如果调解员或调解组织处置不当，直接剥夺其案件补贴。如若存在串通等严重行为，则给予辞退或罚款等措施。另一方面，如果当事人存在虚假陈述等，则施加更重的举证责任若存在损害其他合法权益情形的，则给予司法惩戒。通过实施奖惩制度，可以促进无争议事实记载机制朝向规范化方向发展。

无争议事实记载机制是《试点总体方案》中规定的新机制，与中立评估、无异议调解方案认可等机制不同。该机制是我国在多元化纠纷解决机制改革实践中逐步探索，自行建立起来的，具有中国特色。① 该制度尊重了当事人的意思自治，提高了审理效率，改善了诉与非诉衔接环节，确保多元纠纷高效、有序进行。但不可否认，法律的欠缺、司法适用的不统一等也给该机制的适用带来不便。因此，及时发现问题、研究问题并解决问题，全面推动无争议事实记载机制朝着规范化、法制化、常态化方向发展，可以培育全社会的法治理念，促进矛盾纠纷以更缓和的方式得到化解。

---

① 李少平. 最高人民法院多元化纠纷解决机制改革意见和特邀调解规定的理解与适用. 北京：人民法院出版社，2017：222.

专题二十 论仲裁协议妨诉效果的调查方式

林　洋　　陈元庆*

引　言

仲裁协议在合法成立及有效的情况下，会产生排除法院管辖权的效果。然而这种效果的具体主张需要依一定程序提出方可产生。从大陆法系通行惯例来看，通行立法和理论都将仲裁协议作为诉讼障碍要件，诉讼障碍相异于诉讼要件作为职权调查事项，需要由当事人提出主张而适用辩论主义。[①] 然反观我国《中华人民共和国民事诉讼法》（以下简称《民诉法》）和《最高人民法院关于适用〈中华人民共和国民事诉讼法〉的解释》（以下简称《民诉法解释》）的相关规定，我国并没有诉讼障碍的立法规定。从学理研究来看，亦没有针对诉讼妨碍进行专门的研究。[②] 在这种情况下，我国《民诉法解释》将仲裁协议作为职权调查事项，与诉讼要件的调查方式等同。这种立法设计相异于域外通行做法，造成种种问题，如侵害当事人的纠纷选择权。正本清源，比照大陆法系通行诉讼障碍体系进行相关学理研究和立法建构，是解决上述种种问题的唯一方法。

一、现状及分析

观察分析我国仲裁协议的调查程序，会发现种种问题。问题根源在于，我国民事诉讼立法中将大陆法系通行的诉讼障碍，作为民事案件受理的合法性要件之一。为达到治本之目的，以诉讼障碍理论分析现行仲裁协议的妨诉效果，才是分析和解决问题的根本途径。

---

* 林洋，西南政法大学诉讼法学博士研究生。陈元庆，西南政法大学诉讼法学博士研究生。

① 李木贵.民事诉讼法：上.台北：元照出版有限公司，2007：5-36.

② 以"诉讼妨碍""抗辩事项"等为篇名搜索"知网"，并没有发现相关文献。以此关键词为主题进行搜索，有寥寥无几的几篇文献。总的来看，并没有专门就诉讼妨碍进行探讨的文献。

（一）现状

根据我国《民诉法》第 124 条①之规定，双方当事人达成仲裁协议后，任何一方当事人都不得向法院起诉。从文意解释角度，由"（法院）告知原告向仲裁机构申请仲裁"之表述，仅能看出仲裁协议合法有效的法律后果。但结合第 124 条的主要内容之"人民法院对于下列起诉，分别情形，予以处理"，法院针对仲裁协议并不采取当事人主张原则，而采用职权调查的方式认定仲裁协议的妨诉效果。具言之，在存有合法和有效仲裁协议的情况下，协议一方当事人将仲裁协议所系纠纷起诉到法院的，法院针对该当事人的起诉行为并不受理，而告知该当事人向仲裁机构申请仲裁。即便从第 124 条本身无法看出法院针对起诉不受理的状况，但从《民诉法解释》第 215 条②之规定来看，该协议一方当事人坚持向法院起诉的，人民法院直接裁定不予受理。从这个逻辑分析来看，法院对仲裁协议存在与否的情况采用职权调查方式。因为在该协议一方当事人起诉时，起诉行为本身就表明该方当事人并没有主张该仲裁协议的妨诉效果。而法院在发现仲裁协议合法有效时，并没有顾及原告没有主张该仲裁协议存在妨诉效果，而径行认定仲裁协议的妨诉效果。

据此，从对《民诉法》第 124 条和《民诉法解释》第 215 条规定的分析来看，我国法院针对仲裁协议存在与否采用职权调查方式，并不依据订立仲裁协议的当事人的意见。这种职权调查方式，与我国《民诉法》第 119 条规定的对一般起诉和受理要件的调查方式一样。换言之，针对第 119 条所规定的案件受理条件，我国都是采取职权调查原则，即法院必须依职权审查原告的起诉行为是否具有第 119 条规定的四个起诉条件。且不论我国现在民事案

---

　　① 该条规定："人民法院对下列起诉，分别情形，予以处理：（一）依照行政诉讼法的规定，属于行政诉讼受案范围的，告知原告提起行政诉讼；（二）依照法律规定，双方当事人达成书面仲裁协议申请仲裁、不得向人民法院起诉的，告知原告向仲裁机构申请仲裁；（三）依照法律规定，应当由其他机关处理的争议，告知原告向有关机关申请解决；（四）对不属于本院管辖的案件，告知原告向有管辖权的人民法院起诉；（五）对判决、裁定、调解书已经发生法律效力的案件，当事人又起诉的，告知原告申请再审，但人民法院准许撤诉的裁定除外；（六）依照法律规定，在一定期限内不得起诉的案件，在不得起诉的期限内起诉的，不予受理；（七）判决不准离婚和调解和好的离婚案件，判决、调解维持收养关系的案件，没有新情况、新理由，原告在六个月内又起诉的，不予受理。"

　　② 该条规定："依照民事诉讼法第一百二十四条第二项的规定，当事人在书面合同中订有仲裁条款，或者在发生纠纷后达成书面仲裁协议，一方向人民法院起诉的，人民法院应当告知原告向仲裁机构申请仲裁，其坚持起诉的，裁定不予受理，但仲裁条款或者仲裁协议不成立、无效、失效、内容不明确无法执行的除外。"

件方面是否采真正立案登记制度①，我国对民事案件受理的条件采用的职权
调查方式与大陆法系将诉讼要件作为职权调查事项之基本法理相通。② 对职
权调查事项采职权探知主义，"是否具备诉讼要件不用等待当事人的申请"③，
法院必须职权去收集资料和判断相关要件是否具有及是否合法。但职权调查
并不禁止当事人提出相关资料，职权调查亦存有资料收集不全面的情况。④
从此角度分析，我国《民诉法解释》第 216 条⑤的内容，能够进一步验证我
国法律针对仲裁协议的妨诉效果采用职权调查的方式。

　　我国最高人民法院在 1992 年针对 1991 年《民诉法》颁布的《最高人民
法院关于适用〈中华人民共和国民事诉讼法〉若干问题的意见》（以下简称
《民诉适用意见》）的很多规定都在《民诉法解释》之中得到继承或变更。如
《民诉法解释》第 216 条由《民诉适用意见》第 146～148 条⑥演变而来。从
《民诉适用意见》第 148 条规定分析，在存有合法有效的仲裁协议且双方
当事人都未主张情况下，法院可以取得管辖权。换言之，从第 148 条分析
来看，彼时关于仲裁协议的妨诉效果采用当事人主张原则，而非职权调查
原则。但第 148 条与《民诉法解释》第 215 条的前身即《民诉适用意见》
第 145 条完全相悖。为解决这一问题，《民诉法解释》第 216 条完全废除
《民诉适用意见》第 146～148 条。这一修改合理解决了《民诉适用意见》
第 145 条与第 148 条之间的冲突，即《民诉法解释》第 216 条也是在第
215 条规定的职权调查方式下发挥作用，作为职权调查的补充。这种条文
的规范性解读，与《民诉法解释》起草者的立法本意是一致的⑦，尽管后
者并没有指明《民诉适用意见》第 145 条和第 148 条的冲突。据此来分

---

　　① 段文波. 起诉程序的理论基础与制度前景. 中外法学，2015（4）.

　　②③　中村英郎. 新民事诉讼法讲义. 陈刚，林剑锋，郭美松，译. 北京：法律出版社，2001：155.

　　④　李木贵. 民事诉讼法：上. 台北：元照出版有限公司，2007：5 - 35.

　　⑤　该条规定："在人民法院首次开庭前，被告以有书面仲裁协议为由对受理民事案件提出异议
的，人民法院应当进行审查。经审查符合下列情形之一的，人民法院应当裁定驳回起诉：（一）仲裁
机构或者人民法院已经确认仲裁协议有效的；（二）当事人没有在仲裁庭首次开庭前对仲裁协议的效
力提出异议的；（三）仲裁协议符合仲裁法第十六条规定且不具有仲裁法第十七条规定情形的。"

　　⑥　该意见规定："146、当事人在仲裁条款或协议中选择的仲裁机构不存在，或者选择裁决的
事项超越仲裁机构权限的，人民法院有权依法受理当事人一方的起诉。147、因仲裁条款或协议无
效、失效或者内容不明确，无法执行而受理的民事诉讼，如果被告一方对人民法院的管辖权提出异
议的，受诉人民法院应就管辖权作出裁定。148、当事人一方向人民法院起诉时未声明有仲裁协议，
人民法院受理后，对方当事人又应诉答辩的，视为该人民法院有管辖权。"

　　⑦　沈德咏. 最高人民法院《民事诉讼法司法解释》理解与适用：上. 北京：人民法院出版社，
2015：568.

析，我国《民诉法》第 127 条和《民诉法解释》第 223 条规定的应诉管辖也无法适用于仲裁协议。换言之，我国法院只要发现当事人存有仲裁协议，在确认该协议合法有效的前提下就应依职权使协议产生妨诉效果，不能通过应诉管辖而消除该妨诉效果。

（二）问题分析

在我国，对仲裁协议的妨诉效果采用职权调查方式，与将一般诉讼要件作为职权调查事项等同。这种做法相异于大陆法系通行之操作惯例，即将仲裁协议作为诉讼障碍事项而非抗辩事项①，进而区分于将诉讼要件作为职权调查事项的做法。从比较法角度分析，我国的这种立法模式不仅从立法上直接忽视诉讼障碍的存在，将其与诉讼要件（案件受理条件）混同，而且会侵害当事人的程序选择权。

1. 导致诉讼障碍与诉讼要件混同

大陆法系针对诉讼要件和诉讼障碍事项采取区分模式。其中，对诉讼要件采取职权调查方式，不受当事人主张和申请的限制；而对诉讼障碍事项，采用辩论主义模式，受到当事人主张和申请的限制。② 而在我国在对当事人之起诉行为的合法性评价之中，立案审查并未进行此种区分，而笼统地将仲裁协议等这种诉讼障碍事项的不存在作为案件受理的条件。这种操作不仅严重背离我国《民诉法》第 119 条所设置的起诉条件，更是严重混同诉讼要件和诉讼障碍。这种混同不仅表现为立法缺失，更是从理论研究上表现出严重的欠缺。仲裁协议为最典型的诉讼障碍事项，但在我国将其作为诉讼要件进行职权调查，将大陆法系通行的妨诉效果与诉讼要件的不合法效果直接等同视之，从而直接导致诉讼障碍事项与诉讼要件的混同。

2. 侵害当事人的程序选择权

对仲裁协议采用职权调查方式实现其妨诉效果，即便在仲裁协议双方当事人都未主张仲裁协议妨诉效果的情况下，法院只要发现存在合法有效的仲裁协议就应该对当事人释明其妨诉效果。在实践中，仲裁协议多以仲裁条款方式表现在合同之中。在涉及合同案件的审理之中，合同一般都会以证据资料的方式呈现，故仲裁条款必然会被法院发现。在此种情况下，即便当事人不主张，法院也会依职权实现仲裁协议的妨诉效果。而这种妨诉效果并不依据当事人主张来实现，将使当事人在订立仲裁协议之后就无

①②　李木贵. 民事诉讼法：上. 台北：元照出版有限公司，2007：5 - 36.

法通过诉讼方式解决纠纷。换言之，我国对仲裁协议的职权调查方式，侵害了当事人在订立仲裁协议之后对纠纷解决方式的选择权。

3. 不恰当扩大法院的职权

对仲裁协议采用职权调查方式实现其妨诉效果，即便在仲裁协议双方当事人都未主张仲裁协议妨诉效果的情况下，法院只要发现存在合法有效的仲裁协议就应该对当事人释明其妨诉效果。但法院的这种调查职权并不存在合理正当的法理依据，因为职权调查事项一般具有较强的公益性①，反观法院对仲裁协议妨诉效果的调查权，其法理基础——仲裁协议并不具有这种公益性。因为从整体的诉讼要件来观察，仲裁协议并不像其他诉讼要件一样，在所有的诉讼中都必须具备，所以，在我国对仲裁协议妨诉效果的调查权不恰当地扩大了法官的职权范围。

二、问题解决方案的域外视野

从比较法角度展开制度的比较和研究，是我国法学界通常应用的方法，特别是在缺少本土立法资源之时。我国缺少关于诉讼障碍的立法和理论研究，从大陆法系国家和地区的相关立法和理论研究中汲取营养成为研究诉讼障碍的优先选择。

（一）大陆法系的诉讼障碍理论

我国属于成文法国家，民事诉讼理论和立法与大陆法系的民事诉讼立法例同宗。对相关规范的追根溯源应以大陆法系通行立法和理论为本，诉讼障碍研究亦不例外。

1. 德国的诉讼障碍理论

虽然德国在 1976 年《简化修订法》之中，直接将《德国民事诉讼法》第 274 条关于诉讼障碍之规定取消②，但诉讼障碍的实质内容并没有发生任何实质变化。换言之，根据《德国民事诉讼法》的相关规定，德国立法将仲裁协议、调解协议、缺乏诉讼费用担保和缺乏费用偿付这四种情况均作为诉讼障碍。③ 以仲裁协议为例子来分析，该诉讼障碍在经过合法

---

① 李木贵．民事诉讼法：上．台北：元照出版有限公司，2007：5-36.
② 罗森贝克，等．德国民事诉讼法．李大雪，译．北京：中国法制出版社，2007：679.
③ 罗森贝克，等．德国民事诉讼法．李大雪，译．北京：中国法制出版社，2007：679.
汉斯-约阿希姆·穆泽拉克．德国民事诉讼法基础教程．周翠，译．北京：中国政法大学出版社，2005：82.

辩论程序确认之后，可使诉讼的实体裁判不合法而不能进行本案裁判。[①]
仲裁协议抗辩以当事人主张为妨诉效果的作用方式[②]，"不过这种抗辩可以通过协议对一方或双方排除"[③]。换言之，所有的诉讼障碍都可通过当事人舍弃责问的方式排除其妨诉效果。[④] 其中，因为德国存在诉讼费用担保、约定调解前置等制度，所以德国的诉讼障碍之中亦包括调解协议抗辩和诉讼费用担保抗辩。

总体分析，德国以仲裁协议为代表的诉讼障碍，相对独立于诉讼要件。该种诉讼障碍的法律效果，具体表现为妨碍诉讼要件的合法性，使本案判决不能进行。对这种诉讼障碍的调查与对诉讼要件的调查都相对优先于本案判断，都可通过单独辩论程序处理，进行适当中间裁判，即诉讼判决。在调查方式上，诉讼障碍采取被告责问的方式，即被告提出程序异议。被告在放弃责问或责问权时，该种妨诉效果就因责问权丧失而不再产生。

2. 日本的诉讼障碍理论

日本通说学理将仲裁协议、不起诉之特别约定、诉讼费用担保等情况作抗辩事项处理，以被告主张作为妨诉效果产生的前提。[⑤] 此抗辩事项又称为妨碍抗辩，以被告具有程序处分权而区别于需要法院进行职权调查和考虑的诉讼要件。[⑥] 当然，有学者指出，诉讼费用担保的适用中，被告不享有该种处分权，因此，将此事项称为抗辩多有不妥当之处。[⑦] 亦有日本学者在借鉴德国诉讼障碍法理的基础上，主张将仲裁协议、不起诉契约、诉讼费用担保都作为诉讼上的障碍处理。[⑧]

由此分析，日本于具体诉讼障碍事项的范围上存有一定程度的争议，且相较于德国的诉讼障碍事项，多出不起诉契约。换言之，日本法明确在诉讼法上承认不起诉契约的程序法效果。但总的来讲，日本通行学理亦将诉讼障碍事项作为抗辩事项处理，在调查上区别于对诉讼要件的职权调查，采用辩论主义处理该种事项。[⑨] 至于辩论主义范围下的诉讼障碍事项能否称为抗辩事项，在所不问。

3. 我国台湾地区的诉讼障碍理论

我国台湾地区的学理将仲裁协议、不起诉之特别约定、诉讼费用担保等

---

① 罗森贝克，等. 德国民事诉讼法. 李大雪，译. 北京：中国法制出版社，2007：682.
②④ 同①680.
③ 同①679.
⑤⑥⑦ 新堂幸司. 新民事诉讼法. 林剑锋，译. 北京：法律出版社，2008：171.
⑧ 中村英郎. 新民事诉讼法讲义. 北京：法律出版社，2001：156.
⑨ 李木贵. 民事诉讼法：上. 台北. 元照出版有限公司，2007：5-36.

情况作为抗辩事项处理，以被告主张作为妨诉效果产生的前提。① 此抗辩事项又称为妨碍抗辩，以被告具有程序处分权而区别于需要法官进行职权调查和考虑的诉讼要件。② 在借鉴日本学理将抗辩事项与消极诉讼要件一同归类的理论基础上③，我国台湾地区的学理与日本学理一样，并未针对诉讼障碍事项进入深入分析，大部分探讨以借鉴德国或日本学理为主④，未见具有创新性的观点。

4. 大陆法系通行的诉讼障碍理论

通过分析德国、日本和我国台湾地区之诉讼障碍理论可知，德国诉讼障碍学理为最为完善的体系。虽然具体诉讼障碍事项的类型有差异，但大陆法系国家和地区均将仲裁协议作为典型的诉讼障碍事项。在对诉讼障碍事项调查程序结构上，一般均将诉讼障碍事项与诉讼要件调查程序等同处理，而相对独立于诉讼辩论程序。基于独立的程序结构，针对诉讼障碍事项的调查程序可以作出中间判决，对诉讼障碍事项的妨诉效果进行最终确认。其中，对诉讼障碍事项的调查方式，以被告责问方式提出，当事人对于诉讼障碍事项的提出和妨诉效果的产生具有最终决定权。具言之，在仲裁协议合法有效的情况下，其妨诉效果只能通过原告向仲裁机构申请仲裁或被告在原告起诉时提出妨诉抗辩的方式产生。

（二）诉讼障碍当事人提出正当性分析

分析大陆法系国家和地区的通行立法惯例和理论做法，将诉讼障碍事项作为抗辩事项而不作为职权调查事项，有其内在的合理性。换言之，将诉讼障碍置于辩论主义范畴之内，通过当事人主张、举证，由法院被动和消极地确认诉讼障碍事项是否成立与诉讼障碍事项的本质相符。

1. 诉讼障碍事项本质上为私益事项

诉讼要件作为诉讼成立和合法的重要条件，涉及诉讼的各个方面，其中"诉讼要件大多是针对诉讼制度设计之运用指挥者即法院的立场，而为要求（不过诉讼负担最终的负担者，不是法院，而是国家，也可以说是全体国民，因为法院是为全体国民而存在）"⑤，据此，多数的诉讼要件是否具备需要法院依据自身职权进行调查。通常理论以"公益事项"概括说明，认为特别是

---

① ② ③　邱联恭. 口述民事诉讼法讲义（二）. 台北：元照出版有限公司，2015：85.

④　相关内容请参见陈荣宗教授、陈计男教授以及李木贵教授的论述，这里不赘述。

⑤　李木贵. 民事诉讼法：上. 台北：元照出版有限公司，2007：5-35.

法院主管范围、管辖权、当事人适格等事项皆具有该种公益性①，故应作为职权调查事项。当然，这种职权调查事项只不过是在强调法院在诉讼要件的审理和决定上具有最终确定权，并不代表所有的诉讼要件都需法院依职权去收集证据，针对诉讼要件事项是否存在进行判断。特别是在某些否定性诉讼要件例如重复诉讼的判断之中，法院的职权作用空间非常狭窄，因为除了否定性事项本身属难以证明的事项外，法院该种职权的运作能力也非常有限。但职权调查事项并不禁止当事人提出相关资料，职权调查亦存有资料收集不全面的情况。②

因此，日本的诉讼要件通行理论进行了职权探知事项和辩论主义事项的划分：公益性较强的诉讼要件都作为职权调查事项，由法院依职权取证和判断；而任意关系、诉之利益和当事人适格等公益性较弱且涉及当事人实体利益较强的事项作为辩论主义事项。换言之，在对辩论主义诉讼要件存否的调查中，需要当事人针对诉讼要件是否合法进行主张和举证，由法院进行消极被动的判断。在这种划分模式之下，诉讼障碍事项并非每个诉讼合法成立必备的条件，而只是因为个案性的当事人约定而存在。换言之，诉讼障碍事项相较于诉之利益等公益性诉讼要件，基本上无任何公益性可言。由此，将诉讼障碍事项作为职权调查事项，无任何法理基础，反而因为其私益性，将其作为辩论主义事项方能实现法理上的圆融。

2. 诉讼障碍事项本属当事人程序选择权范畴

诉讼障碍事项并非诉讼成立和合法的要件，因完全涉及当事人的利益，而可由当事人自由处分。以仲裁协议为例来看：仲裁协议只发生在财产类案件之中，当事人通过合意的方式可实现排除法院管辖的程序法效果。虽然这种程序法效果表现出公法特征，但该种程序法效果并非强制性产生的。换言之，当事人针对这种妨诉效果的产生具有完全的选择权。在定有合法有效的仲裁协议，原告坚持就涉及仲裁协议的纠纷向法院起诉，而被告不提出责问的情况下，法院并不宜采用职权调查方式，超过当事人的主张范围而认定仲裁协议的妨诉效果。若法官直接超过当事人的主张，而径行认定该种诉讼障碍的妨诉效果，属于不正当侵害了当事人的程序选择权，更是不恰当地扩大了法官的职权范围。而这种扩张，在法理上并不能站住脚。

---

① ② 李木贵. 民事诉讼法：上. 台北：元照出版有限公司，2007：5 - 35.

三、问题解决——仲裁协议存否以当事人主张为主

从比较法角度观察，大陆法系国家和地区一般将仲裁协议、诉讼费用担保和不起诉契约等情况作诉讼障碍，由被告主张妨诉抗辩开启调查程序，采辩论主义的调查方式。从我国《民诉法》和《民诉法解释》的角度来看，如何在比较法分析基础上解决我国现有立法问题，才是核心所在。

（一）仲裁协议的妨诉效果由被告以异议方式提出

据上文，我国《民诉法》第124条之规定隐含着仲裁协议的调查方式为职权调查方式，而《民诉法解释》第215条更是进一步明确对仲裁协议的妨诉效果采用职权调查方式。而《民诉法解释》第216条[①]的规定中，被告以合法有效的仲裁协议为由提出程序异议而要求排除法院主管的主张，仅作为法院依职权调查仲裁协议之妨诉效果的一种补充方式。在分析该种职权调查的各种弊端之后，笔者认为应借鉴大陆法系通行做法，将其作为典型诉讼障碍事项而采用当事人主张方式实现仲裁协议的妨诉效果。换言之，《民诉法》第124条和《民诉法解释》第215条都应该直接被废除，只需保留《民诉法解释》第216条的规定，因为该条不仅规定仲裁协议的妨诉效果由被告通过程序异议方式提出，而且明确了在仲裁协议的效力确定之前，双方当事人可通过默示协议的方式实现仲裁协议效力瑕疵的补正和自愈。这种默示行为的自愈和补正，更是体现出仲裁协议作为当事人可处分的程序性事项，与仲裁协议的本质相符。是故，笔者主张将《民诉法解释》第216条的内容直接上升为《民诉法》的相关规定。

（二）调解或仲裁前置不属诉讼障碍事项，属于诉讼要件

在我国劳动纠纷的解决采用劳动仲裁前置，在某些民事纠纷之中亦采用调解前置。在该种仲裁或调解前置的程序构造中，若未经过相应仲裁程序或未进行相应调解程序，法院一般会直接驳回起诉或移送调解组织进行调解。这种做法与诉讼障碍事项的妨诉效果相一致，但该种强制性前置程序并不能作为诉讼障碍事项。相较于德国法上约定为调解前置为诉讼障碍事项[②]，我

---

① 该条规定："在人民法院首次开庭前，被告以有书面仲裁协议为由对受理民事案件提出异议的，人民法院应当进行审查。经审查符合下列情形之一的，人民法院应当裁定驳回起诉：（一）仲裁机构或者人民法院已经确认仲裁协议有效的；（二）当事人没有在仲裁庭首次开庭前对仲裁协议的效力提出异议的；（三）仲裁协议符合仲裁法第十六条规定且不具有仲裁法第十七条规定情形的。"

② 罗森贝克，等. 德国民事诉讼法. 李大雪，译. 北京：中国法制出版社，2007：679.

国的调解前置或仲裁前置并不能类比该种当事人约定的调解前置作为诉讼障碍事项。因为我国的仲裁或调解前置程序属于强制性规定，当事人并不具有处分权，法院应该采取职权调查方式认定其妨诉效果。而德国法上当事人约定的调解前置程序，可以通过当事人舍弃责问权的方式，消除该种妨诉效果。换言之，我国的仲裁或调解前置需要采用职权调查方式来实现其妨诉效果，与大陆法系诉讼要件分类中的消极诉讼要件较为类似①，后者需要采用职权调查方式来实现其妨诉效果。透过该种前置所蕴含的法理也可以明晰该种职权调查的正当性。因为对于特定种类的纠纷，该种调解或仲裁前置是具有普遍性的，而强制性的前置程序本身蕴含一种程序公益性的考量。是故，不适宜将调解或仲裁前置作为诉讼障碍事项，而应作为消极诉讼要件而采用职权调查方式实现其妨诉效果。

（三）不起诉契约不宜在我国规定

不起诉契约，又称诉权契约，一般以约定取消当事人的诉权或起诉权为主要内容。在司法实务之中，这种不起诉契约或该种契约的变形协议非常普遍。综观大陆法系之立法例，除日本的立法和判例承认其程序效果之外②，大部分国家和地区都不承认该种不起诉契约的程序法效果。究其原因，主要在于不起诉契约直接取消当事人行使诉权的可能性，而诉权本身不仅仅意味着当事人私权救济的可能性，更是一种司法行为请求权，具有一定公益性。所以，大部分国家和地区并没有在民诉立法和判例之中承认不起诉契约的合法性，更没有规定其程序效果。虽然在我国实践中不起诉契约广泛存在，但我国并没有达到诉讼爆炸的程度，因而我国没有必要在民诉理论和立法中承认不起诉契约的合法性，更没有必要承认其程序效果。据此，日本法将不起诉契约作为诉讼障碍之一种的立法例并不值得我国借鉴。

（四）诉讼费用担保适宜引入我国

诉讼费用担保制度是在原告作为外国人在本土没有财产的情况下，平衡双方当事人权益的一种诉讼制度。③ 在德国和日本都有相关立法规定，通常作为诉讼障碍事项。我国并没有类似或相近规定，实为一立法缺失。笔者认为，该种诉讼障碍的情况值得我们借鉴，并引入我国民事诉讼法之中。

---

① 邱联恭. 口述民事诉讼法讲义（二）. 台北：元照出版有限公司，2015：85.
② 新堂幸司. 新民事诉讼法. 林剑锋，译. 北京：法律出版社，2008：171.
③ 罗森贝克，等. 德国民事诉讼法. 李大雪，译. 北京：中国法制出版社，2007：609.

结　语

总的来讲，比照大陆法系国家和地区关于诉讼障碍之立法规定，根据我国实际需要设计我国的诉讼障碍制度，不仅有必要，而且非常紧迫。在我国现行缺失诉讼障碍制度的情况下，将诉讼要件与诉讼障碍事项混同，对其同样采取职权调查方式，会造成法院职权配置不当和侵害当事人程序权益等问题。在实行立案登记制度和司法改革的大背景下，确立诉讼障碍制度，是进一步理清民事案件受理合法性要件的前提。换言之，仅单一借鉴大陆法系诉讼要件理论来建构我国的起诉审查制度具有不完全性，还需要针对诉讼障碍制度进行比较借鉴，方可实现比较法借鉴的完整性。

第四编

多元化纠纷解决
机制的发展趋势

专题二十一 "一带一路"背景下涉外商事纠纷在线解决机制的制度构建研究

张朝阳 龚 茜*

引 言

"一带一路"沿线区域,分布着 65 个国家,人口合计约 44 亿,年经济总产值达 22 万亿美元。根据"一带一路"倡议,将建设更多的基础设施和各国优势项目,将凝聚更多国家的资源、政策和市场,因此,涉外商事纠纷明显增多。因距离遥远、纠纷数量巨大等因素,传统的诉讼方式会消耗较多的人力、物力、财力,在线纠纷非诉解决机制的经济高效、方便快捷、成本较低更适应于解决"一带一路"沿线国家之间频繁贸易往来带来的纠纷,故对于"一带一路"涉外商事纠纷在线解决机制的研究有很大的现实意义。

ODR (Online Dispute Resolution) 即在线纠纷解决机制,指的是通过网络用替代性纠纷解决机制解决纠纷。[①] 学术界和实务界有观点认为,ODR 包括在线协商、在线调解和在线仲裁程序,不包括在线诉讼[②],但是 ODR 不断扩展它的范围,把网上解决争端的形式扩大到法院诉讼。[③] 鉴于现阶段法院的职能不断拓宽,包括诉讼和非诉讼,笔者认为,法院的在线调解是其非诉职能的体现。本专题探讨的范围是"一带一路"背景下的非诉纠纷解决机制,不包括在线诉讼,但包括法院的在线调解。

---

* 张朝阳,北京市通州区人民法院副院长、审判委员会委员,中国人民大学民商法学博士。龚茜,北京市通州区人民法院审判管理办公室法官助理,中国政法大学经济法学硕士。

① 焦海燕. 国际商事纠纷在线解决机制研究. 南昌:南昌大学,2014.

② 刘东. 跨境电子商务纠纷解决模式研究. 上海:华东政法大学,2016.

③ 方旭辉. ODR——多元化解决电子商务版权纠纷新机制. 法学论坛,2017 (4).

一、"一带一路"涉外商事纠纷审判面临的困境和在线解决的必要性及可行性分析

（一）"一带一路"涉外商事案件审判面临的现实困境

"一带一路"背景下，涉外商事纠纷与日俱增。在"一带一路"建设欣欣向荣的同时，涉"一带一路"法律纠纷的解决以及良好法治环境的构建已成为参与主体的最大利益关切和需求。[①]"一带一路"涉外商事案件在审判时存在裁判规则不统一、管辖权选择、法律适用、域外送达和取证等现实问题。对于复杂多样的"一带一路"涉外商事案件，我国还未形成统一、精细的裁判规则。管辖权是一国主权的重要组成部分，是国家主权在诉讼程序领域的集中体现，一国法院取得管辖权的同时也取得了适用本国冲突法和程序法的权利，在很大程度上决定了法律适用的结果。[②] 在传统纠纷方式管辖权选择的标准中，属地原则是现代国际法确定一国管辖权的首要原则[③]，因涉外商事法律关系的连接点基于"一带一路"的战略背景呈现多样化、跨国性、复杂性的特点，"一带一路"涉外商事案件存在司法管辖权冲突的问题。涉外商事案件选择法律适用的过程是优先选择国际条约，根据冲突规范[④]确定准据法[⑤]，再根据国际惯例对商事交易填补漏洞。其中，国际条约、准据法、国际惯例的适用顺序问题，国际条约与国内强行法的适用问题，涉外民商事关系冲突规范的准确适用问题等，考验法官的国际私法功力。一些程序问题如域外证据公证、认证手续烦琐等影响司法效率，为审判实务增添困难。适用诉讼程序的涉外商事案件的时间和经济成本较高，若解决纠纷的成本远远高于交易的标的额，那么当事人会放弃对自身权利的保护。综上所述，对"一带一路"涉外商事纠纷不太适合运用传统的诉讼方式解决。

（二）"一带一路"涉外商事纠纷在线解决的必要性分析

以互联网为基础构建的在线解决纠纷模式并非简单地将科技运用到传统模式，最终目的是更好地实现公平正义。技术是工具，效率是手段，公平正

---

① 张勇建．"一带一路"司法保障问题研究．中国应用法学，2017（1）．
② 司法部司法协助局．司法协助研究．北京：法律出版社，1996：187-196.
③ 刘东．跨境电子商务纠纷解决模式研究．上海：华东政法大学，2016.
④ 冲突规范是由国内法或国际条约规定的，指明不同性质的涉外民商事法律关系应适用何种法律规范的总称。
⑤ 准据法是指经冲突规范指定援引来具体确定民商事法律关系当事人权利与义务的特定的实体法。

义是根本。① ODR 起源于 1996 年美国的三个实验性方案，其中包含两个在
线调解项目和一个在线仲裁项目。ODR 来源于 ADR（Alternative Dispute
Resolution）即替代性纠纷解决机制。ODR 不仅适用于电子商务纠纷，也适
用于其他纠纷。目前 ODR 存在两种发展趋势：其一，把 ADR 的方法和经
验运用到电子商务环境中，以解决大量出现的"线上"纠纷；其二，在大数
据的时代背景下对传统的法院体系以及传统的诉讼程序进行电子化、智慧化
的改造。本专题探讨第一种发展趋势，即借鉴 ADR 的经验和方法来完善
"一带一路"背景下涉外商事纠纷的在线解决机制。② "一带一路"涉外商事
案件的在线协商、在线调解和在线仲裁会更加经济高效地解决纠纷，可提高
纠纷化解的效率，节约司法资源。

　　习近平总书记指出："没有信息化就没有现代化。"③ 在信息化时代，互
联网技术的应用影响着人们的思维方式、消费方式和生活方式，中国社会呈
现出革命性、颠覆性的发展趋势。④ 民众通过互联网可迅速获得自己想要的
信息，互联网的应用范围逐步扩大。因纠纷及其解决是价值、技术、实践等
因素共同作用的结果⑤，所以"互联网＋"思维为在线纠纷解决提供了理念
支撑。"一带一路"涉外商事纠纷的在线解决具有诸多优势，如高效快捷、
成本更低，对抗性较弱，更体现平等自愿原则⑥；能有效缓解法院"案多人
少"的矛盾，突破了传统的诉讼程序的纠纷解决模式，补充和丰富了多元化
解机制。因网络技术的灵敏性，在线解决纠纷在程序上更高效便利，时间成
本和经济成本较低。信息交流都通过互联网进行，当事人不需要到达同一地
点，为当事人节约时间、路途费用和相关文件邮寄费。如美国的电子商务纠
纷在线解决平台 Square Trade，其处理纠纷一般限制在 10～14 天内⑦，而法
院受理案件后适用简易程序的审理期限是 3 个月⑧，适用普通程序的审理期

---

①② 龙飞．中国在线纠纷解决机制的发展现状及未来前景．法律适用，2016（10）．

③ 杨婷．习近平：把我国从网络大国建设成为网络强国．www．xinhuanet．com．

④ 骆东平．在线纠纷解决机制十年发展回顾及展望．三峡大学学报（人文社会科学版），
2008（2）．

⑤ 梁平，陈焘．跨越时空的在线纠纷解决——以京津冀为例．河北大学学报（哲学社会版），
2017（2）．

⑥ 李涛．浅谈在线调解机制在我国的发展．法制博览，2017（5）．

⑦ 焦海燕．国际商事纠纷在线解决机制研究．南昌：南昌大学，2014．

⑧ 《民事诉讼法》第 161 条规定："人民法院适用简易程序审理案件，应当在立案之日起三个月
内审结。"

限是 6 个月①，远多于在线解决纠纷的时间。此外，在线解决纠纷具有较弱的对抗性，避免了当事人的直接对抗，减少了冲突发生的可能性；而且，在线纠纷解决程序启动的依据是当事人申请，当事人自愿选择以在线的方式解决纠纷。因对"一带一路"涉外商事纠纷采取传统诉讼的方式解决时，面临确定管辖权、确定冲突规范、选择适用国家实体法、外国判决在内国不能得到承认和执行等问题，从而为纠纷的解决增设诸多障碍，造成纠纷解决的效率较低，因此，在线解决纠纷的快捷性、高效性、较弱对抗性等的优点使其更适宜解决"一带一路"涉外商事纠纷。

　　综上所述，因"一带一路"涉外商事纠纷的特点和传统诉讼方式的弊端，在线解决"一带一路"涉外商事纠纷更具优势。为更直观地比较传统诉讼方式与在线解决方式，绘制表 1。

表 1　　　　　　　　"一带一路"涉外商事纠纷在线解决的优势

"一带一路"涉外商事纠纷的类型	"一带一路"涉外商事纠纷的特点	传统诉讼方式的劣势	ODR 机制的优势
贸易投资、基础设施建设、跨境并购、能源资源合作、货物运输、环境保护、金融服务、知识产权、消费者和劳动权益、自贸区审判、司法合作、国际工程承包、产业投资、跨境金融、海上货物运输、海洋生态保护等	多样化、跨国性、复杂性	裁判规则不统一、管辖权冲突问题、法律适用确定难、域外送达和取证效率低	在一定程度上避免了管辖权冲突问题、无须送达、当事人自愿申请、程序更简易高效快捷、成本更低、对抗性较弱

（三）"一带一路"涉外商事纠纷在线解决的可行性分析

　　随着司法改革的不断深入推进，多元化纠纷解决机制发展势头迅猛。在司法现代化体系中，秉持共享共治思维，运用互联网构建在线纠纷解决机制，是司法能力现代化的重要标志之一。② 目前互联网行业向规范化、价值化的方向发展，同时民众对网络的需求内容和范围日益增大，包括纠纷解决的需求。在线解决纠纷的快捷性、高效性、较弱对抗性等优点使其更能满足

---

　　① 《民事诉讼法》第 149 条规定："人民法院适用普通程序审理的案件，应当在立案之日起六个月内审结。有特殊情况需要延长的，由本院院长批准，可以延长六个月；还需要延长的，报请上级人民法院批准。"

　　② 龙飞. 中国在线纠纷解决机制的发展现状及未来前景. 法律适用，2016（10）.

现代人的节奏，互联网络的发展和网民规模的不断扩大为"一带一路"涉外
商事纠纷在线解决提供先天条件。根据中国互联网络信息中心（CNNIC）
2017 年 8 月 4 日发布的第 40 次《中国互联网络发展状况统计报告》，截至
2017 年 6 月，我国 IPv4 地址数量达到 3.38 亿个，IPv6 地址数量达到 21 283
块/32 地址，二者总量均居世界第二；中国网站数量为 506 万个，半年增长
4.8%；国际出口带宽达到 7 974 779Mbps，较 2016 年年底增长 20.1%；中
国网民规模达到 7.51 亿，占全球网民总数的 1/5；互联网普及率为 54.3%，
超过全球平均水平 4.6 个百分点。近年来，我国 IPv6 地址数量、网站数量、
网民规模呈现逐年上涨的趋势（如图 1、2、3），为在线解决纠纷创设了条
件。同时我国现有在线纠纷解决的平台和网站，以及部分法院建立的"e 调
解"平台等，为"一带一路"涉外商事纠纷在线解决提供了经验。

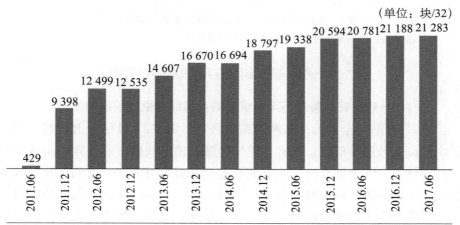

图 1　近年中国 IPv6 地址数量变化情况

来源：CNNIC 中国互联网络发展状况统计调查

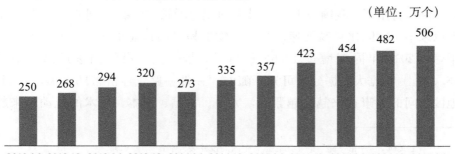

图 2　近年中国网站数量变化情况

数据来源：CNNIC 中国互联网络发展状况统计调查。

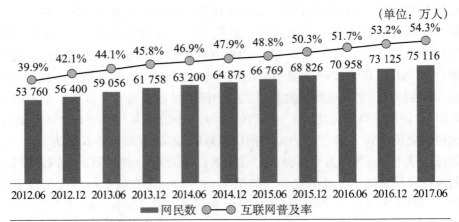

（单位：万人）

图 3　中国网民规模和互联网普及率逐年变化情况

数据来源：CNNIC 中国互联网络发展状况统计调查。

二、"一带一路"纠纷在线解决的现实困境

（一）"一带一路"背景下与日俱增的商事纠纷亟待解决的困境

"一带一路"全名为"丝绸之路经济带"和"21 世纪海上丝绸之路"，是由铁路、公路、航空、航海、油气管道、输电线路、通信网络组成的综合性立体互联互通的交通网络，其核心词是互联互通——万物互联、人机交互、天地一体，体现鲜明的 21 世纪特色。① "一带一路"倡议的提出加强了中国与相关国家的经贸合作，通过交通、贸易、投资、人文等方面的合作与交流，实现双边或多边的经济贸易合作发展，搭建跨地区、跨文化的国际合作交流平台，带动我国及相关国家、地区的经济发展。② 在"一带一路"背景下，我国 2017 年上半年进出口增长 19.6%，创 2011 年来下半年以来半年度同比最高增速；我国货物贸易进出口总值 13.14 万亿元人民币，比 2016 年同期增长 19.6%；与"一带一路"沿线国家进出口增长 23.4%。③ 根据大数据分析可知，随着"一带一路"经济带的发展，各国、地区之间的商事往来越来越紧密，人员、商品、资本、技术的流动越来越

---

① 王义桅. "一带一路"的中国智慧. 中国高校社会科学，2017（1）.
② 宗晓丽，高杨，管欣. "一带一路"战略中多元纠纷解决机制研究. 合作科技与经济，2017（6）.
③ 王沥慷. 中国上半年进出口增长 19.6% 创近年来半年同比最高增速. https://www.yidaiyilu.gov.cn/jcsj/dsjkydyl/20069.htm.

快,于是,不断增加的经济纠纷是亟待解决的突出问题。

"一带一路"涉外商事纠纷面临的一个突出问题是纠纷数量多、难度大。"一带一路"涉外商事纠纷的范围包括贸易投资、基础设施建设、跨境并购、能源资源合作、货物运输、环境保护、金融服务、知识产权、消费者和劳动权益、自贸区审判、司法合作、国际工程承包、产业投资、跨境金融、海上货物运输、海洋生态保护、新欧亚大陆桥经济走廊建设等国际经济合作项目、重点港口和航运枢纽等海上战略建设,等等①,纠纷类型复杂多样,为纠纷解决增加了难度。"一带一路"有三条线,所经的中国城市有珲春、延吉、长春、北京、郑州、西安、乌鲁木齐、泉州、福州、广州、海口、上海、北海、连云港、兰州等。"一带一路"倡议提出四年来,中国与沿线国家和地区开展了深度沟通和合作,贸易更发达,来往更便利,中国的地缘经济也发生变化,一些深居中国内陆甚至位置偏远的中小城市获得了更多发展机会,经济越来越活跃。② 因此,无论是所经城市还是偏远城市,涉外贸易越来越多,以某市("一带一路"沿线城市)某基层人民法院为例,四年来"一带一路"涉外商事纠纷不断增多,其中这 30% 的纠纷可通过在线解决,如果这 30% 的纠纷均能实现在线解决,那么能进一步缓解法院"案多人少"的压力。

表 2   近年某市基层人民法院"一带一路"涉外商事纠纷的变化

2014 全年	同比涨幅	2015 全年	同比涨幅	2016 全年	同比涨幅预测	2017 上半年	2017 全年预测
2 287	259.77%	8 228	5.00%	8 639	41.82%	6 126	12 252

"一带一路"背景下发生的涉外商事纠纷面临的另一突出问题是国家多、差异大。"一带一路"倡议涉及欧、亚、非等区域的 65 个国家(包括中国)或地区,各个国家或地区在政治、经济和法律制度等方面都有不同程度的差异,导致不同体制下纠纷呈现多元化、复杂化,从而在一定程度上增加了涉外商事纠纷的解决难度。

(二)涉外商事纠纷在线解决的优势性与在线纠纷平台匮乏的现实冲突

我国并没有标准意义上的非诉纠纷解决机制,目前我国的在线纠纷解决

---

① 张勇建."一带一路"司法保障问题研究.中国应用法学,2017 (1).

② 王沥慷."一带一路"改变中国城市地缘经济 内陆中小城市获更多机会.https://www.yidaiyilu.gov.cn/xwzx/gnxw/20660.htm.

平台包括以下三个层次。①

表3　　　　　　　　　　　中国的在线纠纷解决平台

一	互联网企业自身建立在线纠纷解决平台和机制，如京东、苏宁易购等互联网企业建立了自己的在线纠纷解决平台，百度建立了网民权益保障平台
二	法院系统建立的在线纠纷解决平台，如上海海事法院建立了"e调解"
三	综治组织建立的矛盾纠纷预防化解平台，如"一带一路"国际商事调解中心网络调解系统

1. 互联网企业自身建立了在线纠纷解决平台，但专业度不够

淘宝建立了自身纠纷解决平台，2012年阿里巴巴官方推出大众评审的社会化判定平台，大众评审团处理电子商务纠纷。京东、苏宁易购等互联网企业也都建立了自己的电子商务纠纷解决平台。虽然互联网企业建立的在线纠纷解决平台在一定程度上解决了纠纷，但其平台人员的法律专业性跟法院和综治组织的人员的专业性相比有一定的差距。

2. 法院尝试在线调解，但普及不足

2015年，中国法院开始建设以数据为中心的人民法院信息化3.0版，建立了一系列的诉调对接在线解决纠纷平台。② 2015年以来，安徽省合肥市蜀山区人民法院建立平台整合调解资源；上海海事法院建立"e调解"；成都市中级人民法院与新浪公司合作，在其所辖的7个试点基层人民法院建立"e调解空间"③。截至2017年6月底，开通在线调解平台的法院有496家，在线专业调解组织有665个，在线调解员有3 526名。虽然多家法院利用"互联网＋"的历史机遇积极建立在线调解平台并提高了纠纷化解效率，但因国内法院数量基数大，开通在线调解平台的法院的占比还是不高，此举并没有在全国范围内广泛普及。

3. 开展纠纷在线解决的机构较少且平台功能单一

开展纠纷在线解决的机构存在两个问题：第一，缺少独立的涉外商事纠纷在线解决中心；第二，缺乏推广平台及渠道。纠纷在线解决的机构有中国国际经济贸易仲裁委员会、中国在线争议解决中心（China ADR）、中国消费者协会和深圳市众信电子商务交易保障促进中心等。其中，中国国际经济

---

① 龙飞. 中国在线纠纷解决机制的发展现状及未来前景. 法律适用，2016（10）.
② 方旭辉. ODR—多元化解决电子商务版权纠纷新机制. 法学论坛，2017（4）.
③ 孟焕良. 浙江法院电子商务网上法庭开庭. 人民法院报，2015－05－31.

贸易仲裁委员会通过网上争议解决中心进行在线仲裁，它是国内现有的唯一
开展网上仲裁的机构；中国在线争议解决中心是依托中国电子商务法律网、
中国电子商务政策法律委员会成立的专门的在线争议解决机构；深圳市众信
电子商务交易保障促进中心是深圳市较为系统的在线纠纷解决中心，提供在
线法律指引、协商及快速调解仲裁服务；上海经贸商事调解中心（SCMC）
是我国第一家专门以社会组织形式专业从事商事调解的机构，表明我国开始
有与国际通行规则接轨的专业商事调解组织。2016 年 10 月 18 日，"一带一
路"国际商事调解中心网络调解系统（www.bnrsc.com）正式上线，构建
纠纷解决申请、调解员确定、调解过程、调解文书生成等。① 目前，国内的
一些在线纠纷解决机构不能有效发挥解决纠纷的作用，比如中国在线争议
解决中心及中国国际经济贸易仲裁委员会网上争议解决中心未能有效解决
涉外电子商务纠纷；虽然"一带一路"国际商事调解中心是专门为解决
"一带一路"贸易纠纷而设立的，但是平台的功能仅局限于调解。总之，
目前，我国未形成"一带一路"统一的纠纷在线解决平台，纠纷解决资源
比较分散，无法共享。

目前有通过在线的方式成功调解"一带一路"涉外商事纠纷的案件：某
平台在线调解一起拖欠货款的案件，本案中一名外籍商人因本国局势动荡，
国内经营遇阻，资金周转不灵，拖欠中国某市商贸城中国经营户近 500 万元
人民币货款。该外商无法按时支付货款并且人在国外，但仍想继续在中国经
商，最后通过在线调解与中国经营户达成一致，并且主动联系和委托另一外
籍商人做担保人，担保人每月支付近 50 万元货款。若"一带一路"涉外商
事纠纷能普遍在线解决，那么纠纷化解效率将大大提高。因此，整合在线解
决纠纷资源，建立统一的"一带一路"涉外商事纠纷在线解决平台十分
必要。

三、"一带一路"背景下涉外商事纠纷在线解决存在的现实问题成因分析

（一）国内商事纠纷调解制度和在线调解效力的立法缺位

目前，我国商事调解的主要依据是《中国国际商会调解中心调解规则》，但
在法律层面并未对商事调解制度作出明确的规定。② 以在线纠纷解决机制中的在

---

① 齐薇. 一带一路国际商事调解中心网络调解系统正式上线 . http：//www.scio.gov.cn/ztk/
wh/slxy/31200/Document/1495095/1495095.html.
② 吴俊. 中国商事调解制度研究综述 . 北京仲裁，2012（3）.

线调解为例,《人民调解法》第 31 条规定调解协议具有法律约束力①,第 33 条又规定了调解协议双方当事人认为有必要的可以申请法院司法确认。② 虽然法律明确规定人民调解委员会作出的调解协议具有权威性,但是对于通过在线纠纷解决平台达成的调解协议的效力未作明确规定,并且不能申请司法确认,因此,在线纠纷解决平台的处理结果的法律效力是"待定"。如果达成调解协议后当事人不履行调解协议,那么也缺乏强制执行的保障。可见,在线纠纷解决面临与现实无法对接的困难,两者存在观念、立法、程序、机制方面的障碍。

(二) 国内在线纠纷解决机制法律规则供给的缺乏

现阶段,"一带一路"沿线国家或地区在贸易纠纷中还没有建立起专门为"一带一路"设计的具有独立性和针对性的法律保障机制。③ 对于"一带一路"涉外商事纠纷在线解决机制,目前我国还没有建立真正意义上的在线协商、调解、仲裁和诉讼的处理机制,也缺乏"一带一路"涉外商事纠纷在线解决综合平台。我们提出的"一带一路"涉外商事纠纷非诉讼解决机制中的在线协商、在线调解以及在线仲裁都完全不同于国内现行的处理机制,它们都有着特有的启动形式、调解规则、处理机制以及运行方式。总体来看,我国现阶段还没有能够直接处理"一带一路"涉外商事纠纷的非诉讼解决机制,也没相关的在线协商、调解、仲裁的处理规则和运行机制。

北京融商"一带一路"法律与商事服务中心④通过了《一带一路国际商

---

① 《人民调解法》第 31 条规定:经人民调解委员会调解达成的调解协议,具有法律约束力,当事人应当按照约定履行。人民调解委员会应当对调解协议的履行情况进行监督,督促当事人履行约定的义务。

② 《人民调解法》第 33 条规定:经人民调解委员会调解达成调解协议后,双方当事人认为有必要的,可以自调解协议生效之日起三十日内共同向人民法院申请司法确认,人民法院应当及时对调解协议进行审查,依法确认调解协议的效力。人民法院依法确认调解协议有效,一方当事人拒绝履行或者未全部履行的,对方当事人可以向人民法院申请强制执行。人民法院依法确认调解协议无效的,当事人可以通过人民调解方式变更原调解协议或者达成新的调解协议,也可以向人民法院提起诉讼。

③ 倪楠. 构建一带一路贸易纠纷在线非诉讼解决机制研究. 人文杂志,2017 (1).

④ 北京德恒律师事务所倡议,联合中国五矿化工进出口商会、中国产业海外发展协会、中国开发性金融促进会、中国民营经济国际合作商会、中国知识产权运营联盟、全球温商服务中心、罗湖法律服务中心、北京德恒公益基金会、意大利 CBA 律师事务所、奥地利 Wolf Theiss 律师事务所、哈萨克斯坦国际商会共同发起创立"一带一路服务机制"(B&R Service Connections,"BNRSC"),"一带一路服务机制"在最高人民法院和北京市高级人民法院推进多元化纠纷解决机制改革的大背景下,在北京市委、市政府的支持下落地北京。2016 年 10 月,依托该服务机制建立了北京融商"一带一路"法律与商事服务中心暨"一带一路"国际商事调解中心。北京融商"一带一路"法律与商事服务中心是经北京法学会批准、北京市民政局许可,依法登记注册成立的民办非企业单位、社会服务机构,开展"一带一路"相关法律与政策调查研究、合作交流、法律商事业务咨询、培训、商事调解、承办委托等业务。

事调解中心调解规则》，但是规则的适用范围仅限于调解，并且调解规则没有上升至立法层面。我国现有的在线仲裁规则主要为解决我国国民与外国国民之间或我国国民之间的相关纠纷而制定，缺乏争议双方为外国国民的相关争议解决规则，存在适用范围狭窄的问题。[①]

（三）在线纠纷解决机制自身存在局限性

（1）民众对虚拟网络纠纷解决的不信任。在线纠纷解决机制借助互联网平台予以实现，本身伴随着信息安全性、保密性等问题。当事人彼此不了解对方的交易习惯和资信状况，中立第三方缺少跟当事人见面沟通的渠道。面对网络背后无法感知的当事人，中立第三方无法使用技巧获得当事人的信任。网络信息存在一定的不安全性，当事人会担心商业机密和个人隐私泄露，都使建立和维持当事人对在线纠纷解决机制及中立第三方的信任十分困难。民众对互联网虚拟环境整体的不信任导致其对在线纠纷解决机制的不信任，这对在线纠纷解决机制提出了技术上的巨大挑战。如果难以做到让当事人与中立第三方之间信息共享，就不能完全解决不信任的问题。

（2）程序设计的不完善造成的障碍。如在线纠纷解决平台信息公开不足，缺少公正程序的保障。"一带一路"国际商事调解中心的调解流程是提交申请，对方同意后提交同意调解确认书和授权委托书，调解中心受理后缴费选定调解员，调解员发布独立声明后制定工作计划表，然后开展正式调解。但平台上对调解员的公示仅限于对照片、教育经历和工作经历的公示，主要纠纷调解业绩一栏的内容为空。这不利于当事人在充分了解调解员的信息的基础上进行选择。深圳市众信电子商务交易保障促进中心并未公布裁决人回避审查、评判的标准，公布的调解员的信息仅涉及姓名及擅长的纠纷处理领域，仲裁员的信息几乎空白。[②] 根据正当程序理念，任何程序均应公正、独立，任何程序只有保证了第三方的中立性才有公正的前提。[③] 虽然在线纠纷解决平台规定调解员应保持独立、公正，如《"一带一路"国际商事调解中心调解员行为规范》规定：调解员应独立、公正，不代表任何一方当事人，不偏不倚地履行其职责；调解员在调解案件的过程中，不得有违背独立和公正原则的言论和行为。但通过此种行为规范规定的公平和中立的效果很难被考察和衡量。

---

① 薛源. 跨境电子商务交易全球性网上争议解决体系的构建. 国际商务（对外经济贸易大学学报），2014（4）.

② 胡晓霞. 我国在线纠纷解决机制发展的现实困境与未来出路. 法学论坛，2017（3）.

③ 范愉. 多元化纠纷解决机制. 厦门：厦门大学出版社，2005：156.

四、"一带一路"涉外商事纠纷在线解决的制度化构建

（一）在法律规定中明确在线纠纷解决的效力和执行力

1. 将在线调解机制纳入《人民调解法》

如果制定专门的涉及在线纠纷解决机制的法律，那费工程浩大，耗时长，操作性不强。因现有的法律《人民调解法》的精神也是高效、方便、快捷，而在线调解机制属于顺应现代潮流的多元化纠纷解决机制的一种，符合《人民调解法》的法律精神[①]，因此将在线调解机制纳入现有的法律《人民调解法》以实现在线调解的法定化更为可行。

2. 立法上弥补在线纠纷解决效力规定的缺失

制度设想的基础是社会需求和法律运行机理。明确通过在线纠纷解决机制平台达成的调解协议、仲裁裁决等的法律效力、救济手段等，可增加民众对在线纠纷解决的信任感。

以国际法的广阔视角完善国内法，立足于中国国情，注重与国际接轨。在国内立法层面上扩大司法确认的范围，借鉴"线下"纠纷解决的效力保障机制，对于通过在线机制达成的"一带一路"涉外商事纠纷调解协议，可赋予当事人申请司法确认的权利，经司法确认，赋予其强制执行力。笔者建议在《人民调解法》第 33 条中增加经在线调解达成调解协议的，向平台注册地人民法院申请司法确认；建议将《人民调解法》第 33 条第 1 款修改为："经人民调解委员会调解、在线调解达成调解协议后，双方当事人认为有必要的，可以自调解协议生效之日起三十日内共同向人民法院申请司法确认，人民法院应当及时对调解协议进行审查，依法确认调解协议的效力。"为保证在线纠纷解决的效力，规定在线纠纷的解决必须双方均同意采用该种纠纷解决的方式，同意纠纷处理规则，以充分尊重双方的自由意志。

3. 完善外国法院判决的承认和执行机制

"一带一路"的涉外商事纠纷的在线解决和司法确认仅是第一步和第二步，若当事人事后反悔，不自动履行在线达成的调解协议或仲裁裁决，那么不利于保护另一当事人的合法权益。我国《民事诉讼法》第 282 条规定，人民法院对申请或者请求承认和执行的外国法院作出的发生法律效力的判决、裁定，依照中华人民共和国缔结或者参加的国际条约，或者按照互惠原则进行审查后，认

---

① 李涛. 浅谈在线调解机制在我国的发展. 法制博览，2017（5）.

为不违反中华人民共和国法律的基本原则或者国家主权、安全、社会公共利益的，裁定承认其效力，需要执行的，发出执行令。[①] 截至 2015 年 11 月 30 日，中国已与 37 个国家签订了双边民事或商事司法协助条约，其中与 33 个国家的条约中约定了相互承认和执行法院判决的内容。截至 2015 年 11 月 30 日与我国签订包含判决承认与执行内容的双边民商事司法协助条约的"一带一路"沿线国家数量有限，37 个缔约国中有 25 个[②]是"一带一路"沿线国家，但"一带一路"沿线国家共 65 个[③]，与我国缔约的国家占比 38.46%，意味着 61.54%的"一带一路"沿线国家未与我国签订双边民事或商事司法协助条约，这为"一带一路"纠纷的高效解决增加了难度。借助"一带一路"倡议，沿线国家可互相签订关于判决承认与执行的双边民商事司法协助条约，统一对"一带一路"涉外商事纠纷在线调解的司法确认的标准，制定承认和拒绝涉外仲裁裁决承认和执行的制度。通过沿线国家的法律规定或预先解释加强"一带一路"涉外商事纠纷在线调解等与法院诉讼的对接，互相承认和执行经法院司法确认的调解协议，赋予其强制执行力，可最大限度地保护使用"一带一路"在线纠纷解决机制的当事人，赋予当事人维护自身权益的权利，也促使纠纷高效化解，同时吸引"一带一路"沿线国家的国民运用"一带一路"在线纠纷解决机制解决涉外商事纠纷。对中国来说，与剩下 61.54%的"一带一路"沿线国家签订双边民事或商事司法协助条约，约定相互承认和执行法院判决，可在一定程度上促进"一带一路"涉外商事纠纷的实质解决。

---

① 《民事诉讼法》第 282 条规定：人民法院对申请或者请求承认和执行的外国法院作出的发生法律效力的判决、裁定，依照中华人民共和国缔结或者参加的国际条约，或者按照互惠原则进行审查后，认为不违反中华人民共和国法律的基本原则或者国家主权、安全、社会公共利益的，裁定承认其效力，需要执行的，发出执行令，依照本法的有关规定执行。违反中华人民共和国法律的基本原则或者国家主权、安全、社会公共利益的，不予承认和执行。

② 与中国签订了双边民事或商事司法协助条约的"一带一路"沿线国家（地区）有，东亚：蒙古国；东盟：新加坡、泰国、老挝、越南；中亚：哈萨克斯坦、乌兹别克斯坦、塔吉克斯坦和吉尔吉斯斯坦；西亚：土耳其、阿联酋、科威特、希腊、塞浦路斯和埃及；独联体：俄罗斯、乌克兰、白俄罗斯；中东欧：波兰、立陶宛、匈牙利、波黑、阿尔巴尼亚、罗马尼亚、保加利亚。

③ "一带一路"沿线国家包括：东亚（蒙古国）；东盟 10 国（新加坡、马来西亚、印度尼西亚、缅甸、泰国、老挝、柬埔寨、越南、文莱和菲律宾）；西亚 18 国（伊朗、伊拉克、土耳其、叙利亚、约旦、黎巴嫩、以色列、巴勒斯坦、沙特阿拉伯、也门、阿曼、阿联酋、卡塔尔、科威特、巴林、希腊、塞浦路斯和埃及的西奈半岛）；南亚 8 国（印度、巴基斯坦、孟加拉、阿富汗、斯里兰卡、马尔代夫、尼泊尔和不丹）；中亚 5 国（哈萨克斯坦、乌兹别克斯坦、土库曼斯坦、塔吉克斯坦和吉尔吉斯斯坦）；独联体 7 国（俄罗斯、乌克兰、白俄罗斯、格鲁吉亚、阿塞拜疆、亚美尼亚和摩尔多瓦）；中东欧 16 国（波兰、立陶宛、爱沙尼亚、拉脱维亚、捷克、斯洛伐克、匈牙利、斯洛文尼亚、克罗地亚、波黑、黑山、塞尔维亚、阿尔巴尼亚、罗马尼亚、保加利亚和马其顿）。

（二）构建"一带一路"在线纠纷解决的运行机制

1. 外国在线纠纷解决的镜鉴

关于"一带一路"的运行机制和程序，我国可以借鉴欧盟等的成熟经验，明确关于在线纠纷解决的申请、适用等具体的规定，为实际操作提供法律指引。欧盟等的 ODR 平台的经验十分丰富并且具有相应的立法制度，如国际贸易法委员会（UNCITRAL）已成立专门的工作小组负责跨境电子商务交易（B2B 及 B2C 交易）网上纠纷解决的国际立法工作，目前已拟定了《跨境电子商务交易网上争议解决：程序规则》（以下简称《程序规则》）。该 ODR 程序规则明确了管辖权、法律适用、执行等方面的问题。欧盟的 ODR 平台不直接在线处理纠纷，而是向争议的双方推荐，由争议的双方自由选择在线解决纠纷的服务机构，因此，欧盟的 ODR 更多承担的是管理的职能。欧美国家的 ODR 平台大多数仅提供一种在线纠纷解决方式，如专业的在线仲裁平台、在线调解平台，有少数综合性纠纷解决平台提供多种在线纠纷解决方式，不同的解决方式都有独立的纠纷解决规则，双方当事人需要在使用平台前确认解决规则。Cyber Tribunal 是由加拿大蒙特利尔大学发起的提供在线调解和在线仲裁的在线纠纷解决机制，由接收处、调解、仲裁及秘书处四部分构成。接收处接收当事人填写的申请表，申请表的内容包括具体纠纷的内容、期望的解决方案等。然后接收处将申请表提交至秘书处，秘书处根据当事人的意愿分配调解员或仲裁员。调解员或仲裁员与当事人在线沟通交流，进行调解或仲裁。仲裁适用的规则是通用的商业仲裁规则，如联合国国际贸易法委员会及国际商会（ICC）订立的规则。

2. 建立我国"一带一路"在线纠纷解决机制的原则

"一带一路"的法律保障体系是"一带一路"沿线国家经济合作的基础。我国最高人民法院发布的《关于人民法院为"一带一路"建设提供司法服务和保障的若干意见》的第 11 条规定，要及时化解涉及"一带一路"建设中的相关争议争端，支持发展多元化纠纷解决机制，应充分尊重沿线各国在政治、经济、文化、宗教，特别是法律领域的差异，要使沿线各国当事人能够在自愿选择的基础上通过各种非诉讼的方式更加便捷地解决纠纷。①

---

① 《关于人民法院为"一带一路"建设提供司法服务和保障的若干意见》第 11 条规定：支持发展多元化纠纷解决机制，依法及时化解涉"一带一路"建设的相关争议/争端。要充分尊重当事人根据"一带一路"沿线各国政治、法律、文化、宗教等因素作出的自愿选择，支持中外当事人通过调解、仲裁等非诉讼方式解决纠纷。要进一步推动完善商事调解、仲裁调解、人民调解、行政调解、行业调解、司法调解联动工作体系，发挥各种纠纷解决方式在解决涉"一带一路"建设争议/争端中的优势，不断满足中外当事人对纠纷解决的多元需求。

结合国外 ODR 的机制经验与我国"一带一路"的实际情况,"一带一路"涉外商事纠纷在线非诉讼解决机制应是政府间相关合作组织筹备建立的专门为"一带一路"沿线国家和国民服务的区域性贸易争端解决机制,其建立的基础应是"一带一路"沿线国家间的合作框架,其适应的是"一带一路"沿线国家的法律规范、合作框架下的运行规则。纠纷的实质解决需要强制执行力。纠纷解决的过程同等重要。"一带一路"涉外商事纠纷在线非诉解决机制应包括在线协商、在线调解、在线仲裁,设置专门的"一带一路"涉外商事纠纷在线调解和在线仲裁的机构,制定独立在线调解和在线仲裁的制度规则、处理机制及运行方式;规定当事人决定选择某种非诉方式解决纠纷前,需同意选择的纠纷解决程序和规则。

3. 建立"一带一路"在线纠纷解决规则

"一带一路"在线纠纷解决规则建立的基础是遵循公平、中立、平等、自愿的原则,体现高效、快捷,遵循国际法和国际交易习惯,不受国家政策和利益的影响,以此赢得"一带一路"沿线国家国民对该纠纷规则的信任;纠纷规则的制定应多元、多层次。因"一带一路"沿线 65 个国家涉及大陆法系、英美法系等,制定某一规则很难一次性满足各个法系的国家的需求,可以先与相同法系国家共同制定在线解决的规则,再与其他国家制定规则或让其他国家加入。

建立以程序公正为先的 ODR 规则,确保调解员或仲裁员的中立性,保证当事人充分陈述,明确当事人的处分权对程序公正的补充。明确在线传输证据的方式、时间并保障安全,规定电子证据的合法性和客观性。① 制定"一带一路"在线纠纷解决程序规则,纠纷在线解决的具体程序如图 4 所示。

建立"一带一路"ODR 调解员或仲裁员的统一准入标准。因为"一带一路"涉外商事纠纷的复杂性和专业性,应保证高标准选取调解员或仲裁员,具体如下:学历本科及以上,专业法学,通过国家司法考试,具有涉外商事纠纷处理经验 2 年以上(如在律师事务所从事涉外法律业务 2 年以上),灵活使用英语等。具有调解或仲裁经验、灵活使用两种以上外语的优先考虑。建立"一带一路"ODR 调解员或仲裁员中立地位保障机制,在线全面公开调解员或仲裁员的专长、教育经历、工作经历等,保证信息公开、透明。

(三)构建并完善"一带一路"涉外商事纠纷在线解决平台

构建并完善"一带一路"涉外商事纠纷在线解决平台的方向有两个:第

---

① 龙飞. 中国在线纠纷解决机制的发展现状及未来前景. 法律适用,2016(10).

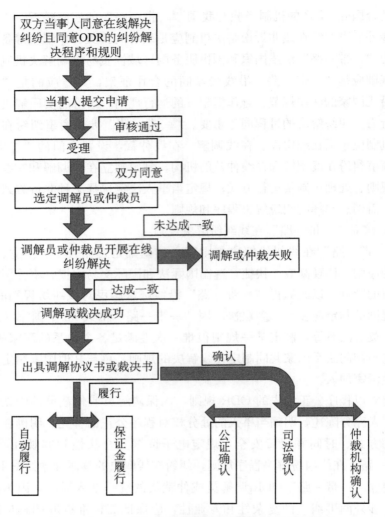

图4 "一带一路"涉外商事纠纷在线解决程序示意图

一，加大对现有的涉外电商平台针对自营交易平台的 ODR 的保护与支持；第二，建立统一的"一带一路"涉外商事纠纷的在线解决平台，包括在线协商、在线调解、在线仲裁等方式。

1. 保护与支持涉外电商平台针对自营交易平台的 ODR

对于涉外电商企业建立的针对自营交易平台的 ODR，应通过国家的力量加大技术和资金的支持，完善平台的 ODR 功能，使平台能解决实际问题；建立有限的重复投诉机制，做好当事人向监管部门的现实投诉与"在线"投诉的处理程序和效力的衔接，引导当事人采用线上的方式解决纠纷，做到全程留痕。①

2. 建立"一带一路"涉外商事纠纷的在线解决综合平台

"一带一路"涉外商事纠纷在线解决的综合平台是司法主导下的区域性在线纠纷解决平台。该平台应为当事人提供个性化的服务，ODR 提供个性化服务的前提是它必须具有更多的服务功能以及功能组合能力，该平台的功能、内容、运行程序等应契合网络纠纷解决的需要。"一带一路"涉外商事纠纷在线解决平台应解决沿线国家和国民之间因贸易产生的纠纷，平台的基础是网络，应确保网络的安全性，严格保护当事人的信息；对当事人传输证据通道、现代视频系统和通信系统等提供技术支持；严格调解员、仲裁员准入标准，保证"一带一路"纠纷在线解决队伍的专业性。ODR 平台应建立调解员或仲裁员评价体系和机制，对于考评结果过低的调解员或仲裁员可视情况强制终止其在线解决纠纷的工作。ODR 平台在设计上可综合运用信誉标记、激励机制等方式保障协议的有效执行，进一步促进纠纷的高效化解。ODR 平台可开展与其他国际性 ODR 平台的合作以实现资源共享，提高纠纷解决效率。

（四）加强"一带一路"在线纠纷解决平台与法院在线平台的对接

1. 推广法院的在线调解

最高人民法院推动人民法院进一步深化多元化纠纷解决机制改革，明确提出"创新在线纠纷解决方式"。这种方式旨在推动建立从在线调解到在线审判为一体的信息平台。2017 年 2 月 16 日，最高人民法院在马鞍山市举行在线调解平台试点启动仪式，发布《关于在部分法院开展在线调解平台建设试点工作的通知》，北京、河北、上海、浙江、安徽、四川六个省市高级人民法院和上海海事法院被确定为试点法院。该通知明确试点高级人民法院要牵头建立省级统一的在线调解平台，实现对纠纷受理、分流、调解、反馈等流程的全覆盖。② 在全国范围内，尤其是"一带一路"沿线城市或周边城市的法院，特别是海事法院、铁路运输法院等，推广在线调解。因"一带一路"沿线或周边城市的法院、海事法院、铁路运输法院受理的纠纷多涉及"一带一路"涉外商事纠纷，法院系统建立在线调解平台可提高纠纷的诉前化解效率。

---

① 梁平，陈焘. 跨越时空的在线纠纷解决——以京津冀为例. 河北大学学报（哲学社会版），2017（2）.

② 周瑞平. 最高法院启动在线调解平台建设试点工作. 人民法院报，2017 - 02 - 18.

2. 建立在线解决纠纷平台与法院的对接机制

将司法系统之外的"一带一路"在线纠纷解决平台与法院的在线平台联合起来，充分整合资源，由核心系统统一管理，以帮助当事人尽快解决纠纷。

建立统一的对接机制，将"一带一路"在线纠纷解决平台与沿线城市或周边城市的法院系统进行无缝对接，实现立案、调解、诉讼等环节的融通。

结　语

"一带一路"涉外商事纠纷在线解决面临与日俱增的商事纠纷亟待解决的困境。涉外商事纠纷在线解决的优势性与在线纠纷解决平台匮乏的现实之间存在冲突。在线纠纷解决机制面临困境的原因是国内商事纠纷调解制度和在线调解效力的立法缺位，国内在线纠纷解决机制法律规则供给的缺乏，在线纠纷解决机制自身存在局限性。根据分析出的原因，结合"一带一路"的背景，笔者提出构建"一带一路"纠纷在线解决机制的建议：第一，在法律规定中明确在线纠纷解决的效力和执行力；第二，构建"一带一路"在线纠纷解决的运行机制；第三，构建并完善"一带一路"涉外商事纠纷在线解决平台；第四，加强"一带一路"在线纠纷解决平台与法院在线平台的对接。

专题二十二　发展"一带一路"商事调解：方向与路径

推动"一带一路"建设是我国开创对外开放新格局、实现民族复兴的伟大战略，同时体现了我国在维护开放型经济体系、促进世界和平稳定、推动全球经济治理体系改革等方面的智慧与担当。有跨国商业交易，就必然有跨国争议。"一带一路"建设在促进沿线国家商事交往的同时，也将无可避免地导致国际商事争议的增加。而当商事争议发生时，若没有相应的争议解决机制加以应对，或将导致争议升级，甚至阻碍沿线国家的商事交往。中国作为"一带一路"建设的倡议者，理应积极回应沿线国家商事争议解决的需要，构建一套公正、高效、权威、多元的争议解决机制，为"一带一路"建设提供坚实的司法保障。相较于诉讼与仲裁等争议解决机制，商事调解更为尊重商事规律，且具备诸多独特优势，更为适合化解"一带一路"建设中发生的商事争议。就此而言，发展"一带一路"商事调解，势必成为"一带一路"建设的重要任务。本专题将结合"一带一路"建设的总体框架和基本思路，就发展"一带一路"商事调解的时代背景、理念规则及路径选择作一探讨，以期为"一带一路"商事争议的解决提供些许建议。

一、时代背景："一带一路"商事争议解决机制亟待改善

自从"一带一路"建设实施以来，沿线国家的经济贸易往来日趋频繁，与之相伴而来的是各类法律争议，尤其是商事法律争议的增加。如何构建公正、高效的商事争议解决机制，业已成为沿线国家及商事主体的共同需要。然而，相较于"一带一路"其他方面的建设，商事争议解决机制的建设还比

较滞后，难以满足沿线国家的解纷需求，亟须加以完善。

（一）沿线国家的商事争议解决需求呈现多元化增长趋势

"一带一路"建设涉及国家多、范围广、层次深，其中，促进沿线国家商事往来，实现贸易畅通是"一带一路"建设的核心内容。相关数据统计显示，2016 年中国与"一带一路"沿线国家货物贸易总额为 9 478 亿美元，服务进出口总额为 1 222 亿美元，累积投资总额超过 185 亿美元。[①] 相关商事交往涉及基础设施建设、交通运输、货物贸易、产能合作、知识产权、金融服务等诸多方面。

如此规模庞大的国际商业往来，加之"一带一路"沿线各国文化传统、法律体系及商业实践的冲突与差异，势必导致其间国际商事争议的数量增加。通过对中国裁判文书网的检索可以发现，自从"一带一路"建设实施以来，沿线国家之间在货物贸易、知识产权、海事海商等方面的商事争议不断增加。这一现象也可以从最高人民法院民四庭的相关数据统计中得到印证。[②]另外，因为"一带一路"沿线国家的商事争议类型日益多元，商事主体的争议解决需求也与之相应地呈现多元化增长趋势，对部分商事争议已经不再希望，也不再适宜通过传统的如诉讼或仲裁等争议解决机制加以解决，发展其他争议解决方式，构建多元化争议解决机制将是必然趋势。

（二）现行国际商事争议解决机制难以满足解纷需求

目前，国际诉讼与国际仲裁是当前国际商事争议解决的主要机制，相关国际条约和配套措施也已相对成熟。然而，缘于国际经济、社会环境的发展变化，通过国际诉讼或国际仲裁等现行商事争议解决机制化解商事争议的问题与不足日益显现。尤其是在"一带一路"较为复杂的国际环境中，现行商事争议解决机制有其内在不足，又因受诸多外在环境因素的制约，势必难以满足"一带一路"商事争议解决的需要，亟须发展其他争议解决方式予以弥补。具体来说，在"一带一路"建设中现行商事争议解决机制的外在制约因素主要有以下几方面内容

第一，沿线各国法律制度差异较大，法律适用难度较大。"一带一路"建设涉及亚、非、欧三大洲，沿线国家所属法系各有不同，法律文明程度不

---

① 推进"一带一路"建设工作领导小组办公室 . 共建"一带一路"：理念、实践与中国的贡献 . 北京：外文出版社，2017.

② "一带一路"沿线小伙伴法律各不同，怎么一起玩 . ［2017 - 06 - 31］. http：//www. legal-daily. com. cn/locality/content/2017 - 03/13/content_7049834. htm？node=37232.

一，法律制度迥然有别，这些都将影响国际诉讼与国际仲裁在商事争议解决中发挥作用。在法系差异方面，沿线各国既有大陆法系，又有英美法系、伊斯兰法系、印度法系，四大法系在法律体系、法律规定、司法程序等方面差异巨大。作为较为正式的商事争议解决机制，国际诉讼与国际仲裁恐怕难以应对如此巨大的差异，其争议解决效果也将大打折扣。如西亚的约旦，该国司法体系混合了大陆法系、英美法系及伊斯兰法系的主要特征，国内司法裁决一般要经历三四年时间，从裁决到执行也要经历 12～18 个月。① 前述诸多方面的差异，无疑都将制约现行商事争议解决机制发挥作用。

第二，沿线多国局势不稳，法治建设尚不健全。目前，全球局势复杂多变，"一带一路"沿线不少国家尚处于政局动荡期，如非洲的利比亚和埃及，亚洲的叙利亚、伊拉克，欧洲的乌克兰等。还有不少国家成立不久，政治局势尚未稳定，法治建设尚有不足，如黑山、塞尔维亚等。国家动荡势必影响法治建设的顺利推进和法律规范的有效实施。对于发生在局势不稳、法治不全国家的商事争议，则不太适宜，也难以通过诉讼或仲裁等较为正式的机制予以解决。

第三，沿线部分国家民族主义和排外势力强烈，难以通过诉讼或仲裁公正解决商事争议。这些国家在商事争议解决的诉讼程序中，存在严重偏袒庇护本国商事主体的倾向，外国商事主体容易遭受不公正待遇。有的国家的政府部门对当地企业采取特殊的庇护措施，外国投资者经常被地方部落索要保护费。在劳资纠纷处理过程中，外国投资者也很难得到劳动管理部门的公平对待。当外国投资者的利益遭受当地投资伙伴的侵犯时，警察等执法部门很少采取有效措施进行保护。②

另外，国际诉讼与国际仲裁成本高昂与效率不佳的内在不足，亦不利于"一带一路"商事争议的快速有效解决。事实上，无论是国际商事诉讼、国际商事仲裁，还是世界贸易组织的争端解决机制，抑或是投资争端解决机制，普遍存在耗时过长、费用过高等问题。③ 就国际商事诉讼而言，其存在跨境司法文书送达难、跨境调查取证难、事实查明难、查明和适用外国法律难等问题，严重影响司法效率和争议解决。至于国际商事仲裁，"一带一路"沿线国家中尚有部分国家没有加入《承认及执行外国仲裁裁决公约》（以下

①② 对外投资合作国别（地区）指南．［2017 - 07 - 31］．http：//fec. mofcom. gov. cn/article/gbdqzn/upload/yuedan. pdf.

③ 王贵国．"一带一路"战略争端解决机制．中国法律评论，2016（2）．

简称《纽约公约》），并有不少国家签订了"互惠保留"条款，这些因素都将影响仲裁裁决执行的有效性。综上，外在环境因素的制约加之内在机制的不足，都将使现行国际商事争议解决机制难以满足沿线国家商事争议解决的需求。

（三）商事调解优势明显，适合解决国际商事争议

作为多元化纠纷解决机制的重要一环，商事调解相较于诉讼与仲裁等"对抗式"的争议解决机制，具有实质高效解决争议和维护商业关系的独特优势，因而在国际商事争议解决领域运用日益广泛。具体来说，商事调解的优势主要表现在以下五个方面：（1）节省诉讼费用支出。相对于国际诉讼昂贵的诉讼费用，商事调解能够大为节省诉讼费用。（2）减少内部资源消耗。商事调解可使商事主体在争议解决过程中无须投入大量的人力、物力和财力，尤其中小企业或自然人等商事主体，更需要通过减少解纷资源的投入来保证自身经营不受影响。（3）防止商业秘密泄露。调解过程中，尽管可能需要公开商事主体的商业计划、内部资讯等，但基于调解保密原则的要求，可以有效防止商业秘密的泄露。（4）商业声誉免受影响。基于调解保密原则的要求，相关争议的信息不允许被公开，因而不会像诉讼一样，在信息公开之后商事主体的自身商业声誉可能受到影响。（5）维持商业合作关系。商事调解更多地依靠商事主体的意思自治和有效沟通，这将更有可能维护当事人之间的友好关系和合作关系。

承上所述，商事调解更为尊重商业活动的基本规律，具有诸多其他争议解决方式所不具备的独特优势，因而更为契合国际商事争议解决的需要。面对"一带一路"建设过程中日益增长且多元的争议解决需求，我们应当顺应时代发展潮流，积极发展商事调解，以此保障在"一带一路"建设中及时、有效地化解商事争议。

（四）提升中国在国际商事争议解决中的话语权

话语权力理论是福柯创设的经典理论之一。福柯认为，话语与权力两者紧密联系，影响、控制话语形成与变动的最根本因素是权力，拥有话语权就拥有了彰显权力的平台。[①] 国际关系领域是话语权表达的主要平台，表现为对各种国际标准和游戏规则的制定权，以及对是非曲直的评议权、裁判权。通常而言，话语权的强弱程度与一国在国际交往中的利益保障程度密切相

---

① 莫伟民．莫伟民讲福柯．北京：北京大学出版社，2005：216.

关。长期以来，国际经济贸易规则制定的话语权主要由西方发达国家掌握，与此相应的商事争议解决规则与机制也主要由欧美国家制定，包括《联合国国际贸易法委员会仲裁规则》《纽约公约》《关于解决国家与他国国民间投资争端公约》等，以及据此形成的国际商事仲裁机制、投资争端解决机制、世界贸易组织争端解决机制等。正因为目前国际主流商事争议解决规则与机制主要是西方发达国家的话语表达，所以在以往的国际商事争议解决中，发展中国家常因话语权微弱而利益受损。

自 2008 年国际金融危机爆发后，现有国际经济治理体系已经难以适应世界政治、经济格局深刻变化的迫切需要，全球经济治理机制进入变革调整期。① 中共十八届四中全会通过的《关于全面推进依法治国若干重大问题的决定》提出，要积极参与国际规则制定，推动依法处理涉外经济、社会事务，增强我国在国际法律事务中的话语权和影响力，运用法律手段维护我国主权、安全、发展利益。改变过去由西方国家主导构建的国际经贸规则及国际商事争议解决机制，推动全球经济治理体系朝公平公正合理方向发展是推动共建"一带一路"的重要目标之一。尤其在现代国际社会，良善完备的、具有竞争力的争议解决机制，已经成为维护经济发展、彰显综合国力的重要因素。② 而"一带一路"建设正好为我国从国际商事争议解决规则和机制的被动接受者向参与塑造者改变，提供了历史性机遇。

自古以来，调解即在我国民商事争议解决中发挥着十分重要的作用，并被西方世界誉为"东方一枝花"，我国积累了丰富的调解文化和调解实践，这些都为发展"一带一路"商事调解奠定了坚实的基础。以"东方价值观"为指引，发展"一带一路"商事调解，向世界贡献商事争议解决的中国方案，不仅能够提升我国在国际商事争议解决中的话语权，还能有效增强我国争议解决机制在国际争议解决领域的竞争力和影响力。

二、理念规则：以丝绸之路精神为塑造指引

"一带一路"建设，以"和平合作、开放包容、互学互鉴、互利共赢"的丝绸之路精神为基本理念，其中蕴含着开放性、包容性、互惠性等思想精神。既然发展"一带一路"商事调解是为满足"一带一路"商事争议解决的

---

① 吴涧生．"一带一路"的全球经济治理价值．中国法律评论，2016（2）．
② 何其生．大国司法理念与中国国际民事诉讼制度的发展．中国社会科学，2017（5）．

需要，自然就应当以丝绸之路精神为指引，塑造其理念与规则。

(一) "一带一路" 商事调解须遵循的基本理念

1. 平等自愿，开放包容

市场主体的意思自治能否得到尊重，是衡量一国开放程度、市场自由度及法治文明度的重要指标。[①] 而尊重当事人意思自治既是民商事争议解决的基本要义，亦是调解获得正当性的法理基础。因而无论是国际商事调解抑或国内商事调解都十分强调调解的自愿性。比如，2002 年《联合国国际贸易法委员会国际商事调解示范法》即规定，商事调解系指当事人请求一名或多名第三人（调解人）协助他们设法友好解决他们由于合同引起的或与合同关系或其他法律关系有关的争议的过程，调解人无权将解决纠纷的办法强加于当事人。[②] 2008 年《欧洲议会和欧盟理事会 2008 年 5 月 21 日第 2008/52/EC 号关于民商事调解某些方面的指令》（以下简称《欧盟调解指令》）规定，本指令所规定的调解是一个自愿性的程序，即当事人主导调解程序，并可在任何时候开始或终止这一程序。[③] 由此可见，尊重争议当事人的自愿是国际商事调解的通行规定。发展"一带一路"商事调解亦应如此，调解程序的启动、调解机构的选择、调解协议的达成及调解程序的终止，都应以当事人自愿为前提。

另外，对调解当事人平等相待是进行有效调解的另一前提。在现实中，调解双方实力不对等是国际商事调解中的常见现象，如何让双方当事人在调解过程中感受到平等就显得极为重要。"一带一路"商事调解应当充分贯彻平等的理念，对参与调解的各国商事主体平等相待，不依其实力强弱或关系远近而厚此薄彼，既要体现形式平等，更要追求实质平等。因为只有在平等的基础之上，才能够充分实现意思自治，实现自愿选择、自主参与、自负责任。

"开放包容"作为"一带一路"建设的基本理念，亦应贯彻于商事调解的构建与运行之中。"一带一路"沿线各国在政经环境、文化传统、法律制度方面都存在巨大差异，只有以"开放包容"为指引，求同存异、兼容并蓄，才能构建行之有效并为沿线国家普遍接受的商事调解机制。而对这一理念的遵循，主要体现在调解组织的建构、调解规则的制定、调解方式的设计

---

① 刘敬东. 构建公正合理的"一带一路"争端解决机制. 太平洋学报，2017 (5).

② 《联合国国际贸易法委员会国际商事调解示范法》第 1 条第 3 款之规定。

③ Directive 2008/52/EC of the European Parliament and of the Council of 21 May 2008 on Certain Aspects of Mediation in Civil and Commercial Matters.

等方面。如，在建构调解组织时，其调解员的选聘不应局限单一国家或个别领域，应当广纳全球优秀调解人才，为商事主体提供多元选择；调解规则的制定更应体现各国差异，并非只在法律的阴影下进行规则设计，还应融各类国际惯例、商事规则和交易习惯于一体；调解方式的设计也应尊重各国调解传统，只要不违背平等自愿和调解公正这一前提，调解方式的选择可以更加多元与灵活。

2. 着眼未来，互利共赢

将沿线各国打造成互利共赢的"利益共同体"和繁荣发展的"命运共同体"是"一带一路"建设的根本宗旨。利益是任何合作与争议发生的根源，商事争议产生的根源就在于商业活动中的利益冲突或失衡。通常来说，商事争议之中的利益冲突往往涉及实质利益与关系利益、眼前利益与未来利益、不同利益与共同利益。因此，若要妥善解决商事争议还需对以上利益予以兼顾。而在现实中，通过诉讼或仲裁解决商事争议往往难以圆融周全地兼顾以上利益。以商事诉讼为例：其通过"起诉—答辩""举证—质证"等具有对抗色彩及竞技因素的程序设计，形成当事人之间的利益对抗体，并利用这一对抗体去充分挖掘过去发生的案件事实，在案件事实"浮出水面"之后进行"黑白分明"的判断。而利益对抗常常会使当事人陷入"零和游戏"的困境，徒增诉讼成本，浪费司法资源，破坏商业关系，非常不利于商事争议的解决和商业贸易的增长。相反，商事调解较为尊重商事规律，其以着眼未来、实现互利共赢理念为导向，因而与"一带一路"商事争议解决具有天然的适应性。

将"着眼未来，互利共赢"理念融入"一带一路"商事调解，要求调解过程中充分均衡和兼顾各种利益关系，既要实现商事主体之间的互利共赢，也要维持合作关系。具体表现为：（1）着重寻求争议双方之间的共同利益。这要求在商事调解中实现两个转变：既要将争议双方的利益关系从"利益对抗体"转向"利益共同体"，也要将解纷思维从"切分蛋糕"转向"做大蛋糕"。具体而言，调解员在调解过程中应当努力融合争议双方的不同利益，同时还要充分挖掘争议背后的共同利益，为共同利益的增长提供调解方案。（2）注重维护争议双方之间的合作关系。商事活动最重要的内容就是商事主体之间的合作。没有合作，交易就无法缔结和完成，而良好的合作是建立在稳定、长期的基础之上的。① 商事争议不同于普通的民事争议，当事人极为

① 朱楠. 商事调解原理与实务. 上海：上海交通大学出版社，2014：29.

注重双方合作关系的维持，甚至在有些商事争议中，维持良好合作关系的意义远远高于利益冲突化解的意义。因此，须将"和气生财"之理念贯穿于调解过程中，不应将争议双方的实质利益和关系利益对立起来，而应在努力实现实质利益冲突解决的同时，维护好争议双方的关系利益。

（二）"一带一路"商事调解须遵循的基本规则

1. 调解中立，程序公正

无论何种第三方主导的纠纷解决机制，都将中立作为程序公正的重要规则，商事调解亦不例外，因为中立与否不仅关涉商事调解的正当性，还决定了调解协议执行的可能性。对于商事争议解决中的调解中立，可从静态与动态两个方面进行理解。静态上的调解中立意指利益无涉，即调解员与商事争议无任何利益关联，要求在实践中实行利益回避和利益冲突披露原则。动态上的调解中则有消极中立与积极中立之分：前者是指调解员在调解过程中保持绝对中立，既不向当事人提供调解方案，亦不对商事争议的事实和情况进行任何评价，任由当事人自由角力；后者则是较为自由的中立，调解员不是自动地无偏见或是不受影响的，其角色可以是教育性及治疗性的，并且可作评估及保持理性。[①] 而在商事争议解决中，若要将争议打造成为"利益共同体"，调解员便不能保持绝对中立，需要走向积极中立。也即调解员在寻求争议当事人共同利益、维持合作关系的同时，务必保持中立、不偏不倚。在中国主导下发展"一带一路"商事调解，更需要体现调解中立的精神，即在调解的制度构建、机制运行、技巧选择等方面都应秉持调解中立，否则会让国外商事主体有存有偏私调解员。

另外，就调解公正而言，实体公正之于调解而言固然十分重要，程序公正亦是商事调解必须遵循的基本规则。从实践来看，实体公正与程序公正对于争议双方的"公正感"同等重要。高度公正的调解程序，能够有效化解争议双方的不满情绪，促进争议双方相互理解，进而更好地澄清事实，理性化解争议，产生更为公正的实体结果；相反，如果程序公正不足，即使调解结果符合当事人的预期，仍会让当事人感到不满。[②] 长期以来，我国商事调解实践较为注重程序的灵活性，而对程序的公正性有所忽略，这显然无法适应"一带一路"商事调解的发展要求。况且"一带一路"沿线各国具有不同的

---

① 史长青. 调解人行为模式：在消极中立与积极干预之间. 烟台大学学报（哲学社会科学版），2011（4）.

② 雷磊. 德国的调解观念及其启示. 法商研究，2014（2）.

法律体系，关于调解中程序公正的法律规定和实践标准也各不相同，只有在高度公正的调解程序下达成的调解协议才对争议双方具有更强的约束力，调解协议执行的可能性才能随之提高。

2. 程序简便，快捷灵活

着重考量"投入、产出""成本与效益"的商业规律既适用于理性化的商业活动，也适用于商事争议解决机制的选择。通过诉讼与仲裁化解国际商事争议，往往存在裁决中立的隐忧、程序繁复的缺陷和执行不力的风险，容易导致争议双方因解纷耗费过多而"得不偿失"①。以国际商事诉讼为例，其中涉及管辖法院、诉讼费用、裁判尺度、域外送达、法律适用、国际司法协助等方面的问题，这些问题的解决都将耗费大量的时间和财力，降低商事争议的解决效率和效益。相比于普通的民事争议解决，商事争议解决更加注重争议解决的效率与效益，因为商事主体更富有商业思维，更加精于成本与收益的计算。而且，商事主体经营策略之间的高度关联和市场机遇的瞬息万变，都不允许纠纷主体选择周期长、实效低的争议解决方式。因此，"程序简便，快捷灵活"是争议解决各方的共同期待。

若要实现"一带一路"商事调解的"程序简便，快捷灵活"，就应从调解的简便化和信息化两个方面入手。(1)简便化。"一带一路"沿线国家在民族特性、文化基因、法律制度、经济水平等方面差异巨大，因而构建"一带一路"商事调解时应尽可能为各国商事主体提供解纷便利，具体在调解的启动、调解员的选择、调解协议的达成等方面充分尊重争议双方的合意。在双方合意之下，使调解程序更为简便，调解方式更为灵活多样。这有利于在迅速找准双方的利益争点之后寻求双方满意的解决方案。(2)信息化。"一带一路"商事调解应充分利用网络信息技术的效率优势，全力打造在线争议解决机制，促使商事争议实现从"面对面"解决到"屏对屏"解决的转变。

3. 信息保密，维护商誉

在现代社会中，信息传播极为快速，事实真相也复杂难辨。许多商事主体的商业形象往往因涉诉信息发布而毁于一旦。因此，商事主体在国际商事交往中更加顾及自身商誉的维护。许多商事主体担心信息的无序传播会导致自身形象或商业利益受损，因而不愿将争议解决的相关信息为公众所知晓。在现实中已有相关案例表明，商事主体的争端信息一旦公开，无论违法与

---

① 廖永安，段明."一带一路"商事调解的"中国方案".中国社会科学报，2016 - 08 - 09.

否，都可能对其股市价格、合同缔结、商业形象造成一定的冲击和影响。①因此，信息保密已经成为现代商事调解的基本规则。在调解过程中，信息保密能够有效促进争议双方建构信任、坦诚沟通，有利于调解程序的顺利进行。②《联合国国际贸易法委员会国际商事调解示范法》《世界知识产权组织调解规则》《美国统一调解法》均规定，调解员对在调解过程中获得的双方当事人的商业秘密、个人隐私予以保密，不得向外界透露，也不得透露任何有关案件实体和程序方面的情况。③

"一带一路"商事调解涉及诸多国家，在调解过程中的信息保密和商誉维护尤为重要。发展"一带一路"商事调解，应从以下三个方面严格遵循信息保密规则：第一，参与调解的各方都应为调解中披露的信息保守秘密；第二，在调解中披露的信息不能作为其他争议解决程序中的证据；第三，若调解不成功，则调解员不能再担任同一案件的律师或仲裁员。在具体的操作层面，应当进一步明确保密信息的范围、信息的秘密级别，以及保密规则的适用方式。当然，在调解中的保密规则并非绝无例外，在当事人合意或违反公共利益的情况下，调解员可以公开相关信息。

三、路径选择：以共商共建共享为方向指引

共商共建共享是"一带一路"建设的基本原则，"一带一路"商事调解的构建亦应遵循此一原则。唯有如此，才能将"一带一路"商事调解发展成为沿线各国普遍接受并行之有效的争议解决机制，其国际公信力和影响力才能有效提升。具体而言，发展"一带一路"商事调解，在机构设置、程序设计、标准设定、人员组成、机制运行等方面都应体现沿线国家的参与度和话语权，使其共同参与、共同维护、共同负责、共同分享。其具体实施，可从以下五个方面入手。

（一）培育现代国际商事调解组织

时下，缘于国家政策支持力度的增强，以及经济发展对商事调解的需求

① 以霸王诉壹周刊诽谤案为例：2010 年 7 月 14 日出版的《壹周刊》指出霸王洗发水含有可致癌的二恶烷，被上市公司霸王国际（集团）控股控告诽谤，索偿 5.6 亿港元。2016 年，经过 6 年的漫长等待，在经过 39 天的审理之后，法院裁定被告壹周刊出版有限公司败诉，须向原告霸王赔偿 300 万港元，并须向原告赔偿八成诉讼费。尽管霸王胜诉并获得 300 万港元的赔偿，然而此诽谤案件信息的公开，导致其连续 6 年亏损，市场不断萎缩，实际损失远不止 300 万元。参见《京华时报》《凤凰网》《证券时报》等的相关报道。

② 肖建华，唐玉富 . 论法院调解保密原则 . 法律科学，2011（4）.

③ 王钢 . 国际商事调解技巧研究 . 北京：中国民主法制出版社，2014：194.

日益增加，我国商事调解发展迅速，国际商事调解组织日益增多。[①] 自 2015 年以来，国内部分地区先后成立了系列国际商事调解组织，如内地—香港跨境联合调解中心（2015 年）、厦门国际商事调解中心（2015 年）、东莞国际商事调解中心（2015 年）、中国—阿拉伯商事调解中心（2016 年）、"一带一路"国际商事调解中心（2016 年）。毋庸讳言，以上国际商事调解组织的成立为我国商事调解的发展注入了新的活力，为涉外商事争议的解决提供了新的选择。然而，目前国内的国际商事调解组织的发展尚处于初级阶段，其国际竞争力、吸引力、公信力还难以与同行相匹配。不少新近成立的国际商事调解组织在组织架构、规则设计、人员组成、机制运行、宣传推广等诸多方面还未完善，存在案件受理数量较少、业务分部范围小、国际性及开放度不强等发展困境。[②] 相比而言，国外商事调解组织在实践运行中却表现突出、业绩不凡，如新加坡国际商事调解中心 2016 年受理商事争议 499 件，同比 2015 年增加了 72%[③]；英国有效争议解决中心（CEDR）2015 年受理了大约 10 000 件民商事争议，同比 2014 年增长 5.2%。[④]

从中可见，目前我国国际商事调解组织的发展依旧任重道远。在"一带一路"建设的时代背景下，亟须在国内发展和培育具有全球竞争力和影响力的国际商事调解组织，打造国际商事调解的"中国品牌"。其一，需在司法政策层面进一步加大对国际商事调解组织发展的支持力度，助其摆脱发展过程中遇到的政策障碍和制度约束。其二，国际商事调解组织的发展应朝"市场化"方向进行，逐渐摆脱内嵌于仲裁机构的发展模式，提升调解组织的自治性与专门化。只有走向"市场化"，才能体现商事调解的基本规律，才能有效发挥商事调解组织的独特优势，使其适应市场经济中的纠纷解决需要。其三，可以重点培育若干个资质较好的国际商事调解组织，帮助其"走向世界"。

（二）建立国际商事调解职业队伍

国际商事调解具有高度的复杂性、专业性、涉外性，非一般人所能胜

---

① 北京仲裁委员会，北京国际仲裁中心．中国商事争议解决年度观察（2016）．北京：中国法制出版社，2016：47.

② 东莞：国际商事调解中心遇冷 成立 5 个月接调解宗数为零．羊城晚报，2015 - 05 - 13.

③ Bumper Number of Mediation Matters for Singapore Mediation Centre in 2016，at http：//mediation. com. sg/assets/homepage/News-Release-Bumber-number-of-mediation-matters-for-SMC-in-2016-Final-Amended. pdf，最后访问日期：2017 - 06 - 07.

④ The Seventh Mediation Audit：A Survey of Commercial Mediator Attitudes and Experience，at https：//www. cedr. com/docslib/The _ Seventh _ Mediation _ Audit _ （2016）. pdf，最后访问日期：2017 - 06 - 07.

任。放眼全球国际商事调解的现状，其职业化发展已经成为必然趋势。唯有建立专业化、高素质的国际商事调解职业队伍，才能支撑国际商事调解可持续发展。然而，目前国内商事调解职业队伍的建设较为缓慢，依然存在如下几个方面的问题：（1）专业性不强，以兼职调解员为主。国内目前从事国际商事调解的多为兼职调解员，如高校教师、执业律师、行业精英等，专职调解员屈指可数。而这些有本职工作、只是利用业余时间从事调解工作的人员，很难专心从事国际商事调解工作，这将对国际商事调解执业的信誉产生不利影响。① （2）国际化不足，以国内调解员为主。从现有的国际商事调解组织的调解员名册中可以发现，国际调解员数量很少。（3）学历教育和职业教育机制不健全。面对经济社会发展中迫切需要的人才，作为调解人才培养基地的高等院校回应较慢，尚未专门开设相应的专业和课程。职业教育亦是如此，目前的商事调解人才职业教育体系基本处于空白阶段。（4）执业许可和资格认证机制尚未建立。执业许可和资格认证机制是促进国际商事调解队伍职业化建设的必要前提，而这一方面国内尚未建立相应的机制。②

无疑，上述问题严重制约了国际商事调解职业队伍的建设和发展。针对以上问题，可从如下几个方面予以解决：（1）高等院校可以探索设立调解专业，专门培养国际商事调解人才，为国际商事调解人才队伍的职业化建设提供人才之源。③ （2）提升商事调解职业管理水平，通过设立执业许可、资格认证、等级考试等方式，优化调解员的职业培训体系，以提升队伍建设的职业化水平。（3）广泛延聘国外资深商事调解专家，尤其是"一带一路"沿线国家的调解员，以提高国际商事调解职业队伍的国际化水平。

（三）主导并参与制定调解示范法

若能制定出为具有不同政经制度、法律制度、社会环境的国家所接受的国际调解示范法，将有效推动国际商事调解的发展和国际经济贸易的往来。有鉴于此，联合国贸易法委员会早在 2002 年即通过了《国际商事调解示范法》，以期减少纠纷导致终止商业关系的情况，便利商事主体管理国际交易，并节省国家司法行政费用。④ 同样，发展"一带一路"商事调解也可以制定

---

① 格拉汉姆·梅西. 英国民商事调解市场及调解员现状调查报告. 蒋丽萍，译. 中国审判，2016（15）.

② 王福华. 中国调解体制转型的若干维度. 法学论坛，2010（6）.

③ 目前，国内已有上海政法学院、湘潭大学法学院相继从 2012 年、2013 年开始，开展调解专业教育的试点和探索，人才培养已经初见成效，学生就业率很高。

④ UNCITRAL Model Law on International Commercial Conciliation，December 19，2002.

区域性的示范法，以此化解沿线国家的法律或规则冲突，保障商事调解机制的有效运行。中国是"一带一路"建设的主导国家，其在沿线国家商事调解示范法的制定中，亦是当之无愧的主导者，拥有相当的主动权、话语权和优势地位，同时也承担着更多的责任和义务。①

通常而言，示范法以示范力而非强制力为追求目的，其在追求灵活性与开放性的同时，亦体现了法律的安全性价值。② 因此，中国主导参与制定"一带一路"商事调解示范法之时，须"求同存异"，充分尊重别国的参与度和话语权，审慎平衡正式规则与非正式规则、硬规则与软规则、普适性规则与条件性规则之间的关系。

（四）完善商事调解协议执行机制

国际商事调解调解协议③的法律效力和执行机制是否完善，关乎国际商事调解在国际商事争议解决中的适用频率和生存空间，因为争议能否彻底解决还在于协议能否完整履行。如果就国际商事调解协议没有明确的效力规定和执行机制，其将沦为"白纸一张"，而这种徒劳无功之果定会影响商事争议主体选用国际商事调解作为争议解决方式。相比，国际商事仲裁之所以能够在国际商事争议解决中广泛应用，1958 年《纽约公约》④ 的制定在其中发挥了巨大作用。有鉴于此，联合国国际贸易法委员会也曾于2016 年 9 月在维也纳拟订了一部关于调解达成的国际商事调解协议的可执行性的公约，以此赋予国际商事调解组织主持达成的调解协议以强制执行效力。其目的在于提升调解的正当性和法律效力，鼓励适用国际商事调解。⑤

---

① 蒋惠岭. 建立"一带一路"纠纷解决机制的七项指引. 人民法院报，2017 - 07 - 07.

② 曾涛. 论示范法的理论基础及其在中国的运用. 法商研究，2002（3）.

③ 在国际话语中，多以"和解协议"指称国际商事调解组织主持下达成的争议解决方案，而"调解协议"则系国际商事合同中约定以调解解决未来争议的争议解决协议。而在中国，多以"调解协议"指称调解组织达成的调解结果，"和解协议"多是争议双方自行达成的合意结果。因此本专题以"调解协议"指称争议双方在调解组织主持下达成的争议解决方案。

④ 《纽约公约》现有 156 个缔约方。依据该公约，所有缔约国都有义务承认并执行在其他缔约国作出的裁决。基于此公约，所有缔约国的法院均不可对公约裁决进行实质审查，亦不得撤销相关裁决。《纽约公约》第 5 条规定了几项不承认和执行缔约裁决的例外。即使缔约国法院因一个条约裁决符合第 5 条的例外条件而不予承认与执行，亦不得撤销相关裁决。值得指出的是，第 5 条规定的例外条件并不易于满足。因此，1958 年《纽约公约》一直被视为相当有效的制度。

⑤ 范愉. 当代世界多元化纠纷解决机制的发展与启示. 中国应用法学，2017（3）. 北京仲裁委员会官网新闻. 国际商事和解协议的跨国执行面向未来的争议解决. [2017 - 06 - 07]. http: // www.bjac.org.cn/news/view? id=2822.

　　"一带一路"商事调解的发展势必也将面临调解协议达成之后的效力与执行问题，而要解决这一问题可以考虑两个方案：一是可以制定适用于"一带一路"沿线国家的区域性商事调解协议执行公约，以此促进"一带一路"商事调解协议的快速执行，从而推广商事调解在"一带一路"沿线国家的适用。这个可以参考借鉴《纽约公约》以及《欧盟调解指令》中的先进做法。《欧盟调解指令》作为欧盟内区域性的调解公约，其中第6条规定，"成员国应确保当事人或其中与其他人达成明确合意一方当事人，能够请求执行已达成的书面调解协议。此种协议的内容具有可执行性，除非协议的内容与被请求执行国的法律发生冲突，或该成员国的法律没有规定此协议具有可执行性"①。这一条款，对于制定"一带一路"商事调解中调解协议的可执行性规定具有较强的参考性。二是"一带一路"商事调解机构可以与其他国际仲裁机构建立合作机制，调解协议达成后经国际仲裁机构确认即可转化为具有执行效力的仲裁裁决，借助《纽约公约》使之在全球范围内能够较为顺利地获得执行，如，香港和解中心创设了"香港调解结合内地仲裁"机制。在国际商事调解中，当事人能够通过调解解决争议，深圳国际仲裁院（又名华南国家经济贸易仲裁委员会）或深圳仲裁委员会就当事人签订的调解协议（和解协议）作出仲裁裁决，从而使这份裁决得以在内地以及所有156个《纽约公约》签署国或地区获得执行。②

（五）构建国际商事调解信用体系

　　国际商事交往中尤为注重对"诚实信用"这一原则的遵循，商业信誉已经成为商事主体发展的灵魂。通常而言，诚信要求民事主体在行使权利和履行义务的过程中讲求信用、恪守诺言、诚实不欺。而在国际商事调解中，诚实参与极为重要。若双方在调解过程中违反诚信原则，将使调解难以为继或者无果而终。这不仅会造成调解资源的浪费，还有可能损害当事人的合法权益。因此，通过建立相应机制促使商事主体在国际商事调解过程中诚实守信，就显得尤为必要。

　　就此而言，"一带一路"沿线国家可以协商制定诚信调解公约，并构建

---

　　① 王珺，董海洲，宋连斌．欧洲议会和欧盟理事会2008年5月21日第2008/52/EC号关于民商事调解某些方面的指令．北京仲裁，2009（1）.

　　② http://www.mediationcentre.org.hk/tc/services/MediationandArbitrationMechanism.php，最后访问日期：2017-08-07.

相应的信用监管体系。在调解实践中，若调解参与主体存在无故拖延参与调解、派遣没有决定权的代表参与调解、调解中违反信息保密义务、拒不履行调解协议等违反信用的行为，可对其进行信用记录、信用评级、信用约束，以此惩戒失信的商事主体，倒逼商事主体诚信参与调解。

专题二十三　多元路径下律师调解机制的
方案选择和发展趋势

薛　林　王雪燕　沈晨玲*

一、问题的提出：多元路径下律师调解机制

最高人民法院《关于人民法院进一步深化多元化纠纷解决机制改革的意见》明确将律师调解作为深化多元化纠纷解决机制的重要内容之一。律师参与调解，这一看似新生的事物，实际在我国已有多年的实践。早在 2006 年，青岛市以德衡律师事务所为依托成立全国第一家律师调解中心"青岛市涉外纠纷律师调解服务中心"。2008 年，深圳市福田区以购买服务的方式将调解业务外包给中标的律师事务所，由司法局、律师事务所及基层单位为主要制度运行主体联动展开调解工作。此即"福田模式"①。随着最高人民法院对多元化纠纷解决机制改革的推进，法院主导下的多元化纠纷解决模式也逐步引入律师参与其中。2010 年 6 月 7 日，最高人民法院发布的《关于进一步贯彻"调解优先、调判结合"工作原则的若干意见》中明确指出邀请律师协助人民法院进行调解，并且特别强调要注重发挥律师在调解工作中的积极作用。

---

*　薛林，上海市浦东新区人民法院民七庭（诉调对接中心）庭长。王雪燕，上海市浦东新区人民法院民七庭调研员。沈晨玲，上海市浦东新区人民法院民七庭法官助理。

①　"福田模式"是由福田区政府向社会购买法律服务来进行纠纷的专业化调解的模式。福田区政府制定了以"以事定费，购买服务"为模式的法律服务购买计划，将调解业务外包，由政府财政保障专项经费的支出，向社会公开招标购买专业法律服务。律所投标竞聘后，由其提供具有专业法律学历背景及有律师资格的人员，按照每个调解室 5～8 名调解员的配备进行 24 小时纠纷调解。基层人民政府提供用于调解的人民调解室，明确调解人员的任职条件和工作岗位职责。司法局对调解活动进行监督引导。从 2008 年 10 月起，福田区相继在派出所、交警队、劳动局、医院和信访局派驻设立了人民调解室，共 22 个人民调解室，展开了调解工作。截至 2013 年 4 月，已累计成功调解社会矛盾纠纷 39 000 多宗，调解成功率在 90％以上，调解成果明显，起到了维护基层社会稳定的重大作用。

同年 10 月，上海市徐汇区人民法院将 3 名律师纳入了调解机制中①；2015 年 12 月，马鞍山市正式建立律师调解员制度，该市中级人民法院特聘任 31 名律师调解员参与婚姻、借贷等纠纷的多元化解工作②；2016 年 10 月，厦门市湖里区人民法院与厦门市律师协会签约，设立全市首个"律师调解工作室"，并向首批 24 名律师特邀调解员颁发聘书……③在肯定各地探索律师调解工作作出的不懈努力的同时，也要认识到，较之近年来飞速发展的律师群体，我国的律师调解工作推进相对缓慢，在一定程度上仍然呈现出参与人数较少、覆盖密度较低、机制后续发力不足、社会反响有限等特点。

最高人民法院将律师参与调解的可能方式归纳为以下几种④：（1）吸纳律师加入人民法院特邀调解员名册；（2）探索建立律师调解工作室；（3）律师加入各类调解组织担任调解员；（4）在律师事务所设置律师调解员。⑤ 多种路径的设计为律师调解机制的进一步发展奠定了基础。当前，我国的律师调解机制主要依托于法院主导下的多元化纠纷解决机制，这样的模式虽然保证了律师调解纠纷的案源，但从长期来看，这一机制所存在的"纠纷来源单一、经费来源被动"等问题，将逐步使机制丧失内部活力，可能难以真正发挥律师群体的积极性，与域外 ADR 中自足自治的律师参与调解模式相去甚远。因此在目前律师调解工作系统性、规范性意见缺位，各地做法、认识不一的情况下，仍有必要就如何探索出一条符合中国国情的律师调解路径进行深入讨论。

二、律师参与多元化纠纷解决的现状分析

（一）律师参与多元化纠纷解决的必要性

1. 近年来律师参与社会化治理程度加深

近年来，随着我国法治化进程的推进，我国律师规模迅速扩大。以上海市为例，2010 年至 2014 年间，全市律师事务所从 1 064 家发展到的 1 321

---

① 卢嘉献，于是. 律师参与调解机制研探——以上海市徐汇区人民法院诉调对接实践为视角. 上海政法学院学报（法治论丛），2011 - 09 - 15.

② 马鞍山市建立特邀调解员制度和律师调解制度. www. anhuinews. com.

③ 多元化解纠纷 守好司法防线. 厦门日报，2016 - 07 - 07.

④ 最高人民法院《关于人民法院进一步深化多元化纠纷解决机制改革的意见》第 19 条。

⑤ 就律师调解，还有政府通过招标等方式购买律师法律服务等方式，但这一方式，实际上只是人民法院与律师调解机构在具体委托形式上的不同，故本专题未将其单独列出。

家，增长 24%；全市执业律师从 12 298 人增长为 16 900 人，增长 37%；共办理民刑行商事诉讼案件及非诉讼案件 60 余万件，法律援助案件 5 万多件。① 法律服务业市场繁荣可见一斑。与此同时，律师参政议政、参与社会化治理程度不断加深，从早期的参与政府信访接待②，逐渐扩展到社会治理的各个方面：2013 年，全国有 1 343 名律师当选县、市、省和全国四级人大代表，有 3 790 名律师担任各级政协委员，有 3 名律师当选为党的十八大代表。2011 年至 2013 年间，律师向各级"两会"提交的议案、提案和建议数超过 7 000 份；全国共有 23 500 多名律师担任了各级政府部门的法律顾问；为各级政府相关部门提供咨询 51 万余次，出具法律意见书 87 000 余份。③伴随着律师群体"公民意识"的不断觉醒，广大律师群体在做好法律服务的同时，参与社会化治理的需求和热情也在不断高涨，推动律师参与多元化纠纷解决工作势在必行。

2. 律师在纠纷解决中具有一定的优势特长

随着法律职业共同体的推进，律师作为共同体中的一员，与共同体中的其他主体——法官、检察官、法学家在知识背景、教育、法律思维与方法等方面将会越来越体现出同质性。国家法律职业统一资格考试制度的设立奠定了律师与其他主体之间共同的专业知识体系的基础。而在当前司法改革中所推行的从律师群体中选任法官、检察官等做法，既体现出律师群体本身所具有的法律人特性，与法官、检察官等群体边际模糊，同时也体现出律师群体在专业性方面的特长。与法官、检察官等职业的内涵所不同的是，由于律师群体面对的是全社会的法律服务需求，而跨领域、跨行业的需求各不相同，律师需要在各方面快速转换，以满足客户的需求。因此，在一定程度上，律师的专业领域相对涉猎较广，使律师在面向市场提供专业化服务的同时，也积累了丰富的知识与经验。

在多元化纠纷解决机制中，相较于一般人民调解员，律师调解员在专业方面具有以下几大优势：（1）接受过系统法学教育，通过国家法律职业统一资格考试，具有系统性法律知识与法律思维；（2）以法律服务为本职工作，

---

① 彭薇. 全市执业律师已达 16 900 人. 解放日报，2015-04-19.

② 自 2001 年开始，江苏省泰州市通过律师坐堂接访、律师参与信访联席会议制、随同党政干部下访等系列制度的实施，实现了民间资源、行政资源和司法资源的相互衔接与互补。通过引入"独立第三方"调处信访案件，保障群众合法权益，化解社会矛盾，为维护地区社会稳定和经济社会的可持续发展构筑了良好的法治环境。

③ 2013 年中国律师行业社会责任报告（摘编）. 中国律师，2013（9）.

在适用法律方面相对熟练；（3）律师群体，特别是诉讼律师群体，常作为诉讼参加人直接参加法院的审判工作，对审判程序与审判思路较为了解，易从法官的角度思考问题、化解纠纷；（4）律师处理纠纷的领域相对广阔，尤其在调处新技术、新类型纠纷方面，在法律、法规相对滞后的情况下，律师参与该类纠纷的调处往往更能够为当事人提供一种或多种适应社会及技术发展的纠纷解决方案。[①] 上述种种，使律师与其他法律职业共同体主体之间融合性高，能够快速适应法院主导下的纠纷解决机制。另外，作为以非诉方式解决纠纷的重要方式之一，律师的社会角色决定了律师调解是与审判同向的调解，较多地满足了许多纠纷不能或不愿由审判处理却又期待审判式处理的社会心理。[②]

3. 律师群体本身所具有一定的公益性属性使然

对于律师群体而言，律师的职业伦理包括多重内涵：一是尽忠勤勉。律师作为市场化的主体，其本职工作在于为客户提供专业的法律服务，尽忠勤勉即是律师对客户所承担的责任，既关系到律师个人的职业前景，也关系到整个律师行业的道德尊严。二是具有一定的公益性。对于律师而言，客户并不仅仅是指具体的客户，在很大程度上可以理解为作为潜在客户的整体社会成员。因此从这个意义上讲，除了对客户的责任外，律师职业伦理还包含着对社会和公共利益的责任。正如有学者指出：律师的商业气息过浓会损害律师履行自己的使命；律师是法律职业者，有正义与改进社会现状的利益在里面。它不仅仅是个"饭碗"，还应是一种抱负，否则会成为社会中不受欢迎的人，甚至会成为社会的敌人。[③] 律师群体的公益性属性决定了律师参与公共法律服务领域的必然性。目前来说，参加法律援助、法律咨询是常见的律师公共法律服务形式。随着律师调解工作的推进，其必然也将成为律师公共法律服务的内容之一。

（二）律师参与多元化纠纷解决的疑难问题

在看到律师参与调解所具有的种种优势的同时，我们也要清醒地认识到，任何事物都存在着两面性，在机制设立初期，律师调解工作仍然存在着一定难点有待突破。

---

① 杨建文. 发挥优势服务大局 律师在诉讼与非诉讼相衔接的矛盾纠纷解决机制中的地位与作用. 中国律师，2012（10）.

② 洪冬英. 律师调解功能的新拓展——以律师主导民事调解服务为背景. 法学，2011（2）.

③ 贺卫方. 律师与司法公正. 中国律师，2002（10）.

1. 利益冲突问题难以根本消除

即便如前文所述，律师群体本身存在着一定的公益性，但趋利性仍然是律师作为市场化主体所具有的主要属性。"正义与功利、经济与道德、程序与实体、技能与伦理，这些矛盾与范畴在律师角色身上交织着、冲突着"①，并在律师执业过程中直接外化为利益冲突。在律师参与多元化纠纷解决的过程中，利益冲突问题突出表现为：（1）调解律师与纠纷当事人之间存在利益冲突，如调解律师与一方当事人的代理人隶属于同一律师事务所，易引发另一方当事人对调解律师居中调解公正性的质疑；（2）调解律师利用调解这一机会进行利益输出，如在调解结束后为纠纷当事人介绍代理律师，甚至直接担任某一方当事人的代理人；（3）调解律师以参与调解为名借机发掘案源，参与调解动机不纯；等等。虽最高人民法院在《关于人民法院进一步深化多元化纠纷解决机制改革的意见》中已要求建立律师担任调解员的回避制度，并明确担任调解员的律师不得担任同一案件的代理人，但这一规定仅解决了同案中律师调解员的回避问题，且既未对"同案"作出明确解释，亦未涉及其他类型的利益冲突问题。就此问题，有待于进一步的探讨。

解决利益冲突问题，一方面固然需要调解律师的自律，另一方面也需要相关的配套机制。目前，虽在一些大规模律师事务所设有利益冲突检索系统，能够防止隶属于同一律师事务所的律师代理案件的冲突，但在整体上，就解决律师调解中的利益冲突问题，尚未能有宏观上的系统性的对策，主要还是依赖律师调解员的自律。而这一问题的存在，或多或少会引起纠纷双方对律师调解制度的猜疑，继而降低该机制的纠纷化解能力。

2. 律师对调停者身份尚不适应

虽然我国的律师群体在诉讼活动中的地位不断提高，但受我国诉讼传统等因素的影响，我国司法的审判模式仍处于由法官职权主义向当事人主义转变的过渡进程中，总体上，律师作为诉讼参加人仍主要围绕法官的审判思路开展工作。在此背景下，律师在诉讼中相对被动，主要是站在当事人和法院之间寻求纠纷解决的平衡之策；同时，作为单方代理人，律师的核心工作是站在当事人的角度为当事人实现利益最大化，至于是非曲直，自有法官明

---

① 孙笑侠，等. 法律人之治——法律职业的中国思考. 北京：中国政法大学出版社，2005：277 - 278.

断。相比之下，律师调解工作需要律师调解员充分发挥自身的主观能动性，凭借己身的法律知识与法律经验，去独立地完成纠纷化解工作。对于大部分律师而言，这一职业角色是全新的：需要去独自面对争议双方，独立启动调解程序，在有限的调解时间内突破纠纷、寻找出一条纠纷双方都满意的纠纷解决策略。同时，在法院主导下的律师调解工作，在确保纠纷双方达成意思合意的同时，还需要确保调解结果的合法、有效、具有可执行性，以便与法院的后续处理进行对接。种种因素，都意味着律师调解工作对律师调解员提出了极高的要求，需要律师调解员花费相当的时间和精力去熟悉、去适应，而这又难免会与律师的本职工作相冲突。基于我国目前的律师调解现状——参与的律师人数有限，未形成相对固定的律师调解员队伍——要在短时间内让律师群体适应调解员这一调停者身份存在一定困难。

3. 长效性的参与机制尚未确立

我国的律师调解制度发展至今，参与的律师仍占少数，究其原因，并非律师群体本身不愿意参加，而是尚未形成真正富有生命力的律师参与机制，无论是在制度设计上还是在物质保障上都有所缺憾，机制的后续发力难免不足。同时，因机制直接将律师与法院进行挂钩，就如何妥善地处理好律师调解员与法院之间的关系、摆正摆好律师调解员的位置，尚未能寻得一较优方案，致使不少地方对此持有观望态度，期待上层有进一步的意见出台。律师调解工作的核心在于解纷，而解纷的关键在于律师。与其他专职人民调解员不同，调解工作是律师调解员的副业。因此，大范围、大规模地顺利开展律师调解工作必然需要有大量的律师调解员为基本保障。由是，一个理想的律师调解机制，不但应在解决纠纷方面富有生命力，而且应能帮助律师调解工作不断吸收新鲜血液、扩充调解员队伍，即具有长效性的律师参与机制。而目前，该类机制尚未能确立。该问题的存在将对律师调解的长久发展产生一定的不利影响。

（三）常见的律师调解运行模式分析

虽最高人民法院在《关于人民法院进一步深化多元化纠纷解决机制改革的意见》中确立了四种律师参与调解的模式，但根据律师与法院之间的关系，可以将常见的律师调解运行模式概括为法院附设型调解与法院委托型调解[①]这二大类。

---

① 卢君. 法院委托型律师调解员制度构建思路与方案设计. 法律适用，2016（9）.

1. 法院附设型律师调解模式分析

这一模式即由法院将律师吸纳入特邀调解员名册，安排开展律师调解工作，调解场所可设置在法院的诉调对接中心或诉讼服务中心等机构。这一模式的优点是简便、易操作。通过简单的人员安排，将律师调解员吸收到法院原有的特邀调解员名册中，通过法院诉前委派、诉中委托这两种方式将纠纷指派给律师调解员进行调解，从而实现律师参与多元化纠纷解决的目的。但对于这一法院为管理主体的运行模式，不免存在着律师调解员利益冲突问题的隐忧，一旦管理疏忽，可能会引发人民群众对人民法院公平正义的质疑；与此同时，一旦律师调解员队伍出现纰漏，后果将不堪设想。而人民法院有限的管理资源也决定了这一律师调解模式参与人数有限，机制运行将会对律师调解员产生较大的人身依附性，一旦发生人员变动，将可能出现机制停摆的状况。

2. 法院委托型律师调解模式分析

这一模式即是通过建立律师调解工作室、律师加入各类调解组织担任调解员、在律师事务所设置律师调解员等安排，由人民法院通过委派或委托律师调解工作室、调解组织、律师事务所等方式开展律师调解工作。这一模式的优点是，机制设置比较灵活，通过调解机构的安排在一定程度上对律师调解员与法院在"依附关系上"进行了"阻断"，能够消除某些不必要的质疑。但该模式也不免存在着利益冲突难以根除等问题，以律师调解工作室、律师事务所这两种情况为例：这种单纯由律师构成的调解机构，除自律外，无其他的外部监督管理机制，最终对它的管理责任仍将回归到法院，与法院将律师调解员吸纳入特邀调解员名册并无二致；至于一般的调解组织，松散型的管理模式，虽方便律师调解员的流动且在内有一定的约束机制，但因人员架构、经费保障等因素在吸纳律师调解员方面能力有限，也存在一定不足。

三、律师调解机制选择：一种折中的方案

鉴于目前常见的律师调解模式尚不能较好地解决利益冲突问题，且在处理律师调解员与人民法院之间的关系上存在一定缺陷，从机制的持续发展以及我国 ADR 的发展前景考虑，建议在目前的律师调解机制中引入独立的第三方机构，即：在法院和调解机构（律师调解工作室、律师事务所、调解组织）之间安排具有权威性、公信力的第三方机构，协助完成律师调解员的招募、审查、管理以及处理利益冲突问题等工作；通过第三方机构加强外部监

督与管理，从而进行更为彻底的"阻断"。

（一）在折中方案下律师调解的具体运行模式

具体而言，在这一方案下，律师调解的模式主要与法院委托型律师调解模式较为接近，即律师调解员隶属于特定调解机构，由该机构加入法院的多元化纠纷解决机制中，律师调解员在参与调解过程中接受调解机构的日常管理，管理内容包括并不限于调解工作的安排、考勤、薪酬等内容；人民法院则负责对律师调解员在专业方面进行指导，包括并不限于调解中所遇到的事实认定、法律适用、程序、调解策略等系列内容；而第三方机构承担机制扩展与对律师调解员外部监督工作，包括并不限于与调解机构共同对外招募律师调解员、建立律师调解员备用人才库、开展统一的律师调解员培训工作、对调解机构拟招募的律师调解员进行中立评估、开展委托律师调解纠纷的利益冲突风险评估以及利益冲突问题发生后的应急处置等工作。从我国的司法制度来看，在目前阶段，这一第三方独立机构可由司法局（律管处）、律协、法律服务业协会等律师管理部门担任；在宏、微观层面上，保障机制的持续运行与健康发展。

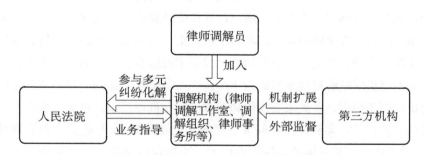

图1　折中方案下律师调解模式示意图

（二）在折中方案下律师调解模式的特质分析

相较于法院附设型、委托型律师调解这两大类模式，在折中方案下的律师调解模式的最大特点在于引入第三方机构，由其独立完成律师调解员的选任、监督工作。通过第三方机构的"背书"式工作及相关的机制设计，能降低律师调解带来的可能风险，提高机制运作效率。具体来看，该模式具有如下几项特质。

1. 辐射面广，获得律师积极反响

按照折中方案的设计，由司法局（律管处）、律协、法律服务业协会等部门担任的第三方机构将协助调解组织开展律师调解员招募、筛选工作。而第三方机构本身即具备一定的律师管理职能且面向辖区内的全体律师，辐射面较广，影响力较大，号召力也较强；与调解组织联手，能够更为有效地招募到优秀的律师调解员[①]；同时第三方机构还可通过推荐等方式，将辖区内优秀律师输入律师调解机制中。[②]

2. 强强联手，发挥各机构的优势、特长

由于律师调解工作涉及律师、调解机构、人民法院等多方面主体，机制的运行与管理具有一定的综合性，故在机制设计上既要理顺各主体之间的关系、明确各主体的职能，又要发挥各主体的专业特长，力争使机制运行效能达到最优。在折中方案下，律师系以自身业务特长参与具体的调解工作；调解机构发挥自身组织、管理特长，确保律师调解工作的有效运转；人民法院集中精力开展调解指导，并落实律师调解的司法确认、与司法审判的衔接工作；第三方机构则发挥己身律师管理的经验与专长，有针对性地研究问题、制定对策，特别是开展利益冲突问题的日常监督，从而多角度地保障工作的开展。

3. 细水长流，保证机制长效运作

律师调解，是我国多元化纠纷解决机制的重要内容之一。然而，机制从形成到成熟非一蹴而就。折中方案的设计旨在通过联合律师调解工作的各相关主体，集思广益，在实践中对机制不断予以修正，从而最终形成一套符合我国国情、能够切实满足广大人民群众纠纷化解需求的运行模式。如前文所述，理想的律师调解机制能够持续不断地为律师调解员队伍扩充新的力量。然而，一般调解机构碍于规模，既无法实现律师调解员的大批量招录，也无法确保律师调解员的持续招录，容易使律师调解工作陷入"死圈"。而专业的律师管理部门（第三方机构）因其对接的是辖区内广大、不特定的律师，且每年新增律师数量相当可观，故在律师选用方面具有较为丰富的资源；同时，第三方机构可通过与辖区内调解机构的协调，大范围推广律师调解工作，并可根据各调解机构的实际需求，定期开展统一的律师调解员招录工作。另外，对于调解中接到人民法院或当事人反馈不佳、投诉出现利益输出情况的律师调解员可由第三方机构独立开展调查，对于情况属实的，由第三方机构通知相关调解机

---

① 2017年2月9日，上海市浦东新区司法局、浦东新区法律服务业协会、浦东新区专业人民调解中心联合公开招募律师调解员，在短短20天内即收到有效报名193份。孙彬彬，李宏杰. 迎着春光，大步向前——浦东新区"特邀律师调解员"招募反响热烈．

② 杨建文. 发挥优势服务大局 律师在诉讼与非诉相衔接的纠纷解决机制中的地位与作用. 中国律师，2012（10）．

构取消其律师调解员资格。由此，通过第三方机构对律师调解员进行"造血、换血"的工作，最大限度地保障机制的持续健康发展。

4. 潜移默化，促进律师调解机制衍生发展

对于律师调解这一新生事物，在机制运行初期无疑需要经历律师群体对多元化纠纷解决机制的逐步认同、参与律师调解工作的律师从纠纷的代理方向调停者身份转换等过程。而律师群体自发参与调解、纠纷当事人自发选择机制作为纠纷解决方式等习惯的养成也绝非一朝一夕。折中方案的设计系寄期望于参与机制的多方主体群策群力，对于机制运行中可能出现的问题、情况进行预判，制定相应对策；由点及面①，通过先行参与调解工作的律师调解员不断扩大律师调解工作的影响力，进而吸引更多的优秀律师参与其中，同时通过机制的实际运行，以纠纷当事人为切入点，加大机制的宣传力度，以积极的纠纷调处结果赢得纠纷双方对律师调解工作的认同，从而提高社会民众对律师调解制度的认知，实现律师调解这一非诉纠纷解决方式的广泛使用。

表1　　　　　　　　　　　三种类型的律师调解模式对比

模式	操作难易度	律师调解员引入	管理主体	利益冲突防范	外部监督	机制拓展
法院附设型	易同人民法院的特邀调解	人民法院招募	人民法院	防范难度大，以事后处理为主	无	人民法院负责
法院委托型	易同人民法院的特邀调解	调解机构招募	调解机构	防范难度大，以事后处理为主	无	人民法院主导，调解机构辅助
折中方案	较易，基本同人民法院的特邀调解，但需引入第三方机构	第三方机构、调解机构联合招募	第三方机构、调解机构	第三方机构事前审查、事后处理	第三方机构监督	人民法院与第三方机构共同主导，调解机构辅助

（三）在折中方案下律师调解机制的发展趋势

乍看之下，折中方案中的律师调解机制牵涉多主体，且还需要第三方机构额外付出相当的人力、物力，承担额外的责任，故较法院附设型、委托型

---

① 仍以2017年上海市浦东新区律师招募情况为例，在招募中，不少隶属于同一律师事务所的多名律师报名参加该项工作。笔者认为，律师调解员的培育，将推进律师事务所调解业务的独立发展。

模式，操作难度似乎更大。但在现阶段，因我国律师调解工作仍处于起步探索状态，大规模的律师调解工作尚未能完全起步。在诸多机制、配套措施也尚未出台的情况下，折中方案似乎是一个较为稳妥的问题解决途径。该方案，主要是针对过渡阶段的律师调解工作而提出，其目的是通过多方牵头，逐渐理顺律师调解机制中的每一环节，实现机制的良性循环；同时通过机制持续地成熟运行，不断提高机制的影响力，进而推进非法院主导模式下律师调解机制的发展，使律师调解成为我国社会中常见、纠纷双方乐意主动选择的纠纷解决方式之一①，并实现律师调解机制从公益化向公益化兼顾市场化的转变。另外，一旦律师调解机制运作流畅、成熟的律师调解员队伍组建完成，第三方机构在机制中的职能将主要集中于利益冲突防范方面，其在机制中承担的将是保障性职能，其工作职责将有所减轻，从长期来看，并不会过多地增加相关机构的工作负荷。

结　　语

折中方案实为在现有的律师调解机制运行模式上所提出的改进型方案。任何事物都具有两面性，该方案必然也存在着一定缺陷。但从目前来看，折中方案在解决现有的法院附设型或委托型律师调解模式运行中所存在的具体问题方面具有一定的针对性，在一定程度上能够化解上述两类模式中的某些弊端，可能是现阶段较优的选择。当然，我们也清楚地认识到，要真正运行好折中方案，尚存有不少难点：（1）律师调解员的选拔与退出机制未完善，如何确定相关的标准；（2）是否需要特别制定律师调解员行为准则；（3）如何在兼顾公益性与市场性的基础上确定律师调解员的薪酬；（4）统一的律师代理信息平台尚未建立，如何解决利益冲突检索问题、如何杜绝利益输出问题；等等。在律师调解机制的探索中，可谓机遇与挑战并存，亟待每个法律人孜孜不倦地研究与完善！

---

① 以英美两国为例：英国法院并不倾向于附设机构以主动提供律师调解；英国的全国律师ADR 网络（ADRNet, Ltd.），咨询、调解、服务中心（ACAS），纠纷解决中心（CEDR），ADR 集团（ADR Group）等民间机构，成为推动律师调解的主力军，在运作过程中也积累了丰厚的人才储备；美国司法外 ADR 制度调解服务的提供机构则具有多样性：一是私营机构，现代美国律师事务所都开展 ADR 业务，这些私营机构利用手上的调解资源，例如私人调解员、调解场所，提供有偿调解服务；二是公共服务机构，这些公共服务机构一般都由调解志愿者组成，日常运作主要依靠专项基金或者一些捐助，具有非营利性质。

专题二十四　"特邀调解＋司法确认"：
律师主持调解的一个制度走向

赵　峰　陈希国*

引　言

当前，我国全面深化改革进入攻坚期、深水区，社会结构分化，利益格局调整，多元价值观出现，各类矛盾纠纷易发、多发、高发，呈现复杂性、多样化的趋势。而矛盾纠纷本身的多元，决定了解纷方式理应多元。但是，现有的纠纷解决制度，尤其是调解制度，并不能完全适应现代纠纷解决的需要：人民调解的案件范围和类型有限，且不收取费用，保密义务孱弱，无法在重大专业纠纷中担此重任①；行政调解的官方色彩浓厚，在某种程度上制约了当事人的诉求表达；司法调解作为审判程序之附设，刚性有余，灵活不足。在传统调解制度发展遇到瓶颈的情况下，调解亟须寻找新的增长点。凭借丰富的法律理论知识和实务经验，律师调解具有其他调解所不具备的专业性、灵活性、便捷性和高效性等优势，或将成为创新多元化纠纷解决机制的突破口。在律师调解实践中，存在两种方式：一种是参与调解，即作为一方当事人的咨询方或代理人参与其他调解主体主持的调解，帮助当事人在不通过诉讼的情况下达成和解，或在维护当事人利益的前提下与对方当事人或律师达成和解②；另一种是主持调解，即作为中立第三方主持纠纷的调解，促使当事人达成调解协议。律师参与调解属于律师代理职能的自然延伸，本质上仍然是依附于其他调解方式的帮助调解，不具有独立性。律师主持调解则

---

* 赵峰，山东省高级人民法院研究室副主任；陈希国，山东省高级人民法院研究室法官助理。

① 罗慧明. 基于"关系紧密群体理论"的金融调解制度研究———以行业协会为主导的路径选择. 东方法学，2016（3）.

② 迈克尔·努尼. 法律调解之道. 杨利华，于丽英，译. 北京：法律出版社，2006：29－30.

"成为多元化纠纷解决机制中的亮点而受到关注、质疑"①。笔者认为，律师主持调解是调解制度的发展，也是律师职能的拓展，但需要深度融合律师的职业优势和调解的制度优势，厘定明确的制度走向，设计合理的模式架构，建立相关的配套机制。本专题在此抛砖引玉，以求教于方家。

一、价值定位：律师主持调解的必要性分析

当前在实践中，代理案件仍然是律师主要的司法职能，但随着国家、社会以及自身职业的发展，其社会角色的扮演必然会日益重要。律师主持调解的过程就是其角色的转变过程，这种转变有着深厚的社会基础。

（一）深化多元化纠纷解决机制改革的必然要求

2015 年中央《关于完善矛盾纠纷多元化解机制的意见》明确要求，建立完善律师调解制度，鼓励和规范律师参与重大复杂矛盾纠纷化解，明确律师接受当事人委托提供斡旋、调解等非诉服务的操作规程。2016 年最高人民法院《关于人民法院进一步深化多元化纠纷解决机制改革的意见》提出，要推动律师调解制度建设，鼓励律师参与纠纷解决，充分发挥律师专业化、职业化优势。2016 年出台的《山东省多元化解纠纷促进条例》规定，鼓励和支持人民调解员、律师、基层法律服务工作者、社会志愿者设立调解工作室；鼓励和支持律师协会、律师事务所建立律师调解员队伍，为纠纷化解提供服务。加强律师调解工作，有助于合理配置解纷资源，为法院和其他解纷组织分流矛盾纠纷，提升多元化纠纷解决机制的运行实效，也能够最大限度地发挥民间自治力的作用，顺应国家和社会治理法治化的时代需求。

（二）缓解法院"案多人少"矛盾的有效途径

实行立案登记制后，诉讼门槛降低，海量纠纷涌入法院，导致诉讼案件剧增。据统计，2014 年、2015 年、2016 年全国地方各级法院共受理案件 1 565.1 万件、1 951.1 万件、2 303 万件，分别同比上升 10.1%、24.7%、18%。② 2016 年，收案数超过 4 万件的基层人民法院有 22 家，超过 3 万件的有 54 家，超过 2 万件的有 106 家，上海浦东新区人民法院和北京市朝阳区人民法院一审收案更是超过 10 万件。虽然各级法院通过建设新型审判团队、

---

① 传统的律师被认为是重经济利益轻社会利益，他们能否能够承担起主导调解的职能，引人关注。洪冬英．律师调解功能的新拓展——以律师主导民事调解服务为背景．法学，2011（2）．

② 数据来源于 2015 年、2016 年、2017 年最高人民法院工作报告。

推行案件繁简分流、推动院/庭长带头办案等措施，深入内部挖潜，但在审判力量有限，尤其是员额制改革后法官数量减少的背景下，总体办案数量和效率很难再有大幅度的提升，必须在发掘其他解纷资源上下工夫，发展律师主持调解制度就是其中一个新的增长点和重要突破口。

（三）发挥律师作用、拓展律师功能的重要举措

律师是法律职业共同体的重要组成部分，已实现从早期的"国家法律工作者"到如今"法律服务者"的身份转变，并且其角色和身份的社会化日益明显。随着角色的变化，律师的功能也应逐步拓展，应当具备拯救司法困境的政治功能、通过深度参与来实现的民主功能和社会功能、通过调解发展法律的法制功能。[①] 正所谓"律师的活动舞台也不应该局限于法庭和社会领域，而必须作为一种法律人力资源，连缀立法、司法与行政，最终通过个体身份的灵活转化，实现法律知识、技术在不同领域的统一理解与运用"[②]。律师主持调解是在双方当事人之间进行居中评判，改变了律师仅代表一方当事人利益的固有角色，拓展了律师的功能。正如有学者所言，"如果律师们不能引导人们进行合作，并设计出有助于合作的机制的话，他们就不会居于我们时代的最富有创造性的社会实验的中心位置"[③]。而人们对法律权威的崇尚恰恰给律师在诉讼外纠纷解决机制有所作为提供了广阔的空间。[④] 发展律师调解，有助于提升律师职业在国家法治建设体系中的社会地位，充分发挥律师在化解社会矛盾纠纷中的重要作用，从而增进律师职业的社会认同和公信力，推动法律职业共同体建设。

二、两种支撑：律师主持调解的可行性论证

在实践中，律师作为一方代理人参与调解已屡见不鲜，但居中主持调解并不普遍。在社会上尚未达成律师可以主持调解的共识，甚至不少律师本身就对其调解的可行性存有质疑。但要用发展的观点看问题，事物的发展都有一定的过程。笔者认为，律师主持调解完全具备现实可行性，有着坚实的制

---

① 汤维建. 中国调解制度的现代转型//陈桂明，田平安. 中国民事诉讼法学六十年专论. 厦门：厦门大学出版社，2009：266-271.

② 李海洋. 中央三发文件对深化律师制度改革做出全面部署 重塑律师职业功能 推动国家法治建设. 中国商报，2016-06-28.

③ 陈弘毅. 法理学的世界. 北京：中国政法大学出版社，2003：53.

④ 吴卫军，樊斌. 现状与走向：和谐社会视野中的纠纷解决机制. 北京：中国检察出版社，2006：169.

度和实践支撑。

（一）律师主持调解具有制度支撑

（1）在法律制度层面。根据《律师法》第 28 条的规定，律师可以从事下列业务：接受自然人、法人或者其他组织的委托，担任法律顾问；接受民事案件、行政案件当事人的委托，担任代理人，参加诉讼；接受刑事案件犯罪嫌疑人、被告人的委托或者依法接受法律援助机构的指派，担任辩护人，接受自诉案件自诉人、公诉案件被害人或者其近亲属的委托，担任代理人，参加诉讼；接受委托，代理各类诉讼案件的申诉；接受委托，参加调解、仲裁活动；接受委托，提供非诉讼法律服务；解答有关法律的询问、代写诉讼文书和有关法律事务的其他文书。由此可以看出，《律师法》规定的律师业务范围包括委托代理、委托辩护、委托见证、担任顾问等，虽未明确将主持调解纳入业务范围，但亦未明确排除。笔者认为，立法具有天然的滞后性，立法者在条文拟定之初无法穷尽考量所有情形，但可以通过扩大解释，丰富其涵摄范围，保持立法的弹性和生命力。具体而言，对上述规定中"接受委托，提供非诉讼法律服务"的完全可予以扩大解释，即：律师接受双方当事人的委托，提供"居中调解案件"的法律服务。因此，律师主持调解并不存在"无法律依据"之障碍。

（2）在司法政策层面。律师调解制度首次被提出是在最高人民法院 2012 年《关于扩大诉讼与非诉讼相衔接的矛盾纠纷解决机制改革试点总体方案》中。该方案提出，推动建立律师调解员制度。试点法院应当支持律师协会、律师事务所建立专职或者兼职的律师调解员队伍，由律师调解员独立支持调解纠纷，并协助其建立和完善相关制度。2014 年，最高人民法院又将建立律师调解员制度作为示范法院标准。2015 年，党中央《关于完善矛盾纠纷多元化解机制的意见》，将建立完善律师调解制度上升为国家战略和国家政策。2016 年 6 月 28 日，最高人民法院出台《关于人民法院进一步深化多元化纠纷解决机制改革的意见》，指出：法院可以在诉讼服务中心设立律师调解工作室；支持律师加入各类调解组织担任调解员，或者在律师事务所设置律师调解员，充分发挥律师专业化、职业化优势；等等。同日，最高人民法院发布《关于人民法院特邀调解的规定》，指出，人民法院可以邀请律师、仲裁员等符合条件的个人加入特邀调解员名册，等等。上述规定都为发展律师调解制度①提供了司法政策支持。

（二）律师主持调解具有实践支撑

（1）国内实践层面。随着相关政策的出台和调解试点的展开，律师主持调解已在实践中运行多年。就实践模式而言，大致存在行政主导调解模式、律师主导调解模式和法院主导调解模式。② 深圳市福田区人民政府通过招标向有资质的律师事务所购买服务，中标律师事务所派遣法律专业人员进驻人民调解室担任专职调解员，经区司法局考核后持证上岗。③ 此属于行政主导模式。德衡律师事务所创设"青岛市涉外律师调解中心"，后更名为"青岛市律协律师调解中心"，调解了诸如外商纠纷、国内物业纠纷和航空飞行员纠纷。④ 此即律师主导模式。据笔者调研，山东省烟台市莱州市人民法院将在某律师事务所设立的调解中心纳入法院特邀调解组织，将该中心的部分律师作为特邀调解员，立案前委派或立案后委托其主持调解案件。⑤ 此即法院主导模式。此外，山东省临沂市兰山县人民法院等山东省部分基层人民法院正在逐步展开律师主持调解的试点工作，为该项制度的全面铺开总结经验。

（2）国外实践层面。在日本实行民事调停制度，调审分离。调停由调停委员会主持，该委员会由法官和民间调停委员组成，而民间调停委员以律师为主，调停委员会可以出具有类同判决书效力的调停书。⑥ 在英国法院一般不附设机构供律师调解用，律师主要供职于 ADR 民间机构，担任中立调解人，这些民间机构是推动律师调解的主要力量。⑦ 在美国法院对律师调解制度采取的是"大力支持，积极介入"的路径⑧，部分州法院对小额案件进行强制调解，并实行调审分离，律师可以担任调解员主持调解。⑨ 比如在加利福尼亚州，只有经验丰富和专业能力较强的律师才能担任调解员，律师调

---

①　在司法政策层面所指的"律师调解制度"，从语义上理解均为律师主持调解制度。

②　卢君. 法院委托型律师调解员制度构建思路与方案设计. 法律适用，2016（9）.

③　李少平. 最高人民法院多元化纠纷解决机制改革意见和特邀调解规定的理解与适用. 北京：人民法院出版社，2017：182.

④　栾少湖. 律师调解：从配角转为主角的五年——来自青岛律师调解中心的报告. 中国律师，2012（2）.

⑤　据统计，2016 年该院委派调解中心主持调解案件 260 件，调解成功 47 件。

⑥　裘索. 我国司法调解制度的改革与完善——以日本民事调停制度、诉讼和解制度为借鉴. 中国律师，2011（3）.

⑦　杨艺红. 英国民事司法改革进程中 ADR——兼论对构建我国多元化纠纷解决机制的启示. 重庆师范大学学报（哲学社会科学版），2007（5）.

⑧　徐慧，孙艳霞. 英国民事司法改革对我国 ADR 发展的启示. 社会科学论坛，2006（6）.

⑨　于建成. 山东省多元化解纠纷促进条例解读. 北京：法律出版社，2016：257－258.

解的积极性很高，运行机制效果良好。在德国、挪威等国家也都开展了律师调解业务，律师参与调解的广度和深度远超我国。

（三）小结

日本学者棚濑孝雄曾写道："利用律师的服务，意味着利用者支付一定代价来获得律师所拥有的专门知识和技术，以便达到自己的一定目的。这种服务越被认为具有在其他地方不能获得的重要价值，对律师的需要在整体上就越大。"① 前文已论及，律师调解具有其他调解所不具有的独特价值，社会对律师调解的需要会越来越多。从律师调解的发展趋势来看，律师调解未来必然大有可为。正如加拿大安大略省首席大法官沃伦·K. 温克勒所言："事实上，我们有一种职业责任，不管我们身处哪个领域，我们都应该能确保我们社会中的所有成员在法律体系中寻求和获得正义。如果我们无所作为，那么我们可能失去司法系统得以建立的根基——法治。"② 但目前，我国的律师调解基础仍很薄弱，发展不均衡，制度化展开面临重重困难和挑战。笔者认为，制约律师调解发展的瓶颈问题是在制度模式多样化的背景下制度走向不定、缺乏统一的制度理念引领和顶层设计。

通过比较前述不同的实践模式，笔者倾向兼具律师主导模式和法院主导模式色彩的混合型模式，即法院"特邀调解＋司法确认"模式，以此作为律师主持调解的制度基石。

三、模式架构："特邀调解＋司法确认"模式的宏观设想

（一）"特邀调解＋司法确认"模式的"四步走"思路

"特邀调解＋司法确认"模式是指成立律师调解组织或者发展律师调解员，通过主动申请或者由法院邀请，将其纳入法院特邀调解组织或者特邀调解员名册，从而使其可以在法院立案前接受法院委派开展调解，诉前达成调解协议的当事人可以向法院申请司法确认（见图1）。这种模式是在现行政策、法律规定的框架内，合理利用解纷资源，最大限度发挥律师调解优势的创新举措。

具体而言有以下过程。

第一步，成立调解组织。由省、市、县（区）各级律师协会分别组织成

---

① 棚濑孝雄. 纠纷的解决与审判制度. 王亚新，译. 北京：中国政法大学出版社，2004：312.
② 沃伦·K. 温克勒. 一位大法官对律师的忠告. 龙飞，译. 人民法院报，2015－12－11.

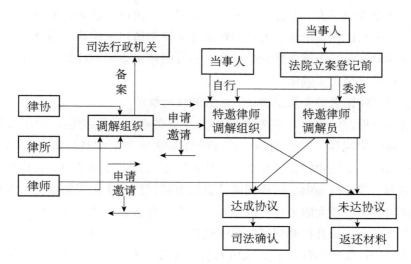

图 1　"四步走"示意图

立律师调解委员会，报当地司法行政部门审批或者备案；具备条件的律师事务所，可以单独或者联合成立专业性或者综合性的律师调解组织。律师可选择加入律协组织的调解委员会或律师成立的调解组织，律师调解委员会和律师调解组织要制定相应的组织章程或者具体管理办法，对加入委员会和调解组织的律师进行审核和管理。

第二步，加入法院名册。律师调解组织和律师个人分别加入法院特邀调解组织或者特邀调解员名册。按照最高人民法院《关于人民法院特邀调解的规定》的规定，律师调解组织和律师个人可以通过申请和法院邀请两种渠道成为法院特邀调解组织或者特邀调解员。并非律师调解组织中的所有律师均可称为法院特邀律师调解员，经组织推荐、法院审核方可。至于没有加入律师调解组织的优秀律师，可经申请或法院邀请加入法院特邀律师调解员名册。

第三步，委派调解或自行申请。对于适合调解的纠纷，登记立案前，在当事人同意的前提下，可委派特邀律师调解组织或特邀律师调解员进行调解。当事人亦可自行向特邀律师调解组织申请调解。调解组织根据纠纷情况，可指定一至两名特邀律师调解员进行调解，也可由当事人选择一至两名特邀律师调解员进行调解。

第四步，申请司法确认。根据最高人民法院《关于人民法院特邀调解的规定》第 19 条的规定，委派调解达成调解协议的，特邀调解员应当将调解协议送达双方当事人，并提交人民法院备案。委派调解达成的调解协议，当事人可以依照民事诉讼法、人民调解法等法律申请司法确认。当事人自行申请特邀律师调解组织调解达成协议的，亦可向特邀律师调解组织所在地的基层人民法院申请司法确认。

（二）"特邀调解＋司法确认"模式的独特优势

就调解而言，中立和判断是调解人具备的两项重要功能，功能发挥越好，调解效果越佳。律师调解"依赖的就是法律判断加具体案件的综合因素，这实际上是法律的权威性在发挥功效"[1]。因此，被赋予中立地位的律师在高超判断能力的辅助下所作调解具有其他调解所无法比拟的优势。如何让律师调解的优势最大限度地发挥？笔者认为，有必要构建"特邀调解＋司法确认"模式，以提升律师调解的制度效果。

优势一：特邀律师调解员队伍有质量保障。截至 2014 年，全国执业律师已达 27 万多人，律师事务所已达 2.2 万多家。[2] 其中不乏高精尖人才，但也不乏鱼目混珠之辈，故应正视律师人员良莠不齐之现实。特邀律师调解的制度运行能否顺畅、成功，所特邀律师之素质乃至关重要。有鉴于此，法院把好特邀环节的审核关，确保素质高、能力强、道德好的律师进入特邀队伍，就为特邀律师调解打下良好的人才基础。据笔者调研，在实践中法院在开展特邀试点时，基本也是"锁定"热衷公益的名律师，不在多而在精。[3] 相较于其他律师调解模式，特邀律师调解有质量保障，在某种程度上就奠定了特邀模式的制度优势。

优势二：特邀律师调解员工作有动力。由于能够进入特邀律师调解员名册的人员有限，对律师而言，能够被法院特邀为律师调解员，将是对其业务能力的充分肯认，大幅度增强其权威性。[4] 从某种意义上讲，法院特邀的身份定位，会成为律师开展代理、非诉等业务时的无形注脚。律师调解员的"金字招牌"必然对其职业发展有很强推动。资源的有限性，决定了特邀荣誉的珍贵。加之任期管理制度，特邀律师调解员相较于其他律师调解员而

---

① 洪冬英. 律师调解功能的新拓展——以律师主导民事调解服务为背景. 法学，2011（2）.

② 继续深化改革 加强队伍建设——我国律师事业发展综述. 经济日报，2015－08－19.

③ 在笔者调研过程中，某基层人民法院院长曾感慨地说："特邀律师调解，我们宁肯一开始迈得步子小一点，开展得慢一点，也不能随便放开律师的审核关，一旦素质低的律师进来，毁坏的将是我们整个制度。所以，我们搞调解，一定要用好律师，这是保障和前提。"

④ 贾宇. 特邀调解：多元解纷机制的制度性创新. 人民法院报，2016－10－12.

言，会更加珍惜自身的羽毛[①]，对调解工作会更加勤勉努力，以工作的成效换取法院更多的资源让渡。

优势三：特邀律师调解协议有强制力。对于特邀律师调解组织或调解员主持达成的调解协议，可直接申请司法确认，赋予强制执行力。与其他律师调解模式相比，这是该模式的优势所在。[②] 此规定也解决了"律师调解机构作出的调解书不如人民调解委员会的调解书具有《人民调解法》赋予的强制执行效力"[③] 的困境，协议的效力性得到提升，也就增强了非诉方式解纷的权威性。[④]

四、机制建构："特邀调解＋司法确认"模式的微观设计

无论多么理性的设想，倘若缺乏相关机制的支撑，在实践中都会寸步难行。针对该模式运行可能遇到的障碍，笔者将围绕管理、运行、激励、约束等机制方面进行建构设计，确定制度的具体构造。

（一）管理机制

1. 选任

考虑到特邀主体与选任主体的一致性，可以由委派法院成立选任委员会，从该区域特邀调解组织和律师中选任。其一，关于特邀调解组织的选任。依法成立的律师调解组织，经当地司法机关审核或备案后，可以申请或者由法院邀请加入特邀调解组织；法院应当围绕调解组织的成立主体、组织中律师的层次构成、当地律师人员情况等综合因素确定特邀组织。因各地律师调解组织数量差异较大，不宜设定绝对条件，宜由法院灵活把握。其二，关于律师调解员的选任。未加入律师调解组织的律师，可以以个人名义申请

[①]　笔者在考察特邀律师调解组织的过程中发现，被特邀的律师事务所和律师都将法院发放的标牌和证书置于显眼之处，作为其重要宣传点，换言之，已经受到法院认可的律师事务所和律师，必然会让当事人有更强的职业信任感。

[②]　最高人民法院《关于人民法院进一步深化多元化纠纷解决机制改革的意见》第 31 条规定，经行政机关、人民调解组织、商事调解组织、行业调解组织或者其他具有调解职能的组织调解达成的具有民事合同性质的协议，当事人可以向调解组织所在地基层人民法院或者人民法庭依法申请确认其效力。但并无其他法律、法规进行程序上的细化，而特邀律师调解由《关于人民法院特邀调解的规定》作为明确依据，司法确认程序无疑会更加顺畅。

[③]　栾少湖．律师调解：从配角转为主角的五年——来自青岛律师调解中心的报告．中国律师，2012（2）.

[④]　最高法发布深化多元解纷机制改革意见和特邀调解规定 特邀调解增强非诉解纷权威性．法制日报，2016－06－30.

或者由法院邀请加入特邀律师调解员队伍。特邀律师调解员候选人应当具备以下条件：（1）具有较高的政治素养和较强的社会责任感；（2）恪守职业道德和执业纪律，在执业过程中没有受过行政处罚和行业处分；（3）具有两年或三年以上执业经历，业务水平较高，获得市级以上优秀律师称号的可以适当放宽年限；（4）具有一定的调解工作经验。

2. 名册

建议由各高级人民法院制定具体实施办法，实行特邀调解组织、特邀调解员名册管理，明确特邀调解组织或调解员的职责范围和工作程序；在此基础上，各级法院分别设立特邀调解组织和特邀调解员名册。入册可分为两种方式（见图2）：一是律师调解组织或律师个人向法院提出申请，由法院审核，将符合条件的纳入名册。二是由法院根据具体情况发出邀请，经律师调解组织或律师同意后，经审核相关材料后纳入名册。被列入特邀调解组织名册的律师调解组织，应当推荐本组织中的合适律师加入调解员名册，经法院审核后在名册中列明，视为法院特邀律师调解员。已在特邀律师调解组织中列明的律师调解员不再列入法院特邀律师调解员名册，以免带来管理上的混乱。① 建立特邀调解名册的法院，应当为入册的特邀调解组织和特邀调解员颁发证书，并对名册进行动态管理；上级法院建立的名册，下级法院可以使用。

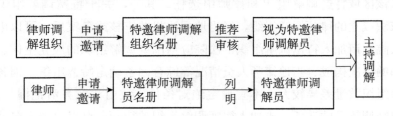

图 2　调解员入册方式示意图

（二）运行机制

1. 委派调解与立案登记的衔接程序（见图3）。

第一，调解释明。当事人到法院起诉立案的，由立案法官释明律师调解的独特优势，当事人同意的，可予以调解登记，并接受有关诉讼材料。第二，选择调解员。同意调解的双方当事人，可以在人民法院特邀名册中协商确定特邀律师调解员；协商不成的，由特邀律师调解组织或者各级人民法院

---

① 李少平. 最高人民法院多元化纠纷解决机制改革意见和特邀调解规定的理解与适用. 北京：人民法院出版社，2017：390.

指定。当事人不同意指定的，视为不同意调解。特邀律师调解一般由一名特邀律师调解员进行。对于重大、疑难、复杂或者当事人要求由两名特邀律师调解员共同调解的案件，可以由两名特邀律师调解员调解，并由人民法院指定一名调解员主持。当事人有正当理由的，可以申请更换特邀律师调解员。第三，出具委派函。法院应当为同意调解的双方当事人开具"委派特邀律师调解函"，当事人持调解函及有关证据材料接受特邀律师调解员的调解。第四，主持调解。调解一般在特邀律师调解组织的调解场所进行。特邀律师调解员接受委派或委托调解后，应当将调解时间、地点等相关事项及时通知双方当事人，也可以通知与纠纷有利害关系的案外人参加调解。调解程序开始之前，特邀律师调解员应当告知双方当事人权利和义务、调解规则、调解程序、调解协议的效力、司法确认申请等事项。关于调解时限问题，建议调解期限为 30 日。但双方当事人同意延长调解期限的，不受此限。

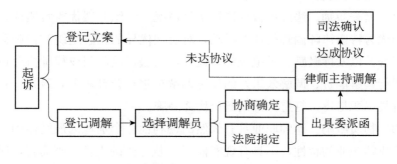

图3　委派调解与立案登记衔接示意图

2. 适宜调解的案件范围厘定

基本范围建议界定为适宜调解的一审民商事案件，各级人民法院均可委派律师调解，不宜设定法院级别限制。关于调解范围的确定方法，在实践中存在两种观点：一种观点主张，应当明确列举适合律师调解的民商事案件类型；另一种观点主张，可采用排除式规定，除按照法律及司法解释规定不适合调解的案件外，均可适用律师调解。笔者赞同第二种观点，建议除与身份关系相关、适用特别程序、当事人拒绝调解、无法送达等的案件外，其他民商事案件均可适用律师调解，商事案件可优先适用律师调解。

3. 调解结束与诉讼阶段的衔接

委派特邀律师调解达成调解协议的，特邀律师调解组织应当将调解协议送人民法院备案，当事人可以依法申请司法确认。对于经司法确认的调解协议，一方当事人拒绝履行或者未全部履行的，对方当事人可以直接向作出司法确认的人民法院申请执行。未达成调解协议的，特邀律师调解组织应当将当事人的起诉状等材料移交人民法院；当事人坚持诉讼的，人民法院应当依法登记立案。

4. 关于司法确认的管辖法院

基层人民法院委派调解达成调解协议的案件，当事人申请司法确认的，由该委派调解的基层人民法院管辖。中级人民法院或高级人民法院委派调解达成调解协议的案件，当事人申请司法确认的，由特邀律师调解组织所在地的基层人民法院管辖，基层人民法院应当将司法确认情况向委派调解的中级人民法院或高级人民法院备案。当事人自行向特邀律师调解组织申请调解达成调解协议的案件，当事人申请司法确认的，由特邀律师调解组织所在地的基层人民法院管辖。

（三）激励机制

（1）名誉激励。法院可根据调解案件情况，组织开展优秀特邀律师调解组织和优秀特邀律师调解员评选活动，对表现优异的调解组织和律师调解员授予荣誉，以发挥激励、示范效应。此外，司法行政部门或律师协会也可对认真履行调解职责、调解效果好的律师调解员进行公开表彰，鼓励、督促律师调解员尽职尽责，打造律师调解员优秀品牌。

（2）物质激励。律师职业具有天然的逐利性。个别地区鼓励律师无偿调解有悖律师职业的特性，不具有现实性。① "从律师的生存基础而言，应当是收取费用的商业服务机构，如果进行公益性调解，则应当是律师事务所自愿的社会公益行为或是由政府或基金资助的，也即是由政府出资购买的公共产品为社会提供必要的服务。"② 律师代理诉讼案件有着明确的收费标准，但主持调解案件如何收费并无规定。当前，律师调解依靠当事人自愿、合意来履行调解协议，调解工作的推动和开展也主要依靠领导重视和相关专业人士的社会责任感、公益心，缺乏制度的刚性约束，自身动力也不足，短期化、不可持续化特征明显。在美国，很多调解律师的收入已经超过诉讼律师的收入。③ 笔者建议，由司法行政部门会同有关部门制定或者修改律师收费办法，

---

① 部分试点地区人民法院反映，收费问题是制约律师调解发展的最关键问题，目前多数采无偿调解的公益模式或者象征性收取少量费用的半公益模式，制度效果不甚理想。

② 洪冬英. 律师调解功能的新拓展——以律师主导民事调解服务为背景. 法学，2011（2）.

③ 杰弗里·克里维斯，娜奥米·勒克斯. 遇/预见未来的法律人. 许捷，译. 北京：法律出版社，2016.

将律师调解纳入律师服务项目范围，按照市场化原则，合理确定律师调解收费标准，比如参照代理诉讼案件，减半收取等，以调动律师参与调解的积极性。

（四）约束机制

1. 回避制度

律师居中主持调解，类似法官司法调解，理应适用回避规则，以保证调解结果的公平和公正，维护律师调解制度的公信力。笔者建议规定，特邀律师调解员有下列情形之一的，当事人有权申请回避：（1）是一方当事人或者其代理人近亲属的；（2）与纠纷有利害关系的；（3）与纠纷当事人、代理人有其他利害关系，可能影响公正调解的；（4）法律、法规规定的其他应当回避的情形。特邀律师调解员有上述情形的，应当自行回避，但是双方当事人同意由该调解员调解的除外。特邀律师调解员的回避由特邀律师调解组织或人民法院决定。

2. 身份冲突禁止规则

鉴于调解行为的准司法性，为避免角色混同带来的不必要的混乱，保证特邀调解活动的公平、公正[①]，笔者建议明确规定特邀律师调解员不得在后续的诉讼程序中担任该案的人民陪审员、诉讼代理人、证人、鉴定人以及翻译人员等。需要特别指出的是，关于特邀律师调解员回避时其所在的特邀律师调解组织是否应予回避的问题，实践中存有争议，有赞同和反对两种观点。笔者认为，应视调解组织的不同情况而定，不可一概而论。如果特邀律师调解组织属律协主持成立的调解委员会，则因其成员来自不同的律师事务所，不具有身份依附性，调解组织可不予回避；如果特邀律师调解组织属单一律师事务所或由律师事务所联合成立，则因律师成员对组织的身份依附性，调解组织应予回避。

3. 惩戒机制

法院特邀律师调解组织和特邀律师调解员的期限为一年，特邀期限届满前人民法院应当对特邀律师调解组织和特邀律师调解员的工作进行评估，并对评估情况予以公示。对于不能完成工作任务和违反相关规定的特邀律师调解组织和特邀律师调解员，取消特邀资格；针对律师调解员的不当行为，如

---

① 李少平. 最高人民法院多元化纠纷解决机制改革意见和特邀调解规定的理解与适用. 北京：人民法院出版社，2017：423.

违反保密原则或身份冲突机制规则等，建议由司法行政部门或律协给予警告、训诫或除名等惩戒，法院则享有惩戒建议权。

4. 虚假调解防范机制

推动律师调解工作，应以有效解决现实困难问题为原则，以点带面，循序渐进，积极稳妥发展。同时，应当采取切实有效的配套措施，注意防范可能引发的虚假调解或者虚假诉讼。特邀调解员如果发现当事人存在虚假调解嫌疑的，应当中止调解，并向法院、特邀调解组织和律师主管部门报告。有关部门在接到报告后，应当及时审查，并依据相关规定作出相应处理。虚假调解达成协议，提请法院司法确认的，法院应当严格审查予以驳回，并对参与虚假调解的人员依法予以惩处。

结　　语

虽然在实践中律师主持调解制度有所发展，但形势不容乐观，有必要加以引导和培育。本专题结合最高人民法院出台的《关于人民法院特邀调解的规定》，将律师调解和特邀调解结合起来，架构"特邀调解＋司法确认"的模式，有效解决了律师调解协议的强制执行力问题，同时辅助设计相关配套机制，解决相关制度衔接不畅、律师调解员积极性不高等关键问题。律师调解可能面临诸多模式的选择，但"特邀调解＋司法确认"模式应该是其中可行性、优越性相对较强的一种。

专题二十五　多元化纠纷解决机制的立法保障

杨良胜*

纠纷因矛盾而起，社会因和谐而安。评判一个社会稳定与否，不是看其有没有社会矛盾或利益冲突，而是看其是否具备一个完善的社会机制，将矛盾和冲突控制在"有序"范围内。① 多元化纠纷解决机制改革，最终要依靠法律强力推进，尽管其基本理念和发展方向，已得到社会认同，但在实践中一些行之有效的创新做法，尚未被立法固化并发挥应有作用。最高人民法院周强院长曾指出，要按照"国家制定发展战略、司法发挥保障作用、推动国家立法进程"新"三步走"战略，加快推进多元化纠纷解决机制改革。② 从世界范围来看，在多元化纠纷解决机制建构中，既有通过立法和顶层设计推进的，也有通过司法实践方式，逐步实现制度化的，但这两种方式都强调规范的制度设计。立法模式所体现的是顶层设计的理性特征，推动各种非诉讼纠纷解决机制的建构与发展，也必须要形成立法成果③，用以指导司法实践。

一、认知感知：多元化解社会认同与立法保障的辩证关系

社会认同理论创立者塔菲尔（Taifel）提出，"社会认同是一个社会的成员，共同拥有的信仰、价值和行动取向的集中体现，本质上是一种集体观念，是团体增强内聚力的价值基础"④。从社会认同的角度来看，多元化纠纷解决机制的科学建构和良性运行，还需要纠纷解决者、纠纷解决需求者，在思想、价值、制度等方面与改革决策者产生"共鸣"；尤其是要推动框架设

---

　* 杨良胜，安徽省马鞍山市中级人民法院院长。
　① 靳江好，王郅强. 构建和谐社会进程中的社会矛盾调节机制. 中国行政管理，2006（12）.
　② 蒋惠岭. 诉调对接注活力 各得其所真多元. 人民法院报，2015 - 04 - 17.
　③ 范愉. 当代世界多元化纠纷解决机制的发展与启示. 中国应用法学，2017（3）.
　④ 王彦斌，赵晓荣. 国家与市场：一个组织认同的视角. 江海学刊，2011（1）.

置和立法建构，让多元改革在法治轨道上有序运行。

（一）思想认同的构建

基于司法有限性、矛盾多样性、利益需求多元性的社会现实，以多元化理念为引领，构建一个社会矛盾多元化的解决机制，已成为新时期建设法治社会、提升社会治理水平、满足人民群众个性化解纷需求的重要举措。但是，改革措施的有益性，并不代表目标可以轻易实现。重构多元化纠纷解决机制，必须对目前社会上存在的认识偏误，从观念上予以澄清，需要全社会树立"国家主导、司法推动、社会参与、多元并举、法治保障"的现代化纠纷解决理念。[①]

（二）价值认同的推进

多元解纷机制旨在以当事人本位为基础，充分尊重当事人的处分权和选择权，为当事人提供更多可供选择的解决途径，以便当事人立足于双方共同的心理需求，通过"意志合作"解决纠纷。多元解纷机制改革的目标，不是单纯地缓解法院的"案多人少"矛盾，而是为民众提供越来越大的自由意识和行为空间，赋予民众自由选择解纷方式的权利，适应现代法治国家可持续发展的需要。多元解纷新理念，恰恰是中国传统和谐理念与现代社会国家治理体系建设的有机融合。[②]

（三）制度认同的协调

在被誉为"东方经验"的调解与西方 ADR 的竞争中，后者呈现明显的后发优势，激发了人们对传统解纷制度的反思，并开始对其改造升级，逐步形成了中国升级版的 ADR，即"多元化纠纷解决机制改革"[③]。"东方经验"竞争落败的教训启示我们，多元解纷机制的建构，宜采用"上下结合、中西交融"的路径，确保机制建构的科学性和可接受性，以便在法治统一框架下，具有更强的适应性、灵活性和开放性，减少规范化和制度化带来的过高成本和民众利用的不便，更好地促进法律与社会的融合。

（四）立法认同的需要

我国法律是人民意志的体现，多元化纠纷解决机制的立法，重点应当在于解决多元化纠纷解决机制的正当性与合法性，基本内容涉及合理规划和分配用于纠纷解决的公共资源和权力，确定各种纠纷解决机制的法律性质、法

---

① 龙飞．论国家治理视角下我国多元化纠纷解决机制建设．法律适用，2015（7）．
② 邹亚莎．传统无讼理念与当代多元化纠纷解决机制的完善．法学杂志，2016（10）．
③ 胡仕浩．多元化纠纷解决机制的"中国方案"．中国应用法学，2017（3）．

律地位、管辖权限、人员构成和功能，确立多元化纠纷解决的宏观发展战略、制度建构和基本原则，规范其运作的基础。[①] 通过多元化纠纷解决机制的立法，树立其制度权威，在社会公众中形成广泛的法律认同，推动多元改革真正落到实处。

二、方兴未艾：立法引领保障与司法适度主导的协调统一

党的十八届四中全会对多元化纠纷解决机制改革作出部署，中央政法委要求"各级党委政法委要大力支持多元化纠纷解决机制改革，及时帮助人民法院解决遇到的困难和问题"，最高人民法院则提出要努力在全社会树立"国家主导、司法推动、社会参与、多元并举、法治保障"现代纠纷解决理念。多元改革意味着全社会共同参与，但我们必须看到，在新形势、新发展下，多元改革的一些理念还不能适应新要求，一些地方的解纷资源尚未全部被激活。

（一）理论研究与实践探索的协调配合，尚未被完全激活

按照相关立法以及最高人民法院的司法解释、司法政策的规定，我国正在通过诉调对接机制、司法审查制度和诉讼制度，努力构建以法院为主导的多元化纠纷解决体系，动员社会力量参与民事纠纷的解决。这意味着在多元改革实际操作层面上，人民法院在一定时期内仍然要处于中心地位。[②] 当前，要正确处理司法的被动性与多元化解能动性的关系，人民法院对多元化纠纷解决机制的适度主导作用，就是引领、推动和保障。在多元改革中，司法的潜力在于发挥建设性、指导性，推动各级党委政府建立、完善多元解纷机制，积极参与地方政府多元化纠纷解决机制的建构。通过促进地方立法等方式，因地制宜地将已经建立的一站式或专门性解纷机制，如劳动争议、交通事故赔偿、医疗纠纷处理机制，确立为诉讼前置程序，引导纠纷在诉讼外解决。人民法院应当通过保证其与诉讼程序的衔接，提供司法保障和救济途径，发挥主导性，充分发挥司法裁判定分止争的功效，尽职尽责、公正高效地处理着数以千万计的案件，以调解或和解方式化解矛盾纠纷，积极开展巡回审理，当之无愧地成为解决纠纷的"生力军"，在各种纠纷解决机制中稳居主流地位。[③]

---

① 范愉．纠纷解决的理论与实践．北京：清华大学出版社，2007：238.

② 尹伟民．多元化纠纷解决机制的合理构建，贵州社会科学。2011（8）.

③ 刘楠．多元化纠纷解决机制改革的眉山经验．法律适用，2015（7）.

（二）法院适度主导的具体落实，尚未被完全激活

为缓解司法资源短缺，各地法院主动与诉讼外的纠纷解决机制建立对接关系，选人派员进驻各种联系点，指导甚至主导着这些纠纷解决机制作用的发挥；积极发挥引领性，引导各社会组织、调解力量，建立、完善多元解纷机制，在纠纷解决机制发展到一定水平后，逐步从过度投入司法资源化解纠纷的困境中摆脱出来，逐步把那些本应属于政府或社会的解纷职能，交还给相应的政府和社会组织运作。法院在发挥解纷作用的同时，应当通过诉调对接、效力赋予、人才培养、参与立法等途径，让更多的矛盾纠纷，通过规范、中立、胜任的非诉解纷方式得到解决，自己逐步从台前转入幕后，以其特有的优势推动多元化纠纷解决机制的发展，并推动相关立法进程。历史地看，人民法院在多元化纠纷解决机制中的作用，是由这项改革的实施进度所决定的。在全面深化司法体制改革初见成效后，作为社会公平正义最后一道防线的司法机关的"前台引领"，最终应当逐步向"后台推动""法治保障"转化。

应当指出，司法主导必须突出适度性，不能超越立法机关的权力范畴。在推进多元化纠纷解决机制改革的进程中，必须强调立法的引领作用，即一切重大改革，都必须于法有据；对成熟的改革经验，要及时以法律形式固定下来。即使法院在多元化主体中拥有积极地位，在其他主体无力解决矛盾纠纷时，法院仍应发挥化解矛盾纠纷最后一道出口的作用。但不可否认的是，有的学者认为，我国宪法确定的权力安排，不能支持法院处于完全的中心主导地位。[①] 特别是与地方立法权改革的进程应当保持一致性，通过地方法院的改革实践，与地方层级的制度设计相结合，形成推动多元化纠纷解决机制改革的双动力模式。

三、一路走来：多元改革的地方顶层设计

多元化纠纷解决机制建设，必然是社会生成与国家理性建构相结合的产物。这种机制及具体制度建构或改革，通常是针对现实问题，通过局部或自下而上的实践和尝试开始的，当经验积累到一定程度时，决策者就应对这种需求及时作出反应：或者通过立法加以确认，或者进行合理的制度设计，通过政策自上而下地在一定范围内加以推广，从而将个别和局部的经

---

① 吴春雷，杜文雅 . 多元化纠纷解决机制的主体研究 . 前沿，2011（13）.

验纳入制度化的多元改革之中。这种来自决策层的反应，为多元化纠纷解决机制建设，提供了最强有力的意识形态支持和理论基础，有利于促进实务部门的解纷实践，也成为此后一系列立法、制度建构和程序改革的基本依据。①

（一）地方顶层设计力量源泉

党的十八届四中全会决定提出，要"健全社会矛盾纠纷预防化解机制，完善调解、仲裁、行政裁判、行政复议、诉讼等有机衔接、相互协调的多元化纠纷解决机制"。"眉山会议"前后，中央综治办会同最高人民法院开展密集调研，从国家治理体系的层面上思考、决策、规划多元改革工作。中央全面深化改革领导小组第17次会议审议通过了《关于完善矛盾纠纷多元化解机制的意见》。这些都表明国家在重视顶层设计。多元化纠纷解决机制，是一项事关党和国家大局全局的工作。而党的领导是我国宪法所确立的，是实现社会主义法治最根本的保证，故而只有党委才有足够的权威担负起这一职责。在党委的高度权威下，就很容易作出统筹安排，且很容易推动其他部门、组织、团体进行落实。②多元化机制的建立健全，涉及行政机关、行业组织、专业组织、人民团体等诸多行业和组织，建立负责统筹工作的组织并良性运转是基础，而这必须依靠党委才能实现。

（二）地方顶层设计实践探索

早在2005年10月，福建省厦门市人大常委会就通过《完善多元化纠纷解决机制的决定》，在立法主导下全面开展多元改革工作。在厦门市委、市人大、市政府的重视、推动下，厦门目前已经基本形成完整科学的多元化纠纷解决体系，在畅通纠纷解决路径、便利群众寻求权利救济、缓解诉讼压力等方面效果日益凸显。③随后，安徽省马鞍山市也进行了有益探索，在马鞍山市中级人民法院不懈推动下，马鞍山市委常委会多次召开专题会议，谋划思路、研究部署，出台了《全面推进多元化纠纷解决机制建设的意见》，将多元化纠纷解决机制改革工作纳入年度目标管理考核内容，将所需经费纳入财政预算，确立党政、司法、社会等各方的责任。马鞍山市人大常委会主动行使重大事项决定权，作出《进一步推进多元化纠纷解决机制建设的决定》，系统安排重点工作任务，在全市形成"党委领导、政府支持、司法推动、多

---

① 胡仕浩．多元化纠纷解决机制的"中国方案"．中国应用法学，2017（3）．
② 汤维建．多元化纠纷解决机制改革的时代意义及其要点．人民法院报，2016－06－30．
③ 李明哲．多元化纠纷解决机制的地方立法探索———以厦门为样本．法律适用，2015（7）．

方参与”的良好工作氛围。[①]

（三）地方顶层设计发展方向

当前亟待加强多元改革的理论研究，展开从价值观到方法论、从普适性到特殊性、从国家到当事人等各个层面的考察与论证，尤其需要在立法者、法学界和法律实务界，普及现代纠纷解决理论。在具体设计过程中，各责任主体应结合实际，深入研究工作措施，建立符合本地区、本单位、本系统工作特点的纠纷解决机制，将多元改革纳入工作目标和责任体系，制定工作细则，规范工作环节，确保高效运作；应加强队伍管理，强化对多元化纠纷调处工作的事务管理和业务指导；应加强与人民调解组织的指导、培训，完善诉调对接的程序衔接，加强与相关国家机关、调解组织的联系，鼓励各种非诉讼纠纷解决机制的创新；应加强经费保障，积极争取政策资金支持，将多元化纠纷解决工作的经费，列入各级政府、司法机关的年度财政预算；应探索建立众扶、众筹平台，创新多元化纠纷处理的投融资机制，鼓励爱心企业家、公益机构等给予经费支持；应加强监督考核制度，研究制定监督考核指标体系，建立检查通报、责任追究，确保任务落实，推动工作发展；应建立奖惩制度，逐步将多元化纠纷解决机制改革工作的绩效，列入目标管理考核重要内容，对成绩突出的单位与个人进行表彰，给予精神和物质的奖励。

四、问计问道：非诉组织建设的立法保障

在现代法治社会，诉讼固然是纠纷解决的重要途径，但法律不是万能的，仅靠强制性司法手段，很难抚平社会各类矛盾纠纷的“切肤之痛”；对抗竞争的诉讼方式，往往会摧毁人与人之间的感情，恶化本已受损的人际关系。“生态学”认为，替代性纠纷解决方式的独特之处就在于，保持“社会平衡”，即争执者的全面持久关系。[②] 当前我国正处于一个历史上最为多元化的时代，传统社会组织有些已经解体，有些则仍然富有生命力，正在逐步适应社会变化；在一些旧的社会群体消失的同时，新的基层村民和居民自治，又在日新月异地发展；熟人社会随乡土中国消逝而渐渐远去，社会中介组织以其专业性、中立性，而成为新的发展模式。

---

① 杨良胜. 多元化纠纷解决机制改革的创新发展——基于马鞍山实践探索的思考. 法律适用，2016（10）.

② 王俊友，常志峰. 大调解视野下非诉调解协议司法确认机制的定位与进路. 公民与法，2012（12）.

（一）非诉组织是多元解纷机制的重要成员

以多元化作为制度设计的价值目标，可以在确定法治目标的同时，对传统权威因势利导，并注意培养公民社会和新型社会权威，使各种力量融合为现代多元化系统，并适应法治和善治的要求。多元化纠纷解决机制，尤其崇尚协商式纠纷解决方式，由第三方介入特定当事人的纠纷，通过斡旋、协调、调解，为当事人消除对抗性状态提供契机，促成和解与和谐。民间社团等社会力量，是多元化纠纷解决机制的重要支柱，正如布莱克在论述合作社团时指出的："在有些涉及家庭内部、朋友之间、邻里之间的案件中，还能为调解提供便利。"与现行诉讼及判决程序产生破坏双方当事人之间的联系的效果相反，合作社团将有能力扮演好协调员角色，以维系双方关系为着眼点，帮助双方平和地解决纠纷。专业独立的第三方提供的咨询意见，有助于当事人客观、全面地认识纠纷事实，自觉接受调解结果，减少对纠纷处置的种种猜疑或误解，有利于及时化解矛盾纠纷，维护社会和谐稳定。

（二）法院与非诉组织协调的制度安排

部分法院通过指导不同人民调解组织，引导行业主管部门、社会团体和组织，设立行业性、专业性调解组织，调解涉及行业性、专业性问题以及特定类型的民商事纠纷。商事、劳动人事争议、农村土地承包等方面的仲裁机构，可以根据需要设立调解组织，加强调解工作，依法发挥职能作用。通过健全特邀调解组织及特邀调解员名册制度，制定人民调解地方法律规范，深入挖掘社会力量，分别选聘特邀调解组织和特邀调解员，参与到调解员队伍当中。支持各类行业协会、商会依法设立调解组织，引导当事人选择非诉讼方式解决纠纷。鼓励律师协会、律师事务所，建立律师调解员队伍，提供调解服务，探索建立以律师为主体的信访第三方化解机制。[①] 非诉组织的立法重点是非诉协议的确认问题，但是实践中，非诉组织不愿确认、不会确认、不敢确认等问题比较突出，使该机制的法律效果和社会效果打了折扣。非诉协议确认机制，是一个系统的社会工程，需要党委政府、政法机关、非诉调解组织和广大群众共同参与，并积极扮演好自己角色。通过法律规范的指引作用，强化司法机关和非诉组织的联系、沟通，打通制度运行的"最后一公里"。

---

① 蒋惠岭. 多元纠纷解决机制的十年改革路. 中国审判，2013（1）.

五、融合发展：诉调对接平台的立法保障

任何工作的推进落实，都离不开平台载体建设。多元化纠纷解决机制也不例外，而且更加紧迫急需。

（一）建立畅通的诉前分流机制

诉调对接建设，强调的是诉前程序的完善，而不应仅限于调解。调解是诉调对接中十分重要的一环，但是如何将诉讼与调解更加有机融合，使调解为诉讼程序服务，使诉讼为调解提供便利和保障，才是我们现在所应研究的课题。[①] 相关文件指出：要建成诉讼与非诉讼机制衔接平台，引进社会力量参与各类调解，与诉讼服务相结合，为当事人提供多种选择，引导其采用非诉方式解决纠纷；加强专业性调解中心建设，支持在消费、医疗等领域开展专业调解，解决类型化纠纷；在已经探索设立专业调解中心基础上，积极争取党委支持，在物业管理、消费者权益保护、环境资源保护以及其他矛盾纠纷多发领域，探索建立"一站式"纠纷解决服务平台，引导当事人依法理性表达诉求，实现诉调对接规范化、常态化、制度化。

（二）完善诉调对接的组织安排

相关文件指出：要积极发挥律师、技术专家的专业优势，推动建立专家调解员制度，支持相关调解组织，在诉讼服务中心设立调解工作室，办理法院委派委托调解案件。通过法院与司法局、律师协会，共同设立律师工作站，由法院提供必要的办公场所设施，律师事务所安排律师，提供相应法律援助服务，协同法院共同调处纠纷。加强诉讼与非诉讼解纷方式的衔接、配合，与行政机关、仲裁机构、人民调解组织、商事调解组织、行政调解组织，以及其他调解组织协调配合，推动在程序安排、效力确认、法律指导等方面有机衔接。汇聚社会力量，实现与专家咨询员、工会、妇联、共青团、志愿者等第三方的业务协同，建设系统化、信息化、标准化、社会化的诉讼服务中心升级版。与信息化建设深度融合，建设集网上立案、案件查询、网上咨询、在线调解等功能为一体的网络便民平台，构建高效便捷、灵活开放的调解网络。

（三）推动诉调对接的制度演进

从对诉调对接机制运行现状的分析可知，其运行具有很强的制度依赖

---

① 柴雨辰．多元化纠纷解决机制之诉调对接模式的考察构建———以上海市徐汇区人民法院为考察蓝本．知识经济，2015（20）．

性，对这种性质也能从其历史演变中予以发现。我国"诉调对接"机制，具有从非正式到较规范、从单一型到多元化的特点。具体来说，在制度依据方面，经历了"地方性自发实验——司法政策性或导向性文件——司法解释——法律"的逐步规范化过程；在制度类型方面，经历了从对人民调解协议之效力争议的诉讼机制，到人民调解的司法确认制度，再到以资源互通共享为特色的多元司法调解机制的逐步丰富化历程。① 目前，我国诉调对接机制，呈现多维度特点。只有通过立法工作，才能推进制度协调化体系化，才能整合不同平台的资源优势，构建一般人民调解与特定专业调解相结合的诉调对接机制，为多元化纠纷解决机制的拓展，奠定平台基础。

六、未来走向：立法保障的重点性和前瞻性

矛盾是普遍性和特殊性相结合的产物，多元化解纷机制的布局，也应当遵循全面性和重点性相协调的原则。

（一）立法保障的延续性

我国的中央集权体制，历来强调法制统一。但实际上，社会原有的文化差异和经济社会发展的不均衡有增无减，各级政府、司法行政部门等实务部门，面对纠纷解决的需求和政治压力，根据当地社会环境、制度和治理资源、当事人的情况和现实条件，创造了大量行之有效、丰富多彩的纠纷解决方式和模式。它们增加了司法的亲和力与地方性色彩，并与我国传统的便民司法模式高度契合。我国的法治文化，带有浓厚的行政权力色彩，行政资源和影响力，可以牵引着多元化解纷机制发展，再进一步为社会组织积极参与社会治理，群众也易于接受。② 同时，多元化纠纷解决机制，是个外延无限扩展、动态的概念，而且这一机制因时代不同、文化背景不同，会发生一些变化。"马锡五方式""枫桥经验"是我们人民司法的"传家宝"。在继承优秀传统经验的基础上，多元改革必须时刻有所创新，"眉山模式""马鞍山经验""潍坊经验"以及杭州西湖"陈辽敏工作法"等等，都赋予了多元改革创新的时代内涵。

（二）立法保障的重点性

近年来，全国各地在多元化解与社会治理中，探索了一些卓有成效的纠

---

① 潘剑锋. 民诉法修订背景下对"诉调对接"机制的思考. 当代法学，2013（3）.
② 王学辉. 多元化纠纷化解机制研究——基于过程与阶段视角的分析. 行政法学研究，2012（1）.

纷解决方式，如马鞍山综治维稳信访工作中心（站）、矛盾纠纷调处中心（站）、网络调解以及各级各类人民调解、行业调解、行政调解和专业调解等。眉山在矛盾纠纷多发领域的单位，建立统一的解纷机构，预防、化解矛盾纠纷。通过充分整合综治维稳、司法审判、司法行政、人民调解、行业组织以及公证、仲裁、复议、律师、信访等多元渠道的工作优势，借力综治办、司法行政的各线力量，发挥各系统的职能优势，构建大体系、大平台，形成工作合力，形成良性运行机制，建立科学、系统的多元化纠纷解决体系。相关文件指出：人民法院应当主动与政府法制办、司法局、发改委、国土局等单位建立联席会议制度，定期召开会议，共同"会诊"相关事宜，促进司法与行政良性互动，合力化解社会矛盾；积极发挥行政裁决的功效，努力争取在行政调解、行政裁决和行政复议的过程中，有效解决属于行政范围内的矛盾纠纷，推动纠纷解决形式的多元化，减轻诉讼压力；有效发挥诉前调解过滤案件、实现案件分流的作用，促成双方当事人自行和解；通过党委、政法委的统筹协调，各个参与单位合力推进，实现对矛盾多发领域的全覆盖，形成信息情报披露、矛盾纠纷排查、社会风险评估、重大纠纷预警、社区矫正帮教等多元化、立体式、网格化矛盾纠纷解决机制。

（三）立法保障的前瞻性

周强院长在"眉山会议"上高瞻远瞩地指出，中国的发展模式为世界作出了贡献，中国的司法制度也应当对世界作出贡献，多元化纠纷解决机制，便是我们向世界奉献的"中国经验"[①]。要把多元化纠纷解决机制打造成"中国经验"，需要推进新的创新，需要推进新的转变，不断总结多元建设的规律，不断深化多元改革的内涵，不断丰富多元建设的内容，不断扩大多元改革的工作效果，让多元改革在社会治理中充满生机和活力。这就要求在进行多元化纠纷解决机制顶层设计时，面对拓展化解纠纷渠道的新任务，各责任主体都应主动深化改革，按照多元化纠纷解决机制的特点，适度超前开展制度安排；同时，针对多元化纠纷解决机制蕴含的极大潜力，在制度安排时尽可能为多元化解的未来发展预留空间。此外，相关文件指出，要通过采取鼓励创新的社会治理策略，为多元化纠纷解决机制发展拓展空间，如推动专业化商事调解中心建设，实行有偿服务；完善立法司法程序，增设前置程序，引导纠纷分流；完善诉调对接程序，推进司法确认等工作，树立专业化调解

---

① 蒋惠岭. 中国经验振雄威 再领风骚三十年. 人民法院报，2015 - 04 - 19.

机制的权威；等等。

　　随着中国经济的迅速发展，多元解纷的中国方式、中国经验、中国模式，必将获得日益提升的国际声誉。相关文件指出，要通过立法方式，将中国经验上升为法律规范，在时机成熟时制定"多元化纠纷解决法"，立足于纠纷解决的宏观层面，致力于完善包括和解、调解、仲裁、公证、行政裁决、行政复议与诉讼的综合纠纷解决系统①，形成可复制可推广的典型经验，为推动社会治理，贡献中国创新实践。

---

　　①　汤维建．关于制定"多元化纠纷解决法"的建议与构想．团结，2016（5）．

后　记

　　深化多元化纠纷解决机制改革，是推进国家治理体系和治理能力现代化的重要内容，是提升社会治理法治化水平的关键环节，更是满足人民群众多元化司法需求的基本要求。当前，我国正处于一个以互联网、大数据、云计算、人工智能为代表的信息化时代，也正处于一个国际化、外向型、开放式的国际大环境中。在这个瞬息万变的大时代和大环境下，我们需要准确把握时代脉搏，立足中国国情，构建中国特色的多元化纠纷解决体系，为世界各国正在探索的"接近正义"之路，贡献中国智慧，增强中国法学话语体系的自主性和自觉性。

　　为此，2017年4月最高人民法院和湘潭大学共建的多元化纠纷解决机制改革研究基地举办"湘潭杯"多元化纠纷解决机制理论研究征文活动，并于9月成功召开"湘潭杯"多元化纠纷解决机制改革论坛。本次征文以"深化多元化纠纷解决机制改革理论研究"为主题，紧扣时代命题，聚焦中国问题，所涉及的25个选题都是当前我国多元化纠纷解决机制中的热点、重点、难点问题，具有重要的理论意义和实践价值。在各地法院、高校以及其他调解组织、仲裁机构、律师的密切关注和大力支持下，本活动共收到投稿873篇。经过征文审委会的层层筛选，历经初审、复审和终审三个环节，最终评出一等奖论文10篇、二等奖论文20篇、三等奖论文40篇、优秀奖论文50篇。

　　这些优秀的研究成果凸显了征文的四个特点：一是问题意识强，能够聚焦实践中的重要问题展开分析论证，选题新颖、立意高远。有的论文"小题大做"，"于无声处听惊雷"，表现出独到的理论视角。二是研究水平高，能够利用丰富的案例、数据等实证经验材料来支撑分析论证。有的论文能够跳出自身站位局限，在更高更广层面上思考问题，论证清晰、论据扎实、论断有力。三是理论成果新，能够在当前研究的基础上，进行科学的分析与综合，提出新问题，探索解决问题的方法和手段。许多论文有一定特色，令人耳目一新。四是撰写合规范，论文书写、引用注释等均符合通行的学术规范要求，一等奖论文复制比均低于 10%。

正是鉴于这些成果对既有多元化纠纷解决机制理论具有创新的可能，并在很大程度上有效回应了多元化纠纷解决实践的需求，我们特将其结集出版，希望借此能让更多的理论研究者和实务工作者从中获益，从而为推动中国多元化纠纷解决机制的发展和进步作出智识上的贡献。

需要特别指出的是，在该书整理编排的过程中，我们并不满足于对获奖论文的简单罗列，而是立足于如何更好地体现理论深度、实践特色的角度，注重书稿的体系性、逻辑性和层次性，对全书的结构和内容进行精心的设计和安排。具体而言，全书共分 4 编，大致体现了从理论到实践、从中观到微观、从制度到立法、从旧问题到新走向的结构逻辑。各编内容编排如下：第一编"多元化纠纷解决机制的理论检视"，主要从社会契约和数字正义理论、"国家与社会"、西方女性主义、文化传统等多个理论视角，对当前的多元化纠纷解决机制进行审视，着力于提升现有多元化纠纷解决机制理论研究的水平。第二编"多元化纠纷解决机制的实证考察"，立足于本土实践，对多地多元化纠纷解决机制的具体运作进行了深入考察，旨在回应实践需求，促进我国多元化纠纷解决机制的良性发展。第三编"多元化纠纷解决机制的制度保障"，对调解前置程序、先行调解信息化机制、无争议事实记载机制等具体的制度保障问题进行探讨，力图解决现有制度保障的一些核心问题。第四编"多元化纠纷解决机制的发展趋势"，对多元化纠纷解决机制的最新发展态势加以关注，旨在指明制度发展和完善的方向，并为多元化纠纷解决机制提供强有力的立法保障。

本书初稿成于 2018 年年初，由于书稿篇幅长、涉及的作者以及图表内容多，故编辑校对工作有难度，耗费了近一年的时间才完成。在此，对中国人民大学出版社编辑的敬业精神表示钦佩，对他们的辛苦付出表示感谢。此外，湘潭大学黄艳好博士以及王聪、赵毅宇两位博士生协助我做了不少的统稿、校稿工作，在此一并表示感谢。

限于个人及各位作者的研究水平和能力，书中难免存在不妥之处，恳请学术前辈、同仁及读者批评指正。

廖永安

2019 年 2 月 28 日

图书在版编目(CIP)数据

新时代多元化纠纷解决机制：理论检视与中国实践/廖永安，胡仕浩主编.
—北京：中国人民大学出版社，2019.8
（新时代调解研究文丛/廖永安总主编．理论系列）
ISBN 978-7-300-27232-0

Ⅰ.①新… Ⅱ.①廖… ②胡… Ⅲ.①民事纠纷-调解（诉讼法）-研究-中国
Ⅳ.①D925.114.4

中国版本图书馆 CIP 数据核字（2019）第 168932 号

新时代调解研究文丛（理论系列）
总主编　廖永安
新时代多元化纠纷解决机制：理论检视与中国实践
主　编　廖永安　胡仕浩
Xinshidai Duoyuanhua Jiufen Jiejue Jizhi：Lilun Jianshi yu Zhongguo Shijian

出版发行	中国人民大学出版社	
社　　址	北京中关村大街 31 号	**邮政编码**　100080
电　　话	010－62511242（总编室）	010－62511770（质管部）
	010－82501766（邮购部）	010－62514148（门市部）
	010－62515195（发行公司）	010－62515275（盗版举报）
网　　址	http://www.crup.com.cn	
经　　销	新华书店	
印　　刷	固安县铭成印刷有限公司	
规　　格	170 mm×228 mm　16 开本	**版　次**　2019 年 8 月第 1 版
印　　张	23 插页 2	**印　次**　2021 年 12 月第 2 次印刷
字　　数	378 000	**定　价**　78.00 元